AF522114

गांधीजी
हिंद स्वराज से नेहरू तक

गांधीजी
हिंद स्वराज से नेहरू तक

देवेंद्र स्वरूप

प्रभात
प्रकाशन

प्रकाशक • **प्रभात प्रकाशन प्रा. लि.**
4/19 आसफ अली रोड,
नई दिल्ली–110002

संस्करण • 2025
मूल्य • छह सौ रुपए
मुद्रक • आर–टेक ऑफसेट प्रिंटर्स, दिल्ली

GANDHIJI : HIND SWARAJ SE NEHRU TAK
by Devendra Swarup ₹ 600.00
Published by Prabhat Prakashan Pvt. Ltd., 4/19 Asaf Ali Road, New Delhi-2
e-mail: prabhatbooks@gmail.com ISBN 978-93-5186-227-7

अपनी बात

गांधीजी के बारे में समय-समय पर लिखे कुछ लेखों का संकलन आपके हाथों में है। जनवरी १९१५ में दक्षिण अफ्रीका से भारत वापसी के समय से जनवरी १९४८ में अपनी अकल्पित दुर्भाग्यपूर्ण हत्या तक गांधीजी भारत के सार्वजनिक जीवन का केंद्र-बिंदु बने रहे। उनके नेतृत्व में जो स्वतंत्रता-संग्राम लड़ा गया, उस अध्याय को इतिहास में 'गांधी-युग' के नाम से जाना जाता है। मेरी किशोरावस्था से ही गांधीजी मेरे प्रेरणा-पुरुष रहे। मुझे याद है, १९४२ में जब मैं एक छोटे से कस्बे में दसवीं कक्षा का छात्र था, बंबई में गांधीजी की गिरफ्तारी का समाचार आते ही हम विद्यार्थी गण उद्वेलित हो उठे थे। हमने अपने स्कूल और कस्बे में हड़ताल करा दी, जिसके कारण मुझे स्कूल से रस्टीकेट कर दिया गया। उन दिनों मैं गांधीजी को बिना देखे, बिना जाने उनका सिपाही बनने का सपना देखने लगा था। उन दिनों हमारे कस्बे का पूरा वातावरण गांधी-भक्ति से सराबोर था। दुकानों पर नेहरू और सुभाष के साथ गांधीजी के रंगीन चित्र लगे होते थे, उनमें गांधीजी को विश्वामित्र, नेहरू को राम और सुभाष को लक्ष्मण की भूमिका में प्रस्तुत किया जाता। गाँव-गाँव में गांधीजी पर लोकगीत गाए जाते। एक लोकगीत में गांधीजी की तुलना कृष्ण से करते हुए कहा गया था, ''वे चक्र सुदर्शन धारी थे, तुम चरखाधारी कहलाते हो। वे माखनचोर कहलाते थे, तुम नमकचोर कहलाते हो।''

इस वातावरण में पलने के कारण मेरे मन में प्रश्न उठा कि भारतीय समाज पर गांधीजी के इस गहरे और व्यापक प्रभाव का रहस्य क्या है? गांधीजी की जीवन-प्रेरणा क्या है, उनकी आध्यात्मिक शक्ति का स्रोत कहाँ है? यह जिज्ञासा मुझे 'हिंद स्वराज' पर ले आई। गांधीजी ने १९०९ में भारत आने के पहले यह पुस्तक दक्षिण अफ्रीका में लिखी। उसमें उन्होंने पश्चिम की मशीनी सभ्यता को पूरी तरह अस्वीकार कर भारत की अपनी सभ्यता का गुणगान किया और उसे ही स्वराज का लक्ष्य बताया। इस प्रकार उन्होंने भारत के स्वतंत्रता-संघर्ष को राजनीति के ऊपर उठाकर सभ्यता मूलक अधिष्ठान प्रदान किया। वे अंत तक 'हिंद स्वराज' में प्रस्तुत सभ्यता-चित्र पर

अटल रहे। ५ अक्तूबर, १९४५ को अपने राजनीतिक उत्तराधिकारी जवाहरलाल नेहरू के नाम एक पत्र में यह बात आग्रहपूर्वक लिखी, पर नेहरू ने 'हिंद स्वराज' को पूरी तरह अस्वीकार कर दिया।

इससे मेरे मन में प्रश्न उठा कि नेहरूजी की इस स्पष्टोक्ति के बाद भी गांधीजी ने १९४६ में कांग्रेस के अध्यक्ष पद के लिए १५ में से १३ प्रांतीय कांग्रेस कमेटियों द्वारा सरदार पटेल का नाम प्रस्तावित होने और एक भी कमेटी की ओर से नेहरू का नाम न आने पर भी सरदार पटेल का नाम वापस करवाकर नेहरू को अध्यक्ष क्यों बनाया, जिससे उन्हें प्रधानमंत्री बनने का अवसर मिल सका। अर्थात् गांधीजी भारत को स्वतंत्रता के आँगन में प्रवेश दिलाकर नेहरू को स्वाधीन भारत का रचनाकार क्यों बना गए?

यह प्रश्न सिर्फ मेरे ही मन में उठा हो, ऐसा नहीं है। अनेक राजनेताओं और इतिहासकारों ने यह प्रश्न उठाया है। वस्तुत: स्वतंत्रता आंदोलन के इतिहास की यह एक महत्त्वपूर्ण अनसुलझी पहेली बन गई है। प्रमुख समाजवादी नेता मधु लिमये को यह प्रश्न पचास साल तक परेशान किए रहा और उसका उत्तर खोजने के लिए उन्होंने चार खंडों में साढ़े पंद्रह सौ पृष्ठों का अंग्रेजी में एक विशाल शोध-ग्रंथ 'महात्मा गांधी एंड जवाहरलाल नेहरू' शीर्षक से लिख डाला। उस ग्रंथ की भूमिका में वे लिखते हैं कि पचास साल से यह प्रश्न मुझे सालता रहा है कि राजाजी, वल्लभभाई पटेल, डॉ. राजेंद्र प्रसाद, सुभाषचंद्र बोस और मौलाना आजाद जैसे सुयोग्य और क्षमतावान सहयोगियों में से गांधीजी ने नेहरू को ही अपना उत्तराधिकारी क्यों चुना, जबकि गांधीजी के आर्थिक, सामाजिक एवं राजनीतिक विचारों से नेहरू की मत-भिन्नता छिपी नहीं थी। मधुजी लिखते हैं कि 'यदि गांधीजी का भारतीय राजनीति में पदार्पण न हुआ होता और उन्होंने नेहरू को आगे बढ़ाने के लिए सतत जागरूक प्रयास न किया होता तो नेहरू कभी भी यह महत्त्वपूर्ण स्थान प्राप्त नहीं कर पाते।'

वस्तुत: मेरे मन में घुमड़ रहे इसी प्रश्न में से ही इस संकलन को 'गांधीजी : हिंद स्वराज से नेहरू तक' जैसा शीर्षक मिल गया। इन लेखों में मैंने गांधीजी के जीवन-दर्शन और मूल निष्ठाओं को टटोलने का प्रयास किया है। गांधीजी और ब्रिटिश सरकार के बीच जो कूटनीतिक युद्ध चला, उसके भी कुछ पन्ने यहाँ उकेरे गए हैं। गांधी-इर्विन समझौता, गोलमेज सम्मेलन नाम का चक्रव्यूह, ब्रिटिश प्रधानमंत्री का सांप्रदायिक निर्णय व पूना पैक्ट आदि उस कूटनीतिक युद्ध के महत्त्वपूर्ण पड़ाव हैं। १९२० के बाद गांधीजी ने कांग्रेस को अपने आदर्शों और मान्यताओं के साँचे में ढालने का भागीरथ प्रयास किया, किंतु १९३४ में उन्होंने माना कि वे कांग्रेस को अपने साँचे में ढालने में विफल रहे हैं। गांधीजी की उस समय की पीड़ा को भी समझना आवश्यक है। १९३० तक गांधीजी अपनी लोकप्रियता के चरम पर पहुँच गए थे, पर गांधी-इर्विन पैक्ट और गोलमेज सम्मेलन में

जाकर उनकी लोकप्रियता का ग्राफ नीचे खिसकने लगा। ब्रिटिश सरकार के साथ कूटनीतिक युद्ध में जो पहल गांधीजी ने छीन ली थी, वह पुन: अंग्रेजों के हाथ में चली गई। कांग्रेस को अपने सोच में ढालने में अपनी विफलता को स्वीकार करते हुए अक्तूबर १९३४ में उन्होंने कांग्रेस की प्राथमिक सदस्यता से त्यागपत्र देना आवश्यक समझा। उस अध्याय का अध्ययन भी यहाँ किया गया है। मुस्लिम प्रश्न को हल क्यों नहीं कर पाए गांधीजी? इन लेखों से इस पर भी थोड़ा प्रकाश पड़ता है। इसमें गांधीजी का पूर्ण जीवन वृत्त तो नहीं है, पर उनके जीवन के कुछ महत्त्वपूर्ण मोड़ों पर प्रकाश अवश्य पड़ता है। सुधी पाठकों की प्रतिक्रियाओं की मैं उत्सुकता से प्रतीक्षा करूँगा। इस सामग्री को पाठकों के हाथों तक पहुँचाने की स्थिति में लाने के लिए प्रिय मित्र जितेंद्र तिवारी एवं विवेक हरसूलकर के उदार सहयोग का मैं हृदय से अभारी हूँ।

२ अक्तूबर, २०१४

—देवेंद्र स्वरूप

अनुक्रम

को ही माना जाता था। सावरकर से गांधीजी का व्यक्तिगत वार्त्तालाप भी हुआ था। उन दिनों इंग्लैंड स्थित भारतीय क्रांतिकारी गांधीजी के मन-मस्तिष्क पर कितना अधिक छाए हुए थे, इसका आभास लंदन स्थित लार्ड एम्प्टहिल के नाम गांधीजी के ३० अक्तूबर, १९०९ के पत्र में मिलता है।

लार्ड एम्प्टहिल (१८६९-१९३५) भारत में सन् १९०० से सन् १९०६ तक मद्रास प्रेसीडेंसी के गवर्नर रहे थे। इसी बीच सन् १९०४ में उन्हें कार्यकारी वायसराय का दायित्व भी दिया गया। सन् १९०९ में वे दक्षिण अफ्रीका ब्रिटिश इंडियन कमेटी के अध्यक्ष थे और इस नाते गांधीजी के लंदन प्रवास के दौरान उनका लार्ड एम्प्टहिल से लगातार संपर्क बना रहा। ३० अक्तूबर, १९०९ के पत्र में गांधीजी ने लार्ड एम्प्टहिल को 'हिंद स्वराज' जैसी पुस्तक लिखने का पूर्वाभास दिया। गांधीजी ने लिखा, "किसी भी रूप में कैसी भी हिंसा के विरुद्ध होने के कारण मैंने तथाकथित उग्रवादियों, जिन्हें 'हिंसक पंथ' कहना उचित होगा, से संपर्क करने का विशेष प्रयास किया। उनमें से एक सज्जन मुझसे मिलने आए। उन्होंने मुझे यह समझाने की कोशिश की कि मेरा तरीका गलत है और भारत के साथ हो रहे अन्याय का निराकरण हिंसा के अलावा किसी मार्ग से नहीं हो सकता। ...मैंने हर जगह ब्रिटिश शासन से छुटकारा पाने की आकुलता पाई।...मुझे ऐसा एक भी व्यक्ति नहीं मिला, जो विश्वास करता हो कि हिंसा के बिना भी भारत कभी स्वतंत्र हो सकता है।" इसी पत्र में आगे चलकर गांधीजी ने आधुनिक सभ्यता और शहरीकरण के दोषों की आलोचना की। शांतिपूर्ण प्रतिरोध को पशुबल के विरुद्ध आत्मबल बताया। विश्वास प्रगट किया कि द्वेष पर प्रेम की विजय होगी। इस पत्र में गांधीजी का एक वाक्य रहस्यमय और विवादास्पद बन गया है। उन्होंने लिखा कि "आपको जो जानकारी मैं दे रहा हूँ वह नितांत गोपनीय है और उसका मेरे देशवासियों के सामने पूर्वाग्रहपूर्ण इस्तेमाल नहीं किया जाना चाहिए।"

इस पत्र से यह भी विदित होता है कि 'हिंद स्वराज' को लिखते समय गांधीजी का 'पाठक' और कोई नहीं, हिंसक क्रांति में विश्वास रखने वाले भारतीय क्रांतिकारी या उनके मुखिया सावरकर ही थे। किंतु, २४ फरवरी, १९४० को गांधीजी ने बंगाल में मालीकंदा नामक स्थान पर गांधी सेवा संघ के तत्त्वावधान में आयोजित रचनात्मक कार्यकर्त्ता सम्मेलन में पहली बार बताया कि "मैंने पूरी 'हिंद स्वराज' को अपने प्रिय मित्र डॉ. प्राण जीवन मेहता (१८५०-१९३२) के लिए लिखा था। उनके साथ जो मेरा तर्क-वितर्क हुआ, वही ज्यों-का-त्यों इस पुस्तक में प्रस्तुत हुआ है। मैं डॉ. मेहता के साथ एक महीने तक एक ही होटल में रहा था। डॉ. मेहता बड़े बौद्धिक दिग्गज थे। उनके तर्कों के सामने मैं कैसे ठहर सकता था। किंतु मैंने उनके सामने अपना दृष्टिकोण रखा। वह उनके हृदय को छू गया। उनके दृष्टिकोण में बदलाव आया।"

डॉ. मेहता ने ही गांधीजी को रूसी विद्वान् टालस्टाय के 'एक हिन्दू को पत्र' से परिचित कराया, जिसने गांधीजी को बहुत अधिक प्रभावित किया और उन्होंने सन् १९१० में 'टालस्टाय फार्म' के नाम से एक आश्रम की स्थापना की। 'हिंद स्वराज' में प्रस्तुत विचारों का आदान-प्रदान डॉ. मेहता के साथ हुआ था, इसकी पुष्टि डॉ. प्राण जीवन मेहता द्वारा सन् १९१० में प्रकाशित 'एम.के. गांधी एंड दि साउथ अफ्रीकन इंडियन प्रोब्लम' नामक छोटे आकार के ९६ पृष्ठों की एक छोटी सी पुस्तिका से होती है। इस पुस्तिका में डॉ. मेहता ने 'हिंद स्वराज' का नाम लिए बिना उन सब विचारों को दे दिया है जो 'हिंद स्वराज' में मिलते हैं। इसकी भूमिका में उन्होंने दावा किया है कि 'गांधी से मेरा बहुत लंबा संपर्क है और मैं अपने व्यक्तिगत अनुभव से उनकी विशेषताओं को जानता हूँ।' डॉ. मेहता ने गांधीजी को भारत का महान पुत्र घोषित किया। उन्होंने लिखा कि "वे आत्मत्याग, आत्मसंयम एवं संन्यास के जीवंत प्रतीक हैं। वे पूरी तरह निर्भय हैं। उनकी शक्ति इस बात में है कि वे जो दूसरों से कराना चाहते हैं, उसे पहले स्वयं करते हैं। उनकी कथनी और करनी में भेद नहीं है।" गांधीजी के मतानुसार, आत्मबल से संपन्न निर्भय व्यक्ति ही शांतिपूर्ण प्रतिरोध या सत्याग्रह का मार्ग अपना सकता है। डॉ. मेहता ने विस्तार से वर्णन किया है कि किस प्रकार गांधीजी ने अपना उदाहरण प्रस्तुत करके द. अफ्रीका के भारतीय समाज को, बच्चों और स्त्रियों सहित, त्याग और संघर्ष के कंटक पथ पर चलने को प्रेरित किया। उन्होंने लिखा कि "मैं अपने व्यक्तिगत अनुभव से ऐसे व्यक्तियों को जानता हूँ जिन्होंने संघर्ष में कूदकर अपनी सुख-सुविधाओं और आलीशान बँगलों को त्याग दिया।"

डॉ. मेहता ने लिखा कि "गांधी को देखकर भारत की प्राचीन संत पंरपरा का स्मरण हो आता है। बुद्ध और महावीर के पदचिह्नों पर चलते हुए उन्होंने स्वेच्छा से भौतिक सुखों को त्यागकर सत्यवादिता, निर्भयता और दारिद्र्य (अपरिग्रह) का व्रत अपनाया है। गांधीजी ने इनमें चौथा व्रत ब्रह्मचर्य जोड़ा है।" डॉ. मेहता लिखते हैं कि भारत सच्चे जीवित ब्रह्मचारियों का देश रहा है। गांधीजी ने अपने जीवन में इन गुणों का विकास किया और जो उनके संपर्क में आता है उनमें भी वे गुण प्रवाहित होते हैं। डॉ. मेहता ने गांधीजी के सादे जीवन और संयमित आहार-विहार का वर्णन किया है। "वे अपने सब घरेलू काम, बरतनों की सफाई, घर का झाड़ू-पोंछा, बिस्तर लगाना आदि सब काम खुद करते हैं। वे कड़ाके के जाड़े में भी ठंडे पानी से नहाते हैं। वे अधिकांशत: भारतीय वेशभूषा ही धारण करते हैं।"

वस्तुत: 'हिंद स्वराज' की शक्ति उसके शब्दों में नहीं, उसके पीछे खड़े गांधीजी के जीवन में है। गांधीजी में वैचारिक परिवर्तन और जीवन साधना की प्रक्रिया सन् १८९४ से ही प्रारंभ हो गई थी। उन्होंने सन् १८९४ में ही गुजरात के एक गृहस्थ जैन संत राजचंद्र राजीव भाई मेहता के पास अपने मन में उठ रहे आध्यात्मिक प्रश्नों की सूची भेजी थी और उनसे ज्ञान लाभ किया था। सन् १९०४ में उन्होंने फोनिक्स आश्रम की

स्थापना करके सादगीपूर्ण श्रमप्रधान सामूहिक जीवन का प्रयोग प्रारंभ किया। सन् १९०४ में ही उन्होंने फोनिक्स आश्रम में 'इंडियन ओपीनियन' नामक पत्र आरंभ किया। २७ मई, १९०६ को उन्होंने अपने भाई लक्ष्मीदास को भौतिक संपत्ति के त्याग अर्थात् अपरिग्रह के व्रत की सूचना दी। १८ अगस्त, १९०६ को उन्होंने भारत की राष्ट्रीय एकता के लिए हिंदी या हिन्दुस्थानी को अपनाने का व्रत लिया। सन् १९०६ में ही उन्होंने गृहस्थाश्रम में रहते हुए भी ब्रह्मचर्य का संकल्प लिया। गांधीजी जिस जीवन को अपना रहे थे, उसमें अपने पूरे परिवार को भी सहभागी बनाने का प्रयास कर रहे थे। सन् १९०८ में उन्होंने द. अफ्रीका में अपने शांतिपूर्ण प्रतिरोध को 'सत्याग्रह' नाम दिया। १२ अक्तूबर, १९०९ को उन्होंने अपने पुत्र मणिलाल गांधी को लिखा कि केवल किताबी पढ़ाई ही पर्याप्त नहीं है, श्रेष्ठ जीवन जीने का प्रयास ही सच्ची शिक्षा है।"

'हिंद स्वराज' को समझने के लिए गांधी की इस कठोर साधना और वैचारिक विकास प्रक्रिया को जानना बहुत जरूरी है। 'हिंद स्वराज' पर इस समय जो बौद्धिक व्यायाम चल रहा है, उसमें से शब्दों का सूखा, हरियालीविहीन पहाड़ तो खड़ा हो जाएगा, पर श्रेष्ठ उदात्त जीवन का झरना नहीं बहेगा। 'हिंद स्वराज' के शब्द-शरीर को प्रथम दृष्ट्या देखकर गोपाल कृष्ण गोखले ने कहा था कि "इसमें प्रस्तुत विचार बहुत कच्चे हैं, मुझे विश्वास है कि गांधी भारत में एक वर्ष रहने के बाद उसे पूरी तरह बदल डालेंगे।" १४ जुलाई, १९३८ को सेवाग्राम से गांधीजी ने सोफिया वाडिया के 'आर्यन पाथ' नामक पत्र में 'हिंद स्वराज अंक' के लिए अपने संदेश में लिखा कि "पाठक मेरे एक स्वर्गीय मित्र की यह राय भी जान लें कि "यह एक मूर्ख आदमी की रचना है।"

सच तो यह है कि केवल बौद्धिक व्यायाम के द्वारा अपने को गांधीवादी कहलाने का दावा करने वालों को आत्मालोचन की बहुत आवश्यकता है। क्या वे स्वयं में सचमुच गांधीजी का आत्मबल, अपरिग्रह, निर्भयता और सत्यनिष्ठा उत्पन्न कर पाए हैं? जो लोग सुरापान, मांसाहार और अर्थ लोभ में फँसे हों, क्या वे गांधीवादी कहलाने के अधिकारी हैं? गांधीजी की साधना की कसौटी पर ही समस्त गांधीवादी संस्थाओं का मूल्यांकन करना होगा। एक विदेशी शोधक ने भारत यात्रा करके पुस्तक छापी, जिसमें लिखा कि "पूरा भारत घूमने पर भी गांधी कहीं नहीं मिले, केवल उनकी प्रतिमाएँ और शब्द भंडार मिले।" इसके साथ ही यह विचार होना भी आवश्यक है कि गांधीजी स्वयं अपने जीवनकाल में 'हिंद स्वराज' में प्रस्तुत अपने सपने को कितनी मात्रा में साकार कर पाए और यदि गांधी जैसा महान व्यक्तित्व वह नहीं कर पाया तो क्या आज का खोखला शब्दाचार उसमें सफल हो पाएगा?

(पाञ्चजन्य, ४ दिसंबर, २००९)

□

हिंद स्वराज के स्तुतिगान से आगे बढ़ें

अभी तीन दिन पहले ३० जनवरी, २०११ को गांधीजी की ६३वीं पुण्यतिथि आकर चली गई। भारतीय समाज ने अपने परंपरागत स्वभाव के अनुरूप श्रद्धांजलि प्रदर्शन का कर्मकांड पूरी तरह निभाया। राजघाट पर प्रार्थना सभा हुई, कुछ लोगों ने चरखा कातते हुए चित्र छपाए, नेताओं ने उनकी समाधि पर पुष्पार्पण किया, कुछ सभाएँ-संगोष्ठियाँ हुईं। समाचार पत्रों में भारत सरकार के कुछ मंत्रालयों ने बापू के चित्र और एकाध वचन के साथ विज्ञापन दिए। यद्यपि राजीव गांधी की जन्मतिथि व पुण्यतिथि पर दिए गए विज्ञापनों की तुलना में ये बहुत अल्प थे। लिक्खाड़ों ने बापू पर लेख लिखकर अखबारों में छपवाए। इसके साथ ही विलाप किया कि बापू को हमने भुला दिया, इसीलिए हम आज की दुर्दशा से गुजर रहे हैं। देश दुर्दशा से गुजर रहा है, इतना तो ठीक है, पर बापू को हमने भुला दिया—यह अतिरंजना ही नहीं बल्कि बड़ा झूठ है।

भूले नहीं, अधिक याद किया

२२ नवंबर, २००९ को गांधीजी के घोषणा-पत्र 'हिंद स्वराज' की शताब्दी का वर्ष आरंभ हुआ, जो अब तक चल रहा है। उस वर्ष में हिंद स्वराज पर सैकड़ों संगोष्ठियाँ हुईं। अनेक विद्वानों ने हिंद स्वराज के अपने-अपने संस्करण प्रकाशित किए। प्रत्येक संस्करण के आरंभ में हिंद स्वराज के महत्त्व और प्रासंगिकता पर लंबी व्याख्याएँ लिखीं। प्रो. श्रीराम मेहरोत्रा जैसे वरिष्ठ-वयोवृद्ध इतिहासकार ने, जो गांधीभक्ति से अभिभूत हैं, गंभीर शोध किया कि गांधीजी हिंद स्वराज में प्रस्तुत विचारों तक पहुँचे कैसे? उनका लगभग एक सौ पृष्ठों का यह शोध प्रबंध स्वयं में ऐतिहासिक है। हमारे प्रिय मित्र डॉ. जितेंद्र बजाज और डॉ. एम.डी. श्रीनिवास ने एक ओर तो गुजराती मूल के हिंद स्वराज के एक-एक शब्द का उसके हिंदी अनुवाद के साथ बारीकी से तुलनात्मक अध्ययन किया। मानो अब तक प्रकाशित हिंदी अनुवादों में गांधीजी के मूल भावों और विचारों की सही प्रस्तुति न होने के कारण ही देश हिंद स्वराज में चित्रित गांधीजी के सपनों के भारत को साकार रूप

नहीं दे पाया। इन दानों समर्पित और निष्ठावान विद्वानों ने गांधीजी की हिंद स्वराज तक की विचार-यात्रा को समझने के लिए संपूर्ण गांधी वाङ्मय के सन् १९०९ तक के सब खड़ों के एक-एक शब्द का अध्ययन व विश्लेषण कर डाला। उनकी साधना का यह प्रतिफल भी शीघ्र ही बाजार में आनेवाला है। हिंद स्वराज में विद्वानों एवं प्रकाशकों की भारी रुचि का अनुमान इसी से लगाया जा सकता है कि इस विषय पर एक दर्जन से अधिक पुस्तकें अपने पास होने की गर्वोक्ति मैं भी कर सकता हूँ।

हिंद स्वराज का महत्त्व

स्पष्ट ही गांधीजी में रुचि कम नहीं हुई, अपितु बढ़ रही है। पिछले एक वर्ष में भारत और अन्य देशों में गांधीजी पर इतने विपुल साहित्य का सृजन हुआ है कि उनके समकालीन अन्य सब महापुरुषों पर कुल मिलाकर लिखा गया साहित्य भी शायद गांधीजी की तुलना में कम ही बैठेगा। पर गांधीजी पर रचे गए ताजे साहित्य का आलोड़न करने पर एक बात स्पष्ट दिखाई दे जाती है कि अधिकांश लेखन भारत सरकार के प्रकाशन विभाग द्वारा १०० खंडों में प्रकाशित विशालकाय संपूर्ण गांधी वाङ्मय पर ही आश्रित रह गया है, इसलिए वह एकपक्षीय व स्तुतिपरक बन गया है। हम यह भूल जाते हैं कि गांधीजी स्वांत:सुखाय एकाकी साधनापथी नहीं थे। यह सत्य है कि सत्य, अहिंसा, अपरिग्रह एवं ब्रह्मचर्य आदि आध्यात्मिक जीवन-मूल्यों का पहला प्रयोग उन्होंने स्वयं पर किया और जीवन के अंत तक वे उन प्रयोगों में लगे रहे। पर यदि केवल व्यक्तिगत मोक्ष ही उनका जीवन लक्ष्य होता तो शायद महर्षि रमण और रामकृष्ण परमहंस जैसे संतों के समान उनका प्रभाव क्षेत्र भी एक शिष्यमंडली तक सीमित रह जाता। किंतु गांधीजी ने सभ्यता का एक अलग चित्र लेकर अपनी जीवन साधना आरंभ की थी और वे उस चित्र को साकार करने के लिए भारत के स्वतंत्रता आंदोलन के पुरोधा बने थे। हिंद स्वराज का लेखन उन्होंने केवल मनो-विलास के लिए नहीं किया था। उसमें उन्होंने पश्चिम की भोगप्रधान मशीनी सभ्यता को पूरी तरह अस्वीकार कर भारत की परंपरागत श्रमप्रधान आध्यात्मिक सभ्यता को न केवल भारत अपितु संपूर्ण विश्व के लिए अनिवार्य माना था। इसलिए हमने इस लेख के आरंभ में ही उसे गांधीजी का घोषणा-पत्र कहा है। गांधीजी अपने जीवन के अंतिम चरण तक हिंद स्वराज में प्रस्तुत सभ्यता के चित्र को ही स्वाधीन भारत का गंतव्य कहते रहे। सन् १९२१, १९३८ व १९४५ के उनके पत्र व लेख इसका प्रमाण हैं। हिंद स्वराज में वर्णित सभ्यता को ही उन्होंने स्वराज कहा और पुस्तक की अंतिम पंक्ति में घोषणा की, 'मेरा मन गवाही देता है कि ऐसा स्वराज पाने के लिए मेरा यह शरीर समर्पित है।'

गांधीजी के प्रयोग

द.अफ्रीका में सन् १८९३ से सन् १९१४ तक ही उनकी साधना को भारत में

सच्चा स्वराज्य लाने के लिए संकल्प की तैयारी के रूप में ही देखा जाना चाहिए। उनकी कल्पना के स्वराज्य का आधार आध्यात्मिक समाज ही हो सकता था। आध्यात्मिक समाज की रचना का माध्यम राज्य द्वारा स्थापित संस्थाएँ या कानून नहीं होते अपितु आध्यात्मिक शक्ति से संपन्न व्यक्ति ही हो सकते हैं। इसलिए द. अफ्रीका में रहते हुए गांधीजी ने सत्य, अहिंसा, अपरिग्रह व ब्रह्मचर्य का व्रत पहले अपने जीवन में अपनाया और फिर फोनिक्स व टालस्टाय आश्रमों की स्थापना कर उस जीवन को अन्य आश्रमवासियों में उतारने का प्रयास किया। इसी के साथ-साथ उन्होंने द. अफ्रीका को अहिंसक जनसंघर्ष की प्रयोगशाला भी बनाया। इन प्रयोगों में से विकसित एक नई जीवन-शैली और सामूहिक संघर्ष पद्धति लेकर वे भारत लौटे।

भारत आने के बाद गांधीजी ने तीन प्रकार की रचनाएँ खड़ी कीं। पहले साबरमती और फिर सेवाग्राम (वर्धा) में उन्होंने आश्रम स्थापित किए। सन् १९१८-१९ में कांग्रेस में सक्रिय होकर उन्होंने १९२० में कांग्रेस का कायाकल्प किया। कांग्रेस को शहरी ड्राइंगरूमों से निकालकर गाँवों से जोड़ा। कांग्रेस के सदस्यों को विदेशी वेषभूषा व भाषा से मुक्त कर भारत के ग्रामीण परिवेश का अंग बनाया। दैनिक जीवन में चरखा कातने और देशी खद्दर को पहनने का बंधन लगाया। स्वतंत्रता आंदोलन में अहिंसा व्रत को अनिवार्य कर अहिंसक सत्याग्रह जैसी नई युद्धनीति को लोकप्रिय बनाया। शराबबंदी और विदेशी वस्तुओं व भाषा के बहिष्कार को स्वतंत्रता आंदोलन का अंग बनाकर नैतिक समाज के निर्माण के रास्ते पर चलाया। गांधीजी स्वयं एक आध्यात्मिक शक्तिपुंज बनकर भारत के सार्वजनिक रंगमंच पर अवतरित हुए। उनके व्यक्तित्व ने एक ओर तो भारतीय मानस में सहस्राब्दियों से संचित किंतु सुप्त पड़ी आध्यात्मिक चेतना को झंकृत किया, जिसके कारण भारतीय समाज का संस्कृतिनिष्ठ, संवेदनशील, क्षमतावान, राष्ट्रभक्त वर्ग गांधीजी के जीवन से श्रद्धापूरित हो उनके पीछे खड़ा हो गया। दूसरी ओर ब्रिटिश शासक, जो सन् १८५७ की क्रांति की विफलता के बाद से पराभूत भारत का राजनीतिक एजेंडा तय कर रहे थे और भारत को पाश्चात्य शिक्षा, प्रशासन, संवैधानिक व आर्थिक संस्थाओं के मकड़जाल में फाँस रहे थे, गांधीजी द्वारा अंगीकृत अभिनव जीवन-शैली, शब्दावली और संघर्ष-पद्धति के सामने हतप्रभ थे। वे उसे समझने में स्वयं को असमर्थ पा रहे थे। गांधीजी की अंतरात्मा की आवाज के रहस्य को वे हजम नहीं कर पा रहे थे। स्वयं सन् १९२० और सन् १९३० के सत्याग्रहों के माध्यम से गांधीजी ने लोक जागरण और जन आंदोलन का जो विशाल उभार खड़ा किया, वह अंग्रेज शासकों की समझ के बाहर था। पहली बार पूरे भारत में जाति, क्षेत्र, भाषा की संकीर्ण भावनाओं से ऊपर उठकर ग्राम स्तर तक राजनीतिक नेतृत्व का उदय उनके लिए विस्मयकारी था। पहली बार अंग्रेजों को भारत में एक नई प्रकार की युद्ध-शैली का सामना करना पड़ा।

अंग्रेजों की कूटनीति

किंतु तभी से उनके और गांधीजी के बीच एक प्रकार का कूटनीतिक युद्ध भी आरंभ हो गया। इस युद्ध में सन् १९३० के सत्याग्रह तक गांधीजी का पलड़ा भारी रहा। पहली बार गांधीजी के नेतृत्व में कांग्रेस भारत की अनेकविध विविधता का प्रतिनिधित्व करने वाले जनांदोलन के रूप में उभरी। किंतु अंग्रेज शासक उन्नीसवीं शताब्दी के आरंभ से ही भारतीय यथार्थ का सूक्ष्म अध्ययन करते आ रहे थे। अतः उन्होंने गांधीजी के नेतृत्व में उभरे कांग्रेस संगठन के जनाधार का भी सूक्ष्म अध्ययन व विश्लेषण किया। उन्होंने देखा कि भारत में मुस्लिम समाज राष्ट्रीयता की भावना से नहीं, विश्व इस्लामवाद की विचारधारा से बँधा है और वह किसी भी मूल्य पर लोकतांत्रिक प्रणाली में हिन्दू बहुमत के साथ सहअस्तित्व को सहन नहीं करेगा। उन्होंने समझ लिया कि सन् १९२१-२२ के असहयोग आंदोलन में मुस्लिम सहभाग की प्रेरणा स्वराज प्राप्ति न होकर तुर्की के सुल्तान के खलीफा पद को बचाना भर थी। इसलिए जितने जोश के साथ वह असहयोग आंदोलन में कूदा, उतनी ही फुर्ती से वह उस आंदोलन से अलग होकर हिन्दू समाज के विरुद्ध हिंसक दंगों में लग गया। सन् १९३० तक कांग्रेस के पास इने-गिने मुस्लिम नामों के अतिरिक्त कोई मुस्लिम जनाधार नहीं रह गया था। दूसरे, उन्होंने देखा कि हिन्दू समाज की जाति-व्यवस्था में एक बहुत बड़ा वर्ग, जिसे उस समय दलित वर्ग कहा जाता था, अशिक्षित, निर्धन, पिछड़ा व नेतृत्वविहीन है। वह मन से भारतीय और राष्ट्रभक्त होते हुए भी अपनी विपन्नावस्था से जूझ रहा है, इसलिए स्वतंत्रता आंदोलन के प्रति सहानुभूति रखते हुए भी वह उसमें सहभागी नहीं हो पा रहा है। इस प्रकार गांधीजी के नेतृत्व में उभरे स्वतंत्रता आंदोलन का मुख्य जनाधार हिन्दू समाज की अपेक्षाकृत शिक्षित, प्रबुद्ध, उच्च जातियों व मध्यम वर्ग तक ही सीमित है। इसलिए गांधीजी के विरुद्ध अपने कूटनीतिक युद्ध में ब्रिटिश शासकों ने मुसलमानों, दलित वर्गों व भारतीय नरेशों का इस्तेमाल करने की व्यूह-रचना तैयार की। लंदन में आयोजित तीन गोलमेज सम्मेलन उसी व्यूह-रचना का दृश्य रूप थे। इन गोलमेज सम्मेलनों में भारतीय राष्ट्रवाद की जनप्रतिनिधि कांग्रेस को मुस्लिम पृथकतावाद के साथ-साथ नरेशों और दलित वर्गों के सामने खड़ा करना उनका मुख्य उद्देश्य था। यदि कांग्रेस इन सम्मेलनों में भाग नहीं लेती तो उनकी पूरी व्यूह-रचना असफल हो जाती। सन् १९३० तक कांग्रेस ने गोलमेज सम्मेलन के बहिष्कार का संकल्प घोषित किया हुआ था।

गांधीवाद से दूर कांग्रेस

इसलिए कांग्रेस को अपनी व्यूह-रचना में फँसाने के लिए वायसराय इर्विन ने गांधीजी को बराबरी के स्तर पर वार्त्ता के लिए आमंत्रित किया। यह धर्मराज युधिष्ठिर को द्यूत-

क्रीड़ा के लिए शकुनि के निमंत्रण जैसा ही था। इतिहास की दृष्टि से देखें तो ५ मार्च, १९३१ के गांधी-इर्विन पैक्ट ने सन् १९३० तक हुई गांधीजी की लोकप्रियता व प्रभाव-वृद्धि पर विराम चिह्न लगा दिया। गोलमेज सम्मेलन में गांधीजी पाने की बजाय खोकर वापस लौटे। सन् १९३२ का पूना पैक्ट दलित प्रश्न पर गांधीजी के विरुद्ध अंग्रेजों की कूटनीतिक विजय थी। वे भारतीय राष्ट्रवाद के मुख्य अधिष्ठान हिन्दू समाज को बीच से विभाजित करने में सफल हो गए थे। गांधीजी उससे इतना अधिक आहत हुए कि उन्होंने पूना पैक्ट के बाद ही जेल में अपना जीवन हिन्दू समाज की एकता के हित में दलित समस्या को हल करने के लिए समर्पित करने का निश्चय किया। उन्होंने देशव्यापी हरिजन आंदोलन आरंभ किया। किंतु तभी उन्होंने पाया कि कांग्रेस संगठन का नेहरूवादी वर्ग इस आंदोलन में उनके साथ नहीं है। सन् १९३४ में गांधीजी ने अपनी ही गढ़ी कांग्रेस की प्राथमिक सदस्यता छोड़ने का निर्णय लिया। उस निर्णय की घोषणा के वक्तव्य में उन्होंने स्वीकार किया कि कांग्रेस जनों की अहिंसा, चरखा कातने, खद्दर पहनने पर सच्ची निष्ठा नहीं है। जिस हरिजन आंदोलन को मैं अपना जीवन लक्ष्य मानता हूँ, उसमें भी वे मन से मेरे साथ नहीं हैं। एक प्रकार से गांधीजी को यह मानना पड़ा कि जिस कांग्रेस को उन्होंने स्वयं गढ़ा था वह भी उनके आदर्शों पर चलने को तैयार नहीं है। कांग्रेस से त्यागपत्र देकर ही गांधीजी ने रचनात्मक संस्थाओं की शृंखला खड़ी की।

फिर भी कुछ प्रश्न

सूत्र रूप में यह सब लिखने का अभिप्राय है कि गांधीजी के व्यक्तित्व का मूल्यांकन करते समय केवल संपूर्ण गांधी वाङ्मय पर आश्रित रहना पर्याप्त नहीं है। गांधीजी के बारे में ब्रिटिश दस्तावेजों एवं मुस्लिम समाज की प्रतिक्रियाओं को जानना भी उतना ही आवश्यक है। गांधीजी की महानता को स्वीकार करते हुए भी यह प्रश्न तो हमारे मन में उठना ही चाहिए कि उनके जैसे प्रभावशाली आध्यात्मिक पुँज के भारत के सार्वजनिक जीवन का प्रेरणास्रोत बन जाने के बाद भी भारत हिंद स्वराज में प्रस्तुत समाज निर्माण की दिशा में आगे क्यों नहीं बढ़ सका? जो लोग सोचते हैं कि हिंद स्वराज को शब्द रूप में जन-जन तक पहुँचाकर भारत को पुनः उस समाज के निर्माण की दिशा में आगे बढ़ा सकेंगे, वे भूल जाते हैं कि भारतीय मानस पर गांधीजी के प्रभाव का कारण हिंद स्वराज नामक पुस्तक नहीं, बल्कि गांधीजी का अपना जीवन था। इसीलिए उन्होंने अपनी आत्मकथा को 'मेरे सत्य के प्रयोग' जैसा नाम दिया। अब लोग गांधीजी के जीवन को तिलांजलि देकर उनके द्वारा प्रवर्तित रचनात्मक संस्थाओं से भी विदा ले चुके हैं।

सिर्फ स्तुतिगान या श्रद्धायुक्त विश्लेषण?

सन् १९३४ में कांग्रेस की प्राथमिक सदस्यता को त्यागने के अपने निर्णय को सूचित

करने के लिए गांधीजी ने जो ऐतिहासिक वक्तव्य दिया, उसमें यह भी कहा कि कांग्रेस में समाजवादी विचारधारा का प्रभाव बढ़ रहा है। मेरा उनसे मतभेद है, पर मैं उनसे कांग्रेस के भीतर रहकर नहीं, बाहर आकर लड़ना चाहूँगा। आश्चर्य है कि सन् १९४२ में उन्होंने समाजवाद का शब्दोच्चार करने वाले जवाहरलाल नेहरू को अपना राजनीतिक उत्तराधिकारी घोषित किया, समाजवाद के आलोचक राजगोपालाचारी का नाम अस्वीकार किया। इतिहास के सामने यह बहुत बड़ा प्रश्न है कि गांधीजी ने नेहरू को ही अपना उत्तराधिकारी क्यों स्वीकार किया? यह प्रश्न तब और भी मुखर हो जाता है, जब सन् १९४६ में १५ में से १३ प्रांतीय कांग्रेस कमेटियों ने सरदार पटेल को कांग्रेस के अध्यक्ष पद के लिए नामांकित किया था और नेहरूजी का नाम किसी भी प्रांत से नहीं आया था, लेकिन गांधीजी ने नेहरू को ही अध्यक्ष बनाने की इच्छा प्रकट की और पटेल ने उनकी इच्छा का आदर करते हुए सहर्ष यह पद नेहरू को दे दिया। उस समय सत्ता हस्तांतरण की प्रक्रिया सामने थी और कांग्रेस अध्यक्ष ही स्वतंत्र भारत का प्रथम प्रधानमंत्री बनकर भारत के भावी निर्माण की दिशा तय कर सकता था। किंतु नेहरू ने अक्तूबर-नवंबर १९४५ में गांधीजी के साथ अपने पत्राचार में उनके हिंद स्वराज वाले चित्र को स्पष्ट शब्दों में ठुकरा दिया था। तब क्या नेहरू को स्वाधीन भारत का रचनाकार बनाकर गांधीजी हिंद स्वराज के चित्र को साकार करने की आशा रखते थे? नेहरू को न तो गांधीजी के सत्य, अहिंसा, अपरिग्रह और ब्रह्मचर्य के जीवन-मूल्य स्वीकार थे और न ही गांधीजी का सामाजिक व आर्थिक जीवन-दर्शन। गांधीजी का जीवन जिन आदर्शों और जीवन-दर्शन के लिए समर्पित था, यदि वे ही नेहरू को स्वीकार्य नहीं थे तो गांधीजी ने सुभाष, पटेल व राजेंद्र प्रसाद जैसे क्षमतावान नेताओं के होते हुए नेहरू को ही क्यों चुना? इन प्रश्नों को उठाने का अर्थ यह नहीं है कि गांधीजी के प्रति हमारी श्रद्धा कमजोर हुई है। गांधीजी को हम अभी भी एक महान मनीषी और तपस्वी नेता मानते हैं। किंतु, वे अपना जीवन-लक्ष्य प्राप्त करने में सफल क्यों नहीं हो पाए, इसकी सही-सही कारण-मीमांसा करने के समय हमें अपने समाज-जीवन की उन दुर्बलताओं का साक्षात्कार करना होगा, जिनके कारण गांधीजी जैसे शक्तिशाली आध्यात्मिक पुँज भी सफल नहीं हो सके। इसके साथ ही ब्रिटिश कूटनीति एवं मुस्लिम पृथकतावाद की नकारात्मक भूमिका के परिप्रेक्ष्य में भी उनकी सीमाओं और विवशताओं को समझने का अवसर मिलेगा। अपने महापुरुषों के योगदान का सही आंकलन करने में अंधे स्तुतिगान से अधिक श्रद्धायुक्त आलोचनात्मक बुद्धि ही हमें भविष्य की दिशा बता सकती है।

(पाञ्चजन्य, ३ फरवरी, २०११)

□

हिंद स्वराज में क्या लिखा है

स्वराज की लड़ाई राजनीतिक नहीं, सभ्यतापरक

स्वतंत्रता प्राप्ति के १२ वर्ष पश्चात् १ अगस्त, १९५९ को 'हिंद स्वराज' के हिंदी में नए संस्करण की भूमिका में गांधीजी के आजीवन शिष्य काका कालेलकर ने लिखा कि "गांधीजी के सारे जीवन-कार्य के मूल में जो श्रद्धा काम करती रही, वह सारी 'हिंद स्वराज' में पाई जाती है। इसलिए गांधीजी के विचार-सागर में इस छोटी सी पुस्तक का महत्त्व असाधारण है।"

गांधीजी ने स्वयं भी २२ नवंबर, १९०९ को किलडोनन कैसल जहाज पर बैठकर 'हिंद स्वराज' को लेखन पूरा करने के बाद प्रस्तावना में लिखा कि "मेरा उद्‌देश्य सिर्फ देश की सेवा करने का और सत्य की खोज करने का व उसके मुताबिक आचरण करने का है। दूसरे लोग भी उनके मुताबिक बरतें, ऐसी देश के भले के लिए साधारण तौर पर मेरी भावना रहेगी।"

भोग-भूमि से कर्म-भूमि

द. अफ्रीका में अपने काम को पूरा कर वे जल्दी से जल्दी भारत लौटने के लिए आतुर थे। वह निर्णय हो जाने पर ९ जुलाई, १९१४ को डरबन की गुजराती सभा द्वारा आयोजित विदाई समारोह में भाषण देते हुए उन्होंने कहा, "मैं अब भोग-भूमि से कर्म-भूमि में जा रहा हूँ। मेरी मुक्ति भारत को छोड़कर अन्य भूमि में नहीं है। यदि मोक्ष की इच्छा हो तो मनुष्य को भारत-भूमि में जाना ही चाहिए। मेरी ही तरह प्रत्येक के लिए भारत-भूमि दु:खियों का विश्राम स्थल है और इसीलिए स्वदेश जाने के लिए मैं इतना उत्सुक हूँ।" (संपूर्ण गांधी वाङ्मय, खंड १२, पृष्ठ ४४५)

जनवरी १९१५ में भारत लौटने के बाद सन् १९१९ में 'हिंद स्वराज' का अंग्रेजी संस्करण मद्रास में छपा, जिसमें गांधीजी ने नया प्राक्कथन लिखा और चक्रवर्ती

राजगोपालाचारी ने एक समीक्षा लिखी। जनवरी १९२१ में गांधीजी की नई प्रस्तावना के साथ पहला हिंदी अनुवाद प्रकाशित हुआ। इस प्रस्तावना में गांधीजी ने माना कि "मेरी इस छोटी सी किताब की ओर विशाल जनसंख्या का ध्यान खिंच रहा है, यह सचमुच ही मेरा सौभाग्य है। मेरी राय में यह किताब ऐसी है कि यह बालक के हाथ में भी दी जा सकती है। यह द्वेषधर्म की जगह प्रेमधर्म सिखाती है, हिंसा की जगह आत्म बलिदान को रखती है, पशुबल से टक्कर लेने के लिए आत्मबल को खड़ा करती है।"

'हिंद स्वराज' में प्रस्तुत विचार के प्रति अपने आग्रह को दोहराते हुए गांधीजी ने लिखा, "इस किताब में आधुनिक सभ्यता पर सख्त टीका की गई है। यह सन् १९०९ में लिखी गई थी। इसमें मेरी जो मान्यता प्रगट की गई है, वह आज पहले से ज्यादा मजबूत बनी है। मुझे लगता है कि अगर हिन्दुस्तान आधुनिक सभ्यता का त्याग करेगा तो उससे उसे अधिक लाभ ही होगा।"

गांधीजी की यह आस्था जीवन के अंत तक बनी रही। सन् १९३८ में श्रीमती सोफिया वाडिया ने 'आर्यन पाथ' नामक अंग्रेजी मासिक का 'हिंद स्वराज' विशेषांक संयोजित किया। उसके लिए गांधीजी से संदेश भेजने की प्रार्थना की। गांधीजी ने १४ जुलाई, १९३८ को अपने संक्षिप्त संदेश में दोहराया, "इसे लिखने के बाद जो तीस साल मैंने अनेक आँधियों में बिताए हैं, उनमें मुझे इस पुस्तक में बताए हुए विचारों में फेरबदल करने का कोई भी कारण नहीं मिला।" सन् १९४५ में जब द्वितीय महायुद्ध के समय उत्पन्न अंतरराष्ट्रीय और भारत की आंतरिक स्थितियों के कारण अंग्रेजों के लिए भारत छोड़ना अपरिहार्य हो गया तब गांधीजी ने अपने राजनीतिक उत्तराधिकारी जवाहरलाल नेहरू के नाम ५ अक्तूबर, १९४५ को एक लंबे पत्र में लिखा कि "स्वराज के स्वरूप के बारे में हमारे दृष्टिकोणों की जनता को जानकारी मिलनी चाहिए। मैंने पहले कहा है और अभी भी मैं शासन-प्रणाली के उसी रूप पर अटल हूँ, जिसकी कल्पना 'हिंद स्वराज' में की थी। यह खोखला शब्दाचार नहीं है। १९०९ में जब मैंने यह पुस्तिका लिखी थी तब से अब तक मैंने जो भी अनुभव पाया है वह मेरे विश्वास की सत्यता को पुष्ट करता है। इसलिए यदि मैं अकेला रह जाऊँ तो भी फिक्र नहीं करूँगा, क्योंकि मैं सत्य को जैसा देखता हूँ उसी का साथी बन सकता हूँ। यह पत्र लिखते समय 'हिंद स्वराज' मेरे सामने नहीं है। इसलिए मैं उस चित्र को नए सिरे से अपने शब्दों में प्रस्तुत कर रहा हूँ।…"

मूल में बस श्रद्धा

गांधीजी के इन सब उद्धरणों से काका कालेलकर के इस कथन की पुष्टि हो जाती है कि "गांधीजी के सारे जीवन-कार्य के मूल में जो श्रद्धा काम करती रही, वह सारी

'हिंद स्वराज' में पाई जाती है।'' अत: यह आवश्यक हो जाता है कि हम संक्षेप में यह जानें कि गांधीजी 'हिंद स्वराज' में क्या कहना चाहते हैं, अपने उस स्वप्न को साकार रूप देने के लिए उन्होंने क्या प्रयास किए, वे प्रयास कितनी मात्रा में सफल हुए, कितनी मात्रा में नहीं हुए, और क्यों?

२० अध्यायों में प्रस्तुत 'हिंद स्वराज' की विषय वस्तु निम्न बिंदुओं पर केंद्रित है—

१. स्वराज क्या है और उसे पाने का उपाय क्या हो सकता है? २. पाश्चात्य सभ्यता का चरित्र कैसा है? ३. भारतीय सभ्यता की विशेषताएँ क्या हैं? और ४. क्या भारत को पश्चिम की यंत्र सभ्यता का अंधानुकरण करना चाहिए?

गांधीजी ने 'स्वराज' की व्याख्या राजनीतिक और आर्थिक स्वतंत्रता से आगे बढ़कर सभ्यतामूलक अर्थ में प्रस्तुत की। संक्षेप में उनका कहना था कि अंग्रेज यहाँ रहें, पर उनकी सभ्यता चली जाए तो मैं कहूँगा कि स्वराज मिला। पर यदि अंग्रेज चले जाएँ और उनकी सभ्यता यहाँ बनी रहे तो मैं मानूँगा कि स्वराज नहीं मिला। उन्होंने स्वतंत्रता प्राप्ति के संघर्ष को राजनीतिक सत्ता के अर्थ में नहीं, सभ्यताओं के संघर्ष के रूप में देखा। वे अपने पाठक को कहते हैं, ''आप हिन्दुस्थान को अंग्रेज बनाना चाहते हैं। हिन्दुस्थान जब अंग्रेज बन जाएगा, तब वह हिन्दुस्थान नहीं कहा जाएगा, बल्कि सच्चा इंग्लिस्तान कहा जाएगा। यह मेरी कल्पना का स्वराज नहीं है।'' अगले अध्याय में वे इंग्लैंड की हालत का आँखों देखा वर्णन करते हैं। ब्रिटिश पार्लियामेंट और ब्रिटिश संसदीय प्रणाली के खोखलेपन का मार्मिक वर्णन करते हैं। ब्रिटिश राजनेताओं और अखबारों के स्वार्थी, अवसरवादी चरित्र को उजागर करते हैं। उनका निष्कर्ष है कि ''इंग्लैंड में आज जो हालत है वह सचमुच दयनीय-तरस खाने लायक है। मैं तो भगवान से यही माँगता हूँ कि हिन्दुस्थान की ऐसी हालत कभी न हो।'' (हिंद स्वराज, नवजीवन प्रकाशन, अमदाबाद, दिसंबर १९९७, पृ. १५)

पर इसे वे केवल अंग्रेजों की नहीं, यूरोप की आजकल की सभ्यता का कसूर मानते हैं। ''यह सभ्यता नुकसानदेह है और उससे यूरोप की प्रजा पागल होती जा रही है।'' (वही, पृ. १८) 'सभ्यता का दर्शन' नामक अगले अध्याय में गांधीजी यूरोप में सभ्यता और प्रगति का जो वर्णन करते हैं वह उन्हीं के शब्दों में पढ़ना उचित रहेगा, क्योंकि वही चित्र स्वाधीन भारत की बासठ वर्ष लंबी यात्रा में से उभरा है। गांधीजी लिखते हैं, ''सौ साल पहले यूरोप के लोग जैसे घरों में रहते थे, वे आज उनसे ज्यादा अच्छे घरों में रहते हैं, यह सभ्यता की निशानी मानी जाती है। इसके पहले लोग चमड़े के कपड़े पहनते थे और भालों का इस्तेमाल करते थे। अब वे लंबे पतलून पहनते हैं और शरीर सजाने के लिए तरह-तरह के कपड़े बनवाते हैं; और भाले के बाद एक के बाद एक

पाँच गोलियाँ छोड़ सके ऐसी चक्करवाली बंदूक इस्तेमाल करते हैं, यह सभ्यता की निशानी है।...पहले यूरोप के लोग मामूली हल की मदद से अपने लिए मेहनत करके जमीन जोतते थे, उसकी जगह अब भाप के यंत्रों से हल चलाकर एक आदमी बहुत सारी जमीन जोत सकता है और बहुत सा पैसा जमा कर सकता है, यह सभ्यता की निशानी मानी जाती है। पहले लोग कुछ ही किताबें लिखते थे और वे अनमोल मानी जाती थीं। आज हर कोई चाहे जो लिखता है और छपवाता है और लोगों के मन को भरमाता है, यह सभ्यता की निशानी है। पहले लोग बैलगाड़ी में रोज बारह कोस की मंजिल तय करते थे, आज रेलगाड़ी से चार सौ कोस की मंजिल करते हैं। यह सभ्यता जैसे-जैसे आगे बढ़ती जाती है वैसे-वैसे यह सोचा जाता है कि लोग हवाई जहाज से सफर करेंगे और थोड़े ही घंटों में दुनिया के किसी भी भाग में जा पहुँचेंगे। लोगों को हाथ-पैर हिलाने की जरूरत नहीं रहेगी। एक बटन दबाया कि आदमी के सामने पहनने की पोशाक हाजिर हो जाएगी, दूसरा बटन दबाया कि उसे अखबार मिल जाएँगे। तीसरा दबाया कि उसके लिए गाड़ी तैयार हो जाएगी, हमेशा नए भोजन मिलेंगे, हाथ-पैर से काम करना ही नहीं पड़ेगा। सारा काम यंत्रों से ही हो जाएगा। पहले लोग खुली हवा में, अपने को ठीक लगे उतना काम, स्वतंत्रता से करते थे। अब हजारों आदमी अपने गुजारे के लिए इकट्ठा होकर बड़े कारखानों में काम करते हैं। उनकी हालत जानवर से भी बदतर हो गई है। उन्हें शीशे वगैरह के कारखानों में जान को जोखिम में डालकर काम करना पड़ता है। इसका लाभ पैसेदार लोगों को मिलता है। पहले लोगों को मार-पीट कर गुलाम बनाया जाता था, आज लोगों को पैसे और भोग का लालच देकर गुलाम बनाया जाता है। पहले जैसे रोग नहीं थे, वैसे रोग आज लोगों में पैदा हो गए हैं और उसके साथ डॉक्टर खोज करने लगे हैं कि ये रोग कैसे मिटाएँ जाएँ। ऐसा करने से अस्पताल बढ़े हैं, यह सभ्यता की निशानी मानी जाती है।'' (वही, पृ. २०-२५)

मजबूत बुनियाद पर हिन्दुस्थान

गांधीजी का निष्कर्ष है कि ''इस सभ्यता की सही पहचान तो यह है कि लोग बाहरी (दुनिया) की खोजों में और शरीर के सुख में धन्यता, सार्थकता और पुरुषार्थ मानते हैं। (वही, पृ. २०)...उसमें नीति या धर्म की बात ही नहीं है। मैं आपसे बीस वर्ष के अनुभव के बाद कहता हूँ कि नीति के नाम से अनीति सिखलाई जाती है। शरीर का सुख कैसे मिले, यही आज की सभ्यता ढूँढ़ती है। और यही देने की वह कोशिश करती है। (वही, पृ. २१-२२) उनका कहना है कि ''मेरी पक्की राय है कि हिन्दुस्थान अंग्रेजों से नहीं, बल्कि आजकल की सभ्यता से कुचला जा रहा है, उसकी चपेट में वह फँस गया है। उसमें से बचने का अभी भी उपाय है।'' (वही, पृ. २६)

'सच्ची सभ्यता कौन सी?' अध्याय में गांधीजी लिखते हैं, "मैं जानता हूँ कि जो सभ्यता हिन्दुस्थान ने दिखाई है, उस तक दुनिया में कोई नहीं पहुँच सकता। जो बीज हमारे पुरखों ने बोए हैं, उनकी बराबरी कर सके, ऐसी कोई चीज देखने में नहीं आई। रोम मिट्टी में मिल गया, ग्रीस का सिर्फ नाम ही रह गया, मिस्र की बादशाही चली गई, जापान पश्चिम के शिकंजे में फँस गया और चीन को कुछ भी कहा नहीं जा सकता। लेकिन गिरा-टूटा जैसा भी हो, हिन्दुस्थान अपनी बुनियाद में मजबूत है। अनुभव से जो हमें ठीक लगा है उसे हम क्यों बदलेंगे? बहुत से अक्ल देने वाले आते-जाते रहते हैं। पर हिन्दुस्थान अडिग रहता है। यह उसकी खूबी है, यह उसका लंगर है।" (वही, पृ. ४४) पहले तीन अध्यायों में यूरोपीय सभ्यता में से उपजी रेलगाड़ियों, डॉक्टरों एवं वकीलों के घातक दोषों का विवेचन करके इस अध्याय में गांधी कहते हैं कि "इस राष्ट्र में अदालतें थीं, वकील थे, डॉक्टर-वैद्य थे। लेकिन वे सब ठीक ढंग से नियम के मुताबिक चलते थे। सब जानते थे कि ये धंधे बड़े नहीं हैं। और वकील, डॉक्टर वगैरह लूट नहीं चलाते थे। अदालतों में न जाना, यह लोगों का ध्येय था।···इतनी सड़न भी सिर्फ राजा और राजधानी के आस-पास ही थी। प्रजा तो उससे स्वतंत्र रहकर अपने खेत का मालिकाना हक माँगती थी···और जहाँ यह 'चांडाल सभ्यता नहीं पहुँची है, वहाँ हिन्दुस्थान अब भी वैसा ही है।" (वही, पृ. ४६)

गांधीजी की दृष्टि में "सभ्यता वह आचरण है जिससे आदमी अपना फर्ज अदा करता है। फर्ज अदा करने के मायने हैं नीति का पालन करना। नीति के पालन का मतलब है अपने मन और इंद्रियों को वश में रखना।" (वही, पृ. ४४) उनका विश्वास है कि "हिन्दुस्थान की सभ्यता का झुकाव नीति को मजबूत करने की ओर है, पश्चिमी सभ्यता का झुकाव अनीति को मजबूत करने की ओर है इसलिए मैंने उसे हानिकारक कहा है। पश्चिम की सभ्यता निरीश्वरवादी है, हिन्दुस्थान की सभ्यता ईश्वर को मानने वाली है।" (वही, पृ. ४७)

एक राष्ट्र का मंत्र

गांधीजी अंग्रेजों के इस भ्रामक प्रचार का भी खंडन करते हैं कि उनके आने के पहले भारत एक राष्ट्र नहीं था और "एक राष्ट्र बनने में आपको सैकड़ों बरस लगेंगे।" गांधीजी का उत्तर है कि "यह कथन बिल्कुल बेबुनियाद है। जब अंग्रेज हिन्दुस्थान में नहीं थे तब भी हम एक राष्ट्र थे, हमारे विचार एक थे, हमारा रहन-सहन एक था। तभी तो अंग्रेजों ने यहाँ एक राज्य कायम किया। भेद तो हमारे बीच उन्होंने बाद में पैदा किए।" आगे गांधीजी भारत के एक राष्ट्र बनने की प्रक्रिया को चारों धामों की परंपरागत तीर्थयात्रा में देखते हैं। वे लिखते हैं कि "हमारे मुख्य लोग पैदल या बैलगाड़ी में

हिन्दुस्थान का सफर करते थे। वे एक-दूसरे की भाषा सीखते थे और उनके बीच कोई अंतर नहीं था। जिन दूरदर्शी पुरुषों ने सेतुबंध रामेश्वरम्, जगन्नाथपुरी और हरिद्वार की यात्रा ठहराई, उनका आपकी राय में क्या ख्याल होगा? वे मूर्ख नहीं थे, यह तो आप कबूल करेंगे। वे जानते थे कि ईश्वर भजन घर बैठे भी होता है। उन्होंने हमें सिखाया है कि मन चंगा तो कठौती में गंगा। लेकिन उन्होंने अलग-अलग स्थान तय करके लोगों को एकता का विचार इस तरह दिया, जैसा दुनिया में और कहीं नहीं दिया गया है। दो अंग्रेज जितने एक नहीं हैं, उतने हम हिन्दुस्थानी एक थे और एक हैं।'' (वही, पृ. ३१)

अध्याय १८ में वे अंग्रेजी शिक्षा-प्रणाली के दोषों को बताते हुए जीवन-निर्माण और जीवनोपयोगी शिक्षा प्रणाली का विवेचन करते हैं और १९वें अध्याय में यंत्र सभ्यता के दोषों का वर्णन करके उससे छुटकारा पाने का आग्रह करते हैं। स्वराज की लड़ाई को सभ्यता की लड़ाई के रूप में प्रस्तुत करके गांधीजी स्वतंत्रता प्राप्ति के उपायों का तुलनात्मक विवेचन करते हैं। द. अफ्रीका के अपने अनुभव के आलोक में गांधीजी को विश्वास है कि ब्रिटिश सरकार के पशुबल को भारत अपने आत्मबल से परास्त कर सकता है।

उनका कहना था कि ''हिन्दुस्थान का बल असाधारण है।...दूसरी सभ्यताएँ मिट्टी में मिल गईं, जबकि हिन्दुस्थानी सभ्यता को आँच नहीं आई है।'' (वही, पृ. ५०) ''अंग्रेज अगर अपनी सभ्यता के साथ रहें तो उनके लिए हिन्दुस्थान में जगह नहीं है। ऐसी हालत पैदा करना हमारे हाथ में है।'' (वही, पृ. ४९) ''हमने उनकी सभ्यता अपनाई है, इसीलिए वे यहाँ रह सकते हैं। आप उनसे जो नफरत करते हैं वह नफरत आपको उनकी सभ्यता से करनी चाहिए।'' (वही, पृ. ५०) गांधीजी अपने व्यक्तिगत अनुभव के आधार पर कहते हैं कि ''जो देश के भले के लिए सत्याग्रही होना चाहता है उसे ब्रह्मचर्य का पालन करना चाहिए, गरीबी अपनानी चाहिए, सत्य का पालन तो करना ही चाहिए और हर हालत में अमर बनना चाहिए।'' (वही, पृ. ६८-६९) गांधीजी यह सब कह सकते थे, क्योंकि उन्होंने स्वयं अपने जीवन में ये सब व्रत अपनाए थे और उनका पालन करने के लिए कठोर साधना का पथ पकड़ा था।

(पाञ्चजन्य, १० दिसंबर, २००९)

□

द. अफ्रीका में गांधीजी का कायाकल्प

आजकल दिल्ली स्थित राष्ट्रीय अभिलेखागार में एक प्रदर्शनी लगी हुई है, जिसका विषय है—'दक्षिण अफ्रीका में महात्मा गांधी।' इस प्रदर्शनी में दीवार पर लगे हुए समकालीन चित्रों एवं दस्तावेजों को देखते हुए जैसे-जैसे दर्शक आगे बढ़ता है उसकी आँखों में एक चित्र उभर आता है। एक भारतीय नवयुवक सन् १८९३ में अंग्रेजी सूट-बूट धारण किए, गले में टाई लटकाए भारत से दक्षिण अफ्रीका के लिए रवाना होता है। उसकी आँखों में एक ही स्वप्न है—वहाँ जाकर सफल बैरिस्टर बनना, अधिक-से-अधिक पैसा कमाना, सुख और आराम की जिंदगी जीना। पर अफ्रीका पहुँचकर उसे झटके लगते हैं, उसका स्वाभिमान जागता है, उसे आत्मबोध होता है कि इस सूट-बूट के झूठे आवरण के पीछे उसकी असली पहचान क्या है, दुनिया की नजरों में वह कौन है? धीरे-धीरे वह बदलता जाता है और इस चित्र प्रदर्शनी के अंत में देखते हैं कि वही नवयुवक सन् १९१५ में स्वदेश वापस लौटता है, सूट-बूट में नहीं बल्कि सिर पर गुजराती पगड़ी, लंबा गुजराती कोट, धोती और गुजराती परंपरा के अनुरूप नंगे पैर। यह है मोहनदास करमचंद गांधी के महात्मा गांधी में रूपांतरण की कहानी का सार संक्षेप। राष्ट्रीय स्वाभिमान में से जाग्रत आत्मबोध, आत्मबोध में से उपजा स्वदेशी भाव और स्वदेशी भाव में से प्रगटा यह रूपांतरण। इस रूपांतरण ने गांधीजी को नई दृष्टि दी, नया जीवन लक्ष्य दिया।

इस दृष्टि को पाकर गांधीजी ने सन् १९०९ में दक्षिण अफ्रीका के लिए जहाज में बैठकर 'हिंद स्वराज' नामक लघु पुस्तिका लिखी और उसमें भारत के लिए स्वराज्य की नई व्याख्या प्रस्तुत की। गांधीजी ने कहा कि अंग्रेज यहाँ रहें पर उनकी सभ्यता यहाँ से चली जाए तो मैं कहूँगा भारत को स्वराज्य मिला। अंग्रेज यहाँ से चले जाएँ किंतु उनकी सभ्यता यहाँ बनी रहे तो मैं कहूँगा कि भारत को स्वराज्य नहीं मिला।

द्वितीय विश्वयुद्ध के पश्चात् सन् १९४५ में जब यह स्पष्ट दिखाई देने लगा कि युद्ध से जर्जरित और शक्तिहीन ब्रिटिश साम्राज्यवाद को अब भारत से हटना ही पड़ेगा

तो गांधीजी ने पुनः अपने राजनीतिक उत्तराधिकारी जवाहरलाल नेहरू को 'हिंद स्वराज' में प्रस्तुत स्वाधीन भारत के चित्र का स्मरण दिलाते हुए लिखा कि ३७ वर्ष लंबा काल बीत जाने पर भी मैं उसी चित्र पर अटल हूँ। मेरी दृढ़ आस्था है कि यदि भारत को अपने लिए और अपने माध्यम से समूचे विश्व के लिए सच्ची स्वाधीनता का द्वार खोलना है तो देर-सबेर, उसे इस सत्य का साक्षात्कार करना ही होगा कि सब लोगों को शहरों का जीवन छोड़कर गाँवों का, महलों की बजाय झोंपड़ों का जीवन अपनाना चाहिए।''

गांधी की चेतावनी

उसी समय गांधीजी ने यह चेतावनी भी दे दी थी कि ''मुझे इसका तनिक डर नहीं है कि दुनिया आज गलत रास्ते पर जा रही है। हो सकता है कि भारत भी उसी रास्ते पर चल पड़े और कहावत वाले पतंगे के समान इसकी लौ के चारों ओर पागल जैसा तेज चक्कर लगाते-लगाते उसमें जलकर भस्म हो गए। किंतु यह मेरा परम धर्म है कि अपनी आखिरी साँस तक भारत को और भारत के माध्यम से समूचे विश्व को इस सर्वनाश से बचाने का प्रयत्न करता रहूँ।''

नेहरू ने गांधीजी की बात नहीं सुनी। लौटती डाक से उन्होंने गांधीजी को जबाव दे दिया कि 'हिंद स्वराज' मैंने बहुत साल पहले पढ़ी थी, वह मुझे तब भी समय से पीछे लगी थी और अब तो दुनिया बहुत आगे बढ़ गई है, इसलिए हिंद स्वराज का नक्शा बिल्कुल बेमानी हो गया है। सभ्यता और भारत की अपनी गहरी (या उथली) समझ का प्रदर्शन करते हुए नेहरू ने लिखा, ''आमतौर पर कोई भी गाँव बौद्धिक और सांस्कृतिक दृष्टि से पिछड़ा हुआ होता है और ऐसे पिछड़े परिवेश में रहकर कोई भी प्रगति संभव नहीं है। तंग दिमागों के लोगों के असत्य और हिंसा के रास्ते पर बढ़ने की ज्यादा संभावना रहती है।'' नेहरू ने लिखा, ''कोई कारण नहीं है कि असंख्य लोगों के पास आरामदेह आधुनिकतम घर क्यों न हों जिसमें वे सांस्कृतिक जीवन जी सकें।'' और इसके लिए ''भारी उद्योगों का होना अनिवार्य है। किंतु उसका विशुद्ध ग्रामीण समाज के साथ मेल कहाँ बैठ सकेगा?''

नियति की लीला

इसे नियति की लीला ही कहना होगा कि गांधीजी तो भारत को राजनीतिक स्वाधीनता के सिंहद्वार में प्रवेश कराकर अंतर्धान हो गए और नेहरू स्वाधीन भारत के शिल्पकार बन गए। करोड़ों भारतवासियों के लिए आधुनिकतम सुखों से लैस घर प्राप्त कराने के लोभ में भारत विकास के पश्चिमी मॉडल के पीछे अंधा होकर दौड़ पड़ा। अब गांधीजी की चेतावनी अक्षरशः सही निकल रही है। विकास की राह पर ४७ वर्ष लंबी अंधी दौड़ के बाद भारत आज कहाँ पहुँचा है? कितना लज्जास्पद दृश्य है कि

अर्धनग्न गांधीजी के तेजस्वी नेतृत्व में जिस भारत ने खद्दर का धोती–कुर्ता और गांधी टोपी धारण करके राजनीतिक स्वाधीनता के सिंहद्वार में प्रवेश किया था वही भारत आज ४७ साल बाद पुनः सूट–बूट धारण करके अंग्रेजी भाषा की गुटर–गूँ करता बाहर निकल रहा है। प्रतीकात्मक शैली में कहना हो तो भारत पुनः सन् १९१५ के महात्मा गांधी की बजाय सन् १८९३ का सूट–बूटधारी मोहनदास करमचंद गांधी बन गया है। स्वदेशी का मंत्र–जाप करके जिस भारत ने अपनी आजादी की लड़ाई लड़ी, उस भारत ने राजनीतिक स्वाधीनता के इन ४७ वर्षों में जीवन के किसी भी क्षेत्र में स्वदेशी रचना का सूत्रपात नहीं किया। ब्रिटिश साम्राज्यवादियों द्वारा आरोपित वही शिक्षा प्रणाली, वही न्याय प्रणाली, वही प्रशासन तंत्र, वही संवैधानिक रचना—सब कुछ वही ज्यों–का–त्यों बरकरार है। बरकरार ही नहीं तो जिन विदेशी संस्थाओं को जड़मूल से बदल डालने की बात पराधीन भारत किया करता था, अब स्वाधीन भारत उन्हीं सस्थाओं के अंधाधुँध विस्तार को अपनी प्रगति मान रहा है और उल्टी दिशा में इस प्रगति पर गर्वित हो रहा है।

□

गांधीजी की स्वदेश वापसी का अर्थ

९ जनवरी, १९१५ को भारत की गोद में गांधीजी की वापसी भारतीय राष्ट्रवाद की यात्रा में एक नए चरण का आरंभ था। भारत से सूट-बूट के साथ इंग्लैंड गए गांधीजी की लंबे गुजराती कोट, पगड़ी और धोती में स्वदेश वापसी उनके आंतरिक कायाकल्प की घोषणा कर रहे थे। स्वयं गांधीजी ने अपनी स्वदेश वापसी को तीर्थयात्रा से भी अधिक मोक्ष-साधना के रूप में देखा था। भारत वापस लौटने के पूर्व ९ जुलाई, १९१४ को दक्षिण अफ्रीका के डरबन शहर में गुजराती समाज के विदाई समारोह नें गांधी ने कहा था, ''मैं अब भोगभूमि से कर्मभूमि की ओर जा रहा हूँ। मेरी मुक्ति भारत को छोड़कर अन्य भूमि में नहीं है। यदि मोक्ष की इच्छा हो तो मनुष्य को भारतभूमि में जाना ही होगा। मेरी ही तरह प्रत्येक के लिए भारतभूमि दुखियों का विश्राम स्थल है और इसलिए स्वदेश जाने के लिए मैं इतना उत्सुक हूँ।'' (गांधी वाङ्मय, खंड १२, पृ. ४४५)

गांधीजी भारत लौटे तो उसके बाद केवल एक बार छोड़कर, जब सन् १९३१ में अपनी इच्छा के विरुद्ध उन्हें गोलमेज कॉन्फ्रेंस के लिए लंदन जाना पड़ा था, उन्होंने विदेशी धरती पर क़दम नहीं रखा, जबकि पूरे विश्व की दृष्टि उन पर केंद्रित हो चुकी थी।

अंग्रेजी शिक्षा और सभ्यता में अवगाहन करके भी गांधीजी उस सभ्यता को लाँघकर भारत की अंतरात्मा के साथ एकात्म हो सके, इसे भारतीय राष्ट्रवाद का ही प्रताप कहना होगा। क्या इसे मात्र संयोग मान लें कि जिस समय सन् १९०९ में कारागृह से बाहर आकर अरविंद घोष अपने प्रसिद्ध उत्तरपाड़ा भाषण में 'सनातन धर्म' को भारत की राष्ट्र साधना की प्रेरणा और आदर्श घोषित कर रहे थे, उसी समय गांधीजी दक्षिण अफ्रीका में स्वतंत्र अनुभूति से 'हिंद स्वराज' लिख रहे थे, जिसमें उन्होंने पश्चिमी सभ्यता को पूरी तरह अस्वीकार कर दिया था। ब्रिटिश शासकों के द्वारा भारत की धरती पर आरोपित शिक्षा, आर्थिक, न्यायिक एवं राजनीतिक प्रणालियों के सामने भारत द्वारा सहस्राब्दियों लंबे अनुभव और मानव प्रवृत्ति के गहन अध्ययन में से उपजी प्रणालियों की तुलना में

पूरी तरह अनुपयुक्त घोषित कर दिया गया था। गांधीजी 'हिंद स्वराज' में भारत के अंग्रेजी शिक्षितों को स्मरण दिलाया था कि भारत को राष्ट्र बनना नहीं है। भारत अंग्रेजों के आने के पहले एक राष्ट्र है और इस राष्ट्र की जड़ें उस सांस्कृतिक प्रवाह में है, जिसने चार धामों की तीर्थयात्रा के माध्यम से भारत की भौगोलिक और सांस्कृतिक एकता का उद्घोष किया गया है। सन् १९०९ में 'हिंद स्वराज' में प्रस्तुत यह चिंतन आकस्मिक या तात्कालिक नहीं था। ३६-३७ वर्ष लंबे अनुभव के बाद भी गांधीजी ने ५ अक्तूबर, १९४५ को अपने राजनीतिक उत्तराधिकारी जवाहरलाल नेहरू के नाम एक पत्र में भावी भारत के अपने चित्र के लिए 'हिंद स्वराज' का ही उल्लेख किया था।

गांधी का चमत्कार

गांधीजी की भारत वापसी के बाद भारतीय राष्ट्रवाद और ब्रिटिश साम्राज्यवाद के विरुद्ध संघर्ष ने एक नया रूप धारण कर लिया। गांधीजी अपने साथ एक नई जीवन-शैली, एक नई युद्ध-पद्धति, एक नई संगठन प्रणाली और एक नई शब्दावली लेकर आए, जो ब्रिटिश शासकों के लिए सर्वथा अपरिचित और दुर्बोध थी। वे समझ नहीं पा रहे थे कि इस आदमी में ऐसा क्या है कि वह केवल पाँच वर्षों में ही भारत के सार्वजनिक जीवन में लंबे समय से स्थापित दिग्गजों को लाँघकर भारतीय समाज का श्रद्धा केंद्र बन गया; क्यों उसके आह्वान पर जलियाँवाला बाग के नरमेध की प्रतिक्रिया में पूरा भारत एक साथ उठ खड़ा हुआ? भारतीय राष्ट्रवाद अब तक छिटपुट क्षेत्रीय अभिव्यक्तियाँ कर रहा था। पहली बार उसने राजनीतिक धरातल पर अपना अखिल भारतीय रौद्र रूप प्रगट किया। पहली बार सन् १९२० और सन् १९३० के सत्याग्रहों के माध्यम से राष्ट्रवाद ने अखिल भारतीय जनज्वार का रूप धारण किया। अंग्रेज शासक गांधीजी के इस चमत्कार को देखकर कुछ समय तक हतप्रभ थे, समझ नहीं पा रहे थे कि उनके जादू का रहस्य क्या है? यही प्रश्न कई बार नेहरू के मन में भी उठता था। गांधीजी के जीवन-दर्शन और जीवन-शैली से असहमत होते हुए भी नेहरू को लग गया था कि भारतीय समाज को स्वतंत्रता प्राप्ति के यज्ञ में आहुति देने की प्रेरणा देने का सामर्थ्य अकेले गांधीजी के पास है। पर क्यों? गांधीजी के पास न सुंदर शरीर है, न प्रभावी वक्तृत्व कला, न आर्थिक-राजनीतिक शक्ति। पर, उनमें कुछ था, जिसका संकेत गांधीजी की स्वदेश वापसी के एक माह के भीतर ही मृत्युशय्या से गोपालकृष्ण गोखले ने सुप्रसिद्ध उदारवादी नेता एम.आर. जयकर को देते हुए कहा था, ''इस व्यक्ति को जानो, इसमें कुछ है जो पहली ही दृष्टि में भारत के सबसे पिछड़े और कमजोर आदमी के साथ उसका तादात्म्य स्थापित कर देता है। किंतु मुझे डर है कि शायद कूटनीतिक वार्त्ताओं की मेज पर वह खरा न उतरे।''

अंग्रेजी सूट-बूट से लंबे काठियावाड़ी कोट और उस कोट से कोपीन धारण तक

गांधीजी के रूपांतरण ने उन्हें भारतीय समाज के सामने सांस्कृतिक राष्ट्रवाद के सच्चे प्रतिनिधि के रूप में खड़ा कर दिया। सनातन और उदात्त भारतीय जीवन मूल्यों को व्यक्तिगत और सामूहिक जीवन में उतारने की उनकी ईमानदार और पारदर्शी कोशिश ने उन्हें भारतीय समाज के अंतरतम के साथ जोड़ दिया और यह समाज उनके पीछे खड़ा हो गया। गांधीजी भारतीय समाज के लिए अंग्रेजों द्वारा आरोपित शिक्षा, न्याय, आर्थिक और राजनीतिक प्रणाली से बाहर निकलकर भारत की सांस्कृतिक प्रकृति के अनुरूप एक युगानुकूल नया विकल्प ढूँढ़ने की साधना में जुट गए। सन् १९२० के असहयोग आंदोलन के समय विद्यालयों, न्यायालयों, विदेशी वस्त्रों के साथ विधानसभाओं के बहिष्कार के आह्वान के पीछे यही उद्देश्य काम कर रहा था। स्वभाषा, स्वदेशी वस्तुओं, स्वधर्म और स्वशासन के प्रति आग्रह के पीछे यही भाव था। चरखा कातने, खद्दर के कपड़े पहनने, रचनात्मक कार्यक्रम के लिए गाँवों में जाने जैसे कार्यक्रमों के माध्यम से गांधी ने अंग्रेजी शिक्षित शहरी समाज को गाँवों से जोड़ने की कोशिश की। 'गाँवों की ओर लौट चलो' का आदर्श उनके सामने रखा। शराब और विदेशी वस्त्रों की दुकानों के सामने धरने पर बैठने के लिए उन्होंने नैतिक नारीशक्ति को जगाया। सन् १९१७ में साबरमती आश्रम की स्थापना के क्षण से ही उसमें एक तथाकथित अछूत दंपत्ति को बराबरी के स्तर पर आश्रम परिवार का अभिन्न अंग बनाकर प्रबल सामाजिक विरोध को आमंत्रित करके भी सामाजिक समरसता का बिगुल फूँका और स्वयं को 'स्वेच्छया अछूत' घोषित कर ऊँच-नीच, छुआछूत के विरुद्ध एक लंबा अनवरत संघर्ष प्रारंभ किया।

अज्ञात भय

इस संघर्ष के पीछे गांधीजी की वही प्रेरणा काम कर रही थी जो उन्हें सन् १९१५ में भारत खींच लाई थी। हरिजन आंदोलन आरंभ करने के पूर्व आत्मशुद्धि के लिए अनशन की अपनी घोषणा के प्रति शंकालु जवाहरलाल नेहरू को ३ मई, १९३३ को एक पत्र में गांधीजी ने लिखा; ''यदि हिन्दुत्व ने मुझे विफल किया तो यह जीवन मेरे लिए भार बन जाएगा। हिन्दुत्व को मुझसे ले लो तो मेरे पास कुछ नहीं रह जाता। इस हिन्दुत्व के माध्यम से ही मैंने ईसाई, इस्लाम आदि सब पंथों को प्यार किया है। किंतु हिन्दुत्व को मैं उनकी वर्तमान ऊँच-नीच की विकृति के साथ स्वीकार नहीं कर सकता। उसे सुधारने का ही मैं प्रयत्न कर रहा हूँ। सौभाग्य से उसका उपाय भी हिन्दू-धर्म ही बताता है और उसी उपाय का मैं प्रयोग कर रहा हूँ।'' सन् १९३२ में कम्युनल अवार्ड (सांप्रदायिक निर्णय) के विरुद्ध जब गांधीजी ने आमरण-अनशन की घोषणा की। तो किसी शुभचिंतक ने गांधीजी को इस निर्णय से परावृत्त करने के लिए समझाने की कोशिश की पर उनका उत्तर था, ''हिन्दू धर्म में उपवास का बहुत महत्त्व है, इसलिए वह मुझे भी बहुत प्रिय है।'' अंतरात्मा

की पुकार पर गांधीजी का लंबा उपवास जहाँ कोटि-कोटि हिन्दू हृदयों को झंकृत कर देता था, वहीं ब्रिटिश शासकों के मन को अज्ञात भय से भर देता था। गांधी के उपवास की भारतीय समाज पर व्यापक प्रतिक्रिया से अंग्रेज शासक कितना भयभीत रहते थे। इसकी कुछ झलक वायसराय लार्ड वेलिंगडन के उस गुप्त पत्र में मिल सकती है, जो उन्होंने १७ अगस्त, १९३२ को घोषित सांप्रदायिक निर्णय के विरुद्ध १८ अगस्त को ही गांधीजी की आमरण-अनशन की घोषणा का पत्र पाकर सभी प्रांतीय गवर्नरों के नाम भेजा था। वायसराय ने लिखा था, ''हम एक भारी संकट में फँस गए हैं। यदि यह बूढ़ा जेल में मर गया तो बवाल मचेगा और यदि हमने उसे रिहा कर दिया और वह जेल के बाहर भी अनशन करता रहा तो और भी बड़ा तूफान उठेगा। इस देश का अंध गांधी-भक्त मीडिया तूफान खड़ा कर देगा।'' यह पत्र गुप्त था, सार्वजनिक प्रकाशन के लिए नहीं था और भारत के सर्वोच्च ब्रिटिश शासक की चिंता को व्यक्त करता है।

गांधी की संस्कृतिनिष्ठा में से उपजे चमत्कार ने कुछ समय के लिए भारत के राष्ट्रीय मानस को झंकृत कर दिया, झकझोर डाला। भारत का राष्ट्रवादी मन ऊँच-नीच, शिक्षित-अनपढ़, गरीब-अमीर, जातिभेद, भाषाभेद और प्रांतभेद को भूलकर एक विशाल, प्रबल आखिल भारतीय जनांदोलन का ज्वार बन गया। पहली बार भारत के प्रत्येक क्षेत्र, प्रत्येक भाषा, प्रत्येक जाति, प्रत्येक वर्ग में से राष्ट्रभाव से ओत-प्रोत नेतृत्व उभरकर सामने आया। भारत की विविधता में से राष्ट्रीयता का यह उभार ब्रिटिश शासकों के लिए गहरी चिंता का कारण बन गया। अरुण शौरी ने अपनी नवीनतम रचना 'फालिंग ओवर बैकवार्ड्स' में सन् १९३१ की जनगणना की प्रांतीय रपटों से अनेक उद्धरण एकत्र किए हैं, जिनसे तीन तथ्य उभरकर सामने आते हैं—

१. रिस्ले द्वारा सन् १९०१ की जनगणना में लागू किए गए सामाजिक वरीयता के सिद्धांत की प्रतिक्रिया में तथाकथित निचली जातियाँ ब्राह्मण और क्षत्रिय वर्णों में गिनी जाने के लिए अकुला रही थीं। ऐसे प्रतिवेदनों की भारी बाढ़ आ गई थी। अनेक ज़ातियों ने निम्नता सूचक अपने पुराने काम छोड़कर नए काम अपना लिए थे।
२. इस कारण जातियों की पहचान की पुरानी दीवारें ढह रही थीं। उनकी गणना के पुराने आँकड़े बेकार हो गए थे। कई पुरानी जातियाँ नई जनगणना में लगभग गायब हो गई थीं। अतः जातिशः आँकड़े अविश्वसनीय व अर्थहीन हो गए थे।
३. राष्ट्रीयता के उभार के कारण जाति चेतना दब रही थी, उसका राष्ट्रीय चेतना में उन्नयन हो रहा था। भारत एकवर्णी राष्ट्रीय समाज की ओर बढ़ने के लक्षण प्रगट कर रहा था।

उनकी उलझन

नई जनगणना में प्रगट हो रहीं ये प्रवृत्तियाँ ब्रिटिश शासकों के लिए चिंता का भारी कारण थीं। यह सच है कि सन् १८६९ से उनके सुनियोजित चरणबद्ध प्रयत्न मुस्लिम पृथकतावाद को राष्ट्रवाद के विरुद्ध खड़ा करने में सफल हो रहे थे। सन् १८७७ में अलीगढ़ एंग्लो मुहम्मडन कॉलेज की स्थापना से लेकर सन् १९०५ के बंगाल विभाजन, सन् १९०६ में मुस्लिम लीग की स्थापना, सन् १९०९ के भारत एक्ट में मुसलमानों को पृथक् निर्वाचन का अधिकार और सन् १९१६ में आपद्धर्म के नाते लखनऊ पैक्ट में कांग्रेस द्वारा उसकी स्वीकृति से ब्रिटिश कूटनीति भारतीय राष्ट्रवाद के विरुद्ध मुस्लिम पृथकतावाद को खड़ा करने में सफल होती दिख रही थी। किंतु मजहबी पृथकतावाद का जनाधार १५ या २० प्रतिशत से आगे नहीं जा सकता था। शेष ८० या ८५ प्रतिशत भारतीय समाज में यदि राष्ट्रीय चेतना जागृत हो गई तो क्या वह ब्रिटिश दासता को सहन करेगी? क्या राष्ट्रवाद की जागृत शक्ति मुस्लिम समाज को पृथकतावाद के रास्ते से हटाकर राष्ट्रीयता के प्रवाह में नहीं खींच लेगी? उनकी उलझन थी कि गांधी मन, वचन और कर्म से सनातनी हिन्दू होते हुए भी इस्लाम मत को उतना ही आदर देते हैं, हिन्दू-मुस्लिम एकता पर अत्यधिक जोर देते हैं, यहाँ तक कि उन्होंने भारत में पहला देशव्यापी आंदोलन खिलाफत के मुस्लिम प्रश्न को लेकर ही किया। उनके आश्रम से लाकर कांग्रेस के भीतर तक वे अपने अगल-बगल प्रतिष्ठित मुस्लिम नेताओं से घिरे दिखाई देते हैं। क्या गांधी के हिन्दू-मुस्लिम एकता के प्रयास सफल होंगे? ब्रिटिश कूटनीति ने राष्ट्रवाद के विरुद्ध अपनी लड़ाई को त्रिकोणात्मक बना दिया था। ब्रिटिश कूटनीति का पूरा लक्ष्य मुस्लिम पृथकतावाद को राष्ट्रवाद के विरुद्ध एक प्रबल प्रतिस्पर्धी के रूप में खड़ा करने पर केंद्रित था। गांधी के हिन्दू-मुस्लिम एकता के प्रयासों की असफलता की मीमांसा करते समय मुस्लिम मानस की रचना एवं उसका इस्तेमाल करने में ब्रिटिश कूटनीति नामक तीसरी शक्ति की भूमिका को भी ध्यान में रखना आवश्यक है।

सांस्कृतिक चेतना

ब्रिटिश शासकों ने उन्नीसवीं शताब्दी से ही अपने सूक्ष्म अध्ययन से यह जान लिया था कि भारतीय राष्ट्रवाद की आधारभूमि वह विशाल समाज है जिसे 'हिन्दू' नाम से जाना जाता है। इस विशाल समाज को जोड़ने वाली अखिल भारतीय राष्ट्रीय चेतना अभी सांस्कृतिक और कुछ-कुछ बौद्धिक धरातल तक सीमित है, जबकि इस समाज का अधिकांश सामाजिक और आर्थिक कार्य-व्यापार जाति व जनपद व्यवस्था पर आधारित है। अतः प्रत्येक हिन्दू के मानस में जाति और जनपद चेतना जीवित है। ये दो चेतनाएँ उसे जाति, भाषा और क्षेत्र की बाहरी विविधता प्रदान करती हैं। इस बाहरी विविधता के

भीतर प्रवाहमान अखिल भारतीय सांस्कृतिक चेतना का राजनीतिक रूपांतरण होने पर जाति और जनपद चेतनाओं का उन्नयन राष्ट्रीय चेतना में हो जाएगा। और तब वे राष्ट्र के लिए पोषक व शक्तिदायिनी बन जाएगी। अत: ब्रिटिश कूटनीति का दूसरा मुख्य लक्ष्य बन गया था राष्ट्रवाद के उभार को रोकने के लिए जाति और जनपद की चेतना को गहरा करना, उन्हें परस्पर पूरक बनने की बजाय परस्पर प्रतिस्पर्धी बनाना। इस दिशा में ब्रिटिश कूटनीति उन्नीसवीं शताब्दी से ही योजनाबद्ध तरीके से सक्रिय हो गई थी। और इस लक्ष्य की प्राप्ति के लिए उसने मुख्य उपकरण बनाया था जनगणना नीति को, और सन् १८६१ में आरोपित तथाकथित संवैधानिक सुधार प्रक्रिया को। ये दोनों उपकरण परस्पर पूरक बनकर साथ-साथ काम कर रहे थे। जनगणना ने हिन्दू समाज की जाति-व्यवस्था को गुण कर्म के अधिष्ठान से खिसकाकर आर्य-अनार्य नस्ली आधार देकर स्थायित्व प्रदान करने की कोशिश की और 'गुण' की जगह संख्या बल को महत्त्व दिया। अंग्रेजी शिक्षा और सरकारी नौकरियों के आधार पर अगड़े-पिछड़े की व्याख्या निर्धारित की। धरती से जुड़े उत्पादक श्रम की जगह सफेद कालर नौकरी को प्रतिष्ठा दी, क्योंकि उन्हें अपना शासन चलाने के लिए ब्रिटिश शासन के प्रति निष्ठा रखने वाले सफेदपोश बाबुओं की ही बड़ी संख्या में आवश्यकता थी। तथाकथित संवैधानिक सुधार प्रक्रिया के माध्यम से वे भारत को क्रमश: ब्रिटिश संसदीय प्रणाली की भँवर में खींच रहे थे। संवैधानिक सुधार की उनकी प्रत्येक किश्त किसी-न-किसी राष्ट्रवादी उभार की प्रतिक्रिया में से आई। सन् १८५७ के प्रथम स्वातंत्र्य समर ने सन् १८६१ में संवैधानिक सुधार प्रक्रिया को जन्म दिया। बंग-भंग के विरोध में प्रबल स्वदेशी आंदोलन ने सन् १९०९ का भारत काउंसिल एक्ट, सशस्त्र क्रांतिकारी आंदोलन, पंजाब का गुरुद्वारा आंदोलन व प्रथम विश्वयुद्ध के पश्चात् १९१९ का एक्ट आया। गांधीजी के सन् १९२० और सन् १९३० के सत्याग्रहों से उभरे राष्ट्रवाद को कुंठित करने के लिए सन् १९३५ का एक्ट बनाने की तैयारी शुरू हुई। संवैधानिक सुधार की प्रत्येक किश्त का लक्ष्य किसी एक वर्ग की पृथक् निर्वाचन का अधिकार देकर राष्ट्रीय आंदोलन से अलग करना था। सन् १९०९ में मुसलमानों को, सन् १९१९ में सिखों को पृथक् निर्वाचन का अधिकार दिया गया। सन् १९३४ के एक्ट में हिन्दू समाज की तथाकथित निचली या अछूत जातियों को पृथक् निर्वाचन का अधिकार देकर हिन्दू समाज को भीतर से विभाजित करने एवं अ.भा.संघ के निर्माण का वीटो भारतीय नरेशों को सौंपकर राष्ट्रीय आंदोलन के विरुद्ध भारतीय नरेशों को खड़ा करने की योजना बनाई गई।

(पाञ्चजन्य, ४ अगस्त, २००६)

□

राष्ट्रवाद और साम्राज्यवाद का कूटनीतिक युद्ध

९ जनवरी, १९१५ को भारत वापसी के पूर्व ही दक्षिण अफ्रीका में गांधीजी की जीवन-साधना, आश्रम प्रणाली और अहिंसात्मक सत्याग्रह और यशोगाथा भारत में गूँजने लगी थी। सन् १९०९ में रचित 'हिंद स्वराज' नामक पुस्तिका में उन्होंने भारत के स्वराज का सभ्यतापरक और सांस्कृतिक चित्र प्रस्तुत कर दिया था। साथ ही 'हिंद स्वराज' की अंतिम पंक्ति में ऐसे स्वराज्य की प्राप्ति के लिए अपने जीवन को समर्पित करने की घोषणा कर दी। भारत आने के बाद अपने मार्गदर्शक गोपाल कृष्ण गोखले के निर्देश पर गांधीजी ने दो वर्ष तक सार्वजनिक जीवन में सक्रिय न होकर पूरे भारत का भ्रमण कर स्वामी विवेकानंद की तरह भारतीय यथार्थ का साक्षात्कार किया। अपनी आध्यात्मिक जीवन शैली एवं शब्दावली के द्वारा पूरे भारत के संस्कृतिनिष्ठ राष्ट्रभक्त हिन्दू मानस में अपने लिए श्रद्धेय का स्थान अर्जित कर लिया। स्वामी दयानंद, बंकिम चंद्र, स्वामी विवेकानंद, श्री अरविंद और लाल-बाल-पाल द्वारा स्फूर्त्त सांस्कृतिक राष्ट्रवाद के वे सहज उत्तराधिकारी बन गए। पूरे भारत का हिन्दू समाज उनके व्यक्तित्व में महात्मा की छवि देखने लगा। भारत के सार्वजनिक जीवन में उनकी यात्रा का आरंभ राजनेता से अधिक संत के रूप में हुआ। यही उनकी मुख्य पूँजी थी, जो मृत्यु के समय भी उनके पास बनी रही। हिन्दू मन में उनके प्रति कितनी गहरी श्रद्धा थी इसका परीक्षण १ सितंबर, १९४७ को कलकत्ता और २३ जनवरी, १९४८ को दिल्ली में उनके उपवासों की हिन्दू समाज पर अनुकूल प्रतिक्रिया से हो गया।

गांधीजी का बढ़ता प्रभाव

भारत आगमन के समय से ही गांधीजी ने स्वराज्य की सभ्यतापरक व्याख्या आरंभ कर दी। सन् १९१६ में मद्रास में एक मिशनरी मंच से भाषण देते हुए उन्होंने स्वराज्य के

चार खंभे बताए—स्वधर्म, स्वभाषा, स्वदेशी अर्थनीति एवं ग्राम पंचायत आधारित लोकतांत्रिक व्यवस्था। चंपारण एवं खेड़ा जैसे स्थानीय संघर्षों के माध्यम से उन्होंने जनमानस में अहिंसात्मक आंदोलन की सफलता का विश्वास पैदा किया। इस प्रकार पूरे भारत में व्याप्त सांस्कृतिक राष्ट्रवाद की आधारभूमि पर खड़े होकर गांधीजी ने सन् १९१९ में ब्रिटिश सरकार के 'रौलेट एक्ट' जैसे दमनकारी कदमों के विरोध में पहली बार अखिल भारतीय सत्याग्रह का आह्वान देकर राष्ट्रभक्ति के प्रवाह को राजनीतिक धरातल पर संगठित अभिव्यक्ति प्रदान की। ब्रिटिश शासकों की 'फूट डालो और राज करो' वाली साम्राज्यवादी नीति को विफल करने के लिए गांधीजी ने एक ओर सिखों के गुरुद्वारा आंदोलन का तो दूसरी ओर खिलाफत जैसे विदेशी और मजहबी प्रश्न पर भारतीय मुसलमानों के ब्रिटेन-विरोधी गुस्से को भी स्वतंत्रता प्राप्ति के राष्ट्रीय आंदोलन का अंग बनाने की कोशिश की। यहीं से गांधीजी और ब्रिटिश साम्राज्यवाद के बीच कूटनीतिक युद्ध आरंभ हो गया।

गांधीजी ने अंतरात्मा की आवाज, लंबे-लंबे उपवास, आश्रम प्रणाली, रामराज्य की अवधारणा आदि के द्वारा हिन्दू मानस को झंकृत कर डाला। सन् १९२० के नागपुर अधिवेशन में एक नया संविधान, सदस्यता के नए मानदंड, ग्राम स्तर तक का संगठनात्मक ढाँचा प्रदान कर सन् १८८५ में स्थापित भारतीय राष्ट्रीय कांग्रेस का कायाकल्प कर डाला उसे कुछ शहरी वकीलों के वार्षिक सम्मेलन में ब्रिटिश सरकार से याचना करने वाले कागजी संगठन की जगह गाँव-गाँव तक फैले जन आंदोलन का रूप दे दिया। निरंतर चलने वाले रचनात्मक कार्यक्रम के माध्यम से उसका जनाधार व्यापक कर डाला। शिक्षा, अर्थ रचना, वेशभूषा, जीवन-शैली, प्रशासन और न्याय-व्यवस्था के क्षेत्र में ब्रिटिश शासन द्वारा आरोपित संस्थाओं के बहिष्कार और वैकल्पिक रचनाओं की खोज की छटपटाहट पैदा करना शुरू किया। सन् १९२० और सन् १९३० के देशव्यापी सत्याग्रहों के माध्यम से समूचे देश में राजनीतिक नेतृत्व का संगठित ताना-बाना खड़ा हो गया।

यह सब देखकर ब्रिटिश शासक हतप्रभ थे। अंतरात्मा की आवाज और उपवास का नैतिक शस्त्र उनकी समझ के बाहर था। गांधीजी के अगले पग और आंदोलन के समय व स्वरूप का वे कोई पूर्वानुमान नहीं लगा पा रहे थे। सन् १९३० के नमक सत्याग्रह या सविनय अवज्ञा आंदोलन के बाद गांधीजी का प्रभाव और लोकप्रियता अपने चरम पर पहुँच गई थी और ब्रिटिश सरकार के लिए भारी चिंता का कारण बन गई थी। ब्रिटिश शासकों और अंग्रेज बुद्धिजीवियों ने गांधीजी के जनाधार का सूक्ष्म अध्ययन आरंभ कर दिया। उन्होंने पाया कि गांधीजी का जनाधार हिन्दू समाज तक सीमित है। मुस्लिम समाज अपनी मजहबी विचारधारा और विस्तारवादी इतिहास के कारण हिन्दुओं

की तरह भौगोलिक राष्ट्रवाद को स्वीकार नहीं करता है, और राष्ट्रवाद के प्रवाह के साथ एकरूप होने को तैयार नहीं है। इस सत्य को पहचानकर उन्होंने सन् १९०९ के 'काउंसिल एक्ट' में मुसलमानों को पृथक् निर्वाचन का अधिकार दिया था। उन्नीसवीं शताब्दी से ही उन्होंने सिख समाज को उसकी हिन्दू जड़ों से काटने के लिए पृथकतावाद के रास्ते पर धकेलना आरंभ कर दिया था। इसको संवैधानिक रूप देने के लिए उन्होंने सन् १९१९ के एक्ट में सिखों को भी पृथक् निर्वाचन का अधिकार दे दिया था। अगले कदम के रूप में उन्होंने अस्पृश्यता के आधार पर हिंदू समाज को विभाजित करने का कुचक्र आरंभ किया। साथ ही पाँच सौ से अधिक छोटी-बड़ी रियासतों को एक मंच पर लाकर राष्ट्रवाद के विरुद्ध खड़ा करने की प्रक्रिया आरंभ कर दी।

ब्रिटिश साम्राज्यवाद की नीति

अपनी विभाजनकारी राजनीति को आगे बढ़ाने के लिए उन्होंने संवैधानिक सुधार प्रक्रिया को मुख्य माध्यम बनाया। प्रत्येक संवैधानिक पहल के पीछे भारत में ब्रिटिश साम्राज्य की आयु को लंबा करने का उद्देश्य स्थायी रूप से विद्यमान था। प्रत्येक पहल की रूपरेखा इंग्लैंड में एक 'थिंक टैंक' के द्वारा लंबे विचार मंथन के पश्चात् तैयार की जाती थी। प्रत्येक नई योजना का उपयोग राष्ट्रवाद के उभार को कुंठित करने के लिए किया जाता था। सन् १९०५-१९०८ के बंग-भंग विरोधी स्वदेशी आंदोलन को कुंठित करने के लिए सन् १९०६ में मुस्लिम लीग की स्थापना कराई गई। सन् १९०९ का 'काउंसिल एक्ट' बनाया गया। प्रथम विश्व युद्ध मे सिख सैनिकों के भारी योगदान को पाने के लिए किए गए वादों को पूरा करने के लिए सन् १९१९ के एक्ट में उन्हें पृथक् निर्वाचन का अधिकार दिया गया। तब तक गांधीजी की राजनीति में कोई प्रभावी भूमिका नहीं थी। वे प्रारंभ से ही ब्रिटिश संसदीय प्रणाली से भारत को बाहर रखना चाहते थे। 'हिंद स्वराज' में ही उन्होंने ब्रिटिश संसदीय प्रणाली को 'बाँझ एवं वेश्या' जैसे विशेषण दे दिए थे। असहयोग आंदोलन के कार्यक्रम में उन्होंने 'काउंसिल बहिष्कार' भी सम्मिलित किया था, परंतु कांग्रेस के पुराने नेतृत्व का बड़ा हिस्सा विधान परिषदों में प्रवेश करने को लालायित था। मोतीलाल नेहरू, मदनमोहन मालवीय, देशबंधु चित्तरंजनदास, वी.एस. श्रीनिवास शास्त्री, लाला लाजपतराय आदि पुरानी पीढ़ी के नेता नए संविधान के अंतर्गत चुनाव लड़कर विधान परिषदों में जाने का आग्रह कर रहे थे। किंतु गांधीजी से अनुप्राणित नई पीढ़ी का कार्यकर्ता वर्ग काउंसिल में प्रवेश के विरोध में खम ठोंककर खड़ा हो गया था। सन् १९२२ में जब गांधीजी कारावास में थे, कांग्रेस के गया अधिवेशन के अध्यक्ष सी.आर.दास ने परिषद् प्रवेश का प्रस्ताव प्रस्तुत किया, जिसे राजगोपालाचारी के नेतृत्व में गांधीवादी युवा कांग्रेसियों ने बहुमत से परास्त कर दिया। अंततः लंबी बहस के बाद

गांधीजी ने उन्हें कांग्रेस से अलग स्वराज पार्टी नामक मंच की ओर से चुनाव लड़ने की अनुमति दी। वह भी इस आश्वासन के बाद कि वे विधान परिषद् में जाकर संविधान को क्रियान्वित करने की बजाय उसे ध्वस्त करने का प्रयास करेंगे।

सन् १९१९ के 'काउंसिल एक्ट' के बाद अंग्रेजों ने अगली चाल की शतरंज बिछानी शुरू कर दी। मुस्लिम पृथकतावाद पर तो वे भरोसा कर ही सकते थे। सन् १९१७ से उन्होंने एक ओर भारतीय नरेशों को राष्ट्रवादी विरोधी मंच पर संगठित करना आरंभ कर दिया तो दूसरी ओर हिन्दू नाम से परिचित राष्ट्रीय समाज को अस्पृश्यता के आधार पर विभाजित करने की कोशिश भी शुरू कर दी। इन्हीं कोशिशों को आगे बढ़ाने के लिए उन्होंने सन् १९२७ में सर जान सायमन के नेतृत्व में एक दल भारत भेजा। जिसे भारत के लिए संविधान की अगली किश्त की रूपरेखा तैयार करने का दायित्व दिया गया था, उसमें एक भी भारतीय को नहीं रखा गया। इस पूर्ण श्वेत दल का भारत में सब दलों ने मिलकर पूर्ण बहिष्कार किया और पं. मोतीलाल नेहरू की अध्यक्षता में एक सर्वदलीय समिति का गठन किया कि वह भारत के लिए संविधान तैयार करे। उसने काफी विचार मंथन करके एक रूपरेखा तैयार की, जो 'नेहरू रिपोर्ट' के नाम से प्रसिद्ध है। किंतु मुस्लिम नेतृत्व ने इस रिपोर्ट को स्वीकार करने से इनकार कर दिया और उसकी पृथकतावादी माँगों की चट्टान से टकराकर यह प्रयास विफल हो गया। गांधीजी के ग्राम स्वराज का भी उसमें कोई स्थान नहीं था और 'नेहरू रिपोर्ट' ब्रिटिश संवैधानिक प्रणाली के चौखटे में ही कैद थी।

कांग्रेस के विरोधाभास

इसी बीच कांग्रेस में 'पूर्ण स्वतंत्रता बनाम औपनिवेशिक स्वराज्य' की बहस तेज हो गई थी। सुभाष चंद्र बोस और जवाहरलाल नेहरू आदि युवा नेता 'पूर्ण स्वराज्य' का लक्ष्य घोषित करने के पक्ष में थे। जवाहरलाल नेहरू की अध्यक्षता में सन् १९२९-३० के लाहौर अधिवेशन में 'पूर्ण स्वराज्य' का लक्ष्य घोषित हुआ। इसके साथ ही 'काउंसिल प्रवेश' के बहिष्कार, गोलमेज सम्मेलन में भाग न लेने और काउंसिलों के वर्तमान कांग्रेसी सदस्यों को त्यागपत्र देने के संकल्प भी घोषित किए गए। इस अधिवेशन में गांधीजी को 'पूर्ण स्वराज्य' के लक्ष्य को पाने के लिए देशव्यापी आंदोलन की तिथि व कार्यक्रम की घोषणा करने का सर्वाधिकार भी दिया गया। लाहौर अधिवेशन के इसी निर्देश को क्रियान्वित करने के लिए गांधीजी ने १२ मार्च, १९३० को ७८ सत्याग्रहियों के जत्थे के साथ साबरमती आश्रम से समुद्र तट पर स्थित दांडी में नमक कानून तोड़ने के लिए कूच कर दिया, जिससे अनुप्राणित होकर देश भर में हजारों सत्याग्रहियों ने स्थानीय कानूनों को भंग करके जेलों को भर दिया। यह सत्याग्रह कितना विशाल था,

उसे कितना व्यापक जन समर्थन प्राप्त था और उससे ब्रिटिश सरकार कितना अधिक भयभीत हो गई थी, इसकी कल्पना राष्ट्रीय अभिलेखागार में सुरक्षित उन अधिकृत व गोपनीय रपटों से मिल सकती है, जो तत्कालीन वायसराय इर्विन ने इंग्लैंड स्थित भारत सचिव को भेजी थी।

व्यापक जनाधार वाले इस राष्ट्रवाद को घेरने के लिए ही गोलमेज सम्मेलनों का जाल बिछाया गया। गोलमेज सम्मेलन एक चक्रव्यूह था जिसमें जनांदोलनों में से उभरे राष्ट्रवाद को मुस्लिम, सिख, देशी नरेशों, तथाकथित दलित वर्ग आदि अनेक संकीर्ण हितों के ब्रिटिश सरकार द्वारा चयनित जनाधार-शून्य प्रतिनिधियों द्वारा घेरने का षड्यंत्र काम कर रहा था। लाहौर अधिवेशन में गोलमेज सम्मेलन का बहिष्कार करने का कांग्रेस का निर्णय बिल्कुल सही था। प्रथम गोलमेज सम्मेलन जब आरंभ हुआ तब कांग्रेस का समूचा नेतृत्व नमक सत्याग्रह के कारण जेलों में बंद था। वायसराय इर्विन ने नरमदलीय नेताओं—तेज बहादुर सप्रू और एम.आर. जयकर को यरवदा जेल भेजकर गांधीजी, मोतीलाल नेहरू एवं सरदार पटेल आदि पर बहुत दबाव डाला कि कांग्रेस गोलमेज सम्मेलन में अपने प्रतिनिधि भेजे। पर कांग्रेस टस-से-मस नहीं हुई और उसके प्रतिनिधि प्रथम गोलमेज सम्मेलन में सम्मिलित नहीं हुए। कांग्रेस के सहभाग के बिना गोलमेज सम्मेलन का कोई अर्थ नहीं रह जाता था, क्योंकि मुस्लिम समाज के अलावा शेष भारत तो कांग्रेस के पीछे खड़ा था। इसलिए दूसरे गोलमेज सम्मेलन में कांग्रेस को मेज पर लाने के लिए ब्रिटिश कूटनीति ने एड़ी-चोटी का जोर लगा दिया। इन्हीं कोशिशों का परिणाम था—५ मार्च, १९३१ का गांधी-इर्विन समझौता। यह समझौता राजनीति की मेज पर ब्रिटिश कूटनीति की विजय थी। पहल गांधीजी के हाथों से खिसक कर पुनः ब्रिटिश सरकार के हाथों में चली गई। गांधी-इर्विन पैक्ट, द्वितीय गोलमेज सम्मेलन, अगस्त १९३२ का सांप्रदायिक निर्णय, पूना-पैक्ट और हरिजन आंदोलन—ये सब उस कूटनीतिक युद्ध के सोपान हैं जिनमें गांधीजी के चारों ओर ब्रिटिश कूटनीति का पाश उत्तरोत्तर कसता जा रहा था। इस कालखंड में भारतीय राष्ट्रवाद का गहरा अध्ययन भारत के वर्तमान संकट की जड़ तक पहुँचने के लिए आवश्यक है।

(पाञ्चजन्य, २६ फरवरी, २०१२)

□

गांधीजी की मूल प्रेरणा राजनीति नहीं धर्म

"राष्ट्रीय स्वयंसेवक संघ ने गांधीजी का अपहरण कर लिया है या वह उनकी विरासत का सहज उत्तराधिकारी है?" यह प्रश्न अब बहुत ज्वलंत बन गया है। क्योंकि कांग्रेस अध्यक्ष सीताराम केसरी से लेकर हरेक छुटभैया कांग्रेसी प्रवक्ता चुनाव-प्रचार में गांधीजी का नाम भुनाने के लिए राग अलापता रहता है कि गांधीजी पर केवल कांग्रेस का ही एकाधिकार है, संघवालों ने तो गांधीजी का अपहरण कर लिया है। उन्हें गांधीजी का नाम लेने और उनकी पावना स्मृति को प्रणाम करने का कोई अधिकार नहीं है।

इस कांग्रेसी प्रचार की असलियत को समझने के लिए यह जानना आवश्यक है कि गांधीजी ने ३० जनवरी, १९४८ को अपनी मृत्यु के ठीक पूर्व उस कांग्रेस को, जिसके रूपांतरण एवं विस्तार के पीछे उनकी तीस वर्ष लंबी साधना विद्यमान थी, भंग करने की इच्छा क्यों प्रकट की थी? गांधीजी की संपूर्ण कर्म-साधना में कांग्रेस का कितना और क्या स्थान था? उनकी अंतिम इच्छा का पालन क्यों नहीं किया गया? उनकी अंतिम इच्छा का पालन न करने वालों को क्या उनका सच्चा उत्तराधिकारी माना जा सकता है? उनकी इच्छा के विरुद्ध कांग्रेस के नाम से जो राजनीतिक ढाँचा बना रह गया, क्या उसे किसी भी अर्थ में गांधी की कांग्रेस कहना उचित होगा?

यह एक सर्वविदित ऐतिहासिक सत्य है कि भारत के स्वाधीनता की ड्योढ़ी के भीतर प्रवेश करते ही गांधीजी रंगमंच से तिरोहित हो गए और सत्ता के सिंहासन पर बैठकर स्वाधीन भारत का रचनाकार कहलाने का अवसर जवाहरलाल नेहरू को प्राप्त हो गया। सन् १९५० में सरदार पटेल की मृत्यु के बाद से कांग्रेस संगठन पर पूरी तरह नेहरूजी का वर्चस्व स्थापित हो गया और आज तक वह उनकी खानदानी संपत्ति बनी हुई है। यह भी सर्वविदित है कि नेहरूजी का गांधीजी के जीवन-दर्शन एवं सामाजिक-आर्थिक विचारधारा से भारी मतभेद था। स्वाधीन भारत का उनका कल्पना चित्र गांधीजी से बिल्कुल भिन्न था, जैसा कि अक्तूबर १९४५ के उनके पत्र-व्यवहार से बहुत स्पष्ट है। यहाँ प्रश्न खड़ा होता है कि मूलभूत वैचारिक मतभेद होते हुए भी गांधीजी ने नेहरू को अपना राजनीतिक

उत्तराधिकारी घोषित करके उनके लिए प्रधानमंत्री पद का रास्ता साफ क्यों किया? साथ ही, इस प्रश्न का भी उत्तर खोजना आवश्यक है कि गांधीजी से मौलिक मतभेद रखते हुए भी नेहरूजी गांधी के अनुयायी क्यों बने रहे? गांधीजी से शक्ति परीक्षण के प्रत्येक अवसर को टालने के लिए उन्होंने गांधीजी के नेतृत्व के सामने सिर झुकाना क्यों सहन किया?

इन प्रश्नों के उत्तर की खोज का सिलसिला हम अंतिम प्रश्न से आरंभ करते हैं। नेहरू ने अपनी आत्मकथात्मक पुस्तक 'भारत की खोज' तथा सुभाषचंद्र बोस जैसे सहयोगियों के साथ पत्राचार में बार-बार स्वीकार किया है कि उन्हें गांधीजी के धार्मिक, सामाजिक एवं आर्थिक विचार तनिक भी स्वीकार्य नहीं हैं। कई बार उनका मस्तिष्क उन्हें गांधीजी के खिलाफ बगावत करने की सलाह देता है; किंतु बगावत करने का मतलब होगा अँधेरे में छलाँग लगाना। क्यों? इस प्रश्न का उत्तर भी नेहरू के अपने शब्दों में कई बार मिलता है। नेहरू का सोचना था कि वे अपने सपनों का भारत स्वाधीनता मिलने पर ही बना सकेंगे और स्वाधीनता-प्राप्ति के लिए विराट् जनांदोलन, त्याग व संघर्ष की अनिवार्य आवश्यकता है। उसे खड़ा करने की सामर्थ्य अकेले गांधीजी के पास है, किसी अन्य कांग्रेसी नेता में नहीं। गांधीजी से टकराव मोल लेने का दबाव डालने वाले अपने साम्यवादी एवं समाजवादी मित्रों से नेहरू ने स्पष्ट शब्दों में पूछा कि सुदूर गाँवों में बिखरे विशाल भारतीय समाज को स्पंदित करने की क्षमता क्या हममें से किसी के भी पास है? सन् १९३९ में सुभाषचंद्र बोस के पत्र के उत्तर में उन्होंने साफ-साफ लिखा कि "गांधीजी से असहमत होते हुए भी मैं समझता हूँ कि अभी वामपंथ गांधीजी से टक्कर लेने की स्थिति में नहीं है।" दूसरे शब्दों में कहना हो तो नेहरू गांधीजी के कंधों पर सवार होकर सत्ता प्राप्त करना चाहते थे, क्योंकि वे जानते थे कि गांधीजी का जीवन-लक्ष्य अपने लिए सत्ता प्राप्त करना नहीं है। कभी-कभी वे आश्चर्य करते थे कि गांधीजी के व्यक्तित्व में ऐसा क्या है कि वे अशिक्षा, निर्धनता और पिछड़ेपन में डूबे भारतीय समाज को स्पंदित कर पाते हैं? उनके पास न सत्ता है, न दौलत, न चमक-दमक वाला व्यक्तित्व, न वक्तृत्व, न नाटकीयता, फिर भी ऐसा क्या है उनमें कि वही भारतीय मन को छूने और संघर्ष के लिए खड़ा करने में समर्थ हो पाते हैं? कौन सी विशेषता है उनमें जिसके बल पर वे विश्व इतिहास का सबसे बड़ा जनांदोलन खड़ा करने में सफल हुए?

नेहरू के मन में ये प्रश्न उठे तो, पर दृष्टिकोण और वैचारिक संभ्रम के कारण वे अपने ही प्रश्नों का उत्तर नहीं खोज पाए। इन प्रश्नों का उत्तर पाने के लिए गांधीजी के जीवन-दर्शन और उस दर्शन के आलोक में उनके धार्मिक, सामाजिक और आर्थिक विचारों को समझना-देखना बहुत आवश्यक था। गांधीजी की मूल प्रेरणा एवं उसकी वैचारिक निष्ठा को समझे बिना उनकी जीवन-रचना एवं सार्वजनिक गतिविधियों की दिशा को समझना संभव नहीं था। ऐसा नहीं कि नेहरू को अपनी सीमाओं का बोध नहीं था। उन्होंने कहीं स्वीकार किया है कि सांस्कृतिक दृष्टि से वे मुसलमान हैं, शिक्षा की दृष्टि से अंग्रेज और

केवल जन्म के संयोग से हिन्दू। यह तो उन्होंने बार-बार लिखा कि वे भारत से अधिक पश्चिमी सभ्यता की उपज हैं। वे भारत को एक अजनबी की निगाह से देखते हैं। वे भारत को समझने की कोशिश में लगे हैं और उनकी यह कोशिश सन् १९४५ में प्रकाशित उनकी प्रसिद्ध रचना 'भारत की खोज' तक चलती ही रह गई। यदि नेहरू गांधीजी को समझ पाते तो उनके लिए भारत को समझना भी आसान हो जाता; क्योंकि यदि गांधीजी भारत की आत्मा के प्रतिनिधि न होते तो भारतीय मन उन्हें इतनी जल्दी स्वीकार नहीं कर लेता कि सन् १९१५ से १९२० तक पाँच वर्षों के अल्पकाल में वे लोकमान्य तिलक, लाला लाजपतराय, मदनमोहन मालवीय, देशबंधु चित्तरंजन दास, विपिनचंद्र पाल, श्रीनिवास शास्त्री, एनी बेसेंट, मोतीलाल नेहरू, राजगोपालाचारी, स्वामी श्रद्धानंद, विट्ठलभाई पटेल, रवींद्रनाथ ठाकुर जैसे महापुरुषों की लंबी तालिका के होते भी भारतीय जनता के हृदय सम्राट् न बन गए होते। उन सभी को गांधीजी का नेतृत्व स्वीकार करने के लिए विवश न होना पड़ता।

इसलिए सर्वप्रथम आवश्यक है कि हम गांधीजी की जीवन-प्रेरणा, जीवन-दर्शन एवं विचार-निष्ठा को जानने का प्रयास करें; क्योंकि उन्हें जानकर ही हम भारत के स्वाधीनता आंदोलन की प्रेरणा को समझ पाएँगे और स्वाधीन भारत के भटकाव का सही आकलन पर पाएँगे। गांधीजी ने अपनी आत्मकथा, विशाल पत्राचार एवं भाषण-लेखन में बार-बार इस बात को दोहराया है कि उनके जीवन की मूल प्रेरणा राजनीति और सत्ता नहीं, धर्म या अध्यात्म है, सत्य की खोज है, मोक्ष-प्राप्ति है। उनके ऐसे सैकड़ों उद्‍गारों में से एक-दो की बानगी ही यहाँ प्रस्तुत करना संभव है।

धर्मरहित राजनीति शव के समान

भारत आगमन के पश्चात् १६ फरवरी, १९१६ को मद्रास में संभवत: अपने पहले सार्वजनिक भाषण में गांधीजी ने कहा, "धर्महीन जीवन का दूसरा नाम सिद्धांतहीन जीवन है और बिना सिद्धांत का जीवन बिना पतवार की नौका के समान है। जिस प्रकार बिना पतवार की नौका और उसका माँझी इधर-उधर भटकते फिरेंगे और उन्हें अपनी मंजिल कभी नहीं मिलेगी, उसी प्रकार जिसे धर्म का बल प्राप्त नहीं, जिसकी धर्म में गहरी आस्था नहीं है, वह इस तूफानी संसार-सागर में इधर-से-उधर भटकता रह जाएगा, किंतु उसे अपनी मंजिल कभी भी नहीं मिल पाएगी। अत: प्रत्येक समाज-सेवी को मेरा सुझाव है कि वह इस भ्रम में न रहे कि वह धर्म-बोध एवं दैवी प्रेरणा से शुद्धिकृत इन दो गुणों के बिना अपने देशवासियों की सेवा कर सकेगा।" (संपूर्ण गांधी वाङ्मय, खंड १३, पृ. २३८)। मद्रास में ही एक अन्य भाषण में गांधीजी ने यह भी कहा, "मैं नहीं मानता कि धर्म का राजनीति से कोई वास्ता नहीं है। धर्मरहित राजनीति शव के समान है, जिसे दफना देना ही उचित है। मुझे लगता है कि यदि राजनीति को धर्म से अलग करने का प्रयत्न नहीं किया गया होता और जैसा कि आज भी किया जा रहा है, तो राजनीति का इस हद तक पतन नहीं हुआ होता।" (वाङ्मय, १३/२२३)

४ अगस्त, १९१९ को एक पत्र में उन्होंने लिखा कि "मेरे मन का झुकाव राजनीति की ओर नहीं, धर्म की ओर है। राजनीति में मैं भाग लेता हूँ, क्योंकि मेरे ख्याल से जीवन का एक भी अंग ऐसा नहीं है, जिसे धर्म से अलग किया जा सके।" (वाङ्मय, १६/४५)। इसी बात को और अधिक स्पष्ट करते हुए उन्होंने १२ मई, १९२० को 'यंग इंडिया' में लिखा, "मेरे एक भी निर्णय पर मेरे व्यक्तित्व के राजनीतिक पक्ष का प्रभाव कभी मुख्य नहीं रहा है। यदि मैं राजनीति में भाग लेता हुआ जान पड़ता हूँ तो इसका कारण केवल यही है कि आज राजनीति ने साँप की कुंडली की तरह हमें चारों ओर से इस तरह घेर रखा है कि कोई कितना भी प्रयत्न क्यों न करे, उससे निकल ही नहीं सकते। इसलिए मैं इस साँप से लड़ना चाहता हूँ—इसीलिए मैं राजनीति में धर्म का समावेश करके अपने और अपने मित्रों के साथ प्रयोग कर रहा हूँ।" (वाङ्मय, १७/४४२)

२२ फरवरी, १९३४ को पन्नमपेट में एक भाषण में उन्होंने कहा, "धर्म के बिना मैं क्षण भर भी जीवित नहीं रह सकता। मेरे बहुत से राजनीतिक मित्र आशा इसलिए छोड़ बैठे हैं, क्योंकि उनका कहना है कि मेरी राजनीति भी मेरे धर्म से ही उद्भूत है और उनका यह कहना सही है। मेरी राजनीति तथा अन्य तमाम प्रवृत्तियों का स्रोत मेरा धर्म ही है। मैं तो इससे भी आगे बढ़कर कहूँगा कि धर्मपरायण व्यक्ति की प्रत्येक प्रवृत्ति का स्रोत धर्म ही होना चाहिए।" (वाङ्मय, ५७/२१४)

१० अक्तूबर, १९३२ को दादा जानजी को एक पत्र में गांधीजी ने लिखा, "जिसका जीवन धर्म में रँगा हुआ है उसके ख्याल से राजनीति और अर्थशास्त्र सब धर्म के अंग हैं और वह उनमें से एक को भी नहीं छोड़ सकता। मेरी राय में जो धर्म को बहुत सी प्रवृत्तियों में से एक प्रवृत्ति मानता है, वह धर्म को जानता ही नहीं। इसलिए राजनीति या समाज-सुधार वगैरह मैं किसी दिन छोड़ दूँगा, यह मेरी समझ के बाहर है। अपने धर्म के पालन के लिए ही मैं राजनीति, समाजसेवा आदि में पड़ा हूँ।" (वाङ्मय, ५१/२३८)। १७ नवंबर, १९३२ को 'बॉम्बे क्रॉनिकल' के साथ भेंटवार्त्ता में गांधीजी ने कहा, "जो मुझे थोड़ा भी जानते हैं उन्हें यह समझ लेना चाहिए कि मैं राजनीतिक, सामाजिक, धार्मिक और अन्य प्रश्नों के बीच कोई बड़ी और अमिट विभाजन रेखा नहीं खींचता हूँ। मेरा सदा विचार रहा है कि वे सब एक-दूसरे पर निर्भर हैं और एक का समाधान शेष के समाधान को निकट लाता है।" (वाङ्मय, ५२/४)

२३ सितंबर, १९३१ को लंदन में एक भाषण में उन्होंने कहा, "आपको मुझसे यह सुनकर आश्चर्य होगा कि यद्यपि मेरा ध्येय बाहर से राजनीतिक लगता है, पर मैं आपको यह विश्वास दिलाना चाहूँगा कि इसकी जड़ें—यदि मुझे इस शब्द को प्रयुक्त करने की अनुमति हो तो कहूँगा—आध्यात्मिक हैं। यह बात आमतौर पर विदित है। यद्यपि शायद इस पर विश्वास नहीं किया जाता कि मैं कम-से-कम अपनी राजनीति को नैतिकता, आध्यात्मिकता और धर्म से विच्छिन्न न होने का दावा करता हूँ। मेरा यह दावा रहा है—

और यह दावा व्यापक अनुभव पर आधारित है कि जो आदमी ईश्वर की इच्छा को जानता और उसका अनुसरण करने की कोशिश में लगा है, वह जीवन के किसी भी क्षेत्र को अछूता नहीं छोड़ सकता।'' (वाङ्मय, ४८/३)

हिन्दू धर्म में पूर्ण निष्ठा

किंतु गांधीजी की आध्यात्मिकता की जड़ें कहाँ थीं, अपनी धर्म-साधना के लिए उन्होंने कौन सा धर्म पथ चुना था? यह बताने की आवश्यकता नहीं है कि अपने सार्वजनिक जीवन में प्रारंभ से अंत तक गांधीजी ने स्वयं को सनातनी हिन्दू घोषित किया। हिन्दू धर्म को ही उन्होंने अपने आध्यात्मिक विकास एवं मोक्ष-प्राप्ति का साधन माना। हिन्दू धर्म के प्रति उन्हें यह आस्था अनायास ही, हिन्दू परिवार में जन्म लेने के कारण या अंधविश्वास के कारण प्राप्त नहीं हुई थी। उनकी आत्मकथा के अध्ययन से स्पष्ट होगा कि दक्षिण अफ्रीका में उनके घनिष्ठ मित्रों द्वारा उन्हें ईसाई और मुसलमान बनाने का भारी प्रयास किया गया था। उन्होंने इन दोनों धर्मों के साहित्य और व्यवहार का गहरा अध्ययन किया था। हिन्दू धर्म के बारे में उनके मन में अनेक शंकाएँ उठीं और कुछ समय के लिए तो वे नास्तिक ही बन गए थे। पर अपने समाधान के लिए उन्होंने रायचंद भाई जैसे जैन विद्वान से लंबा पत्राचार किया। हिन्दू धर्मग्रंथों—महाभारत, रामायण, पुराण, स्मृतियों आदि का गहरा अध्ययन किया। सन् १८९४ से सन् १९०६ तक लगातार वे इसी अन्वेषण में लगे रहे और अंततः वे इस निष्कर्ष पर पहुँचे कि उनकी अपनी मुक्ति का मार्ग हिन्दू धर्म में ही विद्यमान है और हिन्दू धर्म भारत के बाहर जन्मे धर्मों की अपेक्षा कहीं अधिक वैज्ञानिक और पूर्ण है। धर्म विषयक उनके गहन अध्ययन की झाँकी उनके द्वारा सन् १९०५ में दक्षिण अफ्रीका में हिन्दू धर्म पर दिए गए चार भाषणों में मिल सकती है। इन भाषणों में गांधीजी ने हिन्दू धर्म के वैशिष्ट्य का विवेचन किया और बताया कि कैसे हिन्दू धर्म इस्लाम और ईसाई धर्मों के लंबे आक्रमणों में बचकर निकल आया।

हिन्दू धर्म के प्रति गहरी निष्ठा के कारण ही गांधीजी ने भारत की स्वाधीनता के प्रश्न को सभ्यतापरक दृष्टि से देखा। इसी दृष्टि को लेकर उन्होंने दक्षिण अफ्रीका में रहते हुए सन् १९०९ में 'हिंद स्वराज' नामक पुस्तिका लिखी, जिसमें उन्होंने पश्चिम की आधुनिक सभ्यता और संस्थाओं से तुलना करते हुए निष्कर्ष निकाला कि पश्चिम की सभ्यता अधोगामी है। अतः भारत की स्वाधीनता की लड़ाई महज राजनीतिक अधिकारों या सत्ता की लड़ाई न होकर सभ्यता की लड़ाई है। 'स्वराज' की व्याख्या करते हुए उन्होंने लिखा कि ''यदि अंग्रेज यहाँ से चले जाएँ, पर उनकी सभ्यता यहाँ रहे तो मैं कहूँगा कि स्वराज नहीं मिला। अंग्रेज यहाँ पर रहें, पर उनकी सभ्यता चली जाए तो मैं कहूँगा कि स्वराज्य मिला।'' इसी पुस्तिका में गांधीजी ने लिखा कि ''यह कहना गलत है कि भारत को एक राष्ट्र अंग्रेजों ने बनाया। अंग्रेजों के आने के बहुत पहले से भारत एक राष्ट्र था।''

अक्तूबर १९४५ में नेहरू के साथ गांधीजी के पत्राचार के अध्ययन से स्पष्ट होगा

कि अड़तीस वर्ष के लंबे अनुभव के पश्चात् भी गांधीजी 'हिंद स्वराज्य' में व्यक्त विचारों पर अडिग रहे और स्वाधीन भारत का वही चित्र उन्होंने नेहरू के सामने रखा।

हरिजन आंदोलन शुरू करते समय गांधीजी ने २ मई, १९३३ को नेहरूजी को एक पत्र में लिखा कि "हरिजन आंदोलन की गहराई को केवल बौद्धिक प्रयत्न से नहीं नापा जा सकता। यदि हिन्दू धर्म ने मुझे निराश किया तो मेरा जीवन भार बन जाएगा। हिन्दू धर्म के माध्यम से ही मैं ईसाई, इस्लाम आदि अन्य धर्मों से प्रेम करता हूँ। इसे (हिन्दू धर्म को) मुझसे ले लो तो मेरे पास कुछ नहीं रह जाता।"

हिन्दू धर्म के प्रति गहरी निष्ठा के कारण ही गांधीजी ने ईसाई मिशनरियों के धर्मांतरण के प्रयत्नों का लगातार विरोध किया। धर्मांतरितों की हिन्दू धर्म में वापसी का स्वागत किया और उसे 'घर वापसी' बताया। संस्कृत की शिक्षा को अत्यधिक महत्त्व दिया। 'आत्मकथा' में उन्होंने लिखा है कि "आज मेरी आत्मा कृष्ण शंकर मास्टर का उपकार मानती है, क्योंकि जितनी संस्कृत मैं उस समय सीखा उतनी भी न सीखा होता तो आज संस्कृत शास्त्रों में मैं जितना रस ले सकता हूँ उतना न ले पाता। मुझे तो इस बात का पश्चाताप है कि मैं संस्कृत अधिक न सीख सका। क्योंकि बाद में मैं समझा कि किसी भी हिन्दू बालक को संस्कृत का अच्छा अभ्यास किए बिना नहीं रहना चाहिए।" २० मार्च, १९२७ को हरिद्वार की राष्ट्रीय शिक्षा परिषद् में भाषण देते हुए उन्होंने कहा, "संस्कृत का अध्ययन करना प्रत्येक भारतीय विद्यार्थी का कर्त्तव्य है। हिन्दुओं का तो है ही, मुसलमानों का भी है; क्योंकि आखिर उनके पूर्वज राम और कृष्ण ही थे और अपने इन पूर्वजों को जानने के लिए उन्हें संस्कृत सीखनी चाहिए।" (नवजीवन, २३ मार्च, १९२७) जेल में उन्होंने स्वयं उपनिषदों एवं वेदों आदि का संस्कृत मूल में अध्ययन करने का प्रयास किया और सरदार पटेल आदि सभी जेल के साथियों को संस्कृति सीखने के लिए प्रवृत किया।

शास्त्रों का गंभीर अध्ययन होने के कारण ही वे निर्भीकतापूर्वक गोरक्षा और वर्ण-व्यवस्था के सिद्धांत को विश्व संस्कृति में हिन्दू धर्म के महान योगदान के रूप में घोषित कर सके। इस विषय में उनकी आस्था की गहराई उस समय सामने आई जब डॉ. अंबेडकर के साथ सार्वजनिक बहस में गांधीजी ने आग्रहपूर्वक कहा कि "मैं जाति-व्यवस्था के वर्तमान विकृत रूप को छुआछूत और ऊँच-नीच की भावना के साथ कदापि स्वीकार नहीं करता, किंतु वर्ण-व्यवस्था के सैद्धांतिक अधिष्ठान की निंदा भी नहीं कर सकता। मैं इसे विश्व को हिन्दू धर्म की महानतम देन के रूप में देखता हूँ।" अपनी इस आस्था के कारण ही गांधीजी ने हिन्दू समाज को विभाजित करने के लिए ब्रिटिश सरकार द्वारा दलित वर्गों को पृथक् निर्वाचन का अधिकार देने वाले 'सांप्रदायिक निर्णय' को निरस्त करने के लिए अपने जीवन को आमरण अनशन की भट्ठी में झोंक दिया था और सन् १९३३ में प्रबल सामाजिक हरिजन आंदोलन का श्रीगणेश किया था।

आध्यात्मिक भूख और हिन्दू-आस्था ने ही गांधीजी को भारत की स्वाधीनता के

बारे में चिंतित कर दिया और सन् १९१४ में उन्होंने दक्षिण अफ्रीका छोड़कर भारत आने का निश्चय कर लिया। अपने इस निश्चय की घोषणा करते हुए उन्होंने ९ जुलाई, १९१४ को डरबन की गुजराती सभा के एक उत्सव में कहा, ''मैं अब भोगभूमि से कर्मभूमि में जा रहा हूँ। मेरी मुक्ति भारत को छोड़कर अन्य भूमि में नहीं है। यदि मोक्ष की इच्छा हो तो मनुष्य को भारतभूमि में जाना चाहिए। मेरी ही तरह प्रत्येक के लिए भारतभूमि दु:खियों का विश्रामस्थल है और इसीलिए मैं स्वदेश जाने के लिए इतना उत्सुक हूँ।'' (वाङ्मय, १४/४४५)। इतिहास साक्षी है कि जनवरी १९१५ में भारत पहुँचने के बाद गांधीजी मृत्युपर्यंत भारत के बाहर नहीं गए; केवल एक अवसर को छोड़कर, जब सन् १९३१ में उन्हें गोलमेज सम्मेलन में भाग लेने के लिए अपनी इच्छा के विरुद्ध इंग्लैंड जाना पड़ा था। किंतु तब भी उन्होंने ब्रिटिश सम्राट् के द्वारा दिए गए औपचारिक भोज में भाग लेने के लिए अपनी घुटने तक ऊँची धोती को छोड़कर औपचारिक वेश धारण करने से इनकार कर दिया था।

आध्यात्म की आधारभूमि

गांधीजी की दृष्टि में स्वाधीनता की लड़ाई महज राजनीतिक लड़ाई नहीं थी। सन् १९२७ में मद्रास में एक बार भाषण देते हुए उन्होंने कहा था, ''हमारी यह राजनीतिक अभिलाषा अवश्य हो कि हम देश की आजादी के लिए जिएँ। आज राजनीतिक महत्त्वाकांक्षा रखे बिना तो किसी भी सच्चे भारतीय का जीवित रहना असंभव है। इसलिए भारत की राजनीतिक परतंत्रता का परिणाम यह हुआ है कि देश आध्यात्मिक रूप से परतंत्र भले ही न हुआ हो, पर उसमें आध्यात्मिक निष्क्रियता तो आ ही गई है। आज हममें आध्यात्मिकता का आवरण मात्र रह गया है, उसका सार तो लगता है जैसे बिल्कुल सूख गया हो। हमें इस भ्रम में नहीं रहना चाहिए कि हमारी यह राजनीतिक अभिलाषा ही भारतवर्ष को, जिसे हम अपने मन: संतोष के लिए कर्मभूमि, देवभूमि कहते हैं, अपने गंतव्य तक पहुँचा सकेगा। हमें अपने मन में ऐसे किसी भ्रामक विचार को घर नहीं करने देना चाहिए कि आध्यात्मिकता पर आधारित हुए बिना कोई राजनीतिक संदेश हमारी इस पुण्यभूमि के काम आ सकता है। यदि हमें किसी भी राजनीतिक संदेश से दूर-दूर के गाँवों को सचमुच स्थायी तौर पर जगाना और स्पंदित करना हो तो उस संदेश को आध्यात्मिकता के व्यापक आधार पर खड़ा होना होगा।'' (वाङ्मय, ३४/३४३)

गांधीजी के इस कथन के आलोक में ही उनकी शब्दावली, कार्य-प्रणाली और जीवन-शैली का मर्म समझा जा सकता है। उन्होंने हिन्दू धर्म द्वारा प्रतिपादित धर्म के दस लक्षणों के आधार पर अपनी जीवन-शैली विकसित की। मन, वचन और कर्म का एकात्म प्राप्त करने के लिए कठोर साधना की। आश्रम परंपरा को पुनरुज्जीवित किया। भारत के सार्वजनिक जीवन में धर्मशास्त्रों द्वारा प्रतिपादित जीवन-मूल्यों को प्रतिष्ठित किया तथा इसे शक्तिशाली ब्रिटिश सरकार के विरुद्ध संघर्ष का हथियार बनाया।

उनका सत्याग्रह, उनकी अहिंसा, उनका अपरिग्रह, उनका रामराज्य सब कुछ इसी

धर्मनिष्ठा में से उपजे थे। उन्होंने पहनावे, खानपान से लेकर भाषा तक पर चिंतन किया। राजनीतिक गतिविधियाँ उनकी समग्र गतिविधियों का बहुत थोड़ा हिस्सा थीं। सन् १९३४ में कांग्रेस की प्राथमिक सदस्यता से त्यागपत्र देकर वे राजनीति से बाहर और ऊपर उठ गए थे। त्यागपत्र देते समय उन्होंने जो वक्तव्य जारी किया उसमें अपने ही हथियार यानी कांग्रेस की सब आंतरिक दुर्बलताओं का नंगा चित्र प्रस्तुत कर लिया।

गांधीजी की दृष्टि में कांग्रेस स्वतंत्रता-प्राप्ति के लिए एक मंच मात्र थी, जिस पर अलग-अलग विचारधाराओं और प्रवृत्तियों के सब भारतीयों को एकत्र किया जा सके। उसमें राजगोपालाचारी, सरदार पटेल और डॉ. राजेंद्र प्रसाद जैसे पाश्चात्य समाजवाद के आलोचकों के साथ नेहरू, जयप्रकाश नारायण, राममनोहर लोहिया और नरेंद्र देव जैसे समाजवादियों का समान रूप से स्थान था। गांधीजी नहीं चाहते थे कि आजादी की लड़ाई का हथियार बनी कांग्रेस का स्वतंत्रता-प्राप्ति के पूर्व विभाजन हो। शायद यही मुख्य कारण है कि जिसके लिए उन्होंने शहरी शिक्षित मध्यम वर्ग और समाजवादी विचारधारा से जुड़े युवकों में लोकप्रिय नेहरू को अपना राजनीतिक उत्तराधिकारी घोषित करके खुली बगावत के रास्ते पर भी जाने दिया। उनकी सत्ताकांक्षा की वेदी पर सरदार पटेल जैसे श्रेष्ठ देशभक्त और वफादार मित्र की बलि चढ़ाने में संकोच नहीं किया। कांग्रेस के भीतर विद्यमान इस वैचारिक वैविध्य को गांधीजी भली-भाँति पहचानते थे। स्वतंत्रता प्राप्त होते ही ऐसे मंच के अस्तित्व का कोई औचित्य नहीं रह गया था। इसलिए गांधीजी नहीं चाहते थे कि ऐसे अंतर्विरोधों के साथ कांग्रेस नाम का मंच आजादी के बाद भी बना रहे और सत्ता में बने रहने के लिए स्वाधीनता आंदोलन के दौरान किए गए त्याग और बलिदानों को भुनाए। वे नहीं चाहते थे कि राजनीति और सत्ता ही सार्वजनिक जीवन का केंद्र बनी रहे। यह देश का दुर्भाग्य है कि स्वाधीनता विभाजन को लेकर आई और उस समय राष्ट्र की समूची चिंता एवं शक्ति इस समस्या से जूझने में ही लग गई। इस समस्या के कारण ही गांधीजी असमय और अचानक चले गए तथा नेहरू के लिए मैदान खाली हो गया। राजसत्ता और राजनीति ही सार्वजनिक जीवन का केंद्र बन गई। आम लोगों की भाषा में इस स्थिति को ही गांधी युग का अंत और नेहरू युग का आरंभ माना जाता है। किंतु गांधीजी और नेहरू महज शरीरधारी व्यक्ति नहीं, दो विचारधाराओं के प्रतिनिधि बन गए हैं। एक भारत की शाश्वत धर्म-चेतना और परंपरा, दूसरी पश्चिम की आधुनिक सभ्यता। शरीरधारी गांधीजी भले न रहे हों, पर जिस शाश्वत सांस्कृतिक परंपरा का वे प्रतिनिधित्व कर रहे थे, वे वह नए नाम-रूपों में अवश्य प्रवाहित रही। कांग्रेस अब गांधीजी से दूर जा चुकी थी, पर गांधीजी के चिंतन और जीवनधारा का संगम अब राष्ट्रीय स्वयंसेवक संघ के संगठन प्रवाह में होने लगा था।

(पाञ्चजन्य, २५ जनवरी, १९९७)

□

गांधीजी की हिन्दुत्वनिष्ठा और स्वदेश प्रेम

इन दिनों देश गांधीजी की १२५ वीं जयंती भी मना रहा है। महापुरुषों की जयंतियाँ मनाने का हमारे देश में कुछ ज्यादा ही शौक है। अब ये जयंतियाँ संस्थाओं और नेताओं को अपनी दुकानें खुली रखने का अवसर देने का साधन मात्र बनकर रह गई हैं, उनके आदर्शों और कर्म को अपनाने का संकल्प लेने का नहीं। इस वर्ष गांधीजी की जयंती को भारत सरकार कुछ ज्यादा ही ताम-झाम के साथ मनाने की तैयारी कर रही है। भारत सरकार के प्रकाशन विभाग द्वारा प्रकाशित गांधीजी के संपूर्ण वाङ्मय का १०० वाँ खंड भी पूर्णाहुति के रूप में इसी अवसर पर सामने आ रहा है। बड़े आकार के चार-चार सौ, पाँच-पाँच सौ पृष्ठोंवाले १०० खंडों के संपूर्ण गांधी वाङ्मय को देखकर सहसा विश्वास नहीं होता कि जिस व्यक्ति का समूचा जीवन लोक जागरण, जनांदोलन और रचनात्मक संस्थाएँ खड़ी करने में लगा रहा, जिसका प्रत्येक क्षण कर्म से जुड़ा था, उस व्यक्ति का शब्द वाङ्मय पचास हजार पृष्ठों का आकार धारण कर सकता है। अभी भी इस सौवें खंड को पूर्णाहुति कहना ठीक नहीं होगा। क्योंकि कुछ वर्ष पूर्व ९ वें खंड को पूर्णाहुति समझा जा रहा था। दस खंडों की सामग्री और निकल आई और अभी भी खोज जारी है। इस वाङ्मय का प्रत्येक शब्द सोद्‌देश्य है, प्रत्यक्ष कर्म और अनुभूति में से निकला है, पांडित्य प्रदर्शन और बौद्धिक विलासिता में से नहीं। क्या कर्ममय जीवन में से उपजा शब्द-भंडार भी इतना विशाल हो सकता है? मुझे विश्व भर में ऐसे किसी लेखक का नाम स्मरण नहीं आता, जिसने लेखन को ही अपने जीवन का एकमात्र कार्य माना हो वह भी इतने विशाल वाङ्मय का सृजन कर पाया हो।

जागरूक गांधीजी

आज जब हम राष्ट्रीय पुनर्निर्माण के प्रश्नों में उलझे हैं, उनके उत्तरों की खोज में भटक रहे हैं तो हम पाते हैं कि जीवन का कोई प्रश्न ऐसा नहीं है जिसके बारे में गांधीजी ने कोई प्रयोग स्वयं पर और अन्यों पर न किया हो, राष्ट्रजीवन की कोई समस्या

या क्षेत्र नहीं है जिसको हल करने के प्रयास में गांधीजी हमसे पहले वहाँ न खड़े हों। विश्व के सबसे शक्तिशाली और चालाक साम्राज्यवाद के विरुद्ध सतत जूझते हुए भी उस व्यक्ति ने व्यक्तिगत, पारिवारिक और समष्टिगत जीवन की प्रत्येक छोटी-से-छोटी बात के बारे में सोचा, प्रयोग किए और रचनात्मक कार्यक्रम दिया। सभ्यता के धरातल पर इस समय जो विश्वव्यापी बहस चल रही है, उसमें पश्चिम की भोगवादी औद्योगिक सभ्यता के एकमात्र विकल्प के रूप में केवल गांधीजी उभरकर सामने आ रहे हैं, और कोई नहीं।

शरीरधारी गांधीजी को हमसे दूर गए अभी आधी शताब्दी भी पूरी नहीं हुई है। किंतु भारत के आज के दृश्य को देखकर गांधीजी के प्रति वैज्ञानिक आईन्स्टीन का वह कथन स्मरण हो आता है कि "भावी पीढ़ियाँ सहसा यह विश्वास नहीं कर पाएँगी कि ऐसा कोई व्यक्तित्व सचमुच हाड़-मांस का शरीर धारण कर इस पृथ्वी तल पर विचरा होग।" हिंसा, भ्रष्टाचार, बलात्कार, अपहरण, अश्लीलता, झूठ, विलासिता और भोगवाद के दुर्गंध भरे वातावरण में जी रहे हम लोग कैसे विश्वास कर लें कि इसी भूमि ने १२५ साल पहले एक ऐसे पुत्र को जना था, जिसने कथनी और करनी की एकरूपता में से उपजी नैतिक शक्ति के बल पर विश्व इतिहास में सबसे विशाल जनांदोलन का सृजन किया था। एक पीढ़ी के अभिजात वर्ग की जीवन-शैली को पाश्चात्य प्रभावों से मुक्त करके भारत की मिट्‌टी से जोड़ दिया था। विविधता से भरे इस विशाल देश के सब क्षेत्रों और सब वर्गों में देशभक्ति से अनुप्राणित नेतृत्व ग्रामस्तर तक खड़ा कर दिखाया था।

नेहरू ने एक बार आत्मालोचन के क्षणों में स्वीकार किया था कि गांधी के विचारों से पूरी तरह असहमत होते हुए भी मैं उनसे अलग होकर अँधेरे में छलाँग नहीं लगा सकता, क्योंकि भारत को आजादी मिले बिना मैं अपने सपने को साकार नहीं कर सकता और आजादी के लिए भारत की जनता को संघर्ष और बलिदान के पथ पर प्रेरित करने की सामर्थ्य अकेले गांधीजी में है, मुझमें या अन्य किसी में नहीं। गोपालकृष्ण गोखले को गांधीजी ने अपना गुरु माना था। उन्हीं की प्रेरणा से वे सन् १९१५ में अपना बोरिया-बिस्तर समेटकर दक्षिण अफ्रीका से भारत वापस आ गए थे। ९ जनवरी, १९१५ को उनके आगमन के डेढ़ माह के भीतर ही गोखले का देहांत हो गया। मृत्यु से कुछ दिन पूर्व रुग्ण गोखले के साथ गांधीजी के बारे में अपना एक वार्त्तालाप उदारवादी नेता एम.आर. जयकर ने अपनी आत्मकथा में इन शब्छों में निबद्ध किया, "मेरे शब्द याद रखना। तुम मुझसे उम्र में बहुत छोटे हो। मैं शायद वह दिन देखने के लिए जीवित नहीं रहूँगा। किंतु मुझे स्पष्ट दिखाई दे रहा है कि जब हम लोग जा चुके होंगे, गांधी एक महान आंदोलन की अगुवाई करेगा। याद रखना, ऐसे अवसरों पर जब जन भावनाओं को उत्तेजना और त्याग से उच्च शिखर पर ले जाना हो या उच्च आदर्शों से अनुप्राणित करना हो, गांधी एक चमत्कारिक नेता सिद्ध होगा। गांधी

में कुछ है जो गरीबों का ध्यान बरबस अपनी ओर खींच लेता है और वह एकदम बड़ी फुर्ती से पिछड़ों और दलितों के साथ तादात्म्य स्थापित कर लेता है।''

गांधीजी का हिन्दुत्व प्रेम

गांधीजी का हिन्दुत्व प्रेम अंधा न होकर खुले मस्तिष्क व आलोचक दृष्टि पर आधारित था। इसी कारण उन्होंने जहाँ डॉ. अंबेडकर की आलोचना के उत्तर में वर्णाश्रम व्यवस्था को सिद्धांतरूप में हिन्दूधर्म की विश्व-संस्कृति को महानतम योगदान बताने का साहस दिखाया, वहीं हिन्दू समाज में विद्यमान छुआछूत एवं जाति भेद को दूर करने के लिए अपने प्राणों तक को दाँव पर लगा दिया था। हरिजनोद्धार को ही अपना जीवन कार्य बना लिया था।

हिन्दू समाज को विभाजित करने के अंग्रेजों के प्रयत्नों को विफल करने के लिए जब गांधीजी ने सन् १९३३ में हरिजन आंदोलन के नाम से प्रबल सामाजिक अभियान छेड़ने का संकल्प लिया और उसके पूर्व आत्मशुद्धि के लिए ८ मई, १९३३ से २१ दिन का उपवास प्रारंभ करने की घोषणा की, तो पं. नेहरू जैसे प्रगतिशील समाजवादी अनुयायी को गांधीजी का यह निर्णय पसंद नहीं आया। नेहरू की दृष्टि में यह हिन्दू समाज की अंदरूनी समस्या थी जिसे कांग्रेस की राजनीति के साथ जोड़ना अनुचित था। उन्हें यह राजनीति में धर्म का हस्तक्षेप लगता था। उस समय गांधीजी ने २ मई, १९३३ को नेहरू को यरवदा जेल से एक पत्र लिखा। इस पत्र में गांधीजी ने लिखा कि ''हरिजन आंदोलन को कवेल बौद्धिक प्रयास से समझ पाना संभव नहीं है। पूरी दुनिया में इससे खराब कोई चीज नहीं हो सकती किंतु फिर भी मैं धर्म को और इसलिए हिन्दू धर्म को छोड़ नहीं सकता। सच तो यह है कि यदि हिन्दू धर्म ने मुझे निराश कर दिया तो यह जीवन मेरे लिए बोझ बन जाएगा। यदि मैं इस्लाम, ईसाई एवं अन्य धर्मों को प्यार करता हूँ तो वह हिन्दू धर्म के कारण ही। हिन्दू धर्म को मुझसे ले लो तो मेरे लिए कुछ शेष नहीं रह जाता। फिर भी, मैं इस अस्पृश्यता एवं ऊँच-नीच की भावना के साथ सहन नहीं कर सकता। सौभाग्य से हिन्दू धर्म के पास ही इस बुराई का अचूक इलाज भी मौजूद है और मैं उसी का प्रयोग कर रहा हूँ।''

सन् १९१५ में भारत वापसी के बाद से ही गांधीजी ने अस्पृश्यता के विरुद्ध अभियान छेड़ दिया था। गांधी शताब्दी वर्ष १९६९ में प्रकाशित एवं रामनाथ सुमन द्वारा संपादित 'समाज सुधार : समस्याएँ एवं समाधान' शीर्षक से प्रकाशित एक वृहद संकलन में २५० से अधिक पृष्ठों में अस्पृश्यता निवारण के लिए गांधी-वचनों को तिथि क्रम से दिया गया है। उसमें सन् १९१५ से निरंतर इस विकृति के विरुद्ध गांधीजी का स्वर मिलता है। गांधीजी भी इसे हिन्दू समाज की आंतरिक समस्या मानते थे और उसको हल

करने के लिए हिन्दू समाज के भीतर ही सामाजिक आंदोलन चलाने के पक्ष में थे। किंतु अंग्रेज राष्ट्रीय आंदोलन की काट के रूप में अपनी 'फूट डालो, राज करो' नीति के अंतर्गत इस समस्या को भी संवैधानिक प्रक्रिया के दायरे में लाकर राजनीति के क्षेत्र में खींचने के योजनाबद्ध प्रयास में लग गए थे। सन् १९०९ के एक्ट में मुसलमानों को और १९१९ के एक्ट में पृथक् निर्वाचन का अधिकार सिखों को देने के साथ ही उन्होंने १९१७ से ही दलित वर्गों को हिन्दू समाज से पृथक् करने के कुचक्र आरंभ कर दिए थे। वे ढूँढ़-ढूँढ़कर नेताओं को सामने लाने और स्थापित करने की कोशिश कर रहे थे, जो दलित वर्गों के लिए भी पृथक् निर्वाचन के अधिकार की बात उठाएँ।

सुनियोजित षड्यंत्र

सन् १९२० में गांधीजी के नेतृत्व में राष्ट्रीय आंदोलन का जनाधार बहुत व्यापक हो जाने से अंग्रेज बहुत चिंतित हो गए और विभाजनकारी राजनीति के तहत उन्होंने भारतीय राष्ट्रवाद और कांग्रेस के आधार को सवर्णों तक सीमित करने की दिशा में जी तोड़ प्रयास शुरू कर दिए। साइमन कमीशन, लोर्ड लोथियन मताधिकार समिति, गोलमेज कॉन्फ्रेंस एवं कम्युनल अवार्ड उसी दिशा में सुनियोजित कदम थे। अस्पृश्यता निवारण के लिए गांधीजी व डॉ. अंबेडकर के प्रयासों को तुलनात्मक आकलन करनें वाले लोग यह भूल जाते हैं कि इन दोनों नेताओं के उद्‌गारों और कार्यों को समझने के लिए अंग्रेजों की शतरंजी चालों को जानना बहुत आवश्यक है। वस्तुत: उस समय भारतीय राजनीति का एजेंडा अंग्रेज तय कर रहे थे। पहल उनके हाथ में रहती थी और भारतीय नेतृत्व की भूमिका अधिकांशत: प्रतिक्रियात्मक रहती थी। गांधीजी ने पहल छीनने की बहुत कोशिश की और कुछ समय तक अंग्रेजों को हतप्रभ भी कर दिया, पर अंग्रेज बहुत ही चतुर खिलाड़ी थे।

उन्होंने भारतीय यथार्थ का बहुत ही सूक्ष्म अध्ययन किया था। वे प्रत्येक नेता के स्वभाव, आकांक्षाओं, दुर्बलताओं आदि के बारे में सही जानकारी रखते थे और उसका पूरा लाभ उठाते थे। गांधीजी और कांग्रेस को फाँसने के लिए उन्होंने १९३० में गोलमेज सम्मेलन की शतरंज बिछाई। कांग्रेस ने प्रथम गोलमेज सम्मेलन का बहिष्कार किया और नमक सत्याग्रह नामक प्रबल जन-आंदोलन छेड़ दिया। किंतु अंग्रेजों ने लंदन में पृथक्-पृथक् हितों का जमावड़ा करके विभाजनकारी व्यूह रचना तैयार कर ली। वे जानते थे कि कांग्रेस के सहभाग के बिना इस जमावड़े और व्यूह रचना का कोई अर्थ नहीं था, क्योंकि इन नेताओं के पीछे जनाधार नहीं था। इसलिए ब्रिटिश वायसराय लार्ड इर्विन ने ५ मार्च, १९३१ को गांधीजी के साथ समझौता करके द्वितीय गोलमेज सम्मेलन में कांग्रेस के भाग लेने का वचन ले लिया। सितंबर में गोलमेज सम्मेलन आरंभ को गया। गांधीजी ने २० अगस्त, १९३१ तक लंदन यात्रा को टालने की बहुत कोशिश की

किंतु भारत सचिव के दबाव पर वायसराय लार्ड विलिंग्डन ने शिमला में गांधीजी से भेंटकर उन्हें लंदन जाने के लिए राजी कर लिया और कांग्रेस के अकेले प्रतिनिधि के रूप में गांधीजी वहाँ जाकर अभिमन्यु के समान चक्रव्यूह में फँस गए। गोलमेज सम्मेलन को संबोधित करते हुए गांधीजी ने ३० नवंबर, १९३१ को कहा कि कांग्रेस भारत की जनसंख्या के ८५ प्रतिशत से अधिक भाग का प्रतिनिधित्व करती है। जबकि यहाँ उपस्थित बाकी सभी दल किसी एकाध वर्ग के हितों का प्रतिनिधित्व करते हैं। अकेली कांग्रेस ही पूरे भारत और सब हितों का प्रतिनिधित्व करने का दावा कर सकती है। लेकिन यहाँ कांग्रेस को इन दलों के समकक्ष रखकर व्यवहार किया जा रहा है।

एक समय में गांधीजी ने कहा था कि ''मेरा निश्चित ही मत है कि अस्पृश्यों के लिए पृथक् निर्वाचक मंडल का सुझाव इस शैतान सरकार की नई कारस्तानी है।...अस्पृश्यों को पृथक् निर्वाचन-मंडल देने का मतलब उनकी बेड़ी को स्थायी बना देना होगा।...क्या आप यह चाहते हैं कि अस्पृश्य सदा अस्पृश्य ही बने रहें? पृथक् निर्वाचन-मंडल से हम अस्पृश्यों के इस कलंक को स्थायी रूप दे देंगे।''

डॉ. अंबेडकर पर टिप्पणी

अस्पृश्यता की समस्या के राजनीतिकरण की ब्रिटिश कूटनीति के सहयोगी बनने के लिए डॉ. अंबेडकर के प्रयासों पर टिप्पणी करते हुए गांधीजी ने ३१ अक्तूबर को लंदन की एक सभा में कहा, ''अपनी समस्त योग्यताओं के बावजूद डॉ. अंबेडकर इस सवाल पर अपना विवेक खो बैठे हैं। जहाँ कहीं भी हिन्दू धर्म है, वहाँ उन्हें अन्याय ही दिखाई देता है। अगर वे अस्पृश्यों के सच्चे प्रतिनिधि होते तो मैं अलग हो जाता।...मैं उनका अस्पृश्यों का प्रतिनिधि होने का दावा स्वीकार नहीं कर सकता। उनका प्रतिनिधि मैं हूँ। आज उन्हीं से पूछकर देखिए। हो सकता है कि वे मुझे न चुनें, लेकिन डॉ. अंबेडकर तो कदापि नहीं चुने जाएँगे।'' (वाङ्मय ४८/२८५-८६)

उन्होंने कहा कि मुसलमानों और सिखों को पृथक् निर्वाचन का अधिकार देने का विरोध करने की स्थिति में मैं उस समय नहीं था, पर अब हिन्दू समाज को तोड़ने के प्रयत्नों को विफल करने के लिए अपने प्राणों की भी बाजी लगा दूँगा।

गांधीजी को लंदन में ही दिखाई दे गया कि ब्रिटिश सरकार हिंदू समाज के दलित वर्गों के पृथक् निर्वाचन का अधिकार देकर हिन्दू समाज को खंड-खंड करने पर तुली हुई है। इसलिए गांधीजी वहाँ अपने अंतिम भाषण में यह चेतावनी दे आए थे कि अगर ऐसा हुआ तो वे अपने प्राणों की बाजी लगाकर भी इसका विरोध करेंगे। गांधीजी वहाँ से यह निश्चय करके भी चले कि भारत पहुँचकर वे अस्पृश्यता के विरुद्ध एक जबरदस्त सामाजिक आंदोलन प्रारंभ करेंगे। कितु भारत पहुँचने के एक सप्ताह के भीतर ४

जनवरी, १९३२ को उन्हें कारावास में बंद कर दिया गया। १७ अगस्त को ब्रिटिश प्रधानमंत्री ने कम्युनल अवार्ड में दलित वर्गों के लिए पृथक् निर्वाचन के अधिकार की घोषणा कर दी, जिसको निरस्त कराने के लिए गांधीजी को आमरण अनशन प्रारंभ करना पड़ा। इस अनशन पर ब्रिटिश सरकार और देशवासियों की प्रतिक्रिया जानने लायक है कि किस प्रकार एक अकेला व्यक्ति अपनी आध्यात्मिक शक्ति के बल पर प्रचंड लोकमत खड़ा कर सकता है और उसके दबाव में ब्रिटिश सरकार व डॉ. अंबेडकर जैसे नेताओं को झुकने के लिए विवश कर सकता है।

आरक्षण की व्यवस्था

कम्युनल अवार्ड को निरस्त करने के लिए पूना पैक्ट में पृथक् निर्वाचन के बजाय आरक्षण की व्यवस्था स्वीकार की गई। किंतु ब्रिटिश नेताओं एवं विचारकों की तात्कालिक प्रतिक्रिया से स्पष्ट है कि आरक्षण व्यवस्था को अंग्रेजों ने अपनी विभाजनकारी कूटनीति की विजय ही समझा। अब गांधीजी ने पुनः सामाजिक धरातल पर देशव्यापी हरिजन आंदोलन प्रारंभ करने की तैयारी की, किंतु अंग्रेजों ने उन्हें रिहा करने अथवा उसके लिए सुविधाएँ देने से मना कर दिया। २१ दिन के उपवास के फलस्वरूप जब वे रिहा हुए और अक्तूबर १९३३ में वे हरिजन आंदोलन के लिए देशव्यापी दौरे पर निकले तो ब्रिटिश सरकार ने उनके मार्ग में हर प्रकार के अड़ंगे लगाए। सरकारी कर्मचारियों को गांधीजी के कार्यक्रमों में सम्मिलित होने अथवा इस आंदोलन में किसी प्रकार का सहयोग देने पर रोक लगा दी गई। स्कूलों को आदेश भेजा गया कि वे अपने यहाँ गांधीजी के कार्यक्रम न होने दें। अंग्रेजों को दलित वर्गों की हिन्दू समाज से पृथक् पहचान करने के लिए कोई स्पष्ट व्याख्या या विभाजन रेखा नहीं मिल रही थी। अंततः उन्होंने मंदिर प्रवेश के अधिकार को वह विभाजन रेखा बनाने का तय किया। गांधीजी की प्रेरणा से केंद्रीय विधानसभा के ७-८ सदस्यों ने सबके लिए मंदिर प्रवेश के अधिकार का विधेयक प्रस्तुत किया, किंतु वायसराय ने उसे रखने की अनुमति नहीं दी। उस समय गांधीजी ने 'हरिजन' शब्द फेंका जो बड़ा लोकप्रिय हुआ और सबने उसे अपनाया। अंग्रेजों ने स्पष्ट व्याख्या के अभाव में 'अनुसूचित जाति' शब्द अपनाया ताकि वह विभाजन रेखा लचीली रह सके। संक्षेप में, गांधीजी और ब्रिटिश सरकार के बीच इस प्रश्न को लेकर लंबा शीत-युद्ध चला। गांधीजी इस समस्या को सामाजिक आंदोलन के द्वारा हल करने का प्रयास करते रहे तो अंग्रेज सरकार उसे राजनीति की परिधि में खींचने पर तुली रही।

गांधीजी तो चले गए, पर ब्रिटिश नीति आज भी जारी है। अब तो समूची राजनीति ही जाति-विभाजन की धुरी पर घूम रही है। आज सामाजिक धरातल पर छुआछूत की दीवारें ढह रही हैं तो राजनीति उन दीवारों को फिर से खड़ा कर रही है। अब तो वोटों

के गिद्ध गांधीजी को दलितों का शत्रु घोषित करके उनकी जयंती का भी विरोध करने की धमकियाँ दे रहे हैं। कैसी विचित्र स्थिति है कि एक ओर धार्मिक नेतागण अस्पृश्यता को महापाप घोषित कर रहे हैं, अस्पृश्यों के घरो में भोजन करके हिन्दू समाज को सामाजिक समता के पथ पर बढ़ाने का प्रयास कर रहे हैं, दूसरी ओर वोटों के सौदागर समरसता के सामाजिक प्रयासों को अपना शत्रु मानकर उन्हें विफल करने की प्रत्येक संभव कोशिश कर रहे हैं।

सच बात तो यह है कि गांधीजी के स्वाधीनता-पूर्व सामाजिक आंदोलन का स्थान अब संघ-परिवार के सामाजिक समरसता अभियान और विश्व हिन्दू परिषद् के नेतृत्व में संत शक्ति के धार्मिक प्रयासों ने ले लिया है। उधर विभाजनकारी ब्रिटिश राजनीति की भूमिका अब राजनीतिक दलों की गलाकाट सत्ता-स्पर्धा ने अपना ली है। सामाजिक प्रयासों के द्वारा पाँच वर्ष में हिन्दू समाज रूपी हौज में सामाजिक समरसता एवं एकता का जितना पानी भर पाता है उसे वोट राजनीति का नल एक झटके में ही खाली कर डालता है। आज सबसे बड़ा प्रश्न यह है कि क्या वर्तमान वोट-राजनीति के ढाँचे के भीतर इस खाली करने वाले नल को बंद किया जा सकता है?

गांधीजी की १२५ वीं जयंती पर उनकी हिन्दुत्व निष्ठा और भारत निष्ठा को खुले दिमाग से समझने की आवश्यकता है। दक्षिण अफ्रीका से स्वदेश लौटने के पश्चात् मृत्यु के क्षण तक—केवल अपनी इच्छा के विरुद्ध उन्हें गोलमेज सम्मेलन के निमित लंदन सभा करनी पड़ी थी—गांधीजी ने स्वदेश के बाहर कदम नहीं रखा और अपने प्रत्येक क्षण, प्रत्येक साँस का उपयोग भारतभूमि पर हिन्दू जीवन-मूल्यों पर आधारित समाज-रचना का साकार रूप खड़ा करने में ही खर्च किया। ऐसी थी गांधीजी की स्वदेश भक्ति एवं हिन्दुत्व निष्ठा।

□

धर्मांतरण पर गांधी-दृष्टि

गांधीजी के सहयोगी महादेव देसाई ने ११ मई, १९३५ के 'हरिजन' में लिखा कि मिशनरी लोग बापू से एक ही सवाल पूछते हैं कि क्या आप मिशनरियों के भारत प्रवेश पर रोक लगाना चाहेंगे और गांधीजी का हर बार एक ही उत्तर होता है, "मैं कौन होता हूँ उन्हें रोकने वाला? हाँ, अगर मेरे हाथ में सत्ता हो और मुझे कानून बनाने का अधिकार हो तो मैं निश्चय ही धर्मांतरण पर पूरी तरह रोक लगा दूँगा।" गांधीजी के इस कथन का मर्म वे लोग नहीं समझ सकते जिन्हें धर्म से कोई लगाव नहीं है। जिनकी सोच वर्तमान राजनीतिक राग-द्वेष की चौहद्दी से आगे झाँक ही नहीं सकती। और जो किसी कल्पित शत्रु के प्रति अपने भीतर भरे हुए घृणा और विद्वेष के जहर को अशालीन भाषा में उगल देने को ही अपने बड़प्पन या शूरवीरता का लक्षण समझते हों। गांधीजी धर्मपुरुष थे। धर्मनिष्ठा ही उनकी बहुआयामी सार्वजनिक जीवन की धुरी थी। भारतीय लोकमानस पर उनके व्यापक और गहरे प्रभाव की कुँजी उनकी धर्मनिष्ठा में ही विद्यमान थी। ४ अगस्त, १९१९ को उन्होंने जी.एस. अरडेल को पत्र में लिखा था, "मेरे मन का झुकाव राजनीति की ओर नहीं, धर्म की ओर है। राजनीति में मैं भाग लेता हूँ, क्योंकि मेरे ख्याल से जीवन का एक भी अंग ऐसा नहीं, जिसे धर्म से अलग किया जा सके।" (संपूर्ण गांधी वाङ्मय, खंड १६, पृ.४-५)

गांधीजी सब धर्मों का समान रूप से आदर करते थे। उनका विश्वास था कि जिसका जिस धर्म में जन्म हुआ है, वह सच्चे मन से उस धर्म का पालन करते हुए ही आत्मिक विकास कर सकता है और अच्छा इनसान बन सकता है। अतः वे धर्मांतरण के पूरी तरह विरुद्ध थे। उनका आग्रह था कि प्रत्येक हिन्दू को अच्छा हिन्दू, मुसलमान को सच्चा मुसलमान और ईसाई को अच्छा ईसाई बनना चाहिए। वे धर्मांतरण को कपड़े बदलने जैसी सहज क्रिया नहीं मानते थे। उनका मानता था कि मन-मस्तिष्क में भारी उथल-पुथल के बाद ही कोई धर्मांतरण के रास्ते पर बढ़ सकता है और उसका यह निर्णय व्यक्तिगत होगा, किसी समूह का नहीं। सामूहिक धर्मांतरण को गांधीजी पूरी तरह

बनावटी और बाहर से आरोपित मानते थे। २८ नवंबर, १९३६ के 'हरिजन' में उन्होंने लिखा, ''यदि कोई व्यक्ति कहे कि वह सब हरिजनों का अपने साथ धर्मांतरण करा देगा तो यह बेहूदी बात होगी। क्या हरिजन लोग निर्जीव पत्थर हैं कि उन्हें एक भवन से उखाड़कर दूसरे भवन में लगा दिया जाए।''

गांधीजी ने ईसाई मिशनरियों के धर्मांतरण के उद्देश्यों और कार्यशैली का बहुत सूक्ष्म अध्ययन किया था। वे स्वयं भी दक्षिण अफ्रीका में उनके प्रयासों को झेल चुके थे। सन् १९१५ में भारत वापसी के बाद जब-जब उन्हें किसी मिशनरी मंच से बोलने या ईसाई मिशनरी से बात करने का मौका मिला तो उन्होंने एक ही आग्रह दोहराया कि धर्मांतरण की कोशिश बंद करो। लोगों को अपनी आस्थाओं के साथ जीने दो। किसी ने उनसे पूछा कि क्या आप नहीं चाहते कि दूसरे धर्मों के लोग हिन्दू धर्म में आएँ तो गांधीजी का उत्तर था कि मेरे आश्रम में मीरा बहन है, सरला बहन है। वे अगर हिन्दू धर्म में आना चाहें तो भी मैं उन्हें रोक कर कहूँगा कि तुम अच्छे ईसाई बनो, उसी से तुम्हारा उद्धार होगा। ईसाई मिशनरियों से गांधीजी को शिकायत थी कि वे पढ़े-लिखे समझदार लोगों की बजाय भोले-भाले, गरीब और अनपढ़ लोगों का ही धर्मांतरण क्यों करते हैं। उन्होंने डॉ. क्रेन नामक एक मिशनरी को कहा कि आप मुझसे या महादेव देसाई या ठक्कर बापा को वह प्रकाश क्यों नहीं देना चाहते, जो आप बेचारे आदिवासियों और हरिजनों को देने के लिए इतना परिश्रम करते हैं? आप मुझे समझा सकते हैं। मैं आपसे तर्क कर सकता हूँ, किंतु वे बेचारे तो कोई तर्क नहीं कर सकते।'' (हरिजन, ६.३.१९३७) गांधीजी ने एक मिशनरी क्रसोल से स्पष्ट शब्दों में पूछा कि ''जब आप दवा देने की सेवा करते हो तो क्या आप उसके बदले में ईसाई नहीं बनाना चाहते?'' क्रसोल ने भी उतना ही स्पष्ट उत्तर दिया, ''अवश्य, हम सेवा का यह पुरस्कार चाहते हैं; वरना दुनिया में और बहुत जगह हैं, जो हमारी सेवा चाहते हैं। हम वहाँ न जाकर भारत इसीलिए तो आते हैं।'' गांधीजी ने कहा, ''तब तो यह व्यापार हुआ। मुझे एक मिशनरी रिपोर्ट पढ़ने का स्मरण है। उसमें कहा गया था कि प्रति व्यक्ति धर्मांतरतों पर कितना खर्च आया और फिर अगली फसल का बजट बढ़ा दिया गया था।'' (हरिजन, २८ जुलाई, १९३६) गांधीजी का स्पष्ट मत था कि यह धर्मांतरण नहीं, पेटांतरण है। वे ऐसे धर्मांतरितों को 'चावल ईसाई' कहते थे। उन्होंने कहा, ''मैंने पूरे देश में घूम कर इस सत्य को देखा है कि ऐसे धर्मांतरण की प्रेरणा धर्म न होकर लालच होता है।'' (हरिजन, २.६.१९३७) पीड़ा भरे शब्दों में उन्होंने कहा, ''अभी पिछले ही दिनों एक मिशनरी जेब में पैसा भरकर एक अकालपीड़ित क्षेत्र में गया। वहाँ अकालपीड़ितों में पैसा बाँटा, उन्हें ईसाई बनाया। उनके मंदिर पर कब्जा किया और उसका विध्वंस कर दिया। इससे बुरा काम और क्या हो सकता है?'' (हरिजन, ११.५.१९३५)

गांधीजी के उद्धरण हमें विस्तार से देना आवश्यक लगा, क्योंकि हमारे स्वतंत्रता संग्राम के अंतिम चरण के वे सेनापति थे, प्रेरणा पुरुष थे। उन्हीं के नेतृत्व में हम स्वतंत्रता के प्रवेश द्वार तक पहुँच पाए। यदि कोई संविधान की दुहाई देकर कहे कि उसमें धर्म प्रचार की छूट है अर्थात् धर्मांतरण जायज है तो पूछना होगा कि क्या यह संविधान भारत के भाग्य निर्माण का पूर्ण और अंतिम आलेख है? यदि है तो केवल ५६ वर्ष की अल्पावधि में उसमें १०० से अधिक संशोधन करने की आवश्यकता क्यों पड़ी? क्या दुनिया में किसी और संविधान के साथ ऐसा हुआ है? और आज की दुनिया में धर्मांतरण का क्या औचित्य रह गया है? क्या ईसाई धर्म मनुष्य को अच्छा बनाने का दावा कर सकता है? सैकड़ों साल से ईसाई धर्म की गोद में जन्मे-पले यूरोप व अमेरिका के गोरे लोग चर्च में जाना बंद करके आध्यात्मिक विकास के वैकल्पिक मार्ग खोज रहे हैं। वे न गरीब हैं, न अशिक्षित हैं, न पिछड़े। क्यों अमेरिका और यूरोप के प्रचार माध्यम बड़े-बड़े पादरियों की यौन क्रीड़ाओं से भरे हुए हैं? क्यों ईसाई विचारक सभ्यताओं के संघर्ष की बात कर रहे हैं? धर्मांतरण की प्रतिस्पर्धा का एकमात्र लक्ष्य संख्या वृद्धि और भौतिक वर्चस्व स्थापित करना नहीं तो और क्या है? क्या विश्व शांति के हित में आवश्यक नहीं है कि धर्मांतरण का व्यापार बंद किया जाए?

जो लोग हिन्दू समाज को कोसने में ही अपनी महानता व प्रगतिशीलता देखते हैं, वे बताएँ कि सन् १५१० में गोवा पर पुर्तगाली कब्जे के बाद से रोमन कैथोलिक चर्च और सन् १७०६ में तमिलनाडु के ट्रंकेबर नामक स्थान पर पहले प्रोटेस्टेंट मिशन की स्थापना के बाद से भारत में जिन लाखों-करोड़ों गरीब, अनपढ़, भोले आदिवासियों व दलितों का धर्मांतरण हुआ, क्या उन्हें सामाजिक समानता व आर्थिक सुरक्षा मिल पाई? क्यों चर्च के भीतर भी उपासना के समय अगड़े-पिछड़े का भेद होता है? क्यों उनके लिए अलग-अलग चर्च बनाए जाते हैं? यदि हाँ, तो फिर चर्च दलित ईसाइयों के लिए आरक्षण की सुविधा की माँग क्यों उठाता है? क्यों कहता है कि धर्मांतरण के बावजूद भारत के ६० प्रतिशत ईसाई दलित श्रेणी में आते हैं? इसे कौन अस्वीकार कर सकता है कि आज धर्मांतरण का कोई औचित्य नहीं रह गया है। ईसाई मिशनरी धर्मांतरण को अपनी संख्या वृद्धि की फसल के रूप में देखते हैं। धनशक्ति व भ्रामक प्रचार के बल पर वे भोले-भाले गरीब लोगों का धर्मांतरण करते हैं। ऐसे में राज्य का यह धर्म हो जाता है कि प्रलोभन और छल-छद्म द्वारा किए जाने वाले धर्मांतरण पर रोक लगाए। इससे वास्तविक धार्मिक और आध्यात्मिक कारणों से उपासना पद्धति को बदलने के किसी व्यक्तिगत अधिकार में कोई बाधा नहीं पड़ती।

(राष्ट्रीय सहारा, २१ अप्रैल, २००६)

□

गांधीजी, हिन्दुत्व और सेक्युलरिज्म

२ मई, १९३३ को गांधीजी ने यरवदा सेंट्रल जेल से जवाहरलाल नेहरू को एक निजी पत्र में लिखा, "मैं धर्म को नहीं छोड़ सकता, इसलिए हिन्दुत्व को छोड़ना असंभव है। यदि हिन्दुत्व ने मुझे निराश किया तो मेरा जीवन बोझ बन जाएगा। हिन्दुत्व के कारण ही मैं ईसाइयत, इस्लाम एवं अन्य धर्मों से प्रेम करता हूँ। इसे मुझसे दूर कर दो तो मेरे पास कुछ नहीं रह जाता।"

गांधीजी ने यह पत्र हरिजन आंदोलन के प्रति पं. नेहरू की मत-भिन्नता को दूर करने के लिए लिखा था। हिन्दू धर्म या हिन्दुत्व के प्रति यह आस्था गांधीजी के संपूर्ण जीवन का मूल सूत्र था। गांधीजी ने अपनी इस आस्था को सूत्र ढंग से सन् १९०९ में 'हिंद स्वराज' नामक छोटी सी पुस्तिका में प्रस्तुत किया था। इस पुस्तक का गांधीजी के १०० खंडवाले विशाल वाड्मय में वही स्थान है, जो कार्ल मार्क्स के संपूर्ण वाड्मय में सन् १८४८ की 'कम्युनिस्ट मेनीफेस्टो' नामक छोटी सी पुस्तिका का है। ५ अक्तूबर, १९४५ को नेहरूजी के नाम उनके पत्र से स्पष्ट है कि जीवन के अंत तक वे 'हिंद स्वराज' में प्रस्तुत विचारों पर अडिग रहे।

सितंबर १९२८ को एक ईसाई पादरी बी.डब्ल्यू. टुकर को गांधीजी ने लिखा, "मैं अपने आपको हिन्दू कहने और हिन्दू बने रहने में हर्ष का अनुभव क्यों करता हूँ, यह मैं नहीं बता सकता। लेकिन मेरा हिन्दू बना रहना इस्लाम में अथवा संसार के अन्य धर्मों मे जो भी अच्छा और सौम्य-सुंदर है, उसे ग्रहण करने में बाधक नहीं है।" गांधीजी ने फादर टुकर को सलाह दी कि "मैं नहीं चाहता कि आप हिन्दू बन जाएँ। लेकिन मैं अवश्य चाहता हूँ कि आप हिन्दू धर्म में जो अच्छाइयाँ हैं और जो आपके ईसाई धर्म में बिल्कुल ही या उस सीमा तक नहीं है, उन्हें ग्रहण कर एक बेहतर ईसाई बनें।" (वाड्मय २७/२३७)

गांधीजी स्वयं को सनातनी और पौराणिक हिन्दू कहते थे। उन्हें कभी नहीं लगा कि ऐसा कहकर वे स्वयं को सेक्युलरिज्म से अलग कर रहे हैं, बल्कि वे अपनी हिन्दू

आस्था को ही अन्य सब धर्मों के प्रति आदर और सहिष्णुता का स्रोत मानते थे। गांधीजी धर्मांतरण के सदा और सर्वथा विरुद्ध रहे। ईसाई मिशनरियों के धर्मांतरण के प्रयासों की उन्होंने हमेशा आलोचना की। इस विषय में उनके विचारों का एक संकलन उनके जीवनकाल में सन् १९४१ में नवजीवन प्रकाशन ने 'क्रिश्चियन मिशन्स एंड देयर प्लेस इन इंडिया' (ईसाई मिशन और भारत में उनका स्थान) शीर्षक से प्रकाशित किया था। उसके अवलोकन से विदित होता है कि भारत आगमन के बाद सन् १९१६ से ही गांधीजी ने धर्मांतरण के मिशनरी प्रयासों की आलोचना प्रारंभ कर दी थी और सन् १९४८ में अपनी मृत्यु तक वे इस विचार पर दृढ़ रहे। इस्लाम में धर्मांतरण के प्रति उनके अंत:करण की पीड़ा को उनके अपने पुत्र हरिलाल के मुस्लिम बन जाने पर गांधीजी के पत्रों एवं वक्तव्यों को पढ़कर समझा जा सकता है।

गांधीजी स्वधर्म पालन को स्वदेशी के आग्रह का अंग मानते थे। स्वयं को नेहरूवादी या मार्क्सवादी कहने वाले लोग सेक्युलरिज्म की व्याख्या धर्म से संबंध-विच्छेद के रूप में करते हैं। वे धर्म और राजनीति के बीच कोई रिश्ता नहीं देखना चाहते, किंतु गांधीजी ने बार-बार यह घोषणा की कि उनके जीवन की मूल प्रेरणा धर्म या अध्यात्म है। उसके लिए ही वह राजनीति में भाग लेते हैं। ४ अगस्त, १९१९ को जी.एस. अरुंडेल को गांधीजी ने लिखा, "मेरे मन का झुकाव राजनीति की ओर नहीं, धर्म की ओर है। राजनीति में मैं भाग लेता हूँ, क्योंकि मेरे ख्याल से जीवन का एक भी अंग ऐसा नहीं जिसे धर्म से अलग किया जा सके।" (वाङ्मय १५/४५)। २ मार्च, १९३४ को 'हरिजन' में उन्होंने स्पष्ट किया, "मेरे बहुत से राजनीतिक मित्र मेरी आशा इसलिए छोड़ बैठे हैं कि उनके अनुसार मेरी राजनीति भी मेरे धर्म से ही उद्‌भूत है। उनका कहना सही है, मेरी राजनीति तथा अन्य तमाम प्रवृत्तियों का स्रोत मेरा धर्म है।" (वाङ्मय ५७/२१४)

गांधीजी चाहते थे कि जो व्यक्ति जिस धर्म में पैदा हुआ है वह उसका सच्चे मन से श्रद्धापूर्वक पालन करके अच्छा मनुष्य बनने का प्रयास करे। उनका कहना था, "मेरा धर्म यह नहीं सिखाता कि मैं ऐसी प्रार्थना करूँ कि दूसरे लोग मेरे धर्म में आ जाएँ। वह तो मुझे यह प्रार्थना करने की सीख देता है कि सब अपने-अपने धर्म में रहकर पूर्णता प्राप्त करें। इसलिए मेरी प्रार्थना ईसाई के लिए सदा यह रही है कि वह अधिक अच्छा ईसाई बने और मुसलमान के लिए यह कि वह अधिक अच्छा मुसलमान बने। ...मैं दोनों धर्मों को अपने धर्म की तरह ही सच्चा मानता हूँ, परंतु मुझे अपने धर्म से पूरी तरह संतोष मिल जाता है। अपने विकास के लिए मुझे जो कुछ चाहिए, वह सब उसमें है।"

हिन्दू धर्म के प्राचीन और अखंड प्रवाह की विशेषता बताते हुए गांधीजी ने ३० जून, १९२९ को 'नवजीवन' में लिखा, "जिस धर्म में वेद, उपनिषद्, पुराण इत्यादि लिखे गए हैं, जिस धर्म के मनुष्यों की हड्डियों से हिमालय उज्ज्वल बना है, जिसके खून

की खाद से हिमालय के वृक्ष और पुष्प फले-फूले हैं, उस धर्म का त्याग क्यों कर हो सकता है? इस धर्म के सुधारकों ने ही रूढ़िरूपी ग्रंथियों का नाश करके धर्म को तेजोमय बना रखा है। बुद्ध, महावीर, शंकर, रामानुज, कबीर, चैतन्य, राममोहन, रामकृष्ण, दयानंद, विवेकानंद वगैरह ने रुढ़ि का विरोध करके हमें रास्ता बताया है। इन सबने धर्म को छोड़ा नहीं था, उल्टे धर्म को सुगंधित रखकर बुरी रुढ़ियों को तोड़ा और धर्म की रक्षा की थी।'' (वाङ्मय ४१/१७७-८)

गांधीजी स्वयं भी इन महापुरुषों की शृंखला में सुधारवादी हिन्दू थे। पं. नेहरू को २ मई, १९३३ के पत्र में उन्होंने स्पष्ट लिखा कि हिन्दू धर्म को मैं ऊँच-नीच की वर्तमान भावना के साथ स्वीकार नहीं कर सकता। उसे मिटाना ही मेरे हरिजन आंदोलन का लक्ष्य है। उनका कहना था कि ''मेरा धर्म अपूर्ण लगे तो उसे पूर्ण बनाना मेरा फर्ज है। उसमें दोष दिखाई दे तो उन्हें दूर करना भी मेरा फर्ज है। (वही, ४९/३३३)'' गांधीजी का विश्वास था कि धर्मांतरण मनुष्य के विकास में सहायक नहीं होता। इसलिए उनका ईसाई मिशनरियों से कहना था कि ''यदि आपको अपने गैर-ईसाई भाइयों की सेवा करनी है तो आप उनकी सेवा उन्हें ईसाई बनाकर नहीं, बल्कि उनके धर्म को त्रुटियों को दूर करने में और उसे शुद्ध बनाने में उनकी सहायता करके भी कर सकते हैं। (वही, ४१/६३), जब उनसे एक पत्रकार ने पूछा कि क्या स्वतंत्र भारत में वे अमरीकी एवं अन्य विदेशी धर्म-प्रचारकों के भारत में बने रहने का समर्थन करेंगे? तब गांधीजी का उत्तर था, ''यदि वे पूरी तरह से गरीबों की सेवा करने के मानवीय कार्यों के बजाय चिकित्सा एवं शिक्षा आदि द्वारा धर्म-परिवर्तन करेंगे तो मैं निश्चय ही उन्हें चले जाने को कहूँगा। प्रत्येक राष्ट्र का धर्म किसी अन्य राष्ट्र के धर्म के समान ही श्रेष्ठ है। निश्चय ही भारत के धर्म यहाँ के लोगों के लिए पर्याप्त हैं। हमें धर्म-परिवर्तन की कोई आवश्यकता नहीं है। (वही, ४५/३३९)

किसी धर्मांतरित व्यक्ति के अपने मूल धर्म में वापस आने को गांधीजी ने 'घर वापसी' कहा था। उन्होंने लिखा कि ''मेरा धर्म सच्चा है और सब धर्म झूठे हैं, इस तरह की जो मान्यता इन धर्मांतरणों के पीछे रहती है, उसे मैं दोषपूर्ण मानता हूँ। लेकिन यदि जबरदस्ती से या गलतफहमी से किसी ने अपना धर्म छोड़ दिया हो तो उस मनुष्य को अपनी गलती सुधारने में यानी अपने असली धर्म में जाने में बाधा नहीं होनी चाहिए। इतना ही नहीं तो उसे प्रोत्साहन दिया जाना चाहिए। इसे धर्म परिवर्तन नहीं कहा जा सकता। (वही, ४९/३३३)

उन्नीसवीं शताब्दी में ब्रिटिश शासकों द्वारा आरोपित यह धारणा गांधीजी को स्वीकार्य नहीं थी कि भारत में राष्ट्रीयता का विकास अंग्रेजी शासन की स्थापना के बाद हुआ है। उन्होंने 'हिंद स्वराज्य' (अध्याय-९) में लिखा, ''अंग्रेजों ने हमें सिखाया है कि हम पहले

एक राष्ट्र नहीं थे और एक राष्ट्र बनने में हमें शताब्दियाँ लगेंगी। यह बिल्कुल निराधार है। अंग्रेजों के भारत आने के पहले भी हम एक राष्ट्र थे। एक ही दर्शन हमें अनुप्राणित करता था। हमारी जीवन-शैली एक थी। हम पहले से एक राष्ट्र थे, इसलिए वे यहाँ एक राज्य स्थापित कर सके। बाद में उन्होंने हमें विभाजित किया। यह मेरा कहना नहीं है कि हम एक राष्ट्र थे, इसलिए हमारे यहाँ विविधता या मत-भिन्नता नहीं थी। मेरा कहना यह है कि हमारे महापुरुषों ने पूरे भारत की पैदल या बैलगाड़ी से यात्रा क्यों की? उन्होंने एक-दूसरे की भाषा क्यों सीखी और एक-दूसरे से दूरी समाप्त क्यों की? आप ही बताइए कि हमारे दूरदर्शी पूर्वजों का दक्षिण में सेतुबंध रामेश्वर, पूर्व में जगन्नाथपुरी, उत्तर में हरिद्वार एवं पश्चिम में द्वारका में तीर्थस्थानों की स्थापना के पीछे क्या उद्देश्य हो सकता है? वे कोई मूर्ख तो नहीं थे। वे जानते थे कि भगवान् की पूजा घर में बैठकर भी हो सकती है। उन्होंने ही कहा था, ''मन चंगा तो कठौती में गंगा।'' किंतु उन्होंने देखा कि प्रकृति ने भारत को एक अखंड अविभाज्य देश बनाया है। इसलिए उनका तर्क था कि उसे एक राष्ट्र बनना चाहिए, इसीलिए उन्होंने भारत के विभिन्न भागों में पवित्र तीर्थों की स्थापना की और जन-जन के अंतःकरण में राष्ट्रीयता का भाव स्फुरित किया। दुनिया के अन्य भागों से उनका ढंग बिल्कुल अलग था।'' क्या गांधीजी यहाँ भारत के सांस्कृतिक राष्ट्रवाद का ही उच्चारण नहीं कर रहे हैं?

गांधीजी के मन में किसी भी धर्म के प्रति द्वेष का भाव नहीं था, किंतु विभिन्न धार्मिक समाजों की सामूहिक मानसिकता के अंतर को भी वे यह समझते हैं। वे मानते हैं कि भारतीय राष्ट्रीयता का विकास भारत भूमि के प्रति प्रेम और भक्ति में से हुआ है। इसलिए मातृभूमि को स्वतंत्रता हिन्दू मन की सहज आकांक्षा है, किंतु भारत का मुस्लिम समाज अपने को मुस्लिम आकांक्षाओं और शासकों से भावनात्मक रूप से जुड़ा मानता है। वह वैश्विक इस्लाम और खलीफा के प्रति निष्ठा रखता है। उसकी इस निष्ठा के आधार पर ही उसे ब्रिटिश सरकार के विरुद्ध आंदोलन में उतारा जा सकता है। एक बार राष्ट्रीय आंदोलन का अंग बन जाने पर उसे स्वराज्य से जोड़ा जा सकेगा। यही सोचकर गांधीजी ने सन् १९२० में भारतीय मुसलमानों के खिलाफत आंदोलन को स्वराज्य के लिए असहयोग आंदोलन से जोड़ा, किंतु जब सन् १९२२ में तुर्की में मुस्तफा कमाल पाशा की क्रांति के फलस्वरूप खिलाफत का पद सदा के लिए समाप्त कर दिया गया, तब मुस्लिम समाज असहयोग आंदोलन से अलग हट गया और सन् १९२४ में कोहाट से कलकत्ता तक दंगों की लहर आ गई, तब गांधीजी ने दोनों समाजों की प्रकृति के अंतर का बेबाक विवेचन प्रस्तुत किया। २९ मई, १९२४ को उन्होंने 'यंग इंडिया' में लिखा कि ''प्रायः प्रत्येक मुसलमान आक्रामक (बुली) होता है और हिन्दू कायर होता है।'' एक महीने बाद उन्होंने इस कथन को और स्पष्ट करते हुए लिखा कि ''तेरह सौ

वर्षों के साम्राज्यवादी विस्तार ने मुसलमानों को लड़ाकू प्रवृत्ति का बना दिया है। इसलिए वे आक्रामक और उधमी (बुलीज) होते हैं। हिन्दुओं की सभ्यता बहुत प्राचीन है। वह स्वभाव से ही अहिंसक है। हिन्दू लोग की सहनशीलता कायरता के बिंदु तक पहुँच गई है। उनकी सौम्यता का अतिरेक ही उनका अवगुण बन गया है।'' उन्हीं दिनों गांधीजी ने एक जगह लिखा कि ''जहाँ कायर होंगे, वहाँ आक्रमणकारी होंगे ही।'' इसलिए उन्होंने बार-बार हिन्दुओं को अपनी कायरता भगाने को ललकारा। गांधीजी का सत्याग्रह का मार्ग उनके आत्मबल को जगाने का ही एक उपाय था। हिन्दू-मुसलमान संबंधों पर गांधीजी के विशाल लेखन का गहरा बेबाक अध्ययन-विश्लेषण अभी बाकी है। पूरा विश्व आज जिस जिहाद की आग में जल रहा है, उसकी वैचारिक जड़ें गांधीजी की दृष्टि से ओझल नहीं थीं। उन्होंने जीवन भर मुस्लिम मानसिकता में परिवर्तन लाने के लिए प्रयास किए, किंतु उनके प्रयासों की परिणति पृथकतावाद की विजय और देश विभाजन की विभीषिका में हुई। स्वाधीनता के ५५ वर्षों में भी मुस्लिम प्रश्न ही भारतीय राजनीति का केंद्रीय प्रश्न बना हुआ है। इससे बड़ी विडंबना और क्या हो सकती है?

(राष्ट्रीय सहारा, १८ जनवरी, २००३)

□

गांधीजी का संस्कृत प्रेम

"संस्कृत का अध्ययन करना प्रत्येक भारतीय विद्यार्थी का कर्त्तव्य है। हिन्दुओं का तो है ही, मुसलमानों का भी है, क्योंकि आखिर उनके पूर्वज राम और कृष्ण ही थे और अपने इन पूर्वजों को जानने के लिए उन्हें भी संस्कृत सीखनी चाहिए।"

यदि मैं आपसे पूछूँ कि यह कथन किसका हो सकता है तो आज के वातावरण में आपका सहज उत्तर होगा कि विश्व हिन्दू परिषद् के अशोक सिंहल के अलावा और कौन नेता ऐसी बात कह सकता है। किंतु यदि मैं आपको बताऊँ कि यह कथन अशोक सिंहल का नहीं, गांधीजी का है तो आप अवश्य ही चौंक जाएँगे। जी हाँ, ये उद्‌गार गांधीजी के मुख से ही निकले थे, २० मार्च, १९२७ को जब वे हरिद्वार में राष्ट्रीय शिक्षा परिषद् में भाषण दे रहे थे। उन्होंने अपने पत्र 'नवजीवन' (२३ मार्च, १९२७) में इन्हें प्रकाशित किया था और भारत सरकार द्वारा प्रकाशित 'संपूर्ण गांधी वाङ्मय' के खंड ३३ में पृष्ठ १८५ (हिंदी) और पृष्ठ १७० (अंग्रेजी) में उपलब्ध है।

और एक उद्धरण यह भी—

"मुझे अपनी विरासत और अपने पूर्वजों पर गर्व है, जिन्होंने भारत को बौद्धिक एवं सांस्कृतिक ऊँचाई प्रदान की। आप इस अतीत के बारे में कैसा अनुभव करते हो? क्या आपको लगता है कि आप भी इस विरासत में सहभागी और उसके उत्तराधिकारी हैं। और, इसलिए ऐसी किसी वस्तु पर आपको गर्व है, जो जितनी मेरी है उतनी ही आपकी भी है? या आप इसके लिए अपने को पराया समझते हो और अजनबी जैसे उसकी बगल से गुजर जाते हो? क्या उसे देखकर आप अपने मन में वह अजीब सी गुदगुदी महसूस नहीं करते, जो इस अहसास में से पैदा होती है कि हम एक विशाल खजाने के उत्तराधिकारी और संरक्षक हैं?... आप मुस्लिम हो और मैं हिन्दू हूँ। हमारे मजहब अलग-अलग हो सकते हैं, किंतु इस कारण हम उस सांस्कृतिक विरासत से वंचित नहीं हो जाते जो आपकी भी है और मेरी भी है। यह अतीत हमें बाँधकर रखे हुए है, तब वर्तमान या भविष्य हमारे बीच दरार पैदा क्यों करें?"

आप कहेंगे कि यह कथन तो राष्ट्रीय स्वयंसेवक संघ के किसी नेता का ही हो सकता है, क्योंकि वही लोग भारत के मुसलमानों पर उस अतीत को लादना चाहते हैं, जिसे 'हिन्दू संस्कृति' कहा जाता है। पर शायद आपको धक्का लगेगा यह जानकर कि ये शब्द गोलवलकर के नहीं, पूर्व प्रधानमंत्री पं. जवाहरलाल नेहरू के हैं, जो उन्होंने २४ जनवरी, १९४८ की अलीगढ़ मुस्लिम विश्वविद्यालय में अपने दीक्षांत भाषण में कहे थे। (नेहरू, स्पीचेज खंड-१, पृष्ठ ३३५-३३६)

गांधीजी और नेहरू भारत के स्वाधीनता आंदोलन में दो विचार-प्रवाहों का प्रतिनिधित्व करते थे। गांधीजी ने पाश्चात्य औद्योगिक सभ्यता को लगभग पूरी तरह अस्वीकार कर दिया था तो नेहरू ने उसे पूरी तरह शिरोधार्य किया था। किंतु इस बिंदु पर दोनों एकमत थे कि मजहब बदलने से पूर्वज नहीं बदल जाते और इसलिए उपासना-भिन्नता के बावजूद भारतीय समाज को उसके गौरवशाली सांस्कृतिक अतीत के प्रति श्रद्धाभाव ही एकता के सूत्र में पिरो सकता है। दोनों महापुरुषों का यह विश्वास भी था कि उस गौरवशाली अतीत में प्रवेश करने की कुँजी संस्कृत भाषा के पास ही है। इसलिए गांधीजी और नेहरू दोनों ने संस्कृत भाषा के अध्ययन पर बहुत बल दिया। क्या आज के नकली सेकुलर नेता मुसलमानों के सामने गांधीजी और नेहरू की यह भाषा बोलने का साहस दिखा सकते हैं?

गांधीजी के लिए राजनीति का लक्ष्य सत्ता पाना नहीं था, बल्कि एक नैतिक समाज का निर्माण था। नैतिकता को ही वे 'धर्म' कहते थे। उनका कहना था कि 'धर्म के ऊपर सब कुछ निर्भर है और संस्कृत जाने बिना धर्मशास्त्रों का ठीक ज्ञान मिलना अशक्य (संदिग्ध) है। इसलिए संस्कृत का जानना प्रत्येक हिन्दू लड़के का कर्तव्य है।' (संपूर्ण वाङ्मय, खंड १३, पृ. ३६०) अपने बाल्यकाल में गांधीजी की संस्कृत की ओर रुचि नहीं थी, किंतु एक अध्यापक कृष्णशंकर के समझाने-बुझाने पर उन्होंने संस्कृत की कक्षा में बैठना शुरू किया। गांधीजी अपने सभी परिचितों और सहयोगियों से संस्कृत सीखने का आग्रह करते थे। अपने बड़े पुत्र हरिलाल को उन्होंने अंग्रेजी और फ्रेंच भाषाओं का मोह छोड़कर संस्कृत सीखने का आग्रह करते हुए लिखा, "संस्कृत ज्ञान से सब भारतीय भाषाओं को जानने का द्वार खुल जाता है। उसको तुमने अपने हाथ से बंद कर दिया। तुमने फिर से फ्रेंच की चर्चा छेड़ी है, इसलिए इतना लिख रहा हूँ। अगर तुम अब भी सोच-विचार छोड़ दो और संस्कृत पढ़ो तो उसके निजी अभ्यास के लिए सात के बदले आठ रुपए भी खर्च करो तो मुझे प्रसन्नता होगी।"

कांग्रेस में गांधीजी के लगभग सभी वरिष्ठ सहयोगी एवं अनुयायी—डॉ. राजेंद्र प्रसाद, आचार्य विनोबा, कन्हैयालाल माणिकलाल मुंशी, महादेव देसाई आदि संस्कृतप्रेमी थे। सन् १९३२ में जब गांधीजी यरवदा जेल में सरदार पटेल के साथ बंद थे और

महादेव देसाई को भी उनके साथ रख दिया गया था, तब उन्होंने सरदार पटेल को संस्कृत सीखने के लिए प्रेरित ही नहीं किया, बल्कि पूरा सहयोग दिया। चक्रवर्ती राजगोपालाचारी किसी दूसरी जेल में बंद थे। उन्होंने संस्कृत का अध्ययन प्रारंभ किया और यह सूचना सरदार पटेल व गांधीजी को पत्र में लिखी। राजाजी का पत्र पढ़कर पटेल ने भी संस्कृत सीखने का निश्चय किया और वे उसमें पूरी तरह रम गए। श्रीपाद दामोदर सातवलेकर की 'संस्कृत शिक्षक' के २४ खंड जेल में मँगाए गए और सरदार ने उसकी सहायता से गांधीजी के मार्गदर्शन में संस्कृत सीखना प्रारंभ किया। उन दिनों गांधीजी जेल से जिसको भी पत्र लिखते, उसमें सरदार पटेल के संस्कृत अध्ययन का जिक्र बालोचित प्रसन्नता से करते, सभी को सरदार का अनुसरण कर संस्कृत का अध्ययन करने के लिए प्रेरित करते। १७ जुलाई, १९३२ को देवदास गांधी को एक पत्र में गांधीजी ने लिखा, "वल्लभ भाई ने गांडीव चरखे पर कताई और संस्कृत का अध्ययन शुरू कर दिया है। जब उन्होंने सुना कि राजाजी संस्कृत पढ़ रहे हैं तो वह भी उत्साहित हो उठे। वह पूरे मन से उसका अध्ययन कर रहे हैं। उन्होंने सातवलेकर की कुंजी के २४ भाग मँगा लिए है। इसमें से पहला भाग वे (छह दिन में) समाप्त कर चुके हैं। अब वह दूसरा भाग पढ़ रहे हैं। उनका अध्ययन बहुत तेजी से चल रहा है। सातवलेकर की पुस्तकें कुल मिलाकर अच्छी हैं। इन्हें याद करना आसान है। शायद तुमने भी देखी और पढ़ी हों।" (संपूर्ण वाड्मय, खंड ५०, पृ. २५३)

संस्कृत अभ्यास में सरदार पटेल के उत्साह का वर्णन करते हुए १४ अगस्त, १९३२ को नारायणदास गांधी को लिखा, "वे तो फिलहाल संस्कृत के अध्ययन में तल्लीन हो गए हैं। चलने-फिरने में उसी का पठन-मनन करते हैं। लगभग पाँच घंटे देते हैं। नौजवान विद्यार्थी भी उनके उत्साह के आगे लजा गए। उन्होंने पंडित सातवलेकर के पाँच भाग पढ़ लिए हैं। इसके अतिरिक्त वे अब रोज 'गीता' के पाँच श्लोक भी याद करते हैं।" जेल में संस्कृत सीखने वाले इतने अधिक लोग हो गए कि गांधीजी ने पं. सातवलेकर को अपनी संस्कृत शिक्षा का एक सेट और भेजने के लिए पत्र लिखा।

संस्कृत भाषा और संस्कृत वाड्मय के प्रति गांधीजी की श्रद्धा उस समय के पूरे कांग्रेस संगठन में संक्रमित हुई थी। प्रधानमंत्री बनने के बाद पं. नेहरू ने भी जब अवसर मिला तब संस्कृत के माहात्म्य का वर्णन किया। १ अप्रैल, १९५६ को पुणे की भंडारकर ओरियंटल रिसर्च इंस्टीट्यूट में भाषण करते हुए उन्होंने कहा था, "कभी-कभी मैं आश्चर्य करता हूँ कि जिन अनेक चीजों ने भारत के हजारों वर्ष लंबे इतिहास में उसका गौरव बढ़ाया है उनमें सबसे महत्त्वपूर्ण वस्तु क्या हो सकती है! मुझे मन में तनिक शंका नहीं है कि वह वस्तु संस्कृत भाषा है। मेरे विचार से इस भाषा में ही हमारी जाति की प्रतिभा, हमारी जाति की बुद्धिमता और वह प्रत्येक चीज, जो आगे चलकर हमारे जीवन

में प्रगट हुई, उसका स्रोत इस अद्‌भुत भाषा में ही विद्यमान है।'' (भारत सरकार द्वारा प्रकाशित नेहरू स्पीचेज, खंड ३, पृ. ४१९)

इसके पूर्व ६ अक्तूबर, १९५५ को बंगलौर में एक भाषण में उन्होंने कहा, ''यह सच है कि हमारी सभी भाषाएँ किसी-न-किसी रूप में संस्कृत से जुड़ी हुई हैं। उत्तर की भाषाएँ उसकी पुत्रियाँ हैं तो दक्षिण की भाषाओं का स्वतंत्र उद्‌भव होते हुए भी वे संस्कृत शब्दों से भरी हुई हैं। सचमुच ही आगे चलकर दक्षिण भारत उत्तर की अपेक्षा संस्कृत का अधिक बड़ा घर बन गया। हमारे महान पूर्वज बड़े साहसी थे। उन्होंने पूरे भारत के लिए संस्कृत जैसी शानदार भाषा का विकास किया।'' (वही, पृ. २७) वर्तमान भारत के लिए संस्कृत के महत्त्व को बताते हुए पं. नेहरू ने ४ सितंबर, १९५९ को लोकसभा में कहा था, ''मैं संस्कृत का भारी प्रशंसक हूँ। यदि कोई वस्तु, जिसमें भारत के प्राचीन और संस्कृति की महानता समाई हुई है तो वह संस्कृत भाषा ही है।...मेरा यह कहना नहीं कि संस्कृत में सब कुछ अच्छा ही है, किंतु यह मानना पड़ेगा कि संस्कृत ही वह जड़ है, जिसमें से भारत का विकास हुआ है। यदि हम इस जड़ से कट गए तो हमारे लिए बहुत बुरा होगा, हम केवल सतही इनसान रह जाएँगें।'' (वही, खंड-४, पृ. ६१) अपने जीवन के अंतिम काल में २२ जुलाई, १९६३ को हैदराबाद स्थित केंद्रीय अंग्रेजी संस्थान में भाषण करते हुए पं. नेहरू ने पुनः इन्हीं भावों को दोहराया। उन्होंने कहा, ''संस्कृत आश्चर्यजनक भाषा है, वह बहुत भव्य भाषा है। समूचे भारत का, हमारी सोच और हमारी भाषाओं का विकास संस्कृत भाषा के माध्यम से ही हुआ है।'' (वही, खंड ६, पृ. ३९) इसके पूर्व २५ अप्रैल, १९६३ को लोकसभा में भाषा संबंधी बहस में हस्तक्षेप करते हुए उन्होंने कहा था, ''इस बात को विश्वासपूर्वक कहा जा सकता है कि मोटे तौर पर संस्कृत ही भारत के संपूर्ण ज्ञान, संस्कृति और परंपराओं का प्रतिनिधित्व करती है।''

संस्कृत का यह स्तुति-गान केवल शब्दों तक ही सीमित नहीं था। पं. नेहरू के प्रधानमंत्रित्वकाल में संस्कृत को पाठ्यक्रम का अंग बनाने की दिशा में भी गंभीर प्रयास हुए। २३ सितंबर, १९५२ को मद्रास विश्वविद्यालय के कुलपति डॉ. लक्ष्मी स्वामी मुदालियर की अध्यक्षता में माध्यमिक शिक्षा के लिए एक आयोग का गठन केंद्रीय सरकार ने किया। इस आयोग ने माध्यमिक स्तर तक संस्कृत पढ़ने के पक्ष में निम्नलिखित तर्क प्रस्तुत किए—

(अ) संस्कृत अधिकांश भारतीय भाषाओं की जननी है। अतः इसका ज्ञान आवश्यक है।

(आ) सांस्कृतिक एवं नैतिक मूल्यों की दृष्टि से संस्कृत ने सदैव लोगों को अपनी ओर आकर्षित किया है, अतः इसकी अवहेलना बुद्धिमानी नहीं होगी।

(इ) संस्कृत का अध्ययन करके ही भारत के महान ग्रंथों में भरे हुए ज्ञान को प्राप्त किया जा सकता है। अत: इसके अध्ययन को प्रोत्साहन दिया जाना चाहिए।

१ अक्तूबर, १९५६ को केंद्रीय सरकार ने बंगाल के प्रसिद्ध भाषाविद् डॉ. सुनीति कुमार चटर्जी की अध्यक्षता में एक आयोग का गठन किया, जिसे संस्कृत भाषा और उसके शिक्षण की वर्तमान स्थिति व संस्कृत के उन्नयन के उपाय सुझाने का दायित्व सौंपा गया। भारत सरकार द्वारा सन् १९५८ में प्रकाशित संस्कृत आयोग की साढ़े चार सौ पृष्ठों की महत्त्वपूर्ण रिपोर्ट आज के राजनीतिक वातावरण में बहुत पठनीय है। माध्यमिक विद्यालयों में संस्कृत के शिक्षण पर आग्रह करके आयोग ने भारत सरकार को सुझाव दिया कि स्कूलों और कॉलेजों को सामान्य शिक्षा योजना में संस्कृत के अध्ययन की पर्याप्त व्यवस्था की जानी चाहिए, अन्यथा संस्कृत की शिक्षा का आधुनिक काल में जो 'उदारीकरण' हुआ है, उसे भारी धक्का लगेगा। (संस्कृत आयोग रिपोर्ट, खंड तीन, पृ. ४९)

किंतु, धीरे-धीरे स्वाधीन भारत की वोट राजनीति ने भारतीय समाज को भाषा, क्षेत्र, जाति व मजहब के आधार पर विभाजित कर दिया और प्रत्येक विषय को वोट-गणित के चश्मे से देखा जाने लगा। आज हम राष्ट्रीय एकता की बातें तो करते हैं, किंतु हमारी समूची राजनीति संकीर्ण-विभाजनकारी निष्ठाओं के चारों ओर घूम रही है। अपने-अपने वोट बैंक पुख्ता करने की होड़ में विभिन्न राजनीतिक दलों के बीच आपाधापी मची हुई है। राष्ट्र दृष्टि से ओझल हो गया है, केवल वोट बैंक शेष रह गए हैं। इस विभाजनकारी राजनीति का दुष्परिणाम है कि राष्ट्रीय एकता के उन समस्त सूत्रों पर, जिन्हें विकसित करने में भारतीय मनीषा को सहस्राब्दियाँ लगी थीं, निर्ममतापूर्वक प्रहार किया जा रहा है।

इस वोट राजनीति प्रधान वातावरण में सर्वोच्च न्यायालय ने केवल दो वर्ष पूर्व ही अपने एक निर्णय में संस्कृत भाषा के महत्त्व और उसके अध्ययन की अनिवार्यता पर बल देकर हमारी आँखें खोलने की कोशिश की। किंतु सत्ता-राजनीति हम पर इतनी बुरी तरह हावी हो गई है कि हम स्वाधीनता आंदोलन की प्रेरणाओं से ही कट गए हैं, सर्वोच्च न्यायालय जैसे संस्थाओं का सम्मान करना भी भूल गए हैं। इस २२ अक्तूबर को विज्ञान भवन में शिक्षा मंत्रियों के सम्मेलन में जो लज्जाजनक दृश्य खड़ा किया गया, वह इसी संकुचित एवं प्रतिस्पर्धी दलीय राजनीति का नग्न रूप प्रस्तुत करता है। यह तो समझ में आ सकता है कि किन्हीं भी सुझावों को सांगोपांग बहस के द्वारा अव्यावहारिक घोषित कर दिया जाए, किंतु सुझावों पर बहस करने से भागने की प्रवृत्ति को क्या कहा जाए?

वामपंथी पार्टियाँ भाजपा विरोध में इस कदर अंधी हो गई हैं कि भाजपा सरकार द्वारा प्रस्तुत किसी भी कार्यक्रम को 'हिन्दुत्व का कार्यक्रम' बताकर धार्मिक अल्पसंख्यकों

को भड़काना उनका एकमात्र राजनीतिक कार्यक्रम रह गया है। शिक्षा मत्रियों के सम्मेलन के समय प. बंगाल, त्रिपुरा एवं केरल के कम्युनिस्ट शिक्षा मंत्रियों ने जो नकारात्मक भूमिका अपनाई, वह सन् १९३७ में कांग्रेस सरकारों के विरुद्ध मि. जिन्ना एवं मुस्लिम लीग की रणनीति का स्मरण दिलाती है। उस समय मि. जिन्ना ने मुसलमानों को अपने पीछे खड़ा करने के लिए कांग्रेसी राज्य को 'हिन्दू राज्य' घोषित कर दिया, कांग्रेसी सरकारों की शिक्षा नीति को मुसलमानों के 'हिन्दूकरण' का षड्यंत्र बताया। अक्तूबर १९३७ में लखनऊ में आयोजित मुस्लिम लीग अधिवेशन में जिन्ना ने गांधीजी को 'हिन्दू पुनरुत्थानवादी' और मुसलमानों का शत्रु घोषित कर दिया। वह कांग्रेसी सरकार पर मुस्लिम विरोधी नीतियाँ अपनाने के एक के बाद एक करके झूठे आरोप लगाए गए। उसने कांग्रेसी सरकारों के मुस्लिम विरोधी कार्यों की जाँच के लिए जाँच कमेटी बैठाई, जिसने अपनी रिपोर्ट में कांग्रेस के विरुद्ध मनगढ़ंत आरोपों की झड़ी लगा दी। उस समय कांग्रेस के अध्यक्ष डॉ. राजेंद्र प्रसाद थे। उन्होंने जिन्ना को पत्र लिखकर पूछा कि आप आरोप-पर-आरोप लगाते जा रहे हो, किंतु उनको सिद्ध करने वाले प्रमाण क्यों नहीं देते? तो जिन्ना का उत्तर था, मेरा कार्य आरोप लगाना है, सफाई देना आपका काम है। उन दिनों की स्थिति को समझने के लिए पाकिस्तान से दो खंडों में प्रकाशित डॉ. के.के. अजीज द्वारा संपादित पुस्तक में संकलित दस्तावेजों का अध्ययन आज के राजनीतिक परिदृश्य को समझने के लिए उपयोगी रहेगा।

लगता है इतिहास स्वयं को दोहरा रहा है। अंतर केवल यह है कि विभाजन-पूर्व कांग्रेस की जगह भाजपा और संघ परिवार को कटघरे में खड़ा कर दिया गया है और आरोपकर्त्ता के रूप में मुस्लिम लीग की जगह कम्युनिस्टों ने ले ली है। किंतु भारतीय कम्युनिस्टों के इतिहास से परिचित किसी भी व्यक्ति को उनकी इस भूमिका पर आश्चर्य नहीं होगा।

□

गांधी के राम, लोहिया के राम

गांधीजी धार्मिक आस्था और आचरण के मूर्तिमंत उदाहरण थे। वस्तुतः उनके जीवन की मुख्य प्रेरणा धर्म और अध्यात्म थे, राजनीति नहीं। ४ अगस्त, १९११ को जी.एस.अरुंडेल को एक पत्र में उन्होंने लिखा, ''मेरे मन का झुकाव राजनीति की ओर नहीं, धर्म की ओर है। राजनीति में मैं भाग लेता हूँ, क्योंकि मेरे ख्याल से जीवन का एक भी अंग ऐसा नहीं, जिसे धर्म से अलग किया जा सके।'' (संपूर्ण गांधी वाङ्मय, खंड १६, पृ. ४-५)

एक अन्य पत्र में वे लिखते हैं, ''आपको मुझसे यह सुनकर आश्चर्य होगा कि यद्यपि मेरा ध्येय बाहर से राजनीतिक लगता है, पर मैं आपको यह विश्वास दिलाना चाहूँगा कि इसकी जड़ें—यदि मुझे इस शब्द का प्रयोग करने की अनुमति हो तो कहूँगा—आध्यात्मिक है।'' पुनः १७ नवंबर, १९३२ को बांबे क्रानिकल नामक दैनिक पत्र के साथ एक भेंटवार्ता में उन्होंने कहा, ''जो मुझे थोड़ा भी जानते हैं, उन्हें यह समझ लेना चाहिए कि मैं राजनीतिक, सामाजिक, धार्मिक और अन्य प्रश्नों के बीच कोई बड़ी और अमिट विभाजन रेखा नहीं खींचता हूँ। मेरा सदा यह विचार रहा है कि ये सब एक-दूसरे पर निर्भर हैं और एक का समाधान शेष के समाधान को निकट लाता है।'' (संपूर्ण गांधी वाङ्मय खंड ५२, पृ.४)

धर्म और आस्था के संस्कार गांधीजी को घुट्टी से ही प्राप्त हुए थे। उनका अध्यात्म योग साधना पर नहीं, रोम-रोम में समाई उनकी आस्तिकता पर अधिष्ठित था। 'हरिजन' (५ दिसंबर, १९३६) में उन्होंने लिखा, ''योग की क्रिया मैं बिल्कुल नहीं जानता। मैं जो अभ्यास करता हूँ वह मैंने बचपन में अपनी धाय (रम्मा) से सीखा था। मुझे भूत का डर लगता था। वह मुझे कहा करती थी, 'भूत जैसी कोई चीज है ही नहीं। परंतु तुम्हें डर लगता हो तो रामनाम लिया करो।' जो चीज मैंने अपने बचपन में सीखी, उसने समय के साथ मेरे मानसिक जगत् में विशाल रूप धारण कर लिया है।'' इसके पूर्व हरिजन सेवक (३१ मार्च, १९३३) में गांधीजी लिखते हैं, ''मेरी बुद्धि और हृदय ने बहुत पहले यह

अनुभव कर लिया था कि भगवान् का सर्वोत्तम नाम 'सत्य' ही है। मैं रामनाम से 'सत्य' को ही पहचानता हूँ। अत्यंत कठोर परीक्षा की घड़ियों में इस एक ही नाम ने मेरी रक्षा की है और अब भी कर रहा है, यह लिखते हुए मुझे अपने बाल्यकाल की एक बात याद आती है। हमारे घर के नजदीक रामजी का एक मंदिर था। मैं बड़े भाव से नित्य वहाँ जाता था। मुझे विश्वास था कि वहाँ जाकर मैं निष्पाप हो जाता हूँ और पाप से बचने की शक्ति का नित्य कुछ-न-कुछ संचय करता हूँ। मेरे लिए वह मंदिर अत्यंत पवित्र था। राम से मिलने का धाम था। मैं चाहता हूँ कि मेरे हरिजन भाईयों को भी ऐसे मंदिरों में जाने का अधिकार मिल जाए।'' इस प्रकार गांधीजी ने राम नाम के प्रति अपनी श्रद्धा को हरिजनों के मंदिर प्रवेश और हरिजनोद्धार कार्यक्रम का आधार बनाया।

बाल्यकाल के संस्कार

बाल्यकाल के संस्कारों का महत्त्व बताते हुए गांधीजी आत्मकथा के अध्याय १० में लिखते हैं, ''जिस चीज ने मेरे दिल पर गहरा असर डाला वह था रामायण का पारायण।'' पिताजी की बीमारी का बहुतेरा समय पोरबंदर में गया था। वहाँ वह रामजी के मंदिर में रोज रात को रामायण का पाठ सुनते। कथा कहने वाले थे रामचंद्रजी के परमभक्त बीलेश्वर के लाधा महाराज। उनके संबंध में यह आख्यायिका प्रसिद्ध थी कि उन्हें कोढ़ हो गया था। उन्होंने कुछ दवा न की, सिर्फ बीलेश्वर महाराज पर चढ़े हुए बिल्व पत्रों को कोढ़वाले अंगों पर बाँधते रहे और राम नाम का जप करते रहे। अंत में उनका कोढ़ समूल नष्ट हो गया। यह बात सच हो या झूठ हम सुनने वालों ने तो सच ही माना। हाँ, यह जरूर सच है कि लाधा महाराज ने जब कथा आरंभ की थी, तब उनका शरीर बिल्कुल निरोग था। लाधा महाराज का स्वर बहुत मधुर था। वह दोहा-चौपाई गाते और उसका अर्थ समझाते। खुद उसके रस में लीन हो जाते और श्रोताओं को भी लीन कर देते। मेरी आयु उस समय कोई १३ साल की रही होगी। पर मुझे याद है कि उनकी कथा में मेरा मन बहुत लगता था। रामायण पर मेरा जो अत्यंत प्रेम है, उसका आधार (पाया) यही रामनाम श्रवण है। आज मैं तुलसीदासजी की रामायण को भक्तिमार्ग का सर्वोत्तम ग्रंथ मानता हूँ।''

रामनाम का प्रभाव

रामनाम का प्रभाव गांधीजी के मन पर इतना गहरा था कि ''ज्ञान की वृद्धि और आयु के बढ़ने के साथ रामनाम का जप मेरे लिए दूसरा शब्द बन गया है। मैं यहाँ तक कह सकता हूँ कि यह शब्द मेरी जुबान पर न आए तो भी मेरे मन में दिन-रात बसा रहता है। यह मेरा रक्षक रहा है और मुझे इसका सदा आधार रहा है।'' (हरिजन, १७ अगस्त, १९३४) उनकी यह श्रद्धा इतनी गहरी थी कि वे यह दावा कर सके कि ''मैं

संसार में यदि व्यभिचारी होने से बचा हूँ तो राम नाम की बदौलत…जब-जब मुझ पर विकट प्रसंग आए हैं मैंने राम नाम लिया है और मैं बच गया हूँ।" उनका विश्वास था कि "नाम महिमा बुद्धिवाद से सिद्ध नहीं हो सकती, श्रद्धा से ही अनुभव साध्य है।" (कल्याण के भगवन्नामांक में प्रकाशित लेख में)

गांधीजी ने बहुत पहले से प्राकृतिक चिकित्सा को अपना लिया था। किंतु आगे चलकर उन्होंने रामनाम के जप को ही प्राकृतिक चिकित्सा का पर्याय बना लिया। हरिजन सेवक (५ अक्तूबर, १९४७) में उन्होंने कहा, "आज मेरा एकमात्र वैद्य मेरा राम है। जैसा कि प्रार्थना में गाए गए भजनों में कहा गया है—राम तमाम शारीरिक, मानसिक और नैतिक बुराइयों को दूर करने वाला है। कुदरती इलाज के डॉक्टर दिनशा मेहता से चर्चा करते हुए यह सत्य पूर्ण तौर पर मेरे सामने स्पष्ट हो गया है। मेरी राय में कुदरती इलाज में रामनाम का स्थान पहला है। जिसके दिल में राम नाम है, उसे और किसी दवाई की जरूरत नहीं है। राम के उपासक को मिट्टी और पानी के इलाज की भी जरूरत नहीं है।"

सन् १९४२ से सन् १९४४ तक आगा खान महल के अपने कारावास काल में गांधीजी ने इक्कीस दिन का उपवास किया। उस उपवास का अपना अनुभव वे बताते हैं, "उपवास के बारे में मैं केवल इतना ही कहना चाहता हूँ कि उन २१ दिनों तक मैं जो टिका रहा, उसकी वजह वह पानी नहीं था जो मैं पीता था। न वह संतरे का रस ही था जो कुछ दिनों तक मैंने लिया था। जो मेरी गैरमामूली डॉक्टरी देख-रेख हो रही थी, वह भी उसका कारण नहीं था। मगर मैंने अपने भगवान् को जिसे मैं राम कहता हूँ, अपने दिल में बसा रखा था, उसी वजह से मैं टिका रहा।" (हरिजन सेवक, २३ नवंबर, १९४७)

गांधीजी की नोआखली यात्रा के समय के एक संस्मरण का मनु गांधी वर्णन करती हैं कि बापू को अचानक पसीना व चक्कर आने लगे। चार फुट दूर बिछौना तक मेरे सहारे चलते-चलते उनके पैर लड़खड़ाने लगे। मैंने सावधानी से उनका सिर सँभाल रखा था और निर्मल बाबू (निर्मल कुमार बोस) को जोर से पुकारा। वे आए और हम दोनों ने मिलकर उन्हें बिछौने पर सुला दिया। फिर मैंने सोचा कहीं बापू ज्यादा बीमार हो गए तो लोग मुझे मूर्ख कहेंगे। पास के देहात में ही सुशीला बहन हैं, क्यों न उन्हें बुलवा लूँ। मैंने चिट्ठी लिखी और उसे भिजवाने के लिए निर्मल बाबू के हाथ में दी ही थी कि इतने में बापू को होश आया और मुझे पुकारा 'मनुड़ी' (बापू जब लाड़ में बुलाते थे तो मुझे 'मनुड़ी' कहते थे) मैं पास गई तो कहने लगे—"तुमने निर्मल बाबू को आवाज लगाकर बुलाया, यह मुझे बिल्कुल नहीं जँचा। तुम अभी बच्ची हो, इसलिए मैं तुम्हें इसके लिए माफ तो कर सकता हूँ। पर तुमसे मेरी उम्मीद यही है कि तुम और कुछ न करके सिर्फ सच्चे दिल से रामनाम लेती रहो। मैं अपने मन में तो रामनाम ले ही रहा था।

पर तुम भी निर्मल बाबू को बुलाने के बजाय रामनाम लेना शुरू कर देतीं तो मुझे बहुत अच्छा लगता। क्योंकि मेरा सच्चा डॉक्टर तो राम ही है। जहाँ तक उसे मुझसे काम लेना होगा, वहाँ तक मुझे जिलाएगा, और नहीं तो उठा लेगा।''

अचूक दवाई

उसी दिन एक बीमार बहन को पत्र लिखते हुए भी बापू ने यही बात लिखी, ''संसार में अगर कोई अचूक दवाई है तो वह रामनाम है। इस नाम के रटने वालों को इसका अधिकार प्राप्त करने के संबंध में जिन-जिन नियमों का पालना करना चाहिए, उन सबका वे पालन करें। मगर यह रामबाण इलाज करने की हम सबमें योग्यता कहाँ है?'' ('बापू मेरी माँ' पुस्तक से) मनु गांधी आगे लिखती हैं, ''ऊपर की घटना ३० जनवरी, १९४७ के दिन घटी थी। बापू को मृत्यु से ठीक एक साल पहले। इस रामनाम पर उनकी यह श्रद्धा आखिरी क्षण तक बनी रही। सन् १९४७ की ३० जनवरी को यह घटना घटी और सन् १९४८ को ३० जनवरी को बापू ने मुझसे कहा कि आखिरी दम तक हमें रामनाम रटते रहना चाहिए। इस तरह आखिरी वक्त भी दो बार बापू के मुँह से 'रा...म' 'रा...म' सुनना मेरे भाग्य में बसा होगा, इसकी मुझे क्या कल्पना थी। ईश्वर की गति कैसी गहन है।'' रामनाम के प्रति अपनी इस अडिग श्रद्धा के कारण गांधीजी ने अपनी प्रार्थना सभा में रामधुन को सम्मिलित किया और 'रामराज्य' को ही 'स्वराज्य' का आदर्श घोषित किया। स्वराज्य की अपनी कल्पना को स्पष्ट करते हुए वे लिखते हैं, ''स्वराज्य की कल्पना साधारण बात नहीं है। स्वराज्य तो रामराज्य है। हम राज्य को रामराज्य तभी कह सकते हैं, जब राजा और प्रजा दोनों पवित्र हों, जब दोनों त्यागवृत्ति रखते हों, और जब दोनों के बीच पिता और पुत्र जैसे संबंध हों। हम यह बात भूल गए, इसलिए 'डेमोक्रेसी' की बात करते हैं। आज 'डेमोक्रेसी' का जमाना है। ...जहाँ प्रजा की बात सुनी जाती हो, जहाँ प्रजा के प्रेम को प्राधान्य मिला है, कहा जा सकता है कि वहाँ 'डेमोक्रेसी' है। मेरी कल्पना के रामराज्य में सिरों की गिनती अथवा हाथों की गिनती से प्रजा के मत को नहीं मापा जा सकता। जहाँ इस तरह के मत लिए जाते हों, उसे मैं प्रजा का मत नहीं मानता। ऋषियों-मुनियों ने तपस्या करके यह देखा कि जो व्यक्ति तपश्चर्या करते हों और प्रजा के कल्याण की भावना रखते हों, उनका मत प्रजा का मत कहला सकता है। इसी का नाम सच्ची 'डेमोक्रेसी' है। यदि मुझ जैसा आदमी व्याख्यान देकर अपका मत चुराकर ले जाए तो उस मत से प्रकट होने वाली 'डेमोक्रेसी' नहीं है। मेरी 'डेमोक्रेसी' तो रामायण में लिखी पड़ी है और मैंने जिस सीधे-सादे ढंग से रामायण को पढ़ा है, उसमें से जो भाव निकलता है, रामचंद्रजी उसी के अनुसार राज्य करते थे।'' (संपूर्ण गांधी वाङ्मय, खंड ३५, १९२७-२८ पृ. ५०८-०९)

मुस्लिम समाज और रामनाम

गांधीजी के रामराज्य में "राम को जनमत का निश्चय करने के लिए निहायत अपूर्ण आधुनिक साधन की कोई आवश्यकता नहीं थी। उन्होंने जनता के हृदय को वश में कर लिया था। राम की प्रजा अत्यंत सुखी थी। ऐसा रामराज्य आज भी संभव है।" (संपूर्ण गांधी वाड्मय, खंड २५, पृ. ५८३)

गांधीजी रामनाम जप और रामराज्य के आदर्श को ही हिन्दू-मुस्लिम और एक राष्ट्रीयता का आधार मानते थे। अपने इसी विश्वास के आधार पर उन्होंने रामधुन को अपनी प्रार्थना सभा में प्रमुख स्थान दिया। किंतु मुस्लिम समाज के भीतर पृथकतावादी धारा जोर पकड़ रही थी। इसलिए रामधुन को लेकर सवाल खड़े किए जाने लगे। हरिजन सेवक, ५ मई, १९४६ में छपा कि जब गांधीजी ने कहा कि "ताल के साथ रामधुन गाना प्रार्थना का सादे-से-सादा रूप है।" तो सवाल उठाया गया कि "लेकिन गैरहिदू इसमें कैसे शामिल हो सकते हैं?" जवाब में गांधीजी ने कहा, "जब कोई यह ऐतराज पेश करता है कि राम का नाम लेना या रामधुन गाना तो सिर्फ हिन्दुओं के लिए है, ऐसी हालत में मुसलमान उसमें किस तरह शरीक हो सकते हैं? तब मुझे मन-ही-मन बड़ी हँसी आती है।...मेरा राम, हमारी प्रार्थना के समय का राम वह ऐतिहासिक राम नहीं है जो दशरथ का पुत्र और अयोध्या का राजा था। वह तो सनातन अजन्मा और अद्वितीय राम है। मैं उसी की पूजा करता हूँ। उसी की मदद चाहता हूँ। आपको भी यही करना चाहिए। वह सब किसी का है। इसलिए मेरी समझ में नहीं आता कि क्यों किसी मुसलमान को या दूसरे किसी को उसका नाम लेने में एतराज होना चाहिए?"

मुस्लिम-समाधान

किंतु इस उत्तर से मुसलमान भाइयों का समाधान नहीं हुआ। २ जून, १९४६ को हरिजन सेवक में इस विवाद की अगली कड़ी मिल जाती है। गांधीजी से सवाल पूछा गया, "आप कहा करते हैं कि प्रार्थना में प्रयुक्त 'राम' का आशय दशरथ के पुत्र राम से नहीं है। आपका आशय 'जगन्नियंता' से होता है। हमने भली-भाँति देखा है कि 'रामधुन' में 'राजाराम, सीताराम, राजाराम, सीताराम' का कीर्तन होता है और जयकारा भी 'सियापति रामचंद्र की जय' का लगता है। मैं विनम्र भाव से पूछता हूँ कि यह 'सियापति राम' कौन है? यह राजा राम कौन हैं? क्या वह दशरथ का सुपुत्र राम नहीं है? ऊपर की पंक्तियों का अर्थ तो स्पष्टतया यही लगता है कि प्रार्थना में आराध्य दशरथ पुत्र जानकीपति राम ही हैं।" गांधीजी का उत्तर था, "ऐसे प्रश्न का उत्तर मैं दे चुका हूँ। मगर इसमें कुछ नया भी है जो उत्तर की अपेक्षा रखता है। रामधुन में जो राजाराम, सीताराम रटा जाता है वह दशरथनंदन राम नहीं तो कौन है? तुलसीदासजी ने तो इसका उत्तर दिया ही है, तो भी

मुझे कहना चाहिए कि मेरी राय कैसे बनी है। राम से रामनाम बड़ा है। हिन्दू धर्म महासागर है। उसमें अनेक रत्न भरे हैं। जितने गहरे पानी में जाओ, उतने ज्यादा रत्न मिलते हैं। हिंदू धर्म में ईश्वर के अनेक नाम हैं। सैकड़ों लोग राम-कृष्ण को ऐतिहासिक व्यक्ति मानते हैं और मानते हैं कि जो राम दशरथ के पुत्र माने जाते हैं वही ईश्वर के रूप में पृथ्वी पर आए, और यह भी कि उनकी पूजा से आदमी मुक्ति पाता है। ऐसा ही कृष्ण के लिए है। इतिहास, कल्पना और शुद्ध सत्य आपस में इतने ओत-प्रोत हैं कि उन्हें अलग-अलग करना करीब-करीब असंभव है।⋯मेरे लिए मेरा राम सर्वशक्तिमान ईश्वर ही है, जिसका नाम हृदय में होने से सब दुःखों का नाश हो जाता है।'' परंतु, इस उत्तर से भी लोगों का समाधान नहीं हुआ। हरिजन सेवक, (१८ अगस्त, १९४६) में गांधीजी ने अपने किसी दोस्त को मिले पत्र का हवाला देते हुए लिखा कि यह पत्र पूछता है कि ''वह (गांधीजी) हिन्दुस्तानप्रेमी हैं। पर यह बात समझ में नहीं आती कि हर रोज खुले में प्रार्थना करने और रामनाम की धुन लगाकर अपने मुल्क के दूसरे मजहब वालों का दिल वे क्यों दुखाते हैं? उन्हें समझना चाहिए कि हिन्दुस्तान में बहुत से मजहब हैं और अगर वह जनता में हिन्दू देवताओं का हवाला लेकर बोलेंगे तो पुराने ख्याल के लोगों को गलतफहमी होगी। और मुस्लिम लीग की यह भी शिकायत है, रामराज कायम करना उनका एक प्रिय जुमला है। एक सच्चे मुसलमान को यह कैसा लगेगा?'' इसका उत्तर गांधीजी देते हैं, ''सच्चे मुसलमानों ने तो रामनाम लेने में कभी बुरा नहीं माना। रामनाम कोई व्यर्थ की रट नहीं है। मेरे और लाखों हिन्दुओं के नजदीक तो यह सर्वव्यापी परमात्मा को पुकारने का एक ढंग बनाया गया है। राम के पीछे जो 'नाम' है, वह सबसे ज्यादा महत्त्व का हिस्सा है। उसका मतलब है ऐतिहासिक राम के बिना, नाम कुछ भी हो, मेरे यह खुल्लम-खुल्ला कहने से कि मैं इस धर्म का हूँ किसी को दुःख क्यों हो? खासकर मुस्लिम लीग को?⋯रामनाम के जुमले के बारे में मैं इसका मतलब कई दफा बतला चुका हूँ। उसके बाद किसी को इसके इस्तेमाल से दुःख नहीं होना चाहिए।'' पर गांधीजी के ये सब स्पष्टीकरण अरण्यरोदन सिद्ध हुए। मुस्लिम समाज मुस्लिम लीग के पीछे एकजुट होता गया। जिसकी परिणति मातृभूमि के विभाजन में हुई।

गांधीजी ने जीवन के अंतिम क्षण तक 'राम' को नहीं छोड़ा। रामनाम को लेकर जो द्वंद्व मुस्लिम समाज के मन में उस काल में था, वही विभाजन के बाद भी बना हुआ है। स्वतंत्रता प्राप्ति के बाद रामजन्मभूमि—बाबरी मस्जिद को लेकर उठा विवाद उसका जीता-जागता प्रमाण है। प्रश्न है कि राम को यदि ऐतिहासिक महापुरुष ही मानें तो भारतीय मुसलमानों की वर्तमान और भावी पीढ़ियों को 'राम' और 'बाबर' के बीच किसे अपना पूर्वज मानना चाहिए? आखिर, मध्यकाल में, चाहे जिन कारणों से क्यों न हो, उनके पूर्वजों ने केवल उपासना पद्धति बदली थी, न कि अपना रक्त और अपने पूर्वज।

डॉ. लोहिया की रामभक्ति

राम एक ही हैं तो क्या गांधी के और लोहिया के राम अलग-अलग हो सकते हैं? क्या दोनों के राम वाल्मीकि और तुलसी के राम से कुछ अलग हैं? शायद नहीं। राम तो एक ही हैं, पर उन्हें देखने की दृष्टियाँ अलग-अलग हैं। गांधी की अलग, लोहिया की अलग। इस दृष्टि भेद का कारण उनके व्यक्तित्व की भिन्नता में खोजना होगा। गांधीजी ने स्वयं को एक आस्तिक सनातनधर्मी हिन्दू घोषित किया, जबकि डॉ. राम मनोहर लोहिया सन् १९२९ से सन् १९३३ तक चार साल जर्मनी में अर्थशास्त्र में डॉक्टरेट लेकर मार्क्सवादी या कहें नास्तिक होकर भारत वापस लौटे। किंतु उनके पारिवारिक संस्कार और देशभक्त अंत:करण उन्हें भारत के आध्यात्मिक, संस्कृति प्रवाह में खींचने की कोशिश करते रहे हैं। उन्होंने अपने लिए एक मूर्तिभंजक और विद्रोही की छवि बनाई। यही द्वंद्व उन्हें तुलसी के राम की महानता का चित्रण गांधीजी से भिन्न भाषा में कराने के लिए बाध्य करता है।

घोर नास्तिकता से रामभक्ति की ओर डॉ. लोहिया की यात्रा स्वतंत्र भारत में ही आरंभ हुई, पर वे राम की महानता और ब्रह्मज्ञान की बड़ाई करते हुए भी नास्तिकता के अपने आवरण को बनाए रखने के लिए सदैव चिंतित रहते थे। उनका यह अंतर्द्वंद्व उनकी अभिव्यक्ति में पद-पद पर झलकता है। एक जगह वे कहते हैं, ''सच की बहुत खोज करने वाले हमारे पुरखे थे और निचोड़ निकालते-निकालते वे अद्वैत तक जा पहुँचे।'' दूसरी जगह कहते हैं, ''जितना मजा मुझे उपनिषद् के दर्शन में आया, उतना शायद, या ऐसा कहें, उससे ज्यादा और कहीं नहीं आया।'' और भी, कि ''ब्रह्मज्ञान में जो चीज मुझे अच्छी लगती है वह यह है कि मनुष्य अपने संकुचित शरीर और मन से हटकर सब लोगों से अपनापन महसूस करे। यह है असली ब्रह्मज्ञान।'' परंतु दूसरे ही क्षण वे सफाई देते हैं, ''मैं अपने लिए कह देता हूँ कि मैं नास्तिक हूँ। कोई यह न समझ बैठे कि ईश्वर से मुझे मोहब्बत हो गई है।'' एक जगह वे अपने बारे में कहते हैं, ''एक अधर्मी आदमी या जो शायद ईश्वर के मामले में समझा जाता है कि नास्तिक है, शायद कुछ हद तक सही भी है, पर मैं उस बहस में नहीं पड़ना चाहता।'' यह सब होते हुए भी डॉ. लोहिया बद्रीनाथ धाम की यात्रा करते हैं, तीर्थस्थानों की स्वच्छता और नदियों की सफाई के प्रति गहरी चिंता प्रगट करते हैं। उनके इस अंतर्द्वंद्व का परिणाम हुआ कि इस समय अपने को 'लोहिया के लोग' बताने वाले राजनेता केवल सत्ता की लड़ाई में उलझे हैं और लोहियावाद बुद्धिजीवी भारत की धार्मिक और दार्शनिक परंपरा की निंदा में ही अपनी क्रांतिकारिता देख रहे हैं। पर यहाँ तो हमारा मुख्य विषय 'राम' के प्रति लोहिया दृष्टि को समझना है।

राम और तुलसीदास की महानता से डॉ. लोहिया उतने ही अभिभूत हैं जितने

गांधीजी थे। अंतर केवल यह है कि गांधीजी की भाषा में 'धार्मिक श्रद्धा' का पुट है जबकि लोहिया उनकी महानता को तर्क की भाषा में प्रस्तुत करते हैं। 'राम, कृष्ण और शिव' नामक लेख का आरंभ डॉ. लोहिया इन शब्दों से करते हैं, "दुनिया के देशों में हिंदुस्तान किंवदंतियों के मामले में सबसे धनी है। हिन्दुस्तान की किंवदंतियों ने सदियों से लोगों के दिमाग पर निरंतर असर डाला है। इतिहास के बड़े लोगों के बारे में, चाहे वे बुद्ध हों, या अशोक, देश के चौथाई से अधिक लोग अनभिज्ञ हैं। दस में एक को उनके काम के बारे में थोड़ी-बहुत जानकारी होगी। सौ में एक या हजार में एक को उनके कर्म और विचार के बारे में कुछ विस्तार से जानकारी हो तो अचरज की बात होगी। पर, देश के तीन सबसे बड़े पौराणिक नाम राम, कृष्ण और शिव, सबको मालूम हैं। उनके काम के बारे में थोड़ी-बहुत जानकारी प्राय: सभी को, कम-से-कम दो में एक को तो होगी ही।"

"भारतीय इतिहास की आत्मा के लिए और देश के सांस्कृतिक इतिहास के लिए, यह अपेक्षाकृत निरर्थक बात है कि भारतीय पुराण के ये महान लोग धरती पर पैदा हुए भी या नहीं।...इनको इतिहास के पर्दे पर उतारने की कोशिश करना, और ऐसी कोशिश होती भी है, एक हास्यास्पद चीज होगी। संभावनाओं की साधारण कसौटी पर इनकी जीवन कहानी को कसना उचित नहीं। सत्य का इससे अधिक आभास क्या मिल सकता है कि पचास या शायद सौ शताब्दियों से भारत की हर पीढ़ी के दिमाग पर इनकी कहानी लिखी हुई है। इनकी कहानियाँ लगातार दोहराई गई हैं। बड़े कवियों ने अपनी प्रतिभा से इनका परिष्कार किया है और निखारा है तथा लाखों-करोड़ों लोगों के सुख और दु:ख इनमें घुले हुए हैं। भारतीय आत्मा के इतिहास के लिए ये तीन नाम सबसे सच्चे हैं और पूरे कारवाँ में महानतम् हैं, इतने ऊँचे और इतने अपूर्व हैं कि दूसरों के मुकाबले में गलत और असंभव दीखते हैं। जैसे पत्थरों और धातुओं पर इतिहास लिखा जाता है वैसे ही इनकी कहानियाँ लोगों के दिमाग पर अंकित हैं, जो मिटाई नहीं जा सकती।" (संस्करण, हैदराबाद पृ. १-२)

राम-कृष्ण और शिव

एक अन्य जगह वे लिखते हैं, "यह छोटे-छोटे सवाल हैं कि राम, कृष्ण और शिव सचमुच इस दुनिया में कभी हुए या नहीं। असली सवाल तो यह है कि इनकी जिंदगी के छोटे-छोटे पहलू को भी ५,१० या ५० हजार आदमी नहीं, हिन्दुस्तान के करोड़ों लोग जानते हैं। यह हिन्दुस्तान के इतिहास के किसी और आदमी के बारे में नहीं कहा जा सकता।...एक तो हुआ किस्सों का मालूम होना, दूसरे, किस्सों का दिमाग की सतह पर खुद जाना, तो फिर वह हमेशा मिसाल की तरह दिमाग की आँखों के सामने रहते हैं और

किसी भी काम पर उनका असर पड़ता है। राम, कृष्ण और शिव—ये कोई एक दिन के बनाए हुए नहीं है। करोड़ों हिन्दुस्तानियों ने युग-युगांत के अंतर में, हजारों बरस में राम, कृष्ण और शिव को बनाया। उनमें अपनी हँसी और सपनों के रंग भरे और राम, कृष्ण और शिव जैसी चीजें सामने हैं।'' (राममनोहर लोहिया, मर्यादित, उन्मुक्त और असीमित व्यक्तित्व और रामायण मेला, हैदराबाद, प्रथम मुद्रण १९६२, पृ. १-३)

इस भूमिका के बाद डॉ. लोहिया राम पर आते हैं। लिखते हैं, ''राम की सबसे बड़ी महिमा उनके उस नाम से मालूम होती है, जिसमें कि उन्हें मर्यादा पुरुषोत्तम कहकर पुकारा जाता है। जो मन में आया सो नहीं कर सकते। राम की ताकत बँधी हुई है, उसका दायरा खिंचा हुआ है। राम की ताकत पर कुछ नीति की या शास्त्र की या धर्म की या व्यवहार की या अगर आप आज की दुनिया का एक शब्द ढूँढ़ें तो, विधान की मर्यादा है।'' (वही, पृ.४) गांधीजी क्यों राम का ही नाम लेते थे, इसको स्पष्ट करते हुए डॉ. लोहिया लिखते हैं, ''जब कभी गांधीजी ने किसी नाम को लिया तो राम का लिया। कृष्ण का नाम भी ले सकते थे। और शिव का नाम भी ले सकते थे। लेकिन नहीं, उन्हें एक मर्यादित तस्वीर हिन्दुस्तान के सामने रखनी थी। एक ऐसी ताकत जो अपने ऊपर नीति, धर्म या व्यवहार की रुकावटों को रखे—मर्यादा पुरुषोत्तम का प्रतीक। मैंने भी सोचा बहुत अरसे तक कि शायद गांधीजी के तरीके कुछ मर्यादा के अंदर रहकर ही हुए।'' (वही, पृ.५)

डॉ. लोहिया ने राम और कृष्ण को भारत की राष्ट्रीय एकता के प्रतीक के रूप में देखा। वे लिखते हैं, ''राम हिन्दुस्तान की उत्तर-दक्षिण एकता के देवता थे। कृष्ण थे पश्चिम-पूर्व एकता के। राम और कृष्ण में अनेक और गुण थे, लेकिन एकीकरण के गुण से बढ़कर किसी का महात्म्य नहीं है।'' (मर्यादित उत्मुक्त, पृ. ४७) राम की एकीकरण की प्रक्रिया का वैशिष्ट्य बताते हुए डॉ. लोहिया लिखते हैं, ''राम का जीवन बिना हड़पे हुए फलने की कहानी है। उनका निर्वासन देश को एक शक्ति केंद्र के अंदर बाँधने का एक मौका था। इसके पहले प्रभुत्व के दो प्रतिस्पर्धी केंद्र थे। अयोध्या और लंका। अपने प्रवास में राम अयोध्या से दूर लंका की ओर गए। रास्ते में अनेक राज्य और राजधानियाँ पड़ीं जो एक अथवा दूसरे केंद्र के मातहत थे।'' बाली पर राम की विजय की विशेषता यह थी कि ''राम ने पहली जीत को शालीनता और मर्यादित पुरुष की तरह निभाया। राज्य हड़पा नहीं, जैसे का तैसा रहने दिया।'' (राम, कृष्ण और शिव, पृ. १०)

सन् १९६० तक पहुँचते-पहुँचते डॉ. लोहिया धर्म और राजनीति की परस्पर पूरकता के प्रति बहुत अधिक जागरूक हो गए थे। रामायण मेला पर अपने पहले नोट में वे लिखते हैं, ''धर्म और राजनीति का रिश्ता बिगड़ गया है। धर्म दीर्घकालीन राजनीति है और राजनीति अल्पकालीन धर्म। धर्म श्रेयस की उपलब्धि का प्रयत्न करता है, राजनीति

बुराई से लड़ती है। हम आज एक दुर्भाग्यपूर्ण परिस्थिति में हैं, जिसमें बुराई से विरोध की लड़ाई में धर्म का कोई वास्ता नहीं रह गया है और वह निर्जीव हो गया है, जबकि राजनीति अत्यधिक कलही और बेकार हो गई है।'' (मर्यादित, पृ. २८) वस्तुतः डॉ. लोहिया रामायण मेला के माध्यम से धर्म और राजनीति में स्वस्थ मेल साधना चाहते थे। रामायण मेले से संबंधित उनके कई नोट्स में जगह-जगह यह प्रश्न उठाया गया है। उनका आग्रह था कि उस मेले में ''एक कार्यक्रम तुलसी रामायण के नवान्ह पाठ का जरूर होना चाहिए। एक अगुआ दोहा-चौपाई लय में पढ़ेगा और उसको हजार, दस हजार या लाख, जितने भी लोग हों, उसी लय में दोहराने की कोशिश करेंगे। लय से पढ़ने वाले ऐसे अगुओं को अभी से तय करना चाहिए।'' (वही, पृ. ४०)

तुलसी की महिमा का बखान करते हुए वे कहते हैं, ''नारी स्वतंत्रता और समानता की जितनी जानदार कविता मैंने तुलसी की पढ़ी और सुनी, उतनी और कहीं नहीं। कम-से-कम इससे ज्यादा जानदार कहीं नहीं। अफसोस यह है कि नारीहीनता वाली कविता तो हिन्दू नर के मुँह पर चढ़ी रहती है, लेकिन नारी सम्मान वाली कविता को वह भुलाए रहता है। (वही, पृ. ४२) लगभग ऐसा ही स्पष्टीकरण गांधीजी ने भी दिया है। लोहिया की दृष्टि में तुलसी एक रक्षक कवि थे। जब चारों तरफ से अझेल हमले हों, तो बचाना, थामना, टेका देना, शायद ही तुलसी से बढ़कर कोई कर सकता है।'' (वही, पृ. ३२)

राम का महिमा वर्णन वे इन शब्दों में करते हैं, ''राम आनंद सागर हैं, हिलोरों वाला नहीं, विश्रांत। जिस तरह उत्तराखंड के निर्मल-निर्झर से शरीर शांत होता है, और फलस्वरूप थोड़ा-थोड़ा मन भी, उसी तरह राम के निर्मल-निर्झर से मन धुलता है और फिर क्या चाहिए। पूरी रामायण में शांत रस है, जितना और कहीं नहीं। तुलसी इस शांत रस की सीमा हैं। उनका शब्द चयन भी शांति का समा बाँधता है।'' (वही, पृ. ४९)

यह सच है कि लगभग एक साल तक प्रयास करने के बाद भी डॉ. लोहिया के जीवनकाल में रामायण मेला संपन्न नहीं हो पाया। किंतु उसके पीछे जो उनकी बहुआयामी कल्पनाएँ थीं, बौद्धिक दृष्टि थी, उसका गहरा अध्ययन बहुत उपयोगी है। वे उस मेले को राष्ट्रीय एकता का माध्यम बनाना चाहते थे।

(पाञ्चजन्य, २८ अक्तूबर, २०१०)

□

राष्ट्र जागरण का गांधी-मंत्र

आधुनिक व्याख्या के अनुसार 'राष्ट्रीयता' या राष्ट्रवाद वह 'समूह चेतना' है, जो किसी भूमि पर उपजे जन की लंबी इतिहास यात्रा के उस बिंदु पर प्रकट होती है, जब एक समान सांस्कृतिक अनुभूति का उस भूमि के प्रति ममत्व अर्थात् देशभक्ति की भावना के साथ अभिन्न संयोग हो जाता है। भूमि ही राष्ट्रीयता का अधिष्ठान होती है। भूमि के प्रति 'जन' का पुत्र भाव ही राष्ट्रीयता का सिंचन-पोषण करता है। यह पुत्र भाव ही भूगोल एवं इतिहास द्वारा प्रदत्त विविधता को एकता के सूत्र में गूँथता है। भारतीय मनीषा ने इस सत्य का साक्षात्कार हजारों वर्ष पूर्व कर लिया था। अथर्ववेद के पृथिवी सूक्त को संसार का प्रथम राष्ट्र-गीत कहा जा सकता है। यह सूक्त कहता है कि—

जनं विभुती बहुधा विवाचसं
नाना धुमोणं पृथिवी यथौकसम्
सहस्रं धारा द्रविनस्य मे
दुहां ध्रुवेव घेनुरन पस्फुटंती॥
(१२/१/४५)

यहाँ अनेक बोलियाँ बोलने वाले लोग निवास करते हैं, वे तरह-तरह के आचार-विचार का पालन करते हैं, किंतु यह भूमि अपना दूध पिलाकर सबका समान रूप से पोषण करती है। इसलिए पृथिवी सूक्त के ऋषि ने घोषित किया कि यह भूमि मेरी माता है और मैं इसका पुत्र हूँ। भारत माता के प्रति यह पुत्रभाव सदैव हमें अनुप्राणित करता रहा है और बहुविध विविधताओं से भरे इस विशाल देश में सांस्कृतिक एकता की धारा प्रवाहित करता रहा है। महाभारत, रामायण एवं पुराणों के माध्यम से भारतभूमि की एकता व पवित्रता का भाव युग-युगों से मन-मन पर संस्कारित हेाता रहा है। विष्णु पुराण कहता है—

''उत्तरं यत्समुद्रस्य हिमाद्रेश्चैव दक्षिणम्,
वर्ष तद् भारतं नामं भारती यत्र सन्तति।''(विष्णु पुराण)

श्लोक में भारत की भौगोलिक सीमाओं की व्याख्या करते हुए उसकी संतति को 'भारती' नाम से संबोधित करके ही नहीं कहा जाता, बल्कि भारत भूमि के सांस्कृतिक वैशिष्ट्य की भी उद्घोषणा करता है। वह कहता है,

''गायन्ति देवाः किल गीतकानि। धन्यास्तु ते भारतभूमि भागे।
स्वर्गापवर्गास्पद हेतुर्भूते भवन्ति मूयः पुरूषाः सुरत्वात्॥''

स्वर्ग में देवतागण भी गान करते हैं कि धन्य हैं वे लोग जो भारत-भूमि के किसी भाग में पैदा हुए। यह भूमि स्वर्ग से भी बढ़कर है, क्योंकि यहाँ स्वर्ग से आगे मोक्ष प्राप्ति की साधना भी की जा सकती है, जबकि स्वर्ग में देवत्व भोग लेने के बाद देवताओं को भी मोक्ष साधना के लिए भारत में ही जन्म लेना होगा।

यहाँ राष्ट्रीयता की भावना को ऋषियों-मुनियों की सहस्राब्दियों लंबी तपस्या में से उपजे जीवन-दर्शन से जोड़ा गया है। भूमि के साथ रिश्ते को भौतिक धरातल से ऊपर उठाया गया है। इसीलिए भारत की आध्यात्मिक चेतना ने भारत-भूमि के कण-कण में पवित्रता का दर्शन किया। सप्त नदियों, सप्त पर्वतों, सप्त नगरियों का स्मरण करके भारत माता का स्मरण किया। इसी में से समूचे देश की तीर्थयात्रा की अभिनव कल्पना का जन्म हुआ।

परंपरा से चले आए इसी माता-पुत्र भाव को ऋषि बंकिम ने सन् १८७५ में वंदे मातरम् गीत में छंदोबद्ध किया और सन् १८८२ में अपने 'आनंद मठ' उपन्यास का अंग बनाकर मातृभूमि के स्वतंत्रता-संघर्ष का संदर्भ प्रदान किया। इस पृष्ठभूमि के कारण ही यह गीत सन् १९०६ में बंगभंग विरोधी स्वदेशी आंदोलन का जयघोष बनकर पूरे भारत में गूँज उठा। हजारों छात्र वंदे मातरम् का घोष करने के लिए विद्यालयों से निष्कासित हुए, अनेक युवा क्रांतिकारी वंदे मातरम् का घोष करते हुए सहर्ष फाँसी के फंदे पर चढ़ गए। तपस्या और त्याग की यज्ञाग्नि में तपकर यह गीत राष्ट्रीयता का मंत्र बन गया। स्वतंत्रता-आंदोलन की सशस्त्र क्रांति और अहिंसक संघर्ष की दोनों धाराओं ने 'वंदे मातरम्' को राष्ट्रगीत के रूप में अपनाया।

भारतीय राष्ट्रीयता के इस सांस्कृतिक चरित्र का साक्षात्कार गांधीजी को भी विदेश में रहकर हो गया था। सन् १९०९ में प्रकाशित अपनी सुप्रसिद्ध रचना 'हिंद स्वराज' में उन्होंने लिखा, ''अंग्रेजों ने हमे सिखाया कि हम एक राष्ट्र नहीं थे और एक राष्ट्र बनने में हमें सैकड़ों बरस लगेंगे। यह बात बिल्कुल बेबुनियाद है, 'जब अंग्रेज हिन्दुस्तान में नहीं थे तब हम एक राष्ट्र थे, हमारे विचार एक थे, हमारा रहन-सहन एक था। तभी तो अंग्रेजों ने यहाँ एक राज्य कायम किया। भेद तो हमारे बीच बाद में उन्हीं ने पैदा किया। मैं जो कहता हूँ, वह बिना सोचे-समझे नहीं कहता। एक राष्ट्र का यह अर्थ नहीं कि हमारे बीच कोई भिन्नता नहीं थी। लेकिन हमारे मुख्य लोग पैदल या बैलगाड़ी में

हिन्दुस्तान का सफर करते थे, एक-दूसरे की भाषा सीखते थे और उनके बीच कोई नहीं था। जिन दूरदर्शी पुरखों ने सेतुबंध रामेश्वर, जगन्नाथपुरी और हरिद्वार की यात्रा निश्चित की, उनका आपकी राय में क्या विचार रहा होगा? वे मूर्ख नहीं थे, यह तो आप मानेंगे। वे जानते थे कि ईश्वर भजन घर बैठे भी हो सकता है। उन्हीं ने हमें सिखाया कि मन चंगा तो कठौती में गंगा। लेकिन उन्होंने सोचा कि प्रकृति ने हिंदुस्तान को एक देश बनाया है, इसलिए उन्होंने अलग-अलग स्थान तय करके लोगों को एकता का विचार इस तरह दिया, जैसे दुनिया में और कहीं नहीं दिया गया है। दो अंग्रेज जितने एक नहीं हैं उतने हम हिन्दुस्तानी एक थे और एक हैं। सिर्फ हम और आप, जो खुद को सभ्य मानते हैं, उन्हीं के मन में ऐसा भ्रम पैदा हुआ कि हिंदुस्तान में हम अलग-अलग राष्ट्र हैं।'' (हिंद स्वराज, संस्करण १९५९, पृष्ठ ३७)

गांधीजी वे भारत-भूमि को मोक्ष-भूमि के रूप में देखते थे। द.अफ्रीका को छोड़कर भारत को अपनी कर्मभूमि बनाने के पीछे यही भावना काम कर रही थी। ९ जुलाई, १९१४ को डरबन में गुजराती सभा में भाषण देते हुए उन्होंने कहा, ''मैं अब भोग भूमि से कर्म भूमि में जा रहा हूँ। मेरी मुक्ति भारत को छोड़कर किसी अन्य भूमि में नहीं है। यदि मोक्ष की इच्छा हो तो मनुष्य को भारत भूमि में जाना ही चाहिए। मेरी ही तरह प्रत्येक के लिए भारत भूमि दुखियों का विश्रामस्थल है और इसीलिए स्वदेश जाने के लिए मैं इतना उत्सुक हूँ।'' (संपूर्ण गांधी वाङ्मय, खंड १२, पृ. ४४५)। एक अन्य स्थान पर उन्होंने कहा, ''मेरी देशभक्ति मेरी धर्मभावना के अधीन है। बच्चा जैसे माँ की छाती से चिपटा रहता है, वैसे ही मैं भारतमाता से इसलिए चिपटा रहता हूँ कि मुझे लगता है कि वह मुझे आवश्यक आध्यात्मिक पोषण देती है। यहाँ वह वातावरण है, जो मेरी उच्चतम आकांक्षाओं के अनुकूल है।'' (संपूर्ण वाङ्मय, खंड १९, पृष्ठ ५१-२०)

कभी-कभी मन में प्रश्न उठता है कि क्यों गांधीजी ही भारत लौटने के पश्चात् अनेक दिग्गजों के होते भी केवल चार वर्ष में ही भारत के हृदय सम्राट् बन गए? पहली बार उनके आह्वान पर स्वतंत्रता आंदोलन का अखिल भारतीय जनांदोलन का स्वरूप प्राप्त हुआ। गाँवों और नगरों, शिक्षित और अशिक्षित, धनी और निर्धन, ऊँच और नीच का भेद मिट गया। भारत के प्रत्येक कोने से, प्रत्येक वर्ग से, प्रत्येक जाति से नेतृत्व उभरकर ऊपर आया। क्यों गांधीजी ही भारत के मूर्च्छित प्राणों में चेतना का संचार कर विश्व के सबसे विशाल जन आंदोलन को सृजित कर पाए? भारतीय समाज की सामूहिक मानसिकता को समझने के लिए इस प्रश्न का उत्तर खोजना बहुत आवश्यक है। गांधीजी की इस सफलता का रहस्य इस बात में है कि उन्होंने राजनीति की नहीं, धर्म की भाषा बोली। जिन उदात्त जीवन मूल्यों की भारतीय समाज सहस्राब्दियों से पूजा करता आ रहा था, गांधीजी ने उन जीवन मूल्यों को न केवल व्यक्तिगत जीवन में बल्कि अपने आश्रम

जीवन और सार्वजनिक आंदोलन में जीने का ईमानदार प्रयास किया। भारतीय समाज ने उनमें सांस्कृतिक परंपरा का जीवंत प्रतिनिधि देखा। उनमें सत्य के दर्शन किए, उन्हें 'महात्मा' शब्द से विभूषित किया।

मुझे स्मरण है कि अब से ६५-७० वर्ष पूर्व जब मैं बालक था, मेरे छोटे से कस्बे में अनेक दुकानों पर रंगीन चित्र टंगे होते थे, जिनमें गांधीजी को विश्वामित्र और नेहरू-सुभाष को राम-लक्ष्मण की जोड़ी के रूप में चित्रित किया होता था। गांधीजी के बारे में यह लोकगीत की दो पंक्तियाँ अभी भी मुझे भूली नहीं है। गांधीजी को कृष्ण की उपमा देते हुए इस गीत में कहा गया है,

''वे माखन चोर कहाते थे, तुम नमक चोर कहाते हो।
वे चक्रसुदर्शनधारी थे, तुम चरखाधारी होते हो॥''

गांधीजी ने भारतीय राष्ट्रीयता के मर्म को पहचाना था, उसके साथ पूर्ण तादात्म्य स्थापित किया था, इसलिए भारतीय समाज के वे श्रद्धा केंद्र बन सके, भारत के सोए प्राणों में नवजीवन का संचार भर सके। सन् १९३४ में कांग्रेस की प्राथमिक सदस्यता को त्यागकर वे दल-राजनीति से पूरी तरह निरपेक्ष हो गए थे, किंतु फिर भी वे ही समाज के प्रेरणाकेंद्र बने रहे। उनके द्वारा उत्पन्न जन-जागरण का ही परिणाम था कि सन् १९३६ के चुनावों में कांग्रेस सात प्रांतों में पूर्ण बहुमत पा सकी। उन चुनावों में कांग्रेस की प्रचार शैली का एक अद्‌भुत वर्णन मुझे स्मरण आ रहा है। स्वतंत्रता के आगमन के पूर्व जब मैं काशी हिन्दू विश्वविद्यालय में पढ़ रहा थ, तब वहाँ एक कांग्रेसी नेता बाबा राघवदास का भाषण सुनने का अवसर मिला। ये बाबा राघवदास वही हैं, जिन्होंने प्रसिद्ध समाजवादी नेता आचार्य नरेंद्र देव को उनके ही घर फैजाबाद में पराजित किया था। विश्वविद्यालय की उस सभा में राघवदास ने सन् १९३७ के चुनाव में कांग्रेस की भारी सफलता का वर्णन करते हुए बताया कि हमारे पास साधन नहीं थे, धनाभाव था, जबकि हमारे विरुद्ध एक प्रभावशाली साधन-संपन्न जमींदार खड़ा था। हमने केवल इतना किया कि गाँव-गाँव में डुग्गी पिटवा दी कि अमुक तिथि को अमुक स्थान पर गांधी बाबा का यज्ञ होगा। उसमें सबको अपने वोटों की आहुति डालना है, वहाँ भंडारे के लिए खाने-पीने का सामान साग-सब्जी लेकर पहुँचे। बाबा राघवदास ने बताया कि इस सूचना का चमत्कारिक असर हुआ। लोग झुंड बनाकर सिरों पर साग-सब्जी-अनाज लादकर मतदान केंद्र की ओर चल पड़े। उन्होंने बताया कि एक जमींदार हाथी पर साग-सब्जी लेकर स्वयं पैदल आ रहा था। किसी ने पूछा कि ऐसा क्यों तो उसका उत्तर था कि गांधी बाबा के यज्ञ में जा रहे हैं तो क्या हम हाथी पर बैठकर जाएँगे। बाबा राघवदास जब यह वर्णन कर रहे थे, हम छात्रों की आँखों से आँसू बह रहे थे।

यह है भारतीय समाज का अंतकरण, जिसे समझना बहुत आवश्यक है। किंतु

गांधीजी की सफलता की इस गाथा को कहते समय यह भी ध्यान रखना होगा कि कांग्रेस को केवल उन्हीं प्रांतों में सफलता मिल सकी, जहाँ हिन्दुओं का भारी बहुमत था। जिन प्रांतों में मुस्लिम बाहुल्य था वहाँ कांग्रेस को सफलता नहीं मिली। हिन्दुबहुल प्रांतों में भी मुस्लिम सीटों पर कांग्रेस को भारी पराजय मिली। ये आँकड़े उपलब्ध हैं और उनका अध्ययन बहुत उपयोगी रहेगा। मुस्लिम समाज की इस मानसिकता ने ही मि. जिन्ना को अपनी व्यक्तिगत महत्त्वाकांक्षा की पूर्ति के लिए मुस्लिम पृथकतावाद का मंच अपनाने की प्रेरणा दी। तभी अक्तूबर १९३७ में उन्होंने मुस्लिम लीग के अधिवेशन में सात प्रांतों के कांग्रेसीराज को हिन्दूराज बताया, गांधी को 'हिन्दू पुनरुत्थानवादी' घोषित किया और प्रस्ताव पारित करके मुसलमानों को वंदे मातरम् राष्ट्रगीत का बहिष्कार करने का आह्वान किया। स्वतंत्रता प्राप्ति के ६० वर्ष बाद भी वंदे मातरम् के विरोध की वह मानसिकता ज्यों-की-त्यों जीवित दिखाई दे रही है।

अत: भारतीय राष्ट्रवाद की इस दृष्टि से इन दोनों समाजों की सामूहिक मानसिकता के अंतर को समझना बहुत आवश्यक हो जाता है। इसे कैसे समझें? इतिहास की आँखों से देखें तो प्रश्न उठता है कि सन् १९३७ से सन् १९४७ तक मुस्लिम समाज के सामने दो नेता थे—एक मौलाना अब्दुल कलाम आजाद और दूसरे मुहम्मद अली जिन्ना। मौ. आजाद अपनी वेषभूषा, अपनी उपासना-आस्था और मजहबी निष्ठा में इंच-इंच पक्के मुसलमान थे। वे कुरान के अधिकारी व्याख्याता थे, अरबी-फारसी और उर्दू पर उन्हें अधिकार था, उर्दू के प्रभावी वक्त थे, अचकन-पाजामा, दाढ़ी व लंबी टोपी पहनकर उस काल के मुस्लिम वेश में रहते थे, पाँच बार नमाज पढ़ते थे, कांग्रेस कार्यसमिति की बैठक के बीच भी नमाज पढ़ते थे। उधर मि. जिन्ना वेषभूषा, खान-पान में पूरी तरह अंग्रेज थे, वे नमाज कभी नहीं पढ़ते थे, अरबी-फारसी तो क्या वे उर्दू भी न बोल सकते थे, न लिख सकते थे, मुसलमानों के लिए वर्जित सुअर का मांस उन्हें प्रिय था। किंतु क्या कारण है कि भारत के मुस्लिम समाज ने मौ. आजाद को ठुकराकर मि. जिन्ना को नेता बनाया। उन्हें रातोंरात कायदे आजम बना दिया। सन् १९४६ का चुनाव परिणाम साक्षी है कि ९५ प्रतिशत मुस्लिम समर्थन मुस्लिम लीग को प्राप्त हुआ न कि मौलाना आजाद की कांग्रेस को। मुसलमानों ने जिन्ना को नेता माना, क्योंकि वे पृथकतावाद और विभाजन की भाषा बोल रहे थे, मौ. आजाद को उन्होंने ठुकराया, क्योंकि उनकी दृष्टि में वे हिन्दू कांग्रेस की कठपुतली थे, क्योंकि वे राष्ट्रवाद और अखंड भारत की भाषा बोल रहे थे।

दूसरी ओर सन् १९३७ के बाद वीर सावरकर रत्नागिरी जिले में स्थानबद्धता से मुक्त होकर कर्म-क्षेत्र में उतर चुके थे, हिन्दू महासभा के अध्यक्ष के नाते पूरे भारत का तूफानी दौरा उन्होंने शुरू कर दिया था। वे ओजस्वी वक्ता थे, प्रभावशाली लेखक थे, उनकी देशभक्ति, साहस और त्याग की कहानियाँ काफी लोकप्रिय थीं। उनकी हिन्दुत्व

निष्ठा और देशभक्ति नि:संदिग्ध थी। किंतु सन् १९३७ से १९४७ तक उनके अथक प्रयत्नों के बावजूद हिन्दू समाज उनके पीछे खड़ा नहीं हुआ, वह गांधीजी और उनकी कांग्रेस के पीछे ही खड़ा रहा। मैं बहुत सोचता हूँ कि ऐसा क्यों हुआ तो उसका एक ही उत्तर मुझे समझ में आता है कि शायद सावरकर का हिन्दुत्व राजनीतिक और प्रतिक्रियात्मक थी, जबकि गांधीजी का हिन्दुत्व भावनात्मक और सांस्कृतिक था। सावरकर की भाषा राजनीतिक थी, गांधीजी की भाषा धार्मिक थी, जो हिन्दू मानस के अनुकूल थी।

गांधीजी को हिन्दू समाज ने तो शिरोधार्य किया पर मुस्लिम समाज को राष्ट्रीयता के प्रवाह में लाने में वे असफल रहे, जिसकी परिणति उनकी आँखों के सामने ही मातृभूमि के विभाजन में हुई। गांधीजी देश को विभाजन की त्रासदी से जूझते छोड़कर दुर्भाग्यपूर्ण परिस्थिति में अनायास चले गए और खंडित भारत के शासन-सूत्र जवाहरलाल नेहरू के हाथों में छोड़ गए।

□

मुस्लिम प्रश्न पर दो मनीषियों का संवाद

अफ्रीका से भारत लौटने के बाद गांधीजी अपनी जीवन-शैली, अपनी जीवन-दृष्टि, आस्थाओं, भाषा एवं कार्य-शैली के कारण लगभग पूरे हिन्दू समाज का श्रद्धाकेंद्र बनकर उभर आए थे। हिन्दू समाज उन्हें मनुस्मृति में वर्णित धर्म के दस लक्षणों को व्यक्तिगत और सामूहिक व्यवहार में आचरित करने वाले एक जीवंत प्रतीक के रूप में देखने लगा था। गांधीजी ने स्वयं को सार्वजनिक रूप में सनातनी हिन्दू घोषित करने में संकोच नहीं किया था। उधर, डॉ. भगवान दास भी अपने समय के उच्चकोटि के दार्शनिक विद्वान् एवं राष्ट्रप्रेमी के रूप में बहुत सम्मान से देखे जाते थे। आज की पीढ़ी को शायद डॉ. भगवान दास के बौद्धिक एवं सामाजिक राष्ट्रीय योगदान की जानकारी नहीं है। एनी बीसेंट के बौद्धिक दार्शनिक मित्र के नाते थियोसोफिकल सोसायटी उन्हें अपना मानती थी। उसने उनकी अनेक महत्त्वपूर्ण कृतियाँ प्रकाशित की—जैसे साइंस ऑफ रिलीजन, साइंस ऑफ पीस, साइंस ऑफ इमोशंस, साइंस ऑफ सोशल आर्गनायजेशन (तीन खंडों में मनुस्मति का अध्ययन), सनातन धर्म शीर्षक से विशाल ग्रंथ में हिन्दू धर्म दर्शन और जीवन-पद्धति का परिचय। डॉ. भगवान दास निरे बौद्धिक प्राणी नहीं थे, वे समाज और राष्ट्र की चिंताओं से गहरे जुड़े थे। उन्होंने सन् १९२२ में भारत के लिए स्वदेशी संविधान की खोज की। हिन्दू समाज में व्याप्त छुआछूत, जाति बंधनों और अंधविश्वास का डटकर विरोध किया। हिंदी में प्रकाशित उनकी दर्शन का प्रायोजन, विविधार्थ एवं पुरुषार्थ जैसी पुस्तकें उनके गतिशील चिंतक एवं समाज सुधारक रूप की साक्षी हैं। निष्ठावान, जागरूक, प्रगतिशील हिन्दू होते हुए भी वे सब धर्मों के बीच समन्वय एवं सौहार्द के आकांक्षी थे। यह भारतीय विद्या भवन द्वारा प्रकाशित उनके विशाल ग्रंथ 'एसेंशियल यूनिटी ऑफ रिलीजंस' से स्पष्ट है। स्वतंत्रता आंदोलन में जेल जाने में उन्होंने संकोच नहीं किया। उनके पुत्र श्रीप्रकाश भी स्वतंत्रता सेनानी थे और विभाजन के बाद पाकिस्तान में भारत के प्रथम उच्चायुक्त बने।

सन् १९४८ में जब गांधी हत्या को बहाना बनाकर राष्ट्रीय स्वयंसेवक संघ पर दमन चक्र चलाया गया तब वयोवृद्ध डॉ. भगवान दास ने सार्वजनिक वक्तव्य में संघ की राष्ट्रभक्ति के प्रमाण देते हुए संघ को निर्दोष बताने का साहस दिखाया। इसीलिए स्वाधीन भारत ने उन्हें भारत रत्न की उपाधि देकर सम्मानित किया।

खिलाफत आंदोलन को भारत के स्वाधीनता आंदोलन का अंग बनाने का जो दुस्साहसी प्रयोग गांधीजी ने सन् १९२० में किया, उसके समर्थन में जो हिन्दू नेता सामने आए उनमें लाला लाजपतराय, स्वामी श्रद्धानंद और डॉ. भगवान दास अग्रणी थे। किंतु राष्ट्रीय एकता की कामना से प्रेरित उस प्रयोग की परिणति जब मलाबार के मोपला विद्रोह और उत्तर भारत में कोहाट से कलकत्ता तक मुस्लिम हिंसा के रूप में प्रगट हुई तब इन सभी नेताओं का मोहभंग हुआ और उन्होंने हिन्दू-मुस्लिम कटुता की गहरी कारण मीमांसा आरंभ की।

स्वामी श्रद्धानंद ने मुस्लिम मानसिकता के दो चेहरे देखे। प्रखर राष्ट्रभक्त, कट्टर आर्य समाजी, निर्भीक संन्यासी, ओजस्वी वक्ता स्वामी श्रद्धानंद ने खिलाफत आंदोलन के अंग के रूप में देखा और उसका मुक्त कंठ से समर्थन किया। उन्होंने उसके लिए आत्माहुति देने तक ही तैयारी दिखाई। तब उनकी ओजस्वी वक्तृत्व का लाभ उठाने के लिए मुस्लिम नेतृत्व ने दिल्ली की फतेहपुरी मस्जिद और जामा मस्जिद के भीतर अपने मजहबी मंच पर भाषण देने को असामान्य गौरव प्रदान किया। इसके पूर्व किसी हिन्दू नेता को जामा मस्जिद के भीतर मजहबी श्रद्धालुओं को संबोधित होने का अवसर नहीं मिला था। लेकिन जब उन्होंने उसी मजहबी जुनून को मालाबार (केरल) में असहाय हिन्दुओं का नरमेध, बड़े पैमाने पर धर्मांतरण और हिन्दू संपत्ति की लूट व ध्वंस करते देखा तो उनका राष्ट्रभक्त अंतःकरण रो उठा। उन्होंने इस उन्माद की कठोर भर्त्सना की। किंतु उन्होंने देखा कि यह उन्माद केवल मालाबार तक सीमित नहीं है, पूरे भारत में तबलीग (धर्मांतरण) आंदोलन के रूप में सक्रिय है, तब उन्होंने मतांतरितों का शुद्धि आंदोलन आरंभ किया। अपने इस दुस्साहस का मूल्य उन्हें अपने प्राणों से चुकाना पड़ा।

जिस समय कोहाट से कलकत्ता तक मजहबी जुनून द्वारा हिंसा का दावानल धधकाया जा रहा था, उस समय लाला लाजपतराय खिलाफत आंदोलन की अगुवाई करने के लिए जेल में बंद थे। लाल-बाल-पाल त्रिमूर्ति में से वे अकेले नेता थे, जिन्होंने गांधीजी के साहसी प्रयोग को अवसर देने का मन बनाया था और जेल जाना स्वीकार किया था। पर जेल में बंद लालाजी को जब उस आंदोलन में से उपजी एकपक्षीय हिंसा का उग्र रूप दिखा तो मानो उन पर वज्रपात हुआ। उन्होंने जेल में बैठे-बैठे उर्दू और फारसी भाषाओं में प्रकाशित सामग्री के माध्यम से इस्लामी विचारधारा, उसमें से उत्पन्न मुस्लिम मानसिकता और भारत में मुस्लिम राजनीति का गंभीर अध्ययन करके नवंबर,

दिसंबर १९२४ में लाहौर से प्रकाशित अंग्रेजी दैनिक ट्रिब्यून में १३ लेखों की एक शृंखला प्रकाशित की, जिसमें वे इस निष्कर्ष पर पहुँचे कि इस्लामी विचारधारा भौगोलिक राष्ट्रवाद को नहीं मानती इसलिए भारतीय मुसलमानों से राष्ट्रभक्ति और राष्ट्रीय स्वतंत्रता की आशा करना व्यर्थ है। भारत में मुस्लिम राजनीति की प्रेरणा पृथकतावाद है। और उन्होंने देश विभाजन लेखमाला में भविष्यवाणी की कि यदि मुस्लिम राजनीति की यही दिशा रही और उनके लिए पृथक् निर्वाचन का संवैधानिक अधिकार बना रहा तो भारत का विभाजन अनिवार्य होगा।

क्योंकि यह लेखमाला नवंबर–दिसंबर १९२४ में लिखी गई थी जबकि गांधीजी और डॉ. भगवान दास के बीच इस प्रश्न पर संवाद मई–जून १९२४ में संपन्न हो गया था, इसलिए हम पहले इस संवाद की ही चर्चा करेंगे। हिन्दू–मुस्लिम एकता के अपने प्रयोग की असफलता और हिंसक परिणति से गांधीजी भावनात्मक स्तर पर कम आहत नहीं थे। उनका यह आहत भाव २९ मई, १९२४ के यंग इंडिया में एक बहुत लंबे लेख के रूप में प्रगट हुआ था। इस लेख में गांधीजी ने हिन्दुओं की कायर वृत्ति और मुसलमान की आक्रामकता व आततायी प्रवृत्ति को मुख्यतः दोषी ठहराया। और हिन्दुओं को कायरतापूर्ण अहिंसा के बजाय वीरतापूर्ण हिंसा को अपनाने की भी सलाह दे डाली। जबकि सन् १९४१ में अहमदाबाद में पाकिस्तान निर्माण के लिए अपनाई गई हिंसा से उद्वेलित मोगीलाल लाला, जो गुजरात प्रांतीय कांग्रेस कमेटी के महासचिव थे, को गांधीजी ने अहिंसा से डिगे कांग्रेसियों के साथ कांग्रेस छोड़ने का निर्देश दिया एवं शारीरिक बल व वीरवृत्ति जगाने वाले अखाड़ों को त्याज्य बताया। सन् १९३४ में कांग्रेस की प्राथमिक सदस्यता को त्यागने की घोषणा के अपने लंबे सार्वजनिक वक्तव्य में गांधीजी ने इस सत्य को स्वीकार किया था कि दो–दो अहिंसक सत्याग्रहों से गुजरने के बाद भी अहिंसा के आदर्श पर सच्ची श्रद्धा रखने वाले कांग्रेसियों की संख्या बहुत कम है। यदि गांधीजी जैसा श्रेष्ठ आध्यात्मिक शक्ति–पुँज भी अपने सहयोगियों और अनुयायियों को सच्चा अहिंसक बनाने वाला आध्यात्मिक शक्तिपात नहीं कर पाया था तो उन्हें हिंसक विचारधारा के सम्मुख अहिंसा की सीमाओं को स्वीकार कर लेना चाहिए था। कांग्रेस के भीतर इस प्रश्न पर बहस लगातार चलती रही। सन् १९३९ में जब गांधीजी ने हिंसा से लड़े जा रहे द्वितीय विश्वयुद्ध में अहिंसक भारत के सहयोग से ब्रिटेन को वंचित करने की घोषणा की और ८ प्रांतों में सत्तारूढ़ कांग्रेसी मंत्रिमंडलों को त्यागपत्र देने का निर्देश दिया, तब सन् १९४० में यथार्थवादी राजगोपालाचारी और सरदार पटेल ने 'कांग्रेस अभी गांधीजी के आदर्श को छूने लायक ऊँचा नहीं उठ पाई है' जैसा तर्क देकर गांधीजी को कांग्रेस के भावी निर्णयों के दायित्व से मुक्त कर दिया था, जिसके फलस्वरूप कांग्रेस ने अपनी पुणे बैठक में प्रस्ताव पारित किया कि अंतराष्ट्रीय क्षेत्र में

कांग्रेस हिंसा को स्वीकार करेगी, किंतु देश के आंतरिक प्रश्नों पर नहीं। राष्ट्र के आंतरिक संघर्ष दो मोर्चों पर चल रहा था, एक, ब्रिटिश सरकार के विरुद्ध और दूसरा, मुस्लिम पृथकतावाद के साथ। ब्रिटिश सरकार के विरुद्ध अहिंसा का शस्त्र परिणामकारी सिद्ध हो रहा था, जबकि मुस्लिम पृथकतावाद के विरुद्ध पूरी तरह असफल। सन् १९४६ में सरदार पटेल ने कन्हैयालाल माणिकलाल मुंशी को देश विभाजन को स्वीकार करने की अपनी मजबूरी का प्रमुख कारण यही बताया कि अहिंसा के लिए प्रतिबद्ध कांग्रेस मुस्लिम हिंसा का मुकाबला करने में अपने को अक्षम पा रही है।

कोहाट के दंगे के कारणों की जाँच समिति में अपने सहयोगी मौ. शौकत अली की विचारधारा और मानसिकता को निकट से देखने के बाद गांधीजी ने पाया इस्लामी विचारधारा मूलतः विस्तारवादी और असहिष्णु है। गांधीजी सब धर्मों के प्रति समादर भाव रखते हुए धर्मांतरण के बाहरी प्रयत्नों के सर्वथा विरुद्ध थे। उन्होंने पाया कि कोहाट के दंगे का मुख्य कारण हिन्दुओं की ओर से धर्मांतरण का विरोध ही था। जबकि मौ. शौकत अली को हिन्दुओं का धर्मांतरण सहज और जायज लगता था। वे उसकी निंदा करने या सुनने का तैयार नहीं थे। धर्मांतरण पर बहस शुरू होने के बाद गांधीजी को मुस्लिम मानसिकता के उस पक्ष का भी साक्षात्कार हुआ, जिसके भुक्तभोगी स्वामी श्रद्धानंद बने थे। स्वामी श्रद्धानंद के समान ही गांधीजी को भी अली बंधुओं ने आकाश पर उठा लिया था किंतु जब गांधीजी के हिन्दू मन ने मुस्लिम हिंसा और मजहबी विस्तारवाद की आलोचना का स्वर उठाया तो मौलाना शौकत अली ने न केवल उन पर तिलक पैसा फंड में आर्थिक घोटालों का आरोप लगाया, बल्कि यह भी कह डाला कि गांधी जैसे श्रेष्ठ हिन्दू से मैं गिरे-से-गिरे मुसलमान को भी बेहतर मानता हूँ, क्योंकि वह मुसलमान है और मेरा हम मजहब है।

खैर, हम २९ मई, १९२४ को यंग इंडिया में प्रकाशित गांधीजी के लंबे लेख पर डॉ. भगवान दास की प्रतिक्रिया पर आते हैं। डॉ. भगवान दास को सबसे अधिक पीड़ा गांधीजी के इस कथन पर थी, ''मेरे निजी अनुभव से भी इस मत की पुष्टि होती है कि मुसलमान आम तौर पर आक्रामक (बुली) और हिन्दू कायर होता है।'' डॉ. भगवान दास ने प्रश्न उठाया कि ''क्या यह बात हमेशा और हर जगह आम तौर पर लागू होता है? और यदि यह बात हमेशा ही या कभी-कभी ही ऐसी है तो क्या है? इन प्रश्नों का ठीक-ठीक और पूरा उत्तर पाए बिना हिन्दुओं को हिंसात्मक या अहिंसात्मक ढंग से वीर बनने की सलाह भर देने से कोई लाभ नहीं होगा।'' (संपूर्ण गांधी वाङ्मय, खंड २४, पृ. ६०२-०३)

गांधीजी के इस निष्कर्ष में शंका प्रगट करते हुए वे लिखते हैं, ''क्या हिन्दू सैनिकों, सिखों, गोरखाओं, डोगराओं, राजपूतों, जाटों, वैसवारियों, मराठों, अहीरों, नायरों, तैलंगों और असैनिक किस्म के स्ट्रेचर ढोने वाले कहारों ने भी मुसलमान सैनिकों, ईसाई सैनिकों

या यूरोपीय सैनिकों से कोई कम शौर्य दिखाया है? निश्चय ही, नहीं।'' (पृ. ६०३)

वे लिखते हैं, ''क्या भारतवर्ष में रहनेवाले मुसलमान और हिन्दू दो अलग-अलग जातियों, दो अलग-अलग नस्लों के लोग हैं? बिल्कुल निश्चित तौर पर कहा जा सकता है नहीं। ९९ प्रतिशत मुसलमानों के पूर्वज या तो हिन्दू थे या उन्होंने स्वयं इधर हाल ही में धर्मांतरण किया है।'' (पृ. ६०३)

डॉ. भगवान दास की इन दोनों टिप्पणियों को गांधीजी ने १९ जून, १९२४ को यंग इंडिया में प्रकाशित 'हिन्दू क्या करें?' शीर्षक अपने लेख में विस्तार से दिया। उन्होंने लिखा, ''यद्यपि हिन्दुस्तान के अधिकांश मुसलमान और हिन्दू एक ही नस्ल के हैं तो भी मजहबी वातावरण ने उन्हें एक-दूसरे से भिन्न बना दिया है। मैं इस बात को मानता हूँ और मैंने देखा भी है कि विचारों के कारण मनुष्य का रूप और स्वभाव बदल जाया करता है। मुसलमान बहुधा अल्पसंख्यक ही हैं और इसलिए समुदाय के रूप में वे आततायी बन गए हैं।...मेरी राय में तो कुरान में अहिंसा का मुख्य स्थान है, पर १३०० साल से साम्राज्य विस्तार करते आने के कारण मुसलमान जाति लड़ाकू जाति हो गई है। इसलिए इन्हें धींगामुश्ती की आदत पड़ गई है। गुंडापन धींगामुश्ती का स्वाभाविक परिणाम है।''

इसके आगे गांधीजी कहते हैं, ''हिन्दू लोगों की सभ्यता बहुत प्राचीन है और उनमें अहिंसा समाई हुई है। उनकी सभ्यता उन सारे अनुभवों में से कब की गुजर चुकी है, जिसमें से ये दो नई जातियाँ अभी गुजर रही हैं।...यह अहिंसा भाव की प्रधानता होने के शस्त्रास्त्रों का प्रयोग कुछ ही जातियों तक सीमित हो गया और इन जातियों ने भी उच्चकोटि के अध्यात्मवादी विद्वान् और त्यागी लोगों के अनुशासन में चलना सदा अपना धर्म माना। इसलिए समाज के रूप में हिन्दुओं के पास वे मानसिक उपकरण नहीं हैं, जो लड़ने-भिड़ने के लिए आवश्यक होते हैं। परंतु अपने आध्यात्मिक प्रशिक्षण को अक्षुण्ण न रख सकने के कारण वे शस्त्र की जगह किसी दूसरे कारगर साधन का प्रयोग करना भूल गए और शस्त्र की उपयोग विधि न जानने तथा उसके प्रति झुकाव होने के कारण उनमें इतनी कोमलता आ गई कि उसे भीरुता और दब्बूपन भी कहा जा सकता है। इस तरह यह दुर्गुण उनकी सज्जनता का एक स्वाभाविक परिणाम बन गया है। (संपूर्ण गांधी वाङ्मय, खंड २४, पृ. २७६-२७७)।''

(पाञ्चजन्य, २० जून, २०१०)

□

एक अहिंसक समाज की त्रासदी

२३ दिसंबर, १९२६ को स्वामी श्रद्धानंदजी की उनके घर में घुसकर हत्या कर दी गई। स्वामीजी लंबे समय से बीमार चल रहे थे। उन्हें इलाज के लिए दिल्ली लाया गया था। वे बहुत कमजोर थे। रोग शैय्या पर लेटे रहते थे। डॉक्टरों ने उन्हें लंबी बात करने से मना किया था। उनकी सेवा में लगे उनके निष्ठावान सेवक धर्म सिंह को डॉक्टरी निर्देश था कि लोगों को उनसे न मिलने दें। ऐसे में कोई अब्दुल रशीद नामक युवक आया। धर्म सिंह ने उसे रोका। उसने बहस की। स्वामीजी ने उस बहस को सुना और अब्दुल रशीद को भीतर आने देने को कहा। अब्दुल रशीद ने कहा कि वह स्वामीजी से इस्लाम मजहब के बारे में चर्चा करने आया है। स्वामीजी ने कहा कि अभी तो कमजोरी के कारण मैं लंबी बात करने की स्थिति में नहीं हूँ, फिर कभी आइए। तब अब्दुल रशीद ने प्यास मिटाने के लिए पानी माँगा। स्वामीजी ने धर्म सिंह को पानी लाने बाहर भेजा। और तभी स्वामीजी को अकेले पाकर अब्दुल रशीद ने उनके कमजोर शरीर में दो गोलियाँ दागकर उनकी हत्या कर दी।

स्वामीजी की हत्या का यह वर्णन स्वयं गांधीजी ने शब्दबद्ध किया है। इस वर्णन से स्पष्ट है कि अब्दुल रशीद स्वामीजी की हत्या करने के इरादे से ही आया था और स्वामीजी ने अपनी सहज उदारता और दयालुता के कारण उसे यह अवसर प्रदान कर दिया। पर क्या अब्दुल रशीद का यह निर्णय अकेले का था? क्या उसकी स्वामीजी से कोई व्यक्तिगत शत्रुता हो सकती थी? गांधीजी ने ३० दिसंबर, १९३० के 'यंग इंडिया' में 'शहीद श्रद्धानंद' शीर्षक से अपने श्रद्धांजलि लेख में लिखा है कि "कोई छह महीने हुए स्वामी श्रद्धानंद जी सत्याग्रह आश्रम में आकर दो-एक दिन ठहरे थे। बातचीत में उन्होंने मुझसे कहा कि उनके पास जब-तब ऐसे पत्र आया करते हैं, जिनमें उन्हें मार डालने की धमकी दी जाती है।" ६ जनवरी, १९२७ के 'यंग इंडिया' में उन्होंने लिखा कि "उनके शुभचिंतकों ने उन्हें अकेले सफर न करने का आग्रह किया, किंतु इस आस्थावान व्यक्ति का उत्तर रहता, 'ईश्वर के अलावा और कौन मेरी रक्षा कर सकता है

उनकी इच्छा के बिना घास का एक तिनका भी नहीं मर सकता। जब तक वह मेरे शरीर से समाज की सेवा कराना चाहेगा मेरा बाल भी बाँका नहीं होगा।' गांधीजी ने माना कि स्वामीजी के शुद्धि आंदोलन के कारण मुसलमान उनसे नाराज थे, जबकि उनका शुद्धि आंदोलन तबलीगी आंदोलन का जवाब था। वह मत-परिवर्तन न होकर प्रायश्चित्त मात्र था। स्वामीजी मुसलमानों के दुश्मन नहीं थे। उनका ख्याल था कि हिन्दू दबा दिए गए हैं और उन्हें बहादुर बनकर अपनी और अपनी इज्जत की रक्षा करनी चाहिए।

तलवार की तूती

गांधीजी के उपरोक्त कथनों से स्पष्ट है कि अब्दुल रशीद स्वामीजी की हत्या व्यक्तिगत कारणों से नहीं करना चाहता था। अपितु वह एक पूरे समाज के सामूहिक आक्रोश का प्रतिनिधित्व कर रहा था। पर इसके लिए स्वामीजी को तर्क से समझाने के बजाय उसने हिंसा का रास्ता क्यों अपनाया? इस प्रश्न का उत्तर भी गांधीजी के शब्दों में ही पढ़ना उचित होगा। गांधीजी लिखते हैं, "मुसलमानों को अग्नि-परीक्षा से गुजरना होगा। इसमें कोई शक नहीं कि छुरी और पिस्तौल चलाने में उनके हाथ जरूरत से ज्यादा फुर्तीले हैं। तलवार वैसे इस्लाम का मजहबी चिह्न नहीं है, मगर इस्लाम की पैदाइश ऐसी स्थिति में हुई जहाँ तलवार की ही तूती बोलती थी और अब भी बोलती है। मुसलमानों को बात-बात पर तलवार निकाल लेने की आदत पड़ गई है। इस्लाम का अर्थ है शांति। अगर अपने नाम के अनुसार बनना है तो तलवार म्यान में रखनी होगी। यह खतरा तो है कि मुसलमान लोग गुप्त रूप से इस कृत्य का समर्थन ही करें। मुसलमानों को सामूहिक रूप से इस हत्या की निंदा करनी चाहिए।" (संपूर्ण वाङ्मय खंड २४, पृ. ४६९-७०)

यह सब जानते-बूझते भी गांधीजी हिन्दुओं को आत्म-संयम का पाठ देते हुए लिखते हैं, "क्रोध दिखलाकर हिन्दू अपने धर्म को कलंकित करेंगे और उस एकता को दूर कर देंगे, जिसे एक दिन अवश्य आनी ही है। आत्मसंयम के द्वारा वे स्वयं को अपने उपनिषदों और क्षमामूर्ति युधिष्ठिर के योग्य सिद्ध कर सकते हैं।" यहाँ तक तो ठीक है पर गांधीजी आगे लिखते हैं कि "एक व्यक्ति के पाप को सारी जाति का पाप मानकर हम अपने मन में बदला लेने की भावना न रखें।"

हिन्दू समाज तो अपनी स्वभावजन्य दुर्बलता के कारण गांधीजी के बताए रास्ते पर चला। पर मुस्लिम समाज की तरफ से जो प्रतिक्रिया आई उसने गांधीजी को चौंका दिया। गांधीजी के निजी सचिव महादेव देसाई ने गांधीजी को बताया कि आपके पुराने मित्र मजहरूल हक आपका लेख पढ़कर बहुत क्षुब्ध हैं। उनका कहना है कि मैं गांधीजी को ऐसा नहीं समझता था। अब मैं उन पर विश्वास नहीं करूँगा। मजहरूल हक कोई सामान्य व्यक्ति नहीं थे। वे इंग्लैंड में गांधीजी के सहपाठी और मित्र रहे थे,

सन् १९१८ के चंपारण आंदोलन में उन्होंने गांधीजी की सहायता की थी, खिलाफत के प्रश्न पर वे सन् १९२० के असहयोग आंदोलन में कूद पड़े थे, उन्होंने पटना में अपनी भू-संपत्ति पर सदाकत आश्रम की स्थापना की थी। उनकी ओर से ऐसी प्रतिक्रिया आएगी यह गांधीजी सोच भी नहीं सकते थे। उन्होंने बहुत दु:खी मन से १ जनवरी, १९२७ को मजहरूल हक को पत्र लिखा। यह पत्र ऐतिहासिक दृष्टि से बहुत महत्त्वपूर्ण है, किंतु संपूर्ण गांधी वाङ्मय के संपादक मंडल की दृष्टि इस पत्र पर बहुत देर से गई और यह पत्र खंड ९७ के अंत में स्थान पा सका। इसलिए शोधकर्त्ताओं की चर्चा का विषय नहीं बन पाया।

इस पत्र में मजहरूल हक को गांधीजी लिखते हैं, ''यदि महादेव ने आपके कथन को सचमुच ठीक से समझा है तो स्वामी श्रद्धानंद पर मेरे लेख के कारण आपने मुझ पर विश्वास करना बंद कर दिया है। उसने मुझे बताया कि आपके अविश्वास का कारण मेरे लेख का केवल यह वाक्य है कि ''छुरी और पिस्तौल का इस्तेमाल करने में मुसलमानों को कहीं ज्यादा आजादी प्राप्त है।'' यदि मैं अपने यकीन के आधार पर कुछ लिखता हूँ तो मुझ पर विश्वास क्यों न हो? क्या मैं अपने मित्रों का विश्वास टिकाए रखने के लिए, जो वे कहें उसे मान लूँ? यदि मेरे वक्तव्य में कुछ गलत है तो आपको विरोध करना चाहिए और सहानुभूतिपूर्वक मुझे उससे दूर करना चाहिए, किंतु जब तक आप यह मानते हैं कि मैं किसी पंथ या जाति के प्रति पक्षपात नहीं रखता, तब तक आपको मेरा विश्वास करना चाहिए।

''अब मैं अपने वक्तव्य को लेता हूँ। जिस दिन से मैंने मुसलमानों को जाना है, उनके बारे में मेरी निश्चित धारणा बनी है। उनके कारण ही, मैंने जेल (फरवरी १९२४) से बाहर आने के बाद उनके बारे में कुछ पढ़े बिना वे सब बातें लिखीं। वे सब मेरे लंबे निजी अनुभव और मित्रों के पूर्वाग्रहरहित मतों पर आधारित हैं। ये मित्र भी उतने ही पूर्वाग्रहरहित हैं, जितना मैं आपको समझता हूँ। वास्तव में अनेक मुसलमानों ने मजहब के नाम पर हिंसा को बेझिझक इस्तेमाल किया है। अब आप ही बताइए कि मैं अपनी आँखों पर और ऐसे मित्रों पर, जिन पर मुझे विश्वास है, कैसे अविश्वास करूँ। इस सबके बावजूद मैं मुसलमानों को प्रेम करता हूँ। गलती उनकी नहीं, उनकी परिस्थितियों की है।…'' गांधीजी का पत्र दृढ़ता और विनम्रता का अद्भुत संग्रह है।

अहिंसा स्वीकार नहीं

मजहरूल हक को लिखे इस पत्र में गांधीजी ने फरवरी १९२४ में जेल से बाहर आने के बाद अपने लेख का जिक्र किया है। मार्च १९२२ से फरवरी १९२४ तक गांधीजी जेल में बंद थे। असहयोग आंदोलन वापस लेने की वे पहले ही घोषणा कर

चुके थे। वैसे भी तुर्की में मुस्तफा कमाल पाशा के सत्ता में आने के बाद खिलाफत आंदोलन की हवा निकल चुकी थी और मुस्लिम समाज जिस जोश खरोश के साथ आंदोलन में उतरा था, उतनी ही फुर्ती से उससे बाहर निकल गया था। हिन्दू-मुस्लिम भाईचारे की जगह पूरा देश मुस्लिम दंगों का शिकार बन गया था। गांधीजी ने जेल से बाहर आने के बाद २९ मई, १९२४ के यंग इंडिया में 'हिन्दू-मुस्लिम तनाव : कारण और उपचार' शीर्षक से एक लंबा लेख लिखा, जो संपूर्ण गांधी वाङ्मय के खंड २४ में बीस पृष्ठों (१३९-१५९) पर छपा है। इस लेख में गांधीजी ने माना कि मुसलमान लोग मेरी अहिंसा को स्वीकार नहीं करते। वे लिखते हैं, ''दो साल पहले एक मुसलमान भाई ने मुझसे सच्चे दिल से कहा था, ''मैं आपकी अहिंसा में विश्वास नहीं रखता। मैं तो यही चाहता हूँ कि कम से कम मेरे मुसलमान भाई उसे न अपनाएँ। हिंसा जीवन का नियम है। अहिंसा की जैसी परिभाषा आप करते हैं, वैसी अहिंसा से अगर स्वराज्य मिलता हो तो भी वह मुझे नहीं चाहिए। मैं तो अपने शत्रु से अवश्य घृणा करूँगा।'' ये भाई बहुत ईमानदार आदमी हैं। मैं इनकी बड़ी इज्जत करता हूँ। मेरे एक-दूसरे बहुत बड़े मुसलमान दोस्त के बारे में भी मुझे ऐसा ही बताया गया है। (पृ. १४२)

दोनों समाजों के चरित्र और मानसिकता का अंतर बताते हुए गांधीजी लिखते हैं, ''मुझे रत्ती भर भी शक नहीं कि ज्यादातर झगड़ों में हिन्दू लोग ही पिटते हैं। मेरे निजी अनुभव से भी इस मत की पुष्टि होती है कि मुसलमान आमतौर पर धींगामुश्ती करनेवाला (बुली) होता है और हिन्दू कायर होता है। रेलगाड़ियों में, रास्तों पर तथा ऐसे झगड़ों का निपटारा करने के जो मौके मुझे मिले हैं, उनमें मैंने यही देखा है। क्या अपने कायरपन के लिए हिन्दू मुसलमानों को दोष दे सकते हैं? जहाँ कायर होंगे वहाँ जालिम होंगे ही। कहते हैं, सहारनपुर में मुसलमानों ने घर लूटे, तिजोरियाँ तोड़ डालीं और एक जगह हिन्दू महिला को बेइज्जत भी किया। इसमें गलती किसकी थी? यह सच है कि मुसलमान इस घृणित आचरण की सफाई किसी तरह नहीं दे सकते। पर, एक हिन्दू होने की हैसियत से मैं मुसलमानों की गुंडागर्दी के लिए उन पर गुस्सा होने से अधिक हिन्दुओं की नामर्दी पर शर्मिंदा हूँ। जिनके घर लूट गए, वे अपने माल-असबाब की हिफाजत के लिए जूझते हुए वहीं क्यों नहीं मर मिटे? जिन बहनों की बेइज्जती हुई उनके नाते-रिश्तेदार उस वक्त कहाँ गए थे? क्या उस समय उनका कुछ भी कर्त्तव्य नहीं था? मेरे अहिंसा धर्म में खतरे के वक्त अपने कुटुंबियों को अरक्षित छोड़कर भाग खड़े होने की गुंजाइश नहीं है। हिंसा और कायरतापूर्ण पलायन में मुझे यदि किसी एक को पसंद करना पड़े तो मैं हिंसा को ही पसंद करूँगा।'' (पृ.१४५-१४६)

गांधीजी आगे लिखते हैं, ''मैं मानता हूँ कि अगर हिन्दू लोग अपनी हिफाजत के लिए गुंडों को संगठित करेंगे तो यह बड़ी भारी भूल होगी। उनका यह आचरण खाई से

बचकर खंदक में गिरने जैसा होगा। बनिए और ब्राह्मण अपनी रक्षा अहिंसात्मक तरीके से न कर सकते हों तो उन्हें हिंसात्मक तरीके से ही आत्मरक्षा करना सीखना चाहिए। लोगों को बड़ी शान से कहते सुना गया है कि अभी हाल में एक जगह अछूतों की हिफाजत में (क्योंकि उन अछूतों को मौत का भय नहीं था) हिन्दुओं का एक जुलूस मस्जिद के सामने से (धूमधाम के साथ गाते-बजाते हुए) निकल गया और उसका कुछ नहीं बिगड़ा।''

वही स्थिति, वही प्रश्न

गांधीजी के उस लंबे लेख में से यह लंबा उद्धरण हमारे सामने अनेक प्रश्न खड़े करता है। यह दोनों समाजों की प्रकृति और मानसिकता में भारी अंतर दिखाता है। अहिंसा के आदर्श के उपासक हिन्दू समाज की अहिंसा कायरता बन गई है। कायर अहिंसा से हिंसा स्वागत योग्य है। पूरा हिन्दू समाज कायरता से ग्रस्त नहीं है, उसका एक वर्ग निर्भीक और बहादुर है। अत: हिन्दू समाज की अंतर्रचना का सूक्ष्म अध्ययन करना आवश्यक है।

गांधीजी के इस लेख की व्यापक प्रतिक्रिया हुई। गांधीजी को बड़ी संख्या में देश भर से पत्र पहुँचे। इसमें एक लंबा पत्र प्रख्यात दार्शनिक एवं स्वाधीनता सेनानी डॉ. भगवान दास ने ५ जून, १९२४ को वाराणसी से गांधीजी को लिखा। उसमें उन्होंने अनेक प्रश्न उठाए। गांधीजी ने उस पूरे पत्र को यंग इंडिया में प्रकाशित किया (संपूर्ण वाङ्मय, खंड २४, पृ. ६०२-६०६) पर यह पत्र उपलब्ध है। गांधीजी ने 'हिन्दू क्या करें?' शीर्षक से उस पत्र में उठाए गए प्रश्नों का उत्तर १९ जून, १९२४ के यंग इंडिया में देने की कोशिश की (वही २४, पृ. २७६-२७८) दो श्रेष्ठ हिन्दू मनीषियों के इस पत्र-व्यवहार का अध्ययन भारत की वर्तमान स्थिति और हिन्दू समाज के अंतर्द्वंद्व को समझने के लिए बहुत उपयोगी है।

जो स्थिति हिन्दू समाज के सामने सन् १९२४ में खड़ी थी, वही सन् १९४१ में सुनियोजित पाकिस्तानी दंगों के कारण उत्पन्न हुई। उस समय भी गांधीजी, क.मा. मुंशी, डॉ. राजेंद्र प्रसाद जैसे शीर्ष नेताओं के सामने प्रश्न था कि मुस्लिम हिंसा का मुकाबला क्या कांग्रेस की अहिंसा से संभव है? यही प्रश्न सन् १९४७ में विभाजन के समय खड़ा था और यही आज भी खड़ा है।

(पाञ्चजन्य, ३ जून, २०१०)

□

जब अहिंसा कायरता बन जाती है

भारतरत्न डॉ. भगवान दास के प्रश्न के उत्तर में गांधीजी का यह उत्तर ठीक ही था कि इस्लामी विचारधारा और १३०० वर्षों के विस्तारवादी इतिहास के फलस्वरूप हिंसक आक्रामकता मुस्लिम चेतना में समा चुकी है। यही कारण है कि सन् १८८५ में जन्मी कांग्रेस के नेताओं द्वारा भारत में संसदीय लोकतंत्र की माँग का विरोध करते हुए सर सैयद अहमद खान ने सन् १८८७ और सन् १८८८ में अपने लखनऊ व मेरठ के भाषणों में स्पष्ट कहा कि हमारी रगों में आक्रमणकारी विजेताओं और शासकों का खून बहता है। भारत से अंग्रेजों के जाने के बाद कौन राज करे, इसका फैसला संख्याबल से नहीं, तलवार से होगा। अल्लामा इकबाल ने भी सन् १९३० के अपने अध्यक्षीय भाषण में इसी ओर संकेत किया था। इसी संकेत को पकड़कर मि. जिन्ना ने सन् १९३७ के चुनावों में सात हिन्दू बहुल राज्यों में कांग्रेस को मिले भारी बहुमत से घबराए मुस्लिम समाज को कांग्रेस के हिन्दूराज से मुक्ति पाने के लिए मुस्लिम लीग और अपने नेतृत्व में एकजुट होने का आह्वान किया था। सन् १९३९ में अहिंसा के सिद्धांत के आधार पर कांग्रेसी मंत्रिमंडलों के त्याग-पत्र को देश भर में 'मुक्ति दिवस' के रूप में मनाया गया था। इससे भी आगे बढ़कर, उन्होंने सर सैयद और इकबाल के संकेतों को क्रियान्वित करने के लिए 'मुस्लिम लीग नेशनल गार्ड' जैसे शस्त्रधारी संगठन की स्थापना की। 'खाकसार' और 'अहरार' जैसे सशस्त्र संगठन मैदान में पहले से ही मौजूद थे।

कांग्रेस में अंतर्द्वंद्व

राजगोपालाचारी और सरदार पटेल की यथार्थवादी आँखों से यह स्थिति छिपी नहीं रही। सरदार पटेल ने १९ जुलाई, १९४० को गुजरात प्रांतीय कांग्रेस समिति के सामने इस प्रश्न पर गांधीजी से अपने मतभेद का स्पष्टीकरण देते हुए कहा, "आज हमें यह निर्णय करना है कि हमें स्वतंत्रता मिल जाए, पूरी सत्ता मिल जाए, तो क्या हम सेना के बिना काम चला सकेंगे?...ज्यादातर मुसलमान इसके खिलाफ हैं। कांग्रेस के बाहर मुसलमान तो हिंसा पर ही कायम हैं। अहिंसा को थोड़े समय के लिए बड़े क्षेत्र में ले जाना मुल्तवी करना पड़े, तो इसका यह अर्थ नहीं कि स्वराज्य की लड़ाई के लिए कांग्रेस की अहिंसा

में परिवर्तन करना है।" (बापू के पत्र सरदार वल्लभ भाई के नाम, अमदाबाद, १९५२, पृ. १२)

सरदार ने आगे कहा, "अगर आपका यह ख्याल हो कि वे जिस प्रकार की अहिंसा के बारे मे कहते हैं, उसी प्रकार की अहिंसा का पालन करना है तो आप वैसा प्रस्ताव पास कीजिए। परंतु बापू जी हमसे अंधी वफादारी नहीं चाहते। हमारी शक्ति कितनी है, यह हमें उनसे साफ-साफ कह देना चाहिए। जो चीज कांग्रेस के अंदर नहीं है, उसके लिए 'है' कहने से काम नहीं चलेगा। उससे नुकसान होगा।"

कांग्रेस को दर्पण दिखाते हुए सरदार ने दो टूक भाषा में कहा, "जो कायर है उसे अहिंसा क्या सिखाऊँ? उसके पास मैं जो हलकी चीज रखता हूँ, उसे वह समझ सकता है।···अब तक हमने अहिंसा के प्रयोग किए, यह ठीक किया। मगर, लोगों में जो कायरता है वे जहाँ खड़े हैं उससे आगे नहीं बढ़ सकते। उसका क्या किया जाए? जहाँ-के-तहाँ खड़े रहने का यह समय नहीं है। हमारे सामने चुनाव करने का समय आ गया है।" (वही, पृ. १३)

कांग्रेस नेतृत्व के उस समय के अंतर्द्वंद्व का इससे स्पष्ट चित्रण और क्या हो सकता है? गांधीजी के लिए अहिंसा नीति नहीं, धर्म थी। कांग्रेस के लिए अहिंसा धर्म नहीं, नीति थी। धर्म के नाते अहिंसा का पालन करने के लिए जिस आध्यात्मिक बल की आवश्यकता थी, वह कुछेक अपवादों छोड़ दें, तो व्यापक हिन्दू समाज के अचेतन मानस में बहुत गहरी नींद सो चुका था। गांधीजी जैसा अध्यात्म-पुँज भी उसे जगा नहीं पा रहा था। हिन्दू समाज ने अपनी भीरुता को अहिंसा के शाब्दिक आवरण में छिपा लिया था। हिन्दू समाज के इस सत्य को मुखरित करते हुए संत विनोबा भावे ने सन् १९३२ में जेल के भीतर अपने गीता प्रवचन में कहा था, "यह बड़े दुःख की बात है कि जिस भारतभूमि में ब्रह्म विद्या ने जन्म पाया, उसी में छोटे-बड़े गुटों, फिरकों और जातियों की चारों ओर भरमार दिखाई देती है और मरने का तो इतना भय हमारे मन में घर कर गया है कि वैसा शायद ही कहीं दूसरी जगह हो। इसमें कोई शक नहीं कि यह दीर्घकालीन परतंत्रता का परिणाम है, परंतु यह बात भूल जाने से भी काम नहीं चलेगा कि वह भय भी इस परतंत्रता का एक कारण है।" (गीता प्रवचन, तिरसठवाँ संस्करण, वाराणसी, जनवरी २००९, पृ. २२)

गांधीजी का कोरा आशावाद

स्वामी विवेकानंद ने हिन्दू समाज की इस दुर्बलता को बहुत पहले पहचान लिया था। एक बार वे कह उठे, "यहाँ हर कोई ब्रह्म की बात करता है। धिक्कार है तुम्हें। तुम तमस में डूबे हुए हो और ब्रह्म की बात करते हो। तुम्हें सत्व की नहीं, रजस की एक घूँट चाहिए।" इसीलिए वे कहते थे, "हिन्दू युवकों के हाथ में गीता नहीं, फुटबाल दो। उनका रजोगुण जगने दो।" पता नहीं क्यों, गांधीजी को स्वामी विवेकानंद का यह उपचार स्वीकार्य

नहीं था। डॉ. भगवान दास को वे लिखते हैं, ''आत्मरक्षा के लिए अखाड़ों के उपयोग पर मेरा विश्वास नहीं है। शारीरिक बल को बढ़ाने के लिए मैं उनको उपयोगी जरूर मानता हूँ, मगर आत्मरक्षा के लिए तो मैं आध्यात्मिक शिक्षा-दीक्षा को ही पुनरुज्जीवित करना पसंद करूँगा। आत्मरक्षा का सबसे अच्छा और चिरस्थायी साधन है आत्म-शुद्धि। मैं इन मिथ्या भय से डरने वाला नहीं हूँ। अगर हिंदू लोग सिर्फ आत्मविश्वास रखें और अपनी परंपरा के अनुसार आचरण करते रहें तो उन्हें गुंडेपन से डरने की कोई जरूरत न रहे। वे जिस घड़ी वास्तविक आध्यात्मिक शिक्षा को फिर से अपना लेंगे, उसी दिन मुसलमानों के दिल पर उसका असर पड़ने लगेगा और ऐसा हुए बिना रह नहीं सकता।...जब हमारे पूर्वज लोगों पर संकट आ पड़ता था तब वे तपस्या से आत्म शुद्धि करते थे। वे शरीर को असमर्थ समझकर दीनभाव से प्रार्थना करते और तब तक प्रार्थना ही करते रहते, जब तक वह उनकी पुकार पर दौड़ने के लिए मजबूर नहीं हो जाता था। लेकिन इस पर मेरे हिन्दू मित्र कहेंगे, हाँ, मगर ईश्वर ने तो अवतारों को धनुष-बाण या चक्र सुदर्शन लेकर ही भेजा। मैं इसकी यथार्थता से इनकार नहीं करता। हिन्दुओं से मेरा कहना सिर्फ इतना ही है कि हिन्दू होने के नाते वे कारण की अवहेलना करके फल प्राप्त नहीं कर सकते। मैं पूछता हूँ कि क्या हम पर्याप्त मात्रा में शुद्ध बन गए हैं? व्यक्तिगत पवित्रता की बात तो दूर रही, क्या अस्पृश्यता संबंधी अपने पाप का भी प्रायश्चित्त हमने तत्पर भाव से किया है? क्या हमारे धर्माचार्य और धर्मगुरु ठीक वैसे ही हैं, जैसे उन्हें होना चाहिए? जब तक हम मुसलमानों के छिद्र ढूँढ़ने में ही अपनी सारी शक्ति लगाते रहेंगे, जब तक मानो हम अपने हाथ-पैर अँधेरे में ही मारते रहेंगे। जो बात अंग्रेजों के लिए है, वही मुसलमानों के लिए भी है...लेकिन हिन्दू मेरे कान में आकर कहते हैं कि हमें अंग्रेजों में तो कुछ उम्मीद है पर मुसलमानों से नहीं...'' (संपूर्ण गांधी वाङ्मय, खंड २४, पृ. २७७)

देश विभाजन और उसके बाद का इतिहास साक्षी है कि गांधीजी का यह आशावाद सही सिद्ध नहीं हुआ। मुस्लिम मानसिकता में व्याप्त हिंसा-वृत्ति, मजहबी विस्तारवाद और पृथकतावाद पहले स्थानीय दंगों के रूप में प्रगट होता था, पर सन् १९३९ के बाद से वह विभाजन के लक्ष्य को सामने रखकर देशव्यापी सुनियोजित सामूहिक हिंसा का रूप धारण करने लगा। दिसंबर १९४० में मुस्लिम लीग केंद्रीय समिति द्वारा पारित पाकिस्तान प्रस्ताव में निहित संकेतानुसार, अमदाबाद, बंबई से लेकर ढाका तक अनेक नगरों में एक साथ हिंसा का रिहर्सल हुआ, जिसे क.मा. मुंशी ने 'पाकिस्तान दंगों' के रूप में देखा। उस समय कांग्रेस का अधिकांश नेतृत्व व्यक्तिगत सत्याग्रह करके जेलों में बंद था। पर, गांधीजी, डॉ. राजेंद्र प्रसाद, आचार्य कृपलानी, पंजाब के गोपीचंद भार्गव और क.मा. मुंशी बाहर थे। इन नेताओं के बीच १२-१३ जून, १९४१ को गांधीजी के वर्धा आश्रम में 'मुस्लिम हिंसा बनाम कांग्रेस अहिंसा' विषय को लेकर जो अनौपचारिक विचार मंथन हुआ, उसके फलस्वरूप मुंशीजी ने गांधीजी के आशीर्वाद के साथ कांग्रेस से त्यागपत्र देकर अखंड

हिन्दुस्थान मोर्चे का गठन किया, उसके तत्त्वावधान में देशव्यापी दौरा किया। हिन्दू महासभा और राष्ट्रीय स्वयंसेवक संघ आदि सभी हिन्दू संगठनों से संपर्क किया। इस दौरे में उन्होंने हिन्दू समाज की जो आंतरिक स्थिति देखी, कांग्रेस का चरित्र संकट देखा, उसे उन्होंने ८ सितंबर, १९४१ को गांधीजी के नाम एक लंबे पत्र में चित्रवत् प्रस्तुत किया है।

मुस्लिम लीग का देश-तोड़ो एजेंडा

हिन्दू मन की प्रतिनिधि होने के कारण कांग्रेस तो मातृभूमि की स्वतंत्रता को ही अपना जीवन लक्ष्य मानती थी। उसके लिए नेताजी सुभाष भारत के बाहर जाकर और गांधीवादी व समाजवादी नेतृत्व देश के भीतर स्वतंत्रता संग्राम की तैयारियों में जुटा था। जबकि मुस्लिम नेतृत्व पूरी तैयारी के साथ देश विभाजन की ओर बढ़ रहा था। कांग्रेस का नारा था—'अंग्रेजो भारत छोड़ो', जबकि मुस्लिम लीग का नारा था—'पहले देश तोड़ो, फिर छोड़ो'। कांग्रेस नेतृत्व जेल में बंद हो गया और बाहर मुस्लिम लीग ने शस्त्रास्त्र इकट्ठा कर हिंसा की पूरी तैयारी कर ली। ब्रिटिश सरकार के अनुग्रह से सन् १९४६ में केंद्र में कांग्रेस अंतरिम सरकार में सम्मिलित हुई तो मुस्लिम लीग ने उसका बहिष्कार कर 'सीधी कार्रवाई' अर्थात् हिंसक आक्रमण का आह्वान किया, जिसकी भयानक रिहर्सल कलकत्ता में देखने को मिली। कलकत्ता के बाद पूर्वी बंगाल के नोआखली जिले में एक पक्षीय हिंसा का नग्न नर्तन हुआ। गांधीजी केवल आग ही बुझाते रह गए। पंजाब में एक मार्च को खिज्र हयात खान के मंत्रिमंडल का पतन हुआ। सिख नेता मास्टर तारा सिंह ने लाहौर असेंबली के सामने खड़े होकर मुस्लिम लीग का झंडा फाड़कर पौरुष का प्रदर्शन किया तो मुस्लिम लीग ने ५ मार्च को मास्टर तारा सिंह के अपने घर रावलपिंडी में पूर्व तैयारी के साथ ऐसा नरमेध रचा कि उस समय के कांग्रेसी नेता प्रबोध चंद्र ने वहाँ के हृदयविदारक चित्रों को 'रेप ऑफ रावलपिंडी' शीर्षक पुस्तक में संकलित कर देश भर में वितरित किया। मैं उन दिनों काशी हिन्दू विश्वविद्यालय का छात्र था। हमारी शाखा के स्वयंसेवकों को भी वह पुस्तक दिखाई गई। हमें निर्देश मिला कि हम छात्रावासों में कमरे-कमरे में जाकर युवा छात्रों को स्थिति की गंभीरता का बोध कराएँ और विभाजन के आसन्न खतरे के प्रति सचेत करें। उस जागरण अभियान में हिन्दू विश्वविद्यालय के हिन्दू छात्रों की ओर से ही हमें उपहास और व्यंग्य के जिन बाणों को झेलना पड़ा, उसका स्मरण आज भी मन को व्यथित कर देता है।

अहिंसक नेता की मनोव्यथा

'रावलपिंडी के बलात्कार' का लीग को मनचाहा परिणाम प्राप्त हुआ। ९ मार्च, १९४७ को कांग्रेस ने मास्टर तारा सिंह के अनुरोध पर प्रस्ताव में पहली बार पंजाब के विभाजन का संकेत दिया। हिंसा ने अहिंसा का मनोबल तोड़ने में सफलता पाई थी। फिर

तो घटनाचक्र की गति तेज हो गई। २२ मार्च को माउंटबेटन वायसराय बनकर आए। ३ जून को देश विभाजन का निर्णय हो गया। अहिंसक समाज सब ओर हिंसा के दावानल से अपने को घिरा पा रहा था। अहिंसक समाज के अहिंसक नेता की मनोव्यथा लार्ड माउंटबेटन के नाम २७ जून, १९४७ के एक पत्र में फूट पड़ी। इस पत्र की पृष्ठभूमि यह है कि लार्ड माउंटबेटन ने भारत आने के बाद कांग्रेस और लीग के साथ सत्ता हस्तांतरण की जो वार्त्ता आरंभ की, उससे गांधीजी को अलग रखा गया। पर बीच-बीच में माउंटबेटन उन्हें अनौपचारिक तौर पर बुला लिया करते थे। मि. जिन्ना के अड़ियल रुख के कारण ऐसी ही एक भेंट में गांधीजी ने वायसराय को सुझाव दिया कि अगर जिन्ना नहीं मानते हैं तो आप सरकार बनाने का पूरा अधिकार जिन्ना को देकर अपने देश वापस लौट जाइए। जिन्ना चाहें तो अपनी सरकार में कांग्रेस को शामिल करें, न चाहें तो न करें। वे चाहें तो अपने मंत्रिमंडल में किसी कांग्रेसी मुसलमान को लें, न चाहें तो न लें। पर जिन्ना ने गांधीजी का यह प्रस्ताव भी ठुकरा दिया। उन्होंने वायसराय को कहा कि अगर आप चले गए तो हिन्दू लोग अपने भारी संख्याबल के द्वारा हमें दबा देंगे। जिन्ना के इसी तर्क के जवाब में गांधीजी ने माउंटबेटन के नाम एक निजी पत्र में अपने मन की पीड़ा उड़ेली। गांधीजी ने लिखा, "आपने यह कहकर मुझे चौंका दिया कि यदि ब्रिटिश सत्ता के रहते विभाजन नहीं हुआ तो हिन्दू बहुसंख्या में होने के कारण विभाजन नहीं होने देंगे और मुसलमानों को जबरन अपने अधीन कर लेंगे। मैंने कहा कि इस मामले का संख्याबल से कोई संबंध नहीं है। क्या आपने एक लाख से कम लोगों के सहारे इस देश पर राज नहीं किया? क्या मुट्ठी भर मुसलमानों ने अनेक पीढ़ियों तक इस विशाल देश पर शासन नहीं किया? यह लगभग असंभव है कि जातिग्रस्त हिन्दू करोड़ों की संख्या में होकर भी सुसंगठित मुस्लिम अल्पसंख्या पर बलपूर्वक शासन कर सकें। फिर वह बहुसंख्या हैं कहाँ? पहले ही तथाकथित अनुसूचित जातियों और तथाकथित वनवासी नस्लों को मुस्लिम पक्ष की ओर तोड़ने का प्रयास जारी है। अब रह जाते हैं सवर्ण हिन्दू, जिनका हौव्वा खड़ा किया जाता है। निश्चयात्मक रूप से वे निराशाजनक अल्पसंख्या में हैं। उनमें भी ब्राह्मण और बनियों ने अब तक शस्त्र चलाना नहीं सीखा है। जहाँ कहीं उनका वर्चस्व है, उसका केवल नैतिक है। मुझे खेद है कि शूद्रों को केवल अनुसूचित जातियों के नाम से पहचाना जाता है। ऐसा हिन्दू समाज केवल संख्याबल में अधिक होने के कारण करोड़ों मुसलमानों को कुचल डालेगा, यह कल्पना ही आश्चर्यजनक है।" (महात्मा गांधी : सरकार के साथ पत्राचार, १९४४-४७, अंग्रेजी में, अमदाबाद, अगस्त १९४९, पृ. २५०-२५२)

यह है अहिंसक समाज की त्रासदी, जो उसे मातृभूमि के विभाजन की विभीषिका में धकेल ले गई।

(पाञ्चजन्य, २६ जून, २०१०)

□

गांधीजी की रजाई में साँप!

लोकमान्य तिलक और एनी बीसेंट के द्वारा स्वीकृत सन् १९१६ का लखनऊ समझौता, गांधीजी द्वारा सन् १९२०-२१ में अंगीकृत खिलाफत आंदोलन और सन् १९२३ में देशबंधु चितरंजन दास द्वारा हस्ताक्षरित 'बंगाल समझौता' इस बात के प्रमाण हैं कि राष्ट्रवाद से अनुप्राणित हिन्दू मन मातृभूमि की स्वतंत्रता के संघर्ष और एकात्म राष्ट्रवाद के विकास में मुस्लिम समाज का सहयोग पाने के लिए कितना आतुर था। उसके लिए वह कोई भी कीमत चुकाने के लिए तैयार था। लखनऊ समझौते के द्वारा मुस्लिम लीग से जुड़े मुस्लिम समाज के छोटे से अभिजात्य, अंग्रेजी शिक्षा प्राप्त और जमींदार वर्ग की महत्त्वाकांक्षा को पूरा करने का प्रयास किया गया तो खिलाफत के प्रश्न को भारत के राष्ट्रीय आंदोलन का हिस्सा बनाकर गांधीजी ने उलेमा वर्ग को प्रतिष्ठा प्रदान की और विशाल मुस्लिम समाज की मजहबी कट्टरता को संगठित होकर आंदोलन के रास्ते पर बढ़ने का अवसर प्रदान किया। खिलाफत आंदोलन ने आम मुस्लिम समाज में राजनीतिक जागृति पैदा की और उसे अपनी शक्ति का अहसास कराया। गांधीजी के नेतृत्व में हिन्दू समाज समझ रहा था कि हम राष्ट्रीय एकता और स्वराज्य की दिशा में बढ़ रहे हैं पर मुस्लिम नेतृत्व की सोच थी कि खिलाफत की रक्षा का अर्थ है इस्लाम के वर्चस्व की वापसी। यह सोच खिलाफत आंदोलन के प्रारंभ होने के कुछ ही महीनों के भीतर अगस्त १९२१ में केरल के मलाबार क्षेत्र में वहाँ के हिन्दुओं पर मोपला मुसलमानों के आक्रमण के रूप में सामने आई। हिन्दुओं के सामने 'इस्लाम या मौत' का विकल्प प्रस्तुत किया गया। सैकड़ों हिन्दू मारे गए, हजारों का धर्मांतरण किया गया, स्त्रियों का अपहरण हुआ, उनकी संपत्ति लूटी और नष्ट की गई। इस भयंकर कांड ने गांधीजी को यह स्वीकार करने के लिए बाध्य कर दिया कि 'बलात् धर्मांतरण और लूटपाट के मोपला आचरण पर शर्मिंदगी और ग्लानि किसी मुस्लिम नेता ने व्यक्त नहीं की। (यंग इंडिया, २० अक्तूबर, १९२१) एक ओर मजहबी उन्माद सड़कों पर उतर आया था और 'अहिंसा' के बंधन को तोड़ने के लिए व्याकुल था, तो

दूसरी ओर देश विभाजन और मुस्लिम बहुसंख्या वाले क्षेत्रों की बात भी खुलकर शुरू हो गई थी। दिसंबर १९२१ में अहमदाबाद में कांग्रेस, खिलाफत कॉन्फ्रेंस और मुस्लिम लीग के अधिवेशन अल्प अंतराल पर साथ-साथ हुए। कांग्रेस और अ.भा.खिलाफत कॉन्फ्रेंस के अधिवेशनों की अध्यक्षता हकीम अजमल खान ने की, तो मुस्लिम लीग के अधिवेशन की अध्यक्षता मौलाना हसरत मोहानी ने। मौ. मोहानी ने स्पष्ट शब्द में कहा कि आम तौर पर मुसलमान हिन्दुओं की बहुसंख्यक स्थिति से भयभीत हैं, क्योंकि पूरे भारत में मुसलमान अल्पसंख्या में हैं। किंतु कश्मीर, पंजाब, सिंध, बंगाल और असम जैसे प्रांतों में वे अल्पसंख्या में नहीं हैं। और इन प्रांतों में हमारी बहुसंख्या मद्रास, बंबई और संयुक्त प्रांत आदि प्रांतों के हिन्दू बहुमत को मुसलमानों पर जोर-जबरदस्ती करने से रोकने का काम करेगी। यह मजहबी आधार पर देश विभाजन की भाषा थी।

एकता छिन्न-भिन्न

कुछ हिंसक घटनाओं को निमित्त बनाकर असहयोग आंदोलन को गांधीजी ने १२ फरवरी, १९२२ को स्थगित कर दिया, जिसे मुस्लिम नेताओं ने विश्वासघात कहा और गांधीजी की कटु आलोचना आरंभ कर दी। गांधीजी ने बहुत प्रयत्नपूर्वक हिन्दू-मुस्लिम एकता का जो वायुमंडल बनाया था वह छिन्न-भिन्न होने लगा था। गांधीजी ने यंग इंडिया में पूछा, ''कौन है जो विश्वासपूर्वक कह सकता है कि हिन्दू-मुस्लिम एकता भारतीय राष्ट्रवाद का स्थायी तत्त्व बन गई है?''

६ मार्च, १९२२ को ही संयुक्त प्रांत (उ.प्र.) के गवर्नर हरकोर्ट बटलर ने भारत सरकार को सूचित किया कि 'हिन्दू-मुस्लिम एकता यदि अभी तक मरी नहीं है तो मरणासन्न अवश्य है।' गांधीजी ६ मार्च, १९२२ को गिरफ्तारी के बाद ५ फरवरी, १९२४ तक लगभग दो वर्ष के लिए कारावास में चले गए। खिलाफत आंदोलन का जोश तुर्की में सत्ता परिवर्तन के कारण ठंडा होने लगा। जाग्रत् मुस्लिम उन्माद अब बौखलाकर पूरे भारत में हिन्दुओं पर कहर बनकर टूट पड़ा। सन् १९२३ में पंजाब में अमृतसर, मुल्तान और पानीपत आदि कई स्थानों पर, संयुक्त प्रांत में सहारनपुर, आगरा, रायबरेली, गोंडा आदि नगरों में, मध्य प्रदेश में नागपुर, जबलपुर आदि, निजाम के राज्य में गुलबर्गा आदि अनेक स्थानों पर छोटी-छोटी बातों को लेकर हिन्दुओं पर आक्रमण हुए, जिन्हें ब्रिटिश सरकार ने हिन्दू-मुस्लिम दंगों का नाम दिया। सहारनपुर के दंगे के वर्णन ने गांधीजी को इतना अधिक विचलित कर दिया कि उन्होंने हिन्दुओं को उनकी कायरता के लिए फटकारते हुए लिखा कि ''मुसलमानों की हिंसा पर नाराज होने से अधिक एक हिन्दू होने के नाते हिन्दुओं की कायरता पर अधिक शर्मिंदा हूँ।...हिंसा और कायरतापूर्ण पलायन के बीच मैं कायरता की अपेक्षा हिंसा को अपनाना पसंद करूँगा।''

५ फरवरी, १९२४ को जेल से बाहर आने के बाद गांधीजी ने देशव्यापी मुस्लिम हिंसा के समाचारों के आलोक में २९ मई, १९२४ को यंग इंडिया में हिन्दू-मुस्लिम संबंधों की कारण मीमांसा करते हुए एक विस्तृत लेख लिखा, जिसमें उन्होंने माना कि "मुझे तनिक भी संदेह नहीं है कि अधिकांश झगड़ों में हिन्दू ही मार खाते हैं। मेरा अपना अनुभव भी इस मत की पुष्टि करता है कि मुसलमान आमतौर पर आक्रामक होता है और हिन्दू आमतौर पर कायर। इस यथार्थ को मैंने रेलगाड़ियों में, सार्वजनिक रास्तों पर और ऐसे झगड़ों में जिन्हें निपटाने का मौका मुझे मिला, अपनी आँखों देखा है। क्या हिन्दू अपनी कायरता का दोष मुसलमान को देगा? जहाँ कायर होंगे वहाँ आततायी भी हमेशा होंगे।"

हिन्दुओं की कायरता

जो बात गांधीजी ने लिखी वही बात दिसंबर १९२२ में गया में हिन्दू महासभा अधिवेशन में महामना मालवीय ने इन शब्दों में कही थी, "मुसलमानों में जो बुरे तत्त्व हैं वे यह विश्वास लेकर कि हिन्दू कायर होते हैं, उन पर आक्रमण करते हैं।" यह ध्यान देने की बात है कि उन दिनों हिन्दू महासभा और कांग्रेस के वार्षिक अधिवेशन एक ही साथ एक ही नगर में आयोजित हो सकते थे।

गांधीजी के उपरोक्त लेख को पढ़कर मूर्धन्य दार्शनिक और स्वतंत्रता सेनानी डॉ. भगवान दास ने गांधीजी को पत्र लिखकर पूछा कि "यदि अधिकांश भारतीय मुसलमानों के पूर्वज हिन्दू ही थे और दोनों की रगों में एक ही रक्त बह रहा है तो दोनों की प्रकृति और आचरण में इतना अंतर क्यों है?" गांधीजी ने उत्तर में लिखा कि "यद्यपि भारत के अधिकांश मुसलमान और हिन्दू एक ही नस्ल के हैं, तथापि धार्मिक वातावरण ने उन्हें भिन्न बना दिया है। मैं मानता हूँ और मैंने देखा है कि विचारधारा मनुष्य के चेहरे-मोहरे और चरित्र को बदल देती है। सिख समाज इस तथ्य का सबसे ताजा उदाहरण है। यद्यपि मेरा मत है कि कुरान में अहिंसा को प्रमुख स्थान दिया गया है, किंतु तेरह सौ वर्षों के साम्राज्यवादी विस्तार ने मुसलमानों को एक लड़ाका समूह बना दिया है। वे आक्रामक होते हैं। आततायी प्रवृत्ति, आक्रामकता का सहज परिणाम है। हिन्दुओं की सभ्यता युगों पुरानी है। वह स्वभाव से अहिंसक हैं।" इस प्रकार के उद्‌गारों के कारण गांधीजी और मुस्लिम नेतृत्व के बीच दूरी बढ़ती जा रही थी। मुस्लिम आक्रामकता से त्रस्त हिन्दुओ के पत्रों का गांधीजी के पास ढेर लग गया। गांधीजी ने २९ मई, १९२४ के उपरोक्त लेख में इन पत्रों का सारांश इन शब्दों में दिया, "आपने खिलाफत के प्रश्न पर हिदुओं को मुसलमानों का साथ देने को कहा। आपके इस प्रश्न के साथ जुड़ जाने से इसे जो महत्त्व प्राप्त हुआ वह अन्यथा नहीं मिल पाता। इस आंदोलन ने मुसलमानों को

एकता व जागृति प्रदान की। इससे मौलवियों को वह प्रतिष्ठा मिली, जो उन्हें कभी नहीं मिली थी और अब खिलाफत का प्रश्न समाप्त होने पर जागृत मुसलमानों ने हम हिन्दुओं के विरुद्ध एक प्रकार से जिहाद की घोषणा कर दी है।''

खिलाफत आंदोलन के फलस्वरूप तनाव और हिंसा का जो वातावरण पूरे भारत में फैल गया था, उसका चरम रूप ९-१० सितंबर, १९२४ को बलूचिस्तान के कोहाट कस्बे में देखने को मिला। उसका रूप इतना उग्र था कि वहाँ के ४००० अल्पसंख्यक हिन्दुओं को प्राण रक्षा के लिए एक स्पेशल ट्रेन द्वारा रावलपिंडी भेजना पड़ा। उनके लिए शरणार्थी शिविर बनाए गए। बड़ी संख्या में हिन्दुओं की हत्या हुई, महिलाओं का अपहरण और शील भंग हुआ, संपत्ति को लूटा और जलाया गया। इस भयंकर कांड के समाचारों ने गांधीजी को हिला दिया और वे पश्चाताप की अग्नि में जलने लगे। प्रायश्चित्त स्वरूप उन्होंने १७ सितंबर, १९२४ को २१ दिन का उपवास आरंभ कर दिया और इस उपवास के लिए उन्होंने स्थान चुना मौलाना मुहम्मद अली का दिल्ली स्थित निवास स्थान। हिंदुओं पर हो रहे अत्याचारों के लिए उन्होंने स्वयं को अपराधी माना। इस पर उनके अंतरंग सहयोगी व सचिव महादेव देसाई ने गांधीजी से पूछा कि आपका क्या अपराध है, जिसका आप प्रायश्चित्त कर रहे हैं। इस पर गांधीजी का उत्तर था, जिसे महादेव देसाई ने अपनी डायरी में निबद्ध किया है, ''मेरी भूल? क्यों नहीं। मुझ पर हिन्दुओं के साथ विश्वासघात करने का आरोप लग सकता है। मैंने ही उन्हें मुसलमानों से दोस्ती करने का आग्रह किया। मैंने ही मुसलमानों के मजहबी स्थलों की रक्षा के लिए अपने प्राणों और संपत्ति को दाँव पर लगाने का आह्वान किया। आज भी मैं उन्हें अहिंसा का उपदेश दे रहा हूँ, कह रहा हूँ कि अपने झगड़ों का निपटारा मार कर नहीं स्वयं मरकर करें। और इस सबका क्या परिणाम मैं देख रहा हूँ? कितने मंदिर अपवित्र हुए हैं? कितनी बहनें मेरे पास विलाप करती आती हैं?...हिन्दू महिलाएँ गुंडों के डर से थर-थर काँप रही हैं, कई स्थानों पर वे अकेले बाहर निकलने से डरती हैं। मुझे अमुक का पत्र मिला है। उसके नन्हे बच्चों को जिस तरह सताया गया उसे मैं कैसे सहन करूँ?''

अली बंधुओं की सोच

सच ही कोहाट के दंगे ने गांधीजी को जड़-मूल से हिला दिया। वहाँ जो कुछ घटा उससे भी अधिक पीड़ा उन्हें अली बंधुओं की सोच और व्यवहार से हुई। अली बंधुओं ने कोहाट के दंगे के लिए वहाँ के हिन्दू अल्पमत को ही दोषी ठहराया। उन्होंने तर्क दिया कि हिन्दुओं ने पैगंबर मुहम्मद के प्रति एक अपमानजनक पत्रक को वितरित करके मुसलमानों की मजहबी भावनाओं पर आघात किया और एक हिन्दू ने पहले बंदूक चलाकर मुसलमानों को आक्रमण करने के लिए उत्तेजित किया। मौलाना मुहम्मद अली

ने, जो दिसंबर १९२३ में कांग्रेस के काकीनाडा अधिवेशन के अध्यक्ष रहे थे और जिन्होंने अपने अध्यक्षीय भाषण में हिन्दू-मुस्लिम समस्या को हल करने के लिए अछूत कहे जाने हिंदुओं का आपस में बँटवारा करने का लज्जाजनक सुझाव दिया था, उन्हीं मुहम्मद अली ने दिसंबर १९२४ में मुस्लिम लीग के बंबई अधिवेशन में पारित होने के लिए एक प्रस्ताव लिखकर भेजा, जिसमें उन्होंने उपरोक्त आरोप दोहराए। गांधीजी को यह प्रस्ताव देखकर बहुत पीड़ा हुई और उन्होंने मुहम्मद अली को पत्र लिखकर तीव्र प्रतिवाद किया।

इससे भी अधिक कटु और पीड़ादायक अनुभव गांधीजी को उनके बड़े भाई मौलाना शौकत अली से प्राप्त हुआ। कोहाट दंगों की जाँच के लिए कांग्रेस ने गांधीजी और मौ. शौकत अली की एक कमेटी बनाई। इस कमेटी को ब्रिटिश सरकार ने कोहाट जाने की अनुमति नहीं दी। इसलिए दोनों ने रावलपिंडी के शरणार्थी शिविर में जाकर जाँच करने का कार्यक्रम बनाया। शौकत अली मुहम्मद अली वाली लाइन पर ही जाँच को बढ़ाने की कोशिश करते रहे, किंतु गांधीजी ने वास्तविकता की जड़ तक पहुँचने के लिए शरणार्थियों से जिरह करते समय अपने पुराने वकालत काल की तर्कशक्ति का पूरा उपयोग किया। अनेक लोगों से जिरह करने के बाद उन्हें पता चला कि कोहाट में लंबे समय से हिन्दुओं का भय और प्रलोभन से धर्मांतरण का कार्य चल रहा था। एक मुस्लिम साथी पीर कमाल ने स्वीकार किया कि प्रत्येक शुक्रवार को मस्जिद में धर्मांतरण किया जाता था। कई बार विवाहित स्त्रियों को भी मुस्लिम बनाया जाता था। धर्मांतरण के बाद झगड़ा होता था कि वह किसकी बीबी बने। जिन घटनाओं को दंगे का कारण बताया जा रहा है वह धर्मांतरण की प्रतिक्रिया मात्र थी, कारण नहीं। इस जाँच के दौरान गांधीजी को मौ. शौकत अली के अंतर्मन को टटोलने का अवसर मिला और उन्होंने पाया कि वे इस्लाम में धर्मांतरण को उचित-जायज समझते हैं। गांधीजी के बहुत प्रयास करने पर भी वे दोनों एकमत संयुक्त जाँच रपट नहीं दे पाए। दोनों ने अलग-अलग रपट दी, अलग-अलग कारण मीमांसा की।

इस अनुभव ने गांधीजी को बहुत विचलित कर दिया। रावलपिंडी से लौटकर गांधीजी ने वल्लभ भाई पटेल से कहा, ''मन करता है कि सब काम छोड़कर खुद को आश्रम में ही बंद कर लूँ। इस गलीच राजनीतिक वातावरण में कोई कितनी देर जी सकता है? लगता है राजनीति मेरे जैसे आदमी के लिए नहीं है। आश्रम लौटकर १० फरवरी, १९२५ को गांधीजी ने सब आश्रमवासियों को बड़े प्रात: सोते से जगाकर एकत्र कराया। उन्होंने कहा, ''मेरी स्थिति इस समय उस आदमी की है जो अपनी रजाई के भीतर साँप देखकर घबरा गया हो, रजाई को झाड़ रहा हो और पूरे कमरे की सफाई कर रहा हो।'' उन्होंने कहा कि कोहाट के दंगों का मूल कारण धर्मांतरण है। तेज रफ्तार से

हो रहे धर्मांतरण के बारे में जब हिन्दू चौकन्ने हुए तो मुसलमानों को यह पसंद नहीं आया और वे बदला लेने के लिए कोई मौका ढूँढ़ने लगे। उस आपत्तिजनक पेंफलेट को उन्होंने बदला लेने का बहाना बनाया। गांधीजी कहते गए, ''अगर सब-के-सब बीस करोड़ हिन्दू-मुस्लिम मजहब के ग्रंथों का पूर्ण ज्ञान प्राप्त कर अपने निजी बौद्धिक विश्वास के आधार पर इस्लाम कबूल कर लें तब भी मैं पृथ्वी तल पर अकेला हिन्दू होने का संतोष कर लूँगा। तब मैं अपनी जीवनशैली से हिन्दू धर्म का उजाला फैला सकूँगा। किंतु भय और प्रलोभन से मुसलमान बनाना मुझे बर्दाश्त नहीं है। वहाँ ऐसा ही हुआ। आप लोगों से मैं यह सब इसलिए कह रहा हूँ कि आप अपने धर्म के प्रति निष्ठा में अडिग रहें। मेरा एकमात्र उद्देश्य इस पवित्र उषाकाल में आपको जगाना और चौकस करना है। यह मैं इसलिए कह रहा हूँ, क्योंकि हो सकता है किसी दिन आपको भी ऐसी परिस्थिति का सामना करना पड़ जाए। यदि आश्रम में किसी बच्चे,, लड़के या लड़की का अपहरण हो, तो आप मेरी अहिंसा का गलत अर्थ लगाकर मूकदर्शक मत बने रहना।''

खिलाफत आंदोलन के इन अनिष्टकारी परिणामों और कटु अनुभवों ने गांधीजी के चिंतन और कार्य नीति में क्या परिवर्तन किया यह गंभीर अध्ययन की माँग करता है। क्या उसे केवल क्षणिक 'श्मशान वैराग्य' ही मानकर चुप बैठ जाएँ?

(पाञ्चजन्य, २२ अक्तूबर, २००१)

□

गोलमेज सम्मेलन और गांधीजी

क्या रहस्य हो सकता है कि जो गांधीजी १७ फरवरी, १९३१ को वायसराय लार्ड इर्विन से अपना वार्त्तालाप आरंभ होते ही लाहौर कांग्रेस के संकल्पों के विरुद्ध जाकर लंदन में होने वाले दूसरे गोलमेज सम्मेलन में कांग्रेस के सहभाग का वचन दे बैठे? उससे भी आगे जाकर पूर्ण स्वराज्य के संकल्प को त्याग कर ब्रिटिश प्रधानमंत्री रैमजे मैकडोनाल्ड द्वारा प्रथम गोलमेज सम्मेलन की समाप्ति पर ११ जनवरी, १९३१ को घोषित शर्तों एवं बंधनों के भीतर औपनिवेशिक स्वराज्य का लक्ष्य अपनाने को तैयार हो गए? जिन गांधीजी ने १५-२० सदस्यों का एक बड़ा प्रतिनिधिमंडल लंदन ले जाने की बजाय स्वयं को अकेले ही गोलमेज सम्मेलन में कांग्रेस का प्रतिनिधि नामित करवा लिया, वही गांधीजी ज्यों-ज्यों गोलमेज सम्मेलन की तिथि निकट आती गई, उसमें जाने को टालते रहे? बार-बार कहते रहे कि अपने मित्र लार्ड इर्विन की प्रतिष्ठा को बचाने के लिए ही मैं लंदन जा रहा हूँ, यद्यपि इस सम्मेलन में से कुछ निकलने वाला नहीं है। दौड़ते-भागते यदि वे वहाँ गए तो वी.एस. श्रीनिवास शास्त्री के अनुसार, 'वे पहले दिन से ही गोलमेज सम्मेलन को ध्वस्त करने का निश्चय अपने मन में लेकर वहाँ आए थे।'

विलिंग्डन का विरोध

गोलमेज सम्मेलन के प्रति गांधीजी के इस रुख परिवर्तन के रहस्य तक पहुँचना उस समय के भारत को समझने के लिए बहुत आवश्यक है। दिल्ली के राष्ट्रीय अभिलेखागार में एक फाइल है, जिसमें १२ अगस्त से २० अगस्त, १९३१ तक वायसराय विलिंग्डन और लंदन स्थित भारत सचिव के बीच हुए गोपनीय तारों के आदान-प्रदान तथा वायसराय की काउंसिल के भीतर हुए विचार-विमर्श की गाथा निबद्ध है। इस फाइल को पढ़ने से स्पष्ट होता है कि वायसराय और उनकी कांउसिल गांधीजी की नई-नई माँगों के सामने झुकने को तैयार नहीं थी, क्योंकि उसके सामने सरकार की प्रतिष्ठा को बचाने का प्रश्न सर्वोपरि बन गया था। जबकि भारत सचिव किसी भी कीमत पर

गांधीजी को द्वितीय गोलमेज सम्मेलन में लाने के लिए व्याकुल थे। इसलिए वे वायसराय पर दबाव बना रहे थे कि गांधीजी की अनुचित माँगों को मानकर भी किसी-न-किसी प्रकार उनके लंदन पहुँचने की स्थिति पैदा कर दी जाए। एक बार तो स्थिति यहाँ तक पहुँच गई कि विलिंग्डन ने गांधीजी के १४ अगस्त के पत्र के अपने जवाब को मीडिया में प्रकाशनार्थ भेज दिया, जिसका अर्थ होता कि गांधीजी के साथ अपने संवाद के टूटने की सार्वजनिक घोषणा करना और गोलमेज सम्मेलन में गांधीजी के सहभागी बनने के अध्याय को पूरी तरह बंद कर देना। पर भारत सचिव ने तार भेजा कि वायसराय अपना जवाब मीडिया को कदापि न भेजें, भेजा गया है तो उसके प्रकाशन पर अविलंब रोक लगा दें। वायसराय की काउंसिल में भारत सचिव के इस आग्रह पर बहुत बहस हुई।

१७ अगस्त को वायसराय के तार में कहा गया कि "हम गांधी के लंदन जाने और न जाने के परिणामों के महत्त्व को भली-भाँति समझते हुए भी यह नहीं सोच पा रहे हैं कि सरकार के सिद्धांतों व प्रतिष्ठा की रक्षा कैसे करें। यदि यह नहीं हो सका तो क्या सम्मेलन में कांग्रेस के भाग न ले पाने से भी अधिक गंभीर परिणाम नहीं होंगे?" वायसराय पर न झुकने के लिए एक ओर बंबई आदि प्रांतीय गवर्नरों का दबाव पड़ रहा था, तो दूसरी ओर काउंसिल के मुस्लिम सदस्य मियाँ फजले हसन गांधीजी को मनाने की कोशिशों से मुस्लिम समाज में बढ़ रहे गुस्से का डर दिखा रहे थे। २० अगस्त को वायसराय काउंसिल की बैठक में मियां फजले हसन स्वयं उपस्थित नहीं हुए, लेकिन उन्होंने एक लिखित नोट काउंसिल के विचारार्थ भेज दिया। फजले हसन ने अपने नोट में लिखा कि 'मुस्लिम समाज में यह सोच दृढ़ हो रही है कि यदि ब्रिटेन और भारत की ब्रिटिश सरकार गोलमेज सम्मेलन में गांधी की उपस्थिति पाने के लिए उनकी सब अनुचित माँगों के सामने झुकने को तैयार है तो हम उस सम्मेलन में हमारे हितों की रक्षा होने की अपेक्षा कैसे कर सकते हैं? वहाँ जो भी निर्णय होंगे वे गांधी की इच्छा से ही होंगे। गांधीजी को लंदन ले जाने से बड़ी समस्या उन्हें वहाँ आखिर तक टिकाए रखने की है, क्योंकि यदि वहाँ उनकी मन मर्जी का निर्णय नहीं हुआ तो वे किसी भी क्षण सम्मेलन का बहिष्कार कर वापस लौट आएँगे।'

तुष्टिकरण की शुरुआत

मुसलमानों को नाराज करने का खतरा न भारत की विलिंग्डन सरकार उठाने को तैयार थी और न ही ब्रिटेन का कंजर्वेटिव और लिबरल नेतृत्व। वस्तुत: गोलमेज सम्मेलन नामक चक्रव्यूह की सफलता का मुख्य दारोमदार भारत के मुस्लिम नेतृत्व के सहयोग पर ही निर्भर करता था। और गोलमोज सम्मेलन में पहुँचने के पहले ही गांधीजी ने मुस्लिम प्रश्न को हल करने में अपनी असफलता को स्वीकार कर लिया था।

५ मार्च, १९३१ को इर्विन के साथ अपने समझौते के क्षण से ही गांधीजी मुस्लिम प्रश्न का हल खोजने में जुट गए थे। उन दिनों बनारस, कानपुर, मिर्जापुर आदि अनेक नगरों में भयानक हिन्दू-मुस्लिम दंगे हुए। कानपुर के मुसलमानों ने भगत सिंह की फाँसी के विरोध-प्रदर्शन में शामिल होने से मना कर दिया, जिससे दंगा भड़क उठा। हिंदू-मुस्लिम एकता के बड़े प्रचारक और प्रांतीय कांग्रेस के अध्यक्ष गणेश शंकर विद्यार्थी की एक मुस्लिम मुहल्ले में हत्या कर दी गई। इस प्रक्षोभक वातावरण में गांधीजी के आग्रह पर कराची के कांग्रेस अधिवेशन के अंत में १ अप्रैल को कराची में ही जमीयत उल उलेमा का अधिवेशन रखा गया, जिसमें गांधीजी ने कानपुर के दंगों के लिए हिन्दुओं को दोषी ठहराया, उसके लिए शर्मिंदगी प्रगट की, उनकी ओर से मुसलमानों से क्षमायाचना की, उलेमा से मुस्लिम समस्या क्रो हल करने की प्रार्थना की। महादेव देसाई ने अपनी डायरी के १२वें खंड में गांधीजी के उस भाषण को विस्तार से दिया है। गांधीजी ने कहा, 'इस बारे में मैं उलेमा की कदमबोसी (चरण चूमकर) करके उनकी मदद चाहता हूँ। अगर हम इसमें कामयाब नहीं हुए तो गोलमेज सम्मेलन में जाना लगभग बेकार सा होगा। मैं नहीं चाहता कि यह हुकूमत पंच बनकर हमारी आपसी लड़ाई का फैसला करे। उलेमा से मैं नम्रता से कहूँगा कि वे इस बारे में बहुत कुछ मदद कर सकते हैं। कांग्रेसी और हिन्दू की हैसियत से मैं कहता हूँ कि मुसलमान जो चाहें, मैं देने को तैयार हूँ। मैं बनियापन नहीं करना चाहता हूँ। आप जिस चीज की ख्वाहिश करते हों, उसे एक कोरे कागज पर लिख दीजिए और मैं उसे कबूल कर लूँगा। जवाहरलाल ने भी जेल से यही बात कही थी। यहाँ से हम दिल्ली जाएँगे। शौकत अली का तार हमें मिला है कि दिल्ली में मुसलमानों की परिषद् हो रही है, उसमें कांग्रेस की तरफ से एक प्रतिनिधित्व दल जाएगा। सरदार पटेल (कांग्रेस अध्यक्ष) ने समिति के सदस्यों के नाम भी भेज दिए हैं। ४-५ अप्रैल को वह परिषद् होगी। उसमें पूरी कोशिश की जाएगी। मैं जानता हूँ कि कानपुर वगैरह की घटनाओं से मुसलमान भाई बहुत चिढ़ गए हैं, पर इस समय हमारा फर्ज है कि किसी-न-किसी तरह हम सब मामले का निपटारा कर लें। कांग्रेस पर यह आरोप लगाया जाता है कि वह हिन्दुओं की है। यह आरोप झूठा है। कांग्रेस हर कौम की है। उसमें मुसलमान शामिल न हों तो कांग्रेस क्या करे? मैं तो आपसे अर्ज करता हूँ कि आप कांग्रेस पर कब्जा जमा लें···मैं एक हिन्दू आपके समान विद्वानों को, उलेमाओं को यह बात निहायत अदब के साथ कहना चाहता हूँ।' आगे महादेव देसाई लिखते हैं, '४ अप्रैल को गांधीजी दिल्ली पहुँचे। वहाँ मौलाना शौकत अली द्वारा आहूत सभी पक्षों की मुस्लिम परिषद् हुई। उसमें कांग्रेस की ओर से डॉ. अंसारी और मौलाना आजाद ने पृथक् मताधिकार का विरोध किया, किंतु शौकत अली उस पर अड़े रहे। तब अंसारी और आजाद ने गांधीजी को सलाह दी कि आप स्वयं

शौकत अली को समझाएँ। गांधीजी ने शौकत अली से कहा, ''वे लोग (अंसारी और मौलाना आजाद) जो कहें वह मुझे सुनना चाहिए या जो आप कहें वह मुझे सुनना चाहिए। मुझे तो आप लोगों से यही प्रार्थना करनी है कि आप लोग एकजुट हों। एकजुट होकर मुसलमान कौम की ओर से आप जो भी माँगेंगे, मैं उस पर हस्ताक्षर कर दूँगा।'' महादेव देसाई ने लिखा है, ''इस रुख से शौकत अली चिढ़ गए और क्रोध में आकर जो नहीं भी बोलना चाहिए, वह भी बोले।'' अप्रैल को लखनऊ में मुसलमानों की राष्ट्रीय परिषद् हुई। लखनऊ सम्मेलन के लिए भेजे गए अपने संदेश में गांधीजी ने कहा, ''आप लोग अपना आग्रह छोड़ दें और शौकत अली का पक्ष जो चाहता है, वह हम उसे दे दें इसलिए नहीं कि वे माँगते हैं वही न्याय है, बल्कि एक सत्याग्रही की दृष्टि से।''

उहापोह की स्थिति

शौकत अली के दिल्ली सम्मेलन का वर्णन गांधीजी की आश्रमवासी डॉ. सुनीला नैयर ने अपनी वृहदकाय रचना 'महात्मा गांधी' के खंड ६ में जरा विस्तार से किया है। वे लिखती हैं कि शौकत अली ने गृहयुद्ध की धमकी दी। किन्हीं जहूर अहमद ने प्रस्ताव रखा कि यदि मुसलमान आत्मरक्षार्थ हथियार उठाएँ तो ब्रिटिश सरकार को उनके रास्ते में नहीं आना चाहिए। मलिक फिरोजखान नून ने जिन्ना की १४ सूत्री माँगों को दोहराते हुए राजनीतिक प्रस्ताव पेश किया और कहा कि यदि रक्षा तंत्र पर नियंत्रण की कांग्रेसी माँग को मान लिया गया तो मुसलमानों की हैसियत घास-खुदों जैसी हो जाएगी।'' ३० मई, १९३१ को बंबई में अ.भा. खिलाफत कॉन्फ्रेंस का सम्मेलन हुआ। वहाँ मौ. अब्दुल मजीद बदायुंनी ने शौकत अली के दिल्ली सम्मेलन की माँगों से पूर्ण मतैक्य प्रगट किया। अब मुस्लिम नेतृत्व ने यह कहना शुरू कर दिया कि कांग्रेस की स्वतंत्रता की माँग भारत पर हिन्दू राज स्थापित करने का षड्यंत्र है। मुस्लिम कांग्रेस की कार्यसमिति की दिल्ली बैठक में मौ. हसरत मोहानी ने प्रस्ताव रखा कि 'मुस्लिम समुदाय को यह पक्का यकीन हो गया है कि हिन्दू लोग भारत में हिंदू राज स्थापित करने पर तुले हुए हैं। इसलिए इस कमेटी का विश्वास है कि भारत में डोमीनियन स्टेट्स और प्रांतों में उत्तरदायी शासन की स्थापना मुस्लिम हितों के लिए हानिकारक है और इसलिए वे उन्हें स्वीकार्य नहीं है।'

पृथक् मताधिकार और द्विराष्ट्रवाद

मुस्लिम समाज की ओर से इस व्यापक विरोध से चिंतित होकर गांधीजी ने ९ से ११ जून, १९३१ को बंबई में आयोजित कांग्रेस कार्यसमिति की बैठक के सामने प्रस्ताव रखा कि सांप्रदायिक वैमनस्य की समस्या का कोई हल न निकल पाने के कारण अब मुझे लंदन जाने का विचार त्याग देना चाहिए। उन्हीं दिनों गांधीजी पंजाब के दौरे पर

गए। वहाँ लुधियाना में गांधीजी के निवास पर १०-१५ हजार लोगों की भीड़ जमा हो गई। मास्टर तारा सिंह की अध्यक्षता वाली सिख लीग ने बार-बार तार देकर गांधीजी को पंजाब बुलाया था। मास्टर तारा सिंह से गांधीजी ने पूछा कि मुझे क्यों बुलाया? तारा सिंह ने कहा कि ''राष्ट्रीय स्तर पर आप जो करवाएँ हम करने को तैयार हैं, पर आप जो मुसलमानों को सबकुछ देने की सलाह देते हैं, यह सब हम लोगों को मुसलमानों के कौमी दबाव के सामने झुकने जैसा लगता है, जो हम सहन नहीं कर सकते। सांप्रदायिक दृष्टि से लिए गए इस निर्णय को हम स्वीकार नहीं कर सकते।'' इसके उत्तर में गांधीजी ने कहा, ''यदि एक पूरी कौम किसी वस्तु के बगैर संतुष्ट होने को तैयार न हो और हमें उनके साथ ही रहना हो तो उनकी बात मानकर ही तो उनको जीता जा सकता है न? दूसरा उपाय क्या है?'' सिखों ने कहा, ''दूसरा उपाय यह है कि उनके समान दबाव डालने के लिए जो वे माँगेंगे, वही हम भी माँगेंगे।'' गांधीजी ने कहा, ''एक कौम को उसकी माँग के अनुसार दे देने में ही मैं राष्ट्र की एकता मानता हूँ। आप राष्ट्रीय ध्वज के लिए भी आपत्ति करते हैं। आपको अपना रंग राष्ट्रीय ध्वज में चाहिए। आज का राष्ट्रीय ध्वज मेरी कल्पना के अनुरुप है। उस ध्वज में पूरे देश का त्याग सम्मिलित है।''

□

सोमनाथ मंदिर का पुनर्निर्माण

यह प्रसंग है २५ दिसंबर, १९४७ का। १३ नवंबर, १९४७ को सरदार पटेल द्वारा सोमनाथ मंदिर के पुनर्निर्माण की घोषणा के लगभग एक महीने बाद का। २५ दिसंबर को दिल्ली में अपनी प्रार्थना सभा में प्रवचन करते हुए गांधीजी ने कहा, "एक उर्दू मैगजीन में आज मैंने एक शेर देखा, वह मुझे चुभा। उसमें कहा है—आज तो सबकी जबान पर सोमनाथ है। यदि मंदिर फिर से बनाया जाता है तो इसका बदला लेना होगा। जूनागढ़ वगैरह का बदला लेने के लिए गजनी से किसी नए गजनवी को आना होगा।"

गांधीजी ने कहा, "यह बहुत बुरा है। यूनियन के किसी मुसलमान की कलम से ऐसी चीज नहीं निकलनी चाहिए। एक तरफ से मित्र भाव और वफादारी की बातें और दूसरी तरफ से यह! मैं तो यहाँ यूनियन के मुसलमानों की हिफाजत के लिए जीवन की बाजी लगाकर बैठा हूँ। मैं तो यही करूँगा, क्योंकि मुझे बुराई का बदला भलाई से देना है। आप लोगों को यह सुनाया, ताकि आप ऐसी चीजों से बहक न जाएँ। गजनवी ने जो किया था, बहुत बुरा किया था। इस्लामी राज में जो बुराइयाँ हुई हैं, उन्हें मुसलमानों को समझना और कबूल करना चाहिए।...यूनियन में बैठकर मुसलमान अगर अपने लड़कों को सिखाएँ कि उनका बदला लेने के लिए किसी गजनवी को आना है, तो इसका मलतब हुआ कि हिन्दुस्थान को और हिन्दुओं को खा जाओ। इसे कोई बर्दाश्त करने वाला नहीं। अगर यह शरारत भरा शेर एक महत्त्वपूर्ण पत्रिका में न छपा होता तो मैं उनका जिक्र भी न करता।" (दिल्ली-डायरी, अहमदाबाद, १९४८, पृ. २८२-८३)

सोमनाथ मंदिर का विध्वंस

'अपवित्र, अग्निशप्त और क्षत-विक्षत होकर भी वह हमारे अपमान और अकृतज्ञता का प्रतीक बनकर दृढ़ता से खड़ा हुआ था। ऊषाकाल के उन क्षणों में जब मैं उस सभामंडप, जो कभी भव्यता और श्रद्धा का केंद्र था, के टूटे-फूटे फर्श पर, जहाँ चारों ओर खंडित स्तंभ और पाषाण-खंड बिखरे हुए थे, चलने लगा तो मेरा मन शर्म की इतनी गहरी टीस

से भर उठा कि उसका वर्णन करना भी कठिन है। मेरी अनजानी पदचाप से चौंककर छिपकलियाँ छेदों से निकलकर इधर-से-उधर भागने लगीं। वहाँ बँधा किसी पुलिस उप-निरीक्षक का घोड़ा भी मुझे देखकर घोर अवज्ञा के साथ हिनहिनाने लगा।'

यह वर्णन है दिसंबर १९२२ का, जब महान साहित्यकार और स्वतंत्रता सेनानी कन्हैयालाल माणिकलाल मुंशी ने पहली बार प्रभास पाटन की यात्रा की और सोमनाथ मंदिर के भग्नावशेषों को अपनी आँखों से देखा। इन भग्नावशेषों के सामने खड़े होकर उन्होंने कल्पना नेत्रों से विध्वंस पूर्व के सोमनाथ मंदिर का भव्य चित्र बना डाला। गगनचुंबी मंदिर में प्रतिष्ठित विशाल शिवलिंग, पूजा-अर्चना में रत आचार्यों का विशाल समूह, मृदंग पर नृत्य करतीं देवगणिकाएँ और सोमनाथ भगवान् के दर्शनों के लिए आतुर श्रद्धालुओं की लंबी कतारें। और तभी अनायास मंदिर पर विधर्मी विदेशियों का आक्रमण। हृदय-विदारक विध्वंस-लीला, सहस्रों श्रद्धालुओं के रक्त में डूबी नंगी तलवारें। राष्ट्रीय अपमान के उन क्षणों की स्मृति ने मुंशीजी के भावुक अंत:करण को विदीर्ण कर दिया, बेचैन कर दिया। यह वेदना किसी एक अंत:करण तक सीमित नहीं थी, कोटि-कोटि भारतवासियों के अचेतन मानस में व्याप्त थी। इस वेदना को गांधीजी ने सन् १९०५ में दक्षिण अफ्रीका के जोहान्सबर्ग नगर में ३ और ११ मार्च को 'हिन्दू धर्म' पर अपने दो भाषणों में मुखरित किया था। इस्लाम के नाम पर विदेशी आक्रमणकारियों द्वारा भारत की भूमि पर प्रदर्शित धार्मिक असहिष्णुता और विध्वंस-लीला के उदाहरणस्वरूप उन्होंने महमूद गजनवी के हाथों सोमनाथ मंदिर के ध्वंस का उदाहरण पीड़ा के साथ दिया था। गुजरात के प्रत्येक परिवार में परंपरा से चली आ रही इस पीड़ादायक स्मृति ने कन्हैयालाल माणिकलाल मुंशी के संवेदनशील युवा अंत:करण को सन् १९१० में ही, जब वह कॉलेज के विद्यार्थी थे, सोमनाथ मंदिर की विध्वंस गाथा पर एक खोजपूर्ण लेख प्रकाशित करने की प्रेरणा दी थी। इस विध्वंस गाथा में व्याप्त राष्ट्रीय पराजय और अपमान की टीस उनके मानस पर इस कदर हावी थी कि सन् १९३८ में उन्होंने कश्मीर में लिद्दर नदी के किनारे पहलगाम में बैठकर 'जय सोमनाथ' नामक उपन्यास में सोमनाथ मंदिर के वैभव वर्णन के साथ-साथ उसकी विध्वंस गाथा का दिल दहलाने वाला कल्पना चित्र बना डाला। पर उनकी टीस केवल भावुक लेखन तक सीमित नहीं रही। वे गुजराती साहित्य के महान उपन्यासकार के रूप में तो प्रतिष्ठित हुए ही, उनके पास वकील की पैनी तर्क-बुद्धि और इतिहास के शोधकर्ता की वैज्ञानिक दृष्टि भी थी। इसी के लिए उन्होंने सन् १९३८ में भारतीय विद्या भवन की स्थापना की। साथ ही वे गांधीजी के नेतृत्व में स्वाधीनता आंदोलन के अंग थे और सन् १९३७-३९ में बंबई प्रांत में कांग्रेसी मंत्रिमंडल में गृहमंत्री थे। वे स्वतंत्र भारत के पहले नेहरू मंत्रिमंडल के सदस्य भी रहे। किंतु इन अनेकविध महत्त्वपूर्ण भूमिकाओं का निर्वाह करते समय भी सोमनाथ मंदिर की विध्वंस-लीला उनकी आँखों के सामने हर क्षण नाचती रही।

गांधीजी और नेहरू के समस्त प्रयत्नों के बावजूद मातृभूमि का विभाजन हो ही गया। तब खंडित भारत की अस्मिता के घोषणास्वरूप मुंशी की पहल पर लौहपुरुष सरदार पटेल और नेहरू मंत्रिमंडल के एक अन्य सदस्य नारायण विट्ठल गाडगिल के सक्रिय सहयोग से, गांधीजी के आशीर्वाद के साथ एवं नेहरू मंत्रिमंडल की आधिकारिक सहमति से सोमनाथ मंदिर का पुनर्निर्माण प्रारंभ हो गया। ११ मई, १९५१ को राष्ट्रपति डॉ. राजेंद्र प्रसाद के हाथों पुनर्निर्मित गर्भगृह में शिवलिंग की प्रतिष्ठापना की घोषणा हो गई। उस अवसर पर मुंशी के भीतर विद्यमान इतिहासकार ने 'सोमनाथ-दि इटरनल श्राइन' (चिरंतन मंदिर सोमनाथ) नामक ग्रंथ की रचना कर डाली, जिसमें उन्होंने सभी पुरातात्त्विक, अभिलेखीय व साहित्यिक स्रोतों का अवगाहन कर प्रभासतीर्थ और वहाँ स्थित सोमनाथ मंदिर के धार्मिक महत्त्व तथा विदेशी आक्रमणकारियों एवं विधर्मी शासकों के विरुद्ध उनकी लंबी संघर्ष गाथा का पूरा इतिहास प्रस्तुत कर दिया।

भगवान् श्रीकृष्ण के देहोत्सर्ग एवं यादवों की विनाश-लीला का स्थल होने के कारण प्रभासतीर्थ महाभारत काल से ही प्रसिद्ध रहा। ईसा पूर्व तीसरी शताब्दी में अशोक के शिलालेख तथा दूसरी शताब्दी ईस्वी में रुद्रदमन का अभिलेख अति प्राचीन काल से इस क्षेत्र के महत्त्व के निदर्शक हैं। पहली शताब्दी ईस्वी में शक राजा नहपाण के नासिक गुफा अभिलेख में प्रभासतीर्थ में पूजा करने और ब्राह्मणों को दान देने का उल्लेख मिलता है। पूरे भारत को व्याप्त करने वाले द्वादश ज्योतिर्लिंगों में से सोमनाथ एक है। शैव मत के पाशुपत संप्रदाय के आचार्यों का वह प्रमुख केंद्र था। इस पवित्र तीर्थ में मंदिर का सर्वप्रथम निर्माण कब हुआ, इसका निर्णय कर पाना इतिहासकारों के लिए संभव नहीं हो रहा। किंतु सन् १०२५ में महमूद गजनवी ने जिस मंदिर का विध्वंस किया उसकी विशालता, भव्यता तथा उसके धार्मिक महत्त्व का वर्णन गजनवी के समकालीन विद्वान् अलबेरूनी की कलम से हमें प्राप्त होता है। वह लिखता है कि सोमनाथ पत्तन उस जगह स्थित है जहाँ प्राचीन वैदिक नदी सरस्वती समुद्र में गिरती है और जहाँ भगवान् कृष्ण का देहोत्सर्ग हुआ था। अन्यत्र वह दक्ष प्रजापति द्वारा चंद्रमा को शाप देने की पौराणिक कथा का वर्णन करते हुए लिखता है कि चंद्रमा के बहुत याचना करने पर प्रजापति ने उपाय बताया कि महादेव के लिंग की प्रतिमा की पूजा करने से ही वह शापमुक्त हो सकेगा। तब चंद्रमा ने पत्थर का लिंग स्थापित किया, जो 'सोमनाथ' कहलाया—सोम अर्थात् चंद्रमा का स्वामी। अलबेरूनी के अनुसार, उन दिनों सिंध के क्षेत्र में शिवलिंग की पूजा व्यापक रूप से प्रचलित थी। इनमें सोमनाथ की सर्वाधिक प्रतिष्ठा थी। उस पर चढ़ाने के लिए नित्यप्रति गंगाजल और कश्मीर से पुष्प लाए जाते थे। हिन्दुओं का विश्वास था कि सोमनाथ लिंग की उपासना करने से वे असाध्य रोगों से भी मुक्ति पा सकते हैं। चंद्रमा से जुड़ी ज्वार-भाटे की प्रक्रिया के कारण समुद्र का जल

बार-बार शिवलिंग को नहलाकर वापस लौट जाता है। यह भी लोगों को चमत्कृत करता था। अलबेरूनी को प्राप्त जानकारी के अनुसार, शिवलिंग के चारों ओर किले जैसा एक विशाल मंदिर विद्यमान था। वह रत्नों और स्वर्ण प्रतिमाओं से भरा हुआ था।

ग्यारहवीं शताब्दी के ही एक अन्य मुस्लिम लेखक अल गरदिजी ने अपनी रचना 'किताब जैन-उल-अखबार' में सोमनाथ के महत्त्व का वर्णन करते हुए लिखा है कि 'हिन्दुस्थान में समुद्र के किनारे एक बड़ा शहर सोमनाथ है, जो हिन्दुओं के लिए उतना ही पवित्र माना जाता है जितना कि हम मुसलमानों के लिए मक्का है।'

बाद के मुस्लिम लेखकों ने सोमनाथ मंदिर की समृद्धि और भव्यता का विशद् वर्णन किया है। अलबेरूनी ने महमूद गजनवी द्वारा मंदिर के विध्वंस का वर्णन करते हुए लिखा है कि "महमूद ने सोमनाथ मंदिर पर हमला ४१६ हिजरी या ९४७ शक काल में किया। उसने शिवलिंग के ऊपरी हिस्से को चूर-चूर करने का आदेश दिया और शेष भाग को उसके रत्नजड़ित, कसीदाकारी-युक्त मखमली गलीचों आदि के साथ गजनी भेजने का आदेश दिया। शिवलिंग के एक भाग को गजनी शहर की मुख्य घुड़साल में रखवा दिया, जहाँ थानेश्वर से लाई गई चक्रस्वामिन भगवान् की प्रतिमा भी रखी हुई थी। कुछ भाग को गजनी की जामा मस्जिद के प्रवेश-द्वार पर फिंकवा दिया, ताकि वहाँ आनेवाले श्रद्धालु उन्हें अपने पैरों से रौंदकर अपने तलवों में लगी गंदगी और कीचड़ को साफ कर सकें।'

बाद के मुस्लिम लेखकों ने इस हमले और विध्वंस-लीला का बहुत विशद् वर्णन किया है। वे बताते हैं कि विशाल घुड़सवार सेना के साथ महमूद के अचानक सोमनाथ मंदिर के सामने पहुँचने से वहाँ उपस्थित हजारों श्रद्धालु दर्शनार्थियों की भीड़ और मंदिर में कार्यरत पुजारी वर्ग हतप्रभ रह गए। भगदड़ मच गई। हजारों निर्दोष असावधान हिन्दुओं का कल्लेआम हुआ। तोड़-फोड़ और लूटपाट के काम को जल्दी-जल्दी पूरा करके महमूद अपनी सेना के साथ भाग निकला।

महमूद गजनवी का भारत पर यह अंतिम आक्रमण था। सन् ९९७ से वह लगातार आक्रमण कर रहा था। मुस्लिम लेखकों के अनुसार, उसने खलीफा को वचन दिया था कि वह उत्तर भारत के अति महत्त्वपूर्ण श्रद्धा केंद्रों पर आक्रमण करके करोड़ों हिन्दुओं की श्रद्धेय देव प्रतिमाओं का विध्वंस करेगा और 'बुतशिकन' कहलाने का गौरव प्राप्त करेगा। उसकी इस मजहबी निष्ठा के प्रमाणस्वरूप मुस्लिम लेखकों ने कहानी गढ़ी है कि सोमनाथ के पुजारियों ने उसे सोमनाथ के लिंग का विध्वंस न करने के एवज में अपार धन-संपदा का लालच दिया; किंतु उसने उसे यह कहकर ठुकरा दिया कि मैं यहाँ धन बटोरने के लिए नहीं, बुतपरस्ती के कुफ्र को मिटाने आया हूँ।

मथुरा, थानेश्वर और सोमनाथ जैसे मंदिरों की विध्वंस-लीला इस देश के अचेतन मानस में पराजय और अपमान की गहरी वेदना बनकर समा गई है। यह वेदना पीढ़ी-

दर-पीढ़ी सोमनाथ मंदिर के पुनर्निर्माण के प्रयास के रूप में प्रकट हुई। सोमनाथ का मंदिर बार-बार बना, बार-बार तोड़ा गया। और इस प्रकार वह हमारी राष्ट्रीय अस्मिता का प्रतीक-चिह्न बन गया। इसका पुनर्निर्माण हमारा राष्ट्रीय स्वप्न बन गया। यह स्वप्न महात्मा गांधी की आँखों में, सरदार पटेल की आँखों में था, नरहरि विट्ठल गाडगिल की ओंखों में था, कन्हैयालाल माणिकलाल मुंशी की ओखों में था। संक्षेप में कहें तो यह हमारे समूचे स्वाधीनता आदोलन की अमूर्त प्रेरणा था।

सरदार ने लिया संकल्प

१३ नवंबर, १९४७ को सरदार जूनागढ़ पधारे। उनके साथ नेहरू मंत्रिमंडल के एक अन्य सदस्य नरहरि विट्ठल गाडगिल भी थे। सरदार ने बहाउद्दीन कॉलेज के विशाल प्रांगण में विराट् जनसभा के सामने जूनागढ़ के भारत-संघ में विलय की औपचारिक घोषणा की। हजारों लोगों ने हाथ उठाकर विलय का समर्थन और स्वागत किया। अगले दिन वे प्रभास पाटन तीर्थ में सोमनाथ मंदिर के भग्नावशेषों का दर्शन करने गए। उनके साथ गाडगिल और वी.पी. मेनन भी थे। उन क्षणों का वर्णन वी.पी. मेनन ने इन शब्दों में किया है—

"सरदार यह देखकर भावाकुल हो गए कि जो मंदिर कभी भारत का गौरव स्थल था वह आज जीर्ण-शीर्ण, उपेक्षित और अपमानित स्थिति में पड़ा हुआ है। उसी क्षण प्रस्ताव आया कि सोमनाथ मंदिर का उसके पुराने भव्य रूप में पुनर्निर्माण किया जाए। नवानगर के जाम साहब ने इस कार्य में तुरंत एक लाख रुपए देने की घोषणा की। आरजी हुकूमत की ओर से सामलदास गांधी ने इक्यावन हजार रुपए देने की घोषणा की।" स्पष्ट ही मंदिर पुनर्निर्माण का प्रस्ताव और उसके लिए दान की घोषणाएँ स्वयंस्फूर्त थीं।

मंदिर के पुनर्निर्माण की घोषणा

विक्रमी संवत् २००४ के पहले दिन पवित्र सोमनाथ मंदिर के पुनर्निर्माण की घोषणा को सुनकर केवल गुजरात में ही नहीं, पूरे भारत में हर्ष और उत्साह की लहर दौड़ गई। उन क्षणों का वर्णन करते हुए नरहरि विट्ठल गाडगिल लिखते हैं—

"मैं और सरदार कई शताब्दियों पहले मुसलमानों द्वारा विध्वंसित सोमनाथ को देखने गए। वहाँ मेरे मन में विचार उठा कि इसका पुनर्निर्माण होना चाहिए। सरदार से चर्चा की तो उन्होंने मेरे सुझाव को स्वीकार कर लिया। उनकी स्वीकृति पाकर मैंने मंदिर के मुख्य-द्वार पर खड़े होकर घोषणा की कि भारत सरकार सोमनाथ मंदिर का पुनर्निर्माण करेगी। मैंने कहा कि हमारी स्वतंत्रता विध्वंस के लिए नहीं, निर्माण के लिए है। मैंने 'बाइबल' को उद्धृत किया, 'मैं विध्वंस के लिए नहीं, पूर्ति के लिए आया हूँ।' वहाँ उपस्थित हजारों दर्शनार्थियों ने इस घोषणा का तालियों की गड़गड़ाहट के साथ

स्वागत किया। एक घंटे बाद अहिल्याबाई होल्कर द्वारा सन् १७८३ में निर्मित मंदिर के सभामंडप में विशाल जनसमुदाय के समक्ष सरदार ने भी इस घोषणा की पुष्टि की।

जनसभा के सामने घोषणा करते हुए सरदार ने कहा कि ''नववर्ष के इस शुभ दिवस पर हमने संकल्प लिया है कि सोमनाथ मंदिर का पुनर्निर्माण होगा। आप और राष्ट्रवासियों को इस कार्य में अधिकाधिक सहयोग देना चाहिए। यह एक पवित्र कार्य है, जिसमें सम्मिलित होना सबका कर्तव्य है।''

जब इस संकल्प की सूचना गांधीजी को दी गई तो वे बहुत ही आनंदित .हुए। उन्होंने सुझाव दिया कि सोमनाथ मंदिर का पुनर्निर्माण अवश्य होना चाहिए किंतु जनता के पैसे से। सरकार को उसमें पूरा सहयोग देना चाहिए पर सरकारी पैसा उसमें नहीं लगना चाहिए। यही सरदार के मन का भाव था। सोमनाथ के पुनर्निर्माण के विषय को गांधीजी ने बार-बार अपनी प्रार्थना-सभाओं में उठाया। २८ नवंबर, १९४७ को दिल्ली में प्रार्थना सभा में उन्होंने कहा, ''एक भाई लिखते हैं कि सोमनाथ के मंदिर का जीर्णोद्धार होनेवाला है। उसमें सरकारी पैसा नहीं लगाना चाहिए। मुझे बताया गया है कि सामलदास गांधी ने आरजी हुकूमत बनाई है और इस काम के लिए जनता से इकट्ठा किए गए पैसे से पचास हजार रुपए देना स्वीकार किया है। जामसाहब एक लाख देने वाले हैं। गांधीजी ने कहा कि सरदार पटेल ने कहा है कि 'सरदार ऐसा नहीं है कि जो चीज हिन्दुओं के लिए ही है, उसके लिए सरकारी खजाने से पैसा निकाले। सोमनाथ के जीर्णोद्धार के लिए हिन्दू जो पैसा खुशी से देंगे उसी से काम चलाया जाएगा। पैसा नहीं मिलेगा तो वह काम पड़ा रहेगा। मैं यह सुनकर खुश हुआ।'' १२ दिसंबर को अपनी प्रार्थना सभा में गांधीजी ने पुनः यह विषय उठाया, 'एक और भाई लिखते हैं कि 'आपने प्रार्थना सभा में इस बात का जिक्र किया था कि सरदार पटेल कहते हैं कि सोमनाथ के मंदिर के जीर्णोद्धार के लिए सरकारी खजाने से पैसा खर्च नहीं किया जाएगा। लेकिन ऐसा क्यों? सरकारी खजाने से खर्च करने में हर्ज ही क्या है?''

२२ दिसंबर को गांधीजी ने पंडित सुंदरलाल के एक लेख का हवाला देते हुए लिखा कि सोमनाथ मंदिर के जिन द्वार पटों को महमूद गजनवी ले गया था वे अभी वापस नहीं आए हैं। सन् १८४२ में अफ़गान युद्ध के बाद ब्रिटिश शासकों ने गजनी से लाए गए जिन फाटकों का प्रदर्शन करके गर्वोक्ति की थी कि 'हम सोमनाथ मंदिर के फाटक वापस ले आए हैं' वे फाटक नकली थे, असली नहीं। गांधीजी ने लिखा कि पंडित सुंदरलाल की चिंता है कि प्रसिद्ध सोमनाथ मंदिर का पुनर्निर्माण करते समय हम धोखे में आकर उन नकली फ़ाटकों को इस्तेमाल न कर लें।'

केंद्रीय मंत्रीमंडल की सहमति

गांधीजी की सहमति पाकर इस विषय को केंद्रीय मंत्रिमंडल की बैठक में गाडगिल द्वारा प्रस्तुत किया गया। मंत्रिमंडल ने सोमनाथ मंदिर के पुनर्निर्माण के राष्ट्रीय संकल्प को शिरोधार्य किया। प्रधानमंत्री पं. जवाहरलाल नेहरू चुप रहे। केवल मौलाना आज़ाद ने सुझाव दिया कि मंदिर का पुनर्निर्माण करने के बजाय ध्वंसित मंदिर को उसके मूल रूप में सुरक्षित रखा जाए और पुरातत्त्व सर्वेक्षण विभाग को सौंप दिया जाए। इस सुझाव का विरोध करते हुए काकासाहब गाडगिल ने कहा, ''मंदिर के ध्वंसावशेषों को सुरक्षित रखने का अर्थ होगा कि उसके ध्वंस की पीड़ा को बनाए रखा जाए, वह हिन्दू-मुस्लिम सौहार्द के बजाय कटुता पैदा करेगा। इसलिए अच्छा होगा कि उन ध्वंसावशेषों पर सोमनाथ मंदिर का उसके पुराने भव्य रूप में पुनर्निर्माण किया जाए।'' गाडगिल के इस तर्क को मंत्रिमंडल का समर्थन प्राप्त हुआ। किंतु मौलाना आजाद एवं कुछ वामपंथी बुद्धिजीवियों के इशारे पर पुरातत्त्व सर्वेक्षण विभाग ने भी यह माँग उठाई कि सोमनाथ मंदिर के ध्वंसावशेषों को सुरक्षित स्मारकों की सूची में सम्मिलित किया जाए। इस माँग को अस्वीकार करते हुए सरदार पटेल ने १ अगस्त, १९४८ को टिप्पणी लिखी कि ''इस मंदिर के प्रति हिन्दू भावना बहुत प्रबल और व्यापक है। वर्तमान स्थितियों में यह संभव नहीं है कि मंदिर की थोड़ी-बहुत मरम्मत करके या उसे बनाए रखकर हिन्दू भावना को शांत किया जा सकेगा। मंदिर में प्रतिमा की प्राण-प्रतिष्ठा हिन्दू समाज के लिए प्रतिष्ठा एवं भावना का विषय बन चुकी है।''

गांधीजी की इच्छा का पालन करते हुए धन-संग्रह करने के लिए ३ जनवरी, १९४९ को सरदार पटेल और काकासाहब की उपस्थिति में जामनगर में एक बैठक करके आठ सदस्यों का एक न्यासी मंडल बनाने का निर्णय हुआ। इन आठ सदस्यों में दो भारत सरकार के प्रतिनिधि, दो नवगठित सौराष्ट्र संघ के प्रतिनिधि (जिनमें एक जूनागढ़ राज्य से होना था), दो प्रतिष्ठित नागरिक एवं दो दानदाताओं के प्रतिनिधि रखना तय हुआ। क.मा. मुंशी को न्यासी मंडल की उद्‌देशिका तैयार करने का काम दिया गया। न्यासी मंडल को दायित्व सौंपा गया कि वह सोमनाथ मंदिर के पुनर्निर्माण एवं व्यवस्था के अतिरिक्त भगवान् श्रीकृष्ण के देहोत्सर्ग स्थल का भी जीर्णोद्धार कराए। न्यासी मंडल के उद्‌देश्यों में मंदिर के विशाल परिसर में अखिल भारतीय संस्कृत विश्वविद्यालय एवं एक गोशाला की स्थापना को भी सम्मिलित किया गया। मुंशी का स्वप्न था कि सोमनाथ मंदिर का पुनर्निर्माण राष्ट्रीय स्वाभिमान और आत्मविश्वास के जागरण के साथ-साथ उसे अपनी अस्मिता का बोध कराने का माध्यम भी बने। □

सिख यथार्थ से गांधीजी का प्रथम साक्षात्कार

सिख यथार्थ के साथ गांधीजी के साक्षात्कार की कहानी सन् १९१९ में आरंभ होती है। दमनकारी रौलट एक्ट के विरुद्ध जब गांधीजी ने ६ अप्रैल, १९१९ को देशव्यापी हड़ताल का आह्वान किया तो पंजाब उसमें इतने जोश के साथ सम्मिलित हुआ कि उसे देखकर समूचा देश स्पंदित हो गया और ब्रिटिश सरकार हतप्रभ रह गई। घबराहट में ९ अप्रैल को ही उसने गांधीजी के पंजाब प्रवेश पर प्रतिबंध की घोषणा करके गांधीजी और पंजाब के बीच एक रोमांटिक लगाव उत्पन्न कर दिया। १३ अप्रैल को अमृतसर के जलियाँवाला बाग के भीषण नरसंहार ने समूचे देश को झकझोर डाला। पंजाब की वीरता व बलिदान की गाथा घर-घर में चर्चा का विषय बन गई। कांग्रेस ने इस हत्याकांड की जाँच के लिए गांधीजी की अध्यक्षता में एक जाँच समिति नियुक्त कर दी, जिसके लिए गांधीजी तुरंत पंजाब पहुँचना चाहते थे, उधर पंजाब भी आकुलता के साथ उनके प्रत्यक्ष दर्शनों की प्रतीक्षा कर रहा था।

सार्वजनिक स्वागत

१५ अक्तूबर, १९१९ को पंजाब प्रवेश पर से प्रतिबंध हटते ही गांधीजी तुरंत पंजाब पहुँचे। २४ अक्तूबर को लाहौर में उनका भव्य सार्वजनिक स्वागत हुआ। जलियाँवाला बाग कांड और मार्शल लॉ शासन के अत्याचारों की जाँच के सिलसिले में गांधीजी ने इस समय लगभग एक मास तक पंजाब का व्यापक दौरा किया। उन्हें लगभग प्रत्येक जिले में जाने और सभी वर्गों व सभी उपासना-पंथों के लोगों से वार्त्तालाप करने का अवसर प्राप्त हुआ। जहाँ-जहाँ वे गए, पंजाब की जनता ने पूरे जोश-खरोश के साथ उनके स्वागत में अपने पलक-पांवड़े बिछा दिए। गांधीजी अपने गुजराती साप्ताहिक पत्र 'नवजीवन' में 'पंजाब की चिट्ठी' शीर्षक लेखमाला के माध्यम से देशवासियों को पंजाब के उत्साहपूर्ण वातावरण से लगातार अवगत कराते रहे।

श्रद्धा और उत्साह

इस भ्रमण के दौरान गांधीजी को यह देखकर बड़ा आश्चर्य और प्रसन्नता हुई कि सिख समाज उनके स्वागत में अन्य वर्गों से आगे दिखाई दिया। ४ नवंबर, १९१९ को स्वर्ण मंदिर में अपार जनसमूह ने गांधीजी का जिस गर्मजोशी के साथ स्वागत किय, इसका अनुमान इस एक तथ्य से लग सकता है कि भारी भीड़ के बीच होकर मुख्य द्वार से दरबार साहब तक के छोटे से रास्ते को पार करने में गांधीजी को एक घंटे से अधिक समय लग गया। स्वर्ण मंदिर में गांधीजी को श्रद्धापूर्वक सरोपा व पगड़ी भेंट की गई। श्रद्धा और उत्साह के इस प्रदर्शन ने गांधीजी को भाव विभोर कर दिया। इस पूरे दृश्य का विशेष वर्णन उन्होंने १७ नवंबर, १९१९ को लिखित 'पंजाब की चिट्ठी' में प्रस्तुत किया। इसी अवसर पर वे अमृतसर के खालसा कॉलेज में भी गए। वहाँ सिख छात्रों के उत्साह को देखकर उन्हें बड़ी प्रसन्नता हुई।

सुगबुगाहट

इस दौर में गांधीजी को अनुभव हुआ कि सिख समाज के भीतर भी ब्रिटिश विरोधी सुगबुगाहट तेजी से प्रारंभ हो चुकी है। इस सुगबुगाहट के पीछे जहाँ सिख समाज की जन्मजात देशभक्ति की भावना कार्य कर रही थी, वहीं सन् १८५७ के बाद से ब्रिटिश साम्राज्यवादियों द्वारा निरोपित पृथकतावादी प्रवृत्ति का योगदान भी कम नहीं था। वस्तुत: गांधीजी जब तक पंजाब के राजनीतिक मंच पर पहुँचे, तब तक ब्रिटिशनीति के फलस्वरूप सिख समाज का एक वर्ग पृथकतावाद की धारा में काफी दूर बह चुका था। सिख समाज में अंग्रेजों का एकमात्र स्वार्थ अपने साम्राज्य की रक्षा एवं विस्तार के लिए जाट-खालसा शौर्य का इस्तेमाल करना था। अपने इस उद्देश्य की पूर्ति के लिए उन्होंने सिखों को हिन्दू धारा के अलग करने एवं उनमें ब्रिटिशभक्ति का भाव भरने के लिए बहुमुखी सुनियोजित प्रयास किया। पहले उन्होंने सन् १८६८ में पंजाब के लिए विशेष रूप से जनगणना का आयोजन किया और उसमें सिखों की गणना के लिए हिन्दुओं से अलग कालम बनाया गया जबकि इसके पूर्व सन् १८५५ की जनगणना में उन्होंने सिखों को हिन्दुओं के अंतर्गत ही गिना था। आगे चलकर सन् १८८१ की जनगणना में उन्होंने 'सिख' की व्याख्या को दशम गुरु श्री गोविंद सिंहजी द्वारा सन् १६९९ में स्थापित खालसा पंथ के बाह्य प्रतीकों यानी पंच ककारों को धारण करने एवं नाम के अंत में सिंह लगाने तक सीमित कर दिया। इसी समय से उन्होंने पंजाबी बोली और गुरुमुखी लिपि को सिखों की मजहबी भाषा के रूप में स्थापित करने का कुचक्र आरंभ किया। सैनिक भर्ती के द्वारा खालसा के चिह्नों को प्रोत्साहित किया गया। सन् १९०९ में सिख समाज के व्यापक विरोध के बावजूद आनंद विवाह कानून पास करके सामाजिक अलगाव के बीज बो दिए गए। सन् १९१८ में मांटेग्यू चैम्सफोर्ड वक्तव्य के द्वारा सिखों

को पृथक् निर्वाचन एवं पृथक् प्रतिनिधित्व का अधिकार देकर राजनीतिक अलगाववाद के पथ पर धकेल दिया गया। मुसलमानों को वे इसके पहले ही सन् १९०९ के भारत-कानून के अंतर्गत पृथक् निर्वाचन का अधिकार दे चुके थे। इस लंबी पृथकतावादी प्रक्रिया के फलस्वरूप सिख समाज में एक ऐसा नेतृत्व उभर आया था जो अंग्रेजों के प्रति भक्ति रखता था और जिसका इस पृथकतावाद में निहित स्वार्थ उत्पन्न हो गया था। सिख समाज में से अधिकाधिक सैनिक प्राप्त करने की इच्छा से अंग्रेज चापलूसी का रास्ता भी अपनाते थे और अपने बाहरी कथनों में सिखों के शौर्य की बढ़ा-चढ़ाकर प्रशंसा करने के साथ-साथ उन्हें यह भी बताते थे कि ब्रिटिश शासन सिखों को पंजाब का सबसे महत्त्वपूर्ण वर्ग मानता है और उन्हें एक विशेष स्थिति प्रदान करने को इच्छुक है।

सिख नेतृत्व की अपेक्षाएँ

इस ऊपरी चापलूसी के छलावे में आकर सिख समाज ने प्रथम विश्वयुद्ध के संकटकाल में लगभग एक लाख सैनिक देकर अंग्रेजी साम्राज्य की न केवल रक्षा की बल्कि उन्हें विजय प्राप्त कराई। अंग्रेजों ने भी इस कारण सिखों के योगदान की भूरि-भूरि प्रशंसा की। स्वाभाविक ही, इस सबके कारण ब्रिटिश सरकार से सिख नेतृत्व की अपेक्षाएँ बहुत बढ़ गईं। वह माँग करने लगा कि युद्ध में इस भारी योगदान के पुरस्कारस्वरूप सिखों को पंजाब विधानसभा में कम-से-कम तीस प्रतिशत सीटें प्रदान की जाएँ, जबकि पंजाब की कुल जनसंख्या में सिखों का अनुपात केवल १२ प्रतिशत बैठता था। साथ ही यह नेतृत्व यह माँग भी उठा रहा था कि पृथक् निर्वाचन का अधिकार केवल केशधारी सिखों तक सीमित रखा जाए, सहजधारी सिखों को उनमें कोई हिस्सा न दिया जाए। सिख नेतृत्व के बार-बार अनुनय-विनय करने पर भी ब्रिटिश शासन उन्हें १८ प्रतिशत से अधिक प्रतिनिधित्व देने को तैयार नहीं हुआ। इसके अतिरिक्त साउथबोरो कमेटी एवं भारत सरकार कानून १९१९ में सिख शब्द की व्याख्या को भी अस्पष्ट छोड़ दिया गया। ब्रिटिश सरकार के इस आचरण को विश्वासघात की संज्ञा दी गई। इन प्रश्नों को लेकर पंजाब विधानसभा एवं अखबारों में गरमागरम बहस छिड़ गई। स्वाभाविक ही, पंजाब के हिन्दू समाज एवं अनेक सिख नेताओं ने भी अंग्रेजों की इस अलगाववादी नीति का विरोध किया और इससे ऐतिहासिक सत्य को आग्रहपूर्वक दोहराया कि सिख पंथ न केवल हिन्दू समाज का अभिन्न अंग है अपितु हिन्दू समाज को आंतरिक विकृतियों से मुक्त करने एवं बाह्य आक्रमणों से उसकी रक्षा करने के लिए ही सिख पंथ का उद्भव हुआ। इस बहस के दौरान युवा सिख मानस पर यह भाव अंकित किया गया कि जो केशधारी नहीं हैं और जिसके नाम के पीछे सिंह नहीं लगा है, वह सिख कहलाने के अधिकारी नहीं है। इस प्रचार से भ्रमित केशधारी सिखों को लगने लगा कि गुरु तो केवल हमारे हैं, अतः उनसे संबंधित सब ऐतिहासिक

गुरुद्वारों का नियंत्रण गैर-केशधारी उदासी एवं निर्मले महंतों के हाथों से निकलकर केशधारी सिखों के नियंत्रण में आना चाहिए। गुरुद्वारा नियंत्रण अथवा गुरुद्वारा सुधार आंदोलन की मुख्य प्रेरणा यही थी। यह संयोग ही है कि गांधीजी का संबंध जिस समय पंजाब से जुड़ा लगभग उसी समय या उससे कुछ पहले ही गुरुद्वारा नियंत्रण आंदोलन का सूत्रपात भी हो गया था। इस आंदोलन के कारण भी ब्रिटिश सरकार एवं सिखों में टकराव की स्थिति पैदा हो रही थी, क्योंकि काननू और शांति व्यवस्था के रक्षक होने के नाते ब्रिटिश सरकार को सशस्त्र जत्थों द्वारा गुरुद्वारों पर कब्जा करने के प्रयासों के विरुद्ध पुराने महंतों एवं पुजारियों को सुरक्षा प्रदान करनी पड़ी। इस कारण जहाँ एक ओर केशधारी सिखों और ब्रिटिश सरकार में टकराव की स्थिति पैदा हो रही थी, वहीं सिख समाज के भीतर खालसा-गैर खालसा कटुता भी गहरी हो रही थी।

आंदोलन की चिंगारी

सिख समाज में ब्रिटिश विरोधी भाव पैदा करने में जहाँ ये पृथकतावादी कारण महत्त्वपूर्ण भूमिका निभा रहे थे वहीं सिख समाज को इतिहास द्वारा प्रदत्त देशभक्ति का सहज भाव भी भारी योगदान कर रहा था। अमरीका के गदर आंदोलन की चिंगारी लेकर भारत लौटे स्वतंत्रताप्रेमी सिख हजारों में संख्या में पंजाब में फैले हुए थे। कनाडा और अमरीका में रंगभेद के कारण निकाले गए सिख गोरी जाति के अंग्रेजों के राज्य को सहन करने को तैयार नहीं थे। कामगाटा मारू जहाज कांड के अपमान का बदला लेने का भाव हृदयों में धधक रहा था। युद्ध समाप्ति पर युद्ध क्षेत्र से लौटे हजारों सिख सैनिक छंटनी का शिकार होकर बेरोजगार पड़े थे। ये सब कारण मिलकर सिख अंत:करण में देशभक्ति का ज्वार उद्वेलित कर रहे थे।

दो प्रवृत्तियाँ

एक प्रकार से सिख मानसिकता इस समय राष्ट्रभक्ति और पृथकतावाद के बीच विभाजित थी, यद्यपि दोनों ही प्रवृत्तियाँ उसे ब्रिटिश विरोधी भाव से अनुप्राणित कर रही थीं। गांधीजी को यह इतिहास पता था कि किस प्रकार सन् १८५७ की क्रांति के समय ब्रिटिश शासन ने सिख समाज के खालसा अंग का इस्तेमाल अपने साम्राज्य की रक्षा के लिए लड़ने वाली तलवार के रूप में किया था। अत: किन्हीं भी कारणों से क्यों न हो, ब्रिटिश सरकार के प्रति सिखों में विरोध का भाव पैदा होने को गांधीजी ने राष्ट्रीय आंदोलन के लिए शुभ लक्षण माना। मुस्लिम समाज सन् १९१२-१३ के बालकन युद्धों के समय से ही तुर्की के प्रति अंग्रेजों की विरोधी नीति के कारण उनसे खिन्न हो गया था और प्रथम युद्ध में पराजित तुर्की के सुल्तान को खलीफा के पद से हटाने के ब्रिटिश निर्णय के विरुद्ध

तो भारत का मुस्लिम समाज ताल ठोककर मैदान में कूद पड़ा था। उन्नीसवीं शताब्दी में भारत में राष्ट्रवादी उभार के विरुद्ध सन् १८६९ के लगभग अंग्रेजों ने मुस्लिम पृथकतावाद के साथ जो गठबंधन स्थापित किया था, उसके टूटने के आसार दिखाई दे रहे थे। गांधीजी ने इन दोनों परिवर्तनों का स्वागत किया और ब्रिटिश सरकार के विरुद्ध उनके आंदोलनों को स्वराज्य की लड़ाई के साथ जोड़ने की कोशिश की। गांधीजी की सोच उस समय यह थी कि भारतीय राष्ट्रवाद के विरुद्ध अंग्रेजों के साथ इन तत्त्वों के गठबंधन को टूटने देकर उन्हें स्वराज्य की लड़ाई के साथ किसी प्रकार जोड़ा जाए। 'धर्मनिरपेक्षता' और भौगोलिक 'राष्ट्रवाद' ....बने अंग्रेजी भारतीयों से अलग हटकर गांधीजी की सोच यह थी कि मानव कर्म में धर्म की प्रेरणा इन पाश्चात्य अवधारणाओं की अपेक्षा अधिक बलवती है और इसीलिए धार्मिक प्रेरणाओं से वशीभूत होकर ही भारतीय समाज के ये हिस्से ब्रिटिश साम्राज्यवाद के साथ टकराव की राह पर चल पड़े तो शायद आगे चलकर मुख्य राष्ट्रीय धारा के साथ उनका पूर्ण तादात्म्य संभव हो सकेगा। भावी इतिहास की कसौटी पर गांधीजी की यह सोच सही थी या गलत, यह इस लेख का विषय नहीं है।

अलगाव के विरुद्ध गांधीजी के भगीरथ प्रयास

इस पृष्ठभूमि में जब गांधीजी ने अक्तूबर १९१९ में पंजाब का दौरा आरंभ किया तो उन्हें सिख यथार्थ के इन दोनों चेहरों का साक्षात्कार हुआ। एक ओर सिखों के ब्रिटिश विरोधी आवेश और राष्ट्रीय नेतृत्व के प्रति उनके उत्साहपूर्ण शक्ति प्रदर्शन को देख उन्हें बहुत प्रसन्नता हुई, दूसरी ओर पृथकतावादी प्रवृत्तियों का अनुभव आने पर उन्हें गहरी पीड़ा और चिंता भी हो रही थी।

इस पहले दौरे के समय ही उनके सामने यह प्रश्न ज्वलंत रूप से खड़ा हो गया कि "क्या सिख हिन्दुओं से अलग हैं?" गांधीजी ने अनुभव करते हुए यह स्वयं लिखा है—

"मैंने अपने पंजाब के पहले दौरे में सिखों के बारे में बोलते हुए कहा था कि सिख मेरी राय में हिन्दू समाज के ही अंग हैं। मैंने ऐसा इसलिए कहा था कि मैं जानता था कि लाखें हिन्दू गुरु नानक में विश्वास करते हैं और 'ग्रंथ साहब' हिन्दू भावना और हिन्दू पौराणिक कथाओं से परिपूर्ण है। किंतु बैठक में मौजूद एक सिख छात्र ने मुझे एक ओर ले जाकर बहुत चिंतित भाव से कहा, "आपने सिखों को हिन्दू समाज का अंग बताया, इससे सिखों में नाराजगी पैदा हुई है।" उन्होंने मुझे सलाह दी कि मैं आगे कभी सिखों और हिन्दुओं को एक न बताऊँ। मैंने अपने पंजाब के दौरे में देखा कि उनकी दी हुई चेतावनी ठीक ही थी, क्योंकि मैंने पाया कि कई सिख अपने को हिन्दू धर्म से एक अलग धर्म का अनुयायी मानते हैं। मैंने उन मित्र को वचन दिया कि मैं आगे कभी सिखों को हिन्दू नहीं कहूँगा।" (यंग इंडिया, २२.५.१९२४)

सिख समाज के एक वर्ग की इस मन:स्थिति से देशवासियों को अवगत कराना गांधीजी ने आवश्यक समझा। अत: ननकाना साहब के हत्याकांड के संबंध में अपने पंजाब दौरे के तुरंत पश्चात् गांधीजी ने गुजराती साप्ताहिक 'नवजीवन' के १३ मार्च, १९२१ के अंक में 'सिख जागृति' शीर्षक से लिखा—''आज तक मैं सिख संप्रदाय को हिन्दू धर्म का ही एक संप्रदाय मानता था। लेकिन सिखों के नेता सिख पंथ को एक अलग धर्म ही मानते हैं···गुरुनानक स्वयं तो हिन्दू थे लेकिन सिख नेता मानते हैं कि उन्होंने नए धर्म का प्रवर्तन किया। उनके बाहरी लक्षण पाँच 'क' (केश, कंघा, कच्छा, कड़ा और कृपाण) में निहित है। कुछ वर्ष पहले तक इन पर विशेष जोर नहीं दिया जाता था, लेकिन आजकल नौजवान सिख इन पाँचों वस्तुओं पर बहुत जोर देने लगे हैं और जो अपने आपको सिख मानते हुए भी इन पाँच चिह्नों को धारण नहीं करते, ये 'सुधारक' उन्हें सिख मानते ही नहीं। सुधारक तो स्त्रियों से भी कृपाण धारण करवा रहे हैं।''

प्रतिवाद

सिख नेतृत्व के एक वर्ग के इस पृथकतावादी आग्रह को ध्यान में रखकर ही गांधीजी ने त्रावनकोर राज्य में अस्पृश्यता के विरुद्ध वाईकोम सत्याग्रह के समय सिखों के द्वारा लंगर स्थापित करने के प्रयास को नापसंद करते हुए कहा कि ''मैं तो यह चाहता हूँ कि सिख अपना लंगर बंद कर दें और यह आंदोलन सिर्फ हिन्दुओं के लिए छोड़ दें।''(यंग इंडिया, ८.५.१९२४, टिप्पणियाँ)

गांधीजी के इस कथन का प्रतिवाद करते हुए पंजाब के किसी सज्जन ने गांधीजी को पत्र लिखा कि—

''वाईकोम सत्याग्रह संबंधी आपकी उस टिप्पणी के कारण जिसमें आपने अकालियों को मुसलमानों और ईसाइयों के साथ गैर-हिन्दुओं की श्रेणी में रखा है, यहाँ के अकाली बहुत नाराज़ हैं। मुझसे कई लोगों ने शिकायत की है कि सिख औपचारिक रूप से कभी हिन्दू धर्म से अलग नहीं हुए। और यदि कहा जाए कि कुछ लोग हिन्दू कहे जाने से इनकार करते हैं तो इसके उत्तर में तर्क दिया जा सकता है कि यों तो कुछ समय पहले स्वयं स्वामी श्रद्धानंदजी ने भी 'हिन्दू' कहे जाने पर तीव्र आपत्ति की थी। शिरोमणि गुरुद्वारा प्रबंधक समिति के कई सदस्य हिन्दूसभा के भी सदस्य हैं और यद्यपि अकालियों के एक वर्ग विशेष की अवश्य ही यह धारणा है कि हिन्दू धर्म से उनका अपने को सब प्रकार से अलग घोषित करना ही अधिक अच्छा रहेगा, परंतु उनमें एक उतना ही शक्तिशाली दल ऐसा भी है, जो इस मामले में कट्टर परंपरा निष्ठ है। यहाँ के सिख नेताओं से घनिष्ठ परिचय होने और सिख आंदोलन का थोड़ा-बहुत अध्ययन करने के बाद मुझे स्वयं लगता है कि अकालियों को गैर-हिन्दुओं की श्रेणी में रखना उनके प्रति अन्याय करना है।''

धर्म के त्राता सिख गुरु

गांधीजी ने २२ मई, १९२४ के 'यंग इंडिया' में इस पत्र को प्रकाशित करते हुए पंजाब के अपने पहले दौरे के कटु अनुभव का उल्लेख करते हुए लिखा कि ''यह जानकर मुझे बहुत प्रसन्नता होती है कि अलगाव की यह भावना बहुत थोड़े सिखों तक ही सीमित है और अधिकांश सिख अपने को हिन्दू ही मानते हैं। मैं उन्हें विश्वास दिलाता हूँ कि उन्हें नाराज करने का मेरा कोई इरादा नहीं है।''

कुछ समय पश्चात् गांधीजी की किसी टिप्पणी का कुछ सिखों ने अर्थ लगा लिया कि उन्होंने कृष्ण की तो प्रशंसा की है लेकिन गुरु गोविंद सिंह को दिग्भ्रमित देशभक्त कहा है। गांधीजी ने अपनी भावना को स्पष्ट करते हुए १ अक्तूबर, १९२५ के 'यंग इंडिया' में लिखा, ''सिख गुरुओं के विषय में मेरी धारणा है कि वे बड़े ही धर्मनिष्ठ संत और सुधारक थे और गुरुगोविंद सिंह हिन्दू धर्म के सबसे बड़े त्राता थे। मेरा विश्वास है कि उन्होंने हिन्दू धर्म की रक्षा के लिए ही तलवार उठाई थी।''

साथ ही, गांधीजी ने बड़े स्पष्ट शब्दों में घोषणा की, ''मैं सिख पंथ को हिन्दू धर्म से अलग नहीं मानता। मैं उसे हिन्दू धर्म का ही एक अंग और वैष्णव संप्रदाय की ही तरह हिन्दू धर्म में सुधार क़ा प्रयास मात्र मानता हूँ। यरवदा जेल में मुझे सिखों के संबंध में जितना भी साहित्य मिला मैं उस सब का पारायण कर गया। ग्रंथ साहब के भी कुछ अंश पढ़े। उसका स्वर बड़ा ही आध्यात्मिक और नैतिक है, वह मनुष्य को ऊपर उठाने वाला है।''

सिख आलोचकों को संबोधित करते हुए गांधीजी ने लिखा कि ''किंतु, साथ ही अगर कुछ सिख लोग सिख पंथ को हिन्दू धर्म से बिल्कुल अलग मानते हैं तो मुझे इस पर भी उनसे कोई बहस नहीं करनी है। जब मेरी पंजाब यात्रा के दौरान कुछ सिख भाइयों ने मुझसे कहा कि मेरा, सिखपंथ को हिन्दू धर्म का अंग कहना उनको बुरा लगता है तब से मैंने ऐसा कहना छोड़ दिया। किंतु मुझे लगता है कि जब मुझसे सिख पंथ के विषय में अपने निजी विचार व्यक्त करने को कहा जाता है, तब अपने मन की बात साफ-साफ कह देने के लिए वे मुझे क्षमा करेंगे।''

कई वर्ष बाद १५ जनवरी, १९२७ को भी गया की एक सभा में भाषण करते हुए गांधीजी ने पुनः अपने व्यक्तिगत विश्वास को दोहराते हुए कहा, ''मैं बौद्ध धारा और सिख पंथ को हिन्दू धर्म की ही शाखाएँ मानता हूँ।'' इस मूल आस्था को लेकर ही गांधीजी ने सिखों को पृथकतावाद के गर्त से निकालकर अखिल भारतीय राष्ट्रीयता के शिखर पर ले जाने का भगीरथ प्रयत्न किया।

(पाञ्चजन्य, २६ दिसंबर, १९८७)

□

गांधीजी ने दिया तिरंगे को अर्थ

क्या हो गया है संन्यासिनी उमा भारती को? इस राजनीतिक वातावरण में जब प्रत्येक छुटभैया राजनीतिज्ञ सत्ता के टुकड़े पाने के लिए तरह-तरह की जोड़-तोड़ कर रहा है, दल बदल रहा है, पाप कर रहा है, चरण-वंदन कर रहा है, उस समय इस संन्यासिनी ने बड़े परिश्रम से स्वयं अर्जित मुख्यमंत्री पद को ठोकर मार दी। वे तिरंगा हाथ में और गांधीजी का नाम जिह्वा पर लेकर भारत परिक्रमा के लिए निकल पड़ीं। आखिर, उनको तिरंगे और गांधी जी से लेना-देना क्या है? तिरंगे और गांधीजी के नाम पर कांग्रेस अपना एकाधिकार मानती आई है। क्या उमाजी इस एकाधिकार का अपहरण करना चाहती हैं या वे किसी बड़े लाभ को पाने के लिए छोटे त्याग का नाटक कर रही हैं?

पहले हम यह सोचें कि तिरंगा ध्वज और गांधीजी का नाम स्मरण हमें कहाँ ले जाते हैं। गांधीजी दक्षिण अफ्रीका से सन् १९१५ में भारत लौटे और सन् १९२० में भारतीय राजनीति के शिखर पुरुष बन गए। सन् १९२० में असहयोग आंदोलन के समय उन्हें लगा कि भारत का अपना एक राष्ट्रीय ध्वज होना चाहिए, जो भारत के यथार्थ और आदर्श को प्रतिबिंबित करता हो और जो भारतीय जन-मन को स्वतंत्रता आंदोलन के लिए अनुप्राणित कर सके। १३ अप्रैल, १९२१ को यंग इंडिया में उन्होंने लिखा, 'झंडा सभी राष्ट्रों के लिए अनिवार्यता है। लाखों इसके लिए मर चुके हैं। निस्संदेह यह एक प्रकार की मूर्तिपूजा है, जिसको खंडित करना पाप होगा, क्योंकि झंडा एक आदर्श का प्रतिनिधित्व करता है।'

ध्वज का इतिहास

पर, क्या भारत के पास उस समय कोई झंडा नहीं था? अति प्राचीनकाल में देखें तो राजा लोग विजय अभियान पर निकलने के पूर्व इंद्र ध्वज की पूजा करते थे, महाभारत में अर्जुन के रथ पर स्वयं हनुमान ध्वज बनकर उपस्थित थे। सत्रहवीं शताब्दी में समर्थ

गुरु रामदास ने छत्रपति शिवाजी को भगवा ध्वज भेंट किया था, जिसे हाथ में लकर मराठा वीरों ने पूरे भारत में विदेशी शासन को ध्वस्त किया था, कटक से अटक तक हिन्दू पद पादशाही की स्थापना की थी। बीसवीं शताब्दी के प्रवेश द्वार पर बंगाल के विभाजन के विरुद्ध स्वदेशी आंदोलन में जहाँ वंदे मातरम् राष्ट्रभक्ति का मंत्र बनकर गूँजा था, वहीं राष्ट्रीय ध्वज की खोज भी आरंभ हो गई थी। स्वामी विवेकानंद की शिष्या भगिनी निवेदिता ने एक राष्ट्रध्वज की कल्पना की, जिसमें भगवे रंग के चौकोर वस्त्र के चारों किनारों पर दीप शृंखला, मध्य में इंद्र का वज्र और बंगला लिपि में वंदे मातरम् अंकित था। खोज इससे आगे बढ़ी और बंगभंग के विरुद्ध बायकाट आंदोलन के घोषणा दिवस पर स्वामी विवेकानंद के छोटे भाई भूपेंद्रनाथ दत्त ने एक नया ध्वज सुरेंद्र नाथ बनर्जी को भेंट किया, जिसमें हरे, पीले और लाल रंग की तीन पट्टियाँ थीं। ऊपर हरे रंग की पट्टी में आठ कमल, पुष्प, बीच में पीले पर नीले रंग में देवनागरी लिपि में 'वंदे मातरम्' और नीचे लाल पट्टी के एक कोने में सूर्य और दूसरे सिरे पर ताराहित चंद्र के चित्र अंकित थे। भारत की राष्ट्रीय एकात्मता का यह प्रमाण है कि लगभग उसी समय सन् १९०७ में विदेशों में भारतीय क्रांतिकारियों ने बहुत थोड़े अंतर के साथ ऐसे ही ध्वज को जर्मनी के स्टुटगार्ड नामक नगर में मादाम कामा के हाथों भारत का राष्ट्रीय ध्वज फहराया।

आगे चलकर एनी बेसेंट ने अपने होमरूल लीग आंदोलन के लिए मांडले जेल से वापस लौटे लोकमान्य तिलक के साथ मिलकर एक नया ध्वज तैयार किया, जो औपनिवेशिक स्वराज्य के आदर्श को प्रतिबिंबित करता था। इसे पाँच लाल पट्टियों के बीच चार हरी पट्टियों को जोड़कर तैयार किया गया था। इसके एक कोने पर ब्रिटिश यूनियन जैक को स्थान मिला था, जो प्रदर्शित करता था कि हम ब्रिटिश साम्राज्य में बने रहेंगे। उसके पास चाँद और तारे का चित्र और नीचे सात तारे दिखाए गए थे। यह ध्वज स्वतंत्रता प्राप्ति की भारत की आकांक्षा से मेल नहीं खाता था, अत: यह बिल्कुल लोकप्रिय नहीं हो सका।

अनेक मस्तिष्क उसका विकल्प खोजने में जुट गए। इनमें आंध्र के एक नवयुवक पिंगले वेंकय्या का नाम सर्वोपरि है। वेंकय्या सन् १९१६ से ही राष्ट्रीय ध्वज का एक उपयुक्त और सर्वमान्य नमूना खोजने में जुटा हुआ था। उसने 'भारत के लिए राष्ट्रीय ध्वज' शीर्षक पुस्तिका भी लिखी। गांधीजी का मस्तिष्क भी इस दिशा में सक्रिय था। अप्रैल १९२१ में आंध्र के बेजवाड़ा (विजयवाड़ा) नगर में अखिल भारतीय कांग्रेस कमेटी की बैठक के समय वेंकय्या गांधीजी को मिला। उसके गांधीजी को एक नमूना भेंट किया जिसमें लाल और हरे रंग की केवल दो पट्टियाँ थीं और दोनों पट्टियों पर बड़े आकार में गांधीजी का प्रिय चरखा अंकित था। उन दिनों गांधीजी की मुख्य चिंता थी

भारत में विभिन्न मतावलंबी समूहों को राष्ट्रीयता के धरातल पर एकत्र लाना। वे चाहते थे कि एकता का यह भाव राष्ट्रीय ध्वज में प्रतिबिंबित हो। उनकी दृष्टि में लाल रंग हिन्दुओं का और हरा रंग मुसलमानों का प्रतिनिधित्व करता था। शेष अल्पसंख्यक वर्ग भी प्रतिनिधित्व की माँग कर रहे थे, जैसे ईसाई, सिख आदि। गांधीजी को लगा कि सफेद रंग की पट्टी उनका प्रतिनिधित्व करे। इसलिए उनकी कल्पना के ध्वज में सफेद पट्टी सबसे ऊपर, उसके नीचे हरी और सबसे नीचे लाल रंग की पट्टी रहे। चरखा तीनों पट्टियों पर छपा रहे। ध्वज के इस रूप को कांग्रेस ने प्रस्ताव पारित करके अधिकृत मान्यता तो नहीं दी, किंतु सन् १९२१ से सन् १९३१ तक यही ध्वज सब कार्यक्रमों और अवसरों पर फहराया जाता रहा। राष्ट्रीय ध्वज के रूप में यह काफी लोकप्रिय हो गया। किंतु विचारशील राष्ट्रभक्तों के मन में प्रश्न भी उठते रहे। पहला प्रश्न था कि क्या भारत की राष्ट्रीयता विभिन्न मतावलंबियों की जोड़-तोड़ का नाम है? क्या हमारा राष्ट्रीय ध्वज इस कृत्रिम संख्यात्मक एकता का प्रदर्शन करे? फिर, इस ध्वज में भारतीय राष्ट्र मे आध्यात्मिक आदर्श का प्रतीक भगवा या केसरिया रंग कहाँ है? चारों ओर से माँग आने लगी कि ध्वज में भगवे रंग को स्थान मिलना ही चाहिए।

आखिर, कांग्रेस कार्यसमिति ने २ अप्रैल, १९३१ को अपनी कराची बैठक में डॉ. पट्टाभि सीतारमैया के संयोजकत्व में सात सदस्यों की एक झंडा कमेटी नियुक्त की। इस समिति में सरदार पटेल, जवाहरलाल नेहरू, मौलाना आजाद, मास्टर तारा सिंह, डॉ. एन.एस. हर्डीकर और डी.बी. कालेलकर को सम्मिलित किया गया। डॉ. पट्टाभि ने समिति के सभी सदस्यों एवं देश के प्रमुख विचारकों व राजनेताओं को पत्र लिखकर उनके सुझाव माँगे। जवाहरलाल नेहरू ने १२ अप्रैल, १९३१ को पट्टाभि को जो उत्तर भेजा वह अनेक दृष्टियों से बहुत महत्त्वपूर्ण है। उन्होंने लिखा कि हमारे ध्वज का स्वरूप सांप्रदायिक प्रतिनिधित्व पर कदापि आधारित नहीं होना चाहिए। उसमें सफेद रंग की जगह बसंती या हलके भगवा रंग को स्थान मिलना चाहिए, क्योंकि यह प्राचीन भारतीय रंग है और हमारे विगत इतिहास के बलिदानों व त्याग से जुड़ा हुआ है। साथ ही भारतीय नारी को इस रंग में गहरी श्रद्धा है।

राष्ट्रीय ध्वज की विकास यात्रा का यह महत्त्वपूर्ण तथ्य है कि कांग्रेस कार्यसमिति द्वारा नियुक्त झंडा कमेटी ने प्राप्त सभी सुझावों पर विचार करके केवल भगवे रंग की पट्टी पर चरखे के चित्र को राष्ट्र ध्वज के रूप में स्वीकार किया।

आदर्श सूचक

झंडा कमेटी के इस निर्णय पर कांग्रेस कार्यसमिति ने बंबई में ५ और ६ अगस्त, १९३१ को विचार-मंथन किया। समिति के कई सदस्य कांग्रेस कार्यसमिति के भी

सदस्य थे। लंबे विचार के बाद तय हुआ कि तीन रंगों की पट्टीवाला ध्वज पिछले दस वर्ष तक व्यापक प्रयोग के कारण बहुत अधिक लोकप्रिय हो चुका है, अतः इस समय इतना बड़ा परिवर्तन करना उचित नहीं होगा। तय हुआ कि लाल रंग की जगह भगवा रंग रहेगा और भगवा रंग सबसे ऊपर बीच में सफेद और सबसे नीचे हरा रंग रहेगा। चरखा केवल सफेद पट्टी में सीमित रहेगा। उसका चक्र ध्वज दंड की ओर और सिरा बाहर की ओर रहेगा। सबसे महत्त्वपूर्ण निर्णय यह था कि तीन रंग विभिन्न समुदायों का द्योतक होने के बजाय हमारे राष्ट्रीय आदर्शों के सूचक होंगे। भगवा रंग साहस और त्याग का, सफेद रंग सत्य और शांति का व हरा रंग श्रद्धा और वीरता का सूचक होगा।

ये आदर्श हमारे राष्ट्रीय आदर्श हैं और जो लोग इस समय सेकुलरिज्म की आड़ में घोर सांप्रदायिक राजनीतिक का खेल खेल रहे हैं, यदि वे संन्यासिनी उमा भारती और भारतीय जनता पार्टी पर सांप्रदायिकता का आरोप लगाकर कहें कि उन्हें तिरंगे झंडे के प्रयोग का अधिकार नहीं है तो यह उल्टा चोर कोतवाल को डाँटनेवाली स्थिति है। वस्तुतः तिरंगा और गांधीजी हमें स्वातंत्र्य आंदोलन की मूल प्रेरणाओं से जोड़ते हैं। और इसमें कोई संदेह नहीं कि नेहरू के नेतृत्व में स्वाधीन भारत की यात्रा गांधीजी की मूल प्रेरणा और विचारधारा से भटकाव की यात्रा है। स्वाधीन भारत को इस भटकाव से बाहर निकालकर स्वतंत्रता आंदोलन की मूल प्रेरणाओं से जोड़ने के लिए तिरंगे और गांधीजी को उनके वास्तविक रूप में देशवासियों के सामने रखना बहुत आवश्यक है।

गांधीजी ने मुसलमानों को राष्ट्रीय धारा में लाने के लिए जीवन भर अथक प्रयास किया और अंत में अपने प्राणों की आहुति भी दी, किंतु इसके लिए उन्होंने अपनी जड़ों को नहीं नकारा। सन् १९२१ में जब वे राष्ट्रीय ध्वज के रंगों को संप्रदायों से जोड़कर देख रहे थे और ध्वज को सांप्रदायिक एकता के रूप में देख रहे थे, उन्हीं दिनों उन्होंने १२ अक्तूबर, १९२१ के यंग इंडिया में घोषणा की कि 'मैं स्वयं को सनातनी हिन्दू कहता हूँ क्योंकि—

१. मैं वेदों, उपनिषदों, पुराणों और अन्य हिन्दू शास्त्रों में और इसीलिए अवतारों व पुनर्जन्म में विश्वास करता हूँ।
२. वर्णाश्रमधर्म का सिद्धांत मुझे स्वीकार्य है, किंतु आज के विकृत और भौंडे रूप में नहीं ,अपितु मूल वैदिक रूप में।
३. गोरक्षा के प्रति मेरा सामान्य से अधिक आग्रह है।
४. मूर्ति पूजा में मुझे अविश्वास नहीं है।'

हिन्दुत्व के बिना कुछ नहीं

एक सप्ताह पूर्व ६ अक्तूबर, १९२१ के यंग इंडिया में उन्होंने लिखा, 'हिन्दू धर्म

के प्रति मेरी भावना वैसी ही है जैसे अपनी पत्नी के प्रति है। अन्य स्त्री मेरे मन में वैसी भावनाएँ नहीं जगाती जैसी मेरी पत्नी करती है। उसमें कुछ दोष हो सकते हैं किंतु उसका–मेरा बंधन अटूट है। इसी प्रकार हिन्दू समाज में भी अनेक दोष हैं। किंतु तुलसी की रामायण और गीता के संगीत से मुझे जो आनंद मिलता है, वह कहीं और से नहीं मिलता। मैं आमूलचूल सुधार का हामी हूँ, किंतु सुधार के जोश में मैं हिन्दू धर्म की मूल मान्यताओं को नहीं ठुकरा सकता।' २ मई, १९३३ को यरवदा सेंट्रल जेल से जवाहरलाल नेहरू को एक पत्र में उन्होंने स्पष्ट लिखा कि 'यदि हिन्दुत्त्व ने मुझे निराश किया तो मेरा जीवन बोझ बन जाएगा। हिन्दुत्व को मुझसे छीन लो तो मेरे पास कुछ नहीं रह जाता। यदि मैं इस्लाम और ईसाई धर्म को प्यार करता हूँ तो अपने हिन्दुत्व के कारण ही।'

गांधीजी ने कांग्रेस पार्टी की स्वतंत्रता की लड़ाई के मंच से अधिक उपयोगिता नहीं समझी। इसीलिए अपनी मृत्यु के एक दिन पूर्व उन्होंने कांग्रेस पार्टी को भंग करने का लिखित आग्रह किया। लेकिन कांग्रेस का नाम जीवित रखा गया। पर वह कांग्रेस गांधी की नहीं, नेहरूजी की कांग्रेस थी। सरदार पटेल की दिसंबर १९५० में मृत्यु के बाद तो कांग्रेस पं. नेहरू की पारिवारिक पार्टी बन गई। प्रत्येक विभाजन के बाद परंपरागत कांग्रेसी कांग्रेस से बाहर जाते रहे और परिवार के चाटुकार उसमें भरते गए। आज कांग्रेस के नाम पर जो राजनीतिक टोला बना है, उसका गांधीजी की कांग्रेस से कोई रिश्ता नहीं है। उसे तिरंगे और गांधीजी का नाम लेने का कोई अधिकार नहीं है। यह वंशवादी पार्टी है, जो भारत में वंशवादी शासन स्थापित करना चाहती है, जिसने वंशवाद के पिछले दरवाजे से एक विदेशी महिला को अपने कंधों पर उठा लिया है, जो सोनिया के बाद राहुल व प्रियंका व उनकी संतान के आगे देख ही नहीं सकती। वे सोनिया कांग्रेसी जिन्हें भगवे रंग से चिढ़ है, गांधीजी की उस कांग्रेस के उत्तराधिकारी कैसे हो सकते हैं, जो भगवे रंग को राष्ट्र ध्वज बनाना चाहती थी। ऐसे सिद्धांतहीन, सत्तालोलुप और विभाजनकारी राजनीतिक टोले के शिकंजे से तिरंगे और गांधीजी को मुक्त कराना आवश्यक है। उमा भारती की तिरंगा और गांधी यात्रा राष्ट्रीय आंदोलन के नए चरण का शंखनाद है।

(पाञ्चजन्य, ०१ अक्तूबर, २००४)

□

नमक सत्याग्रह से घबराई ब्रिटिश सरकार

५ मार्च, १९३१ को हस्ताक्षरित गांधी-इर्विन समझौता गांधीजी के नेतृत्व में प्रारंभ हुए स्वतंत्रता आंदोलन के इतिहास में निर्णायक मोड़ जैसा महत्त्वपूर्ण स्थान रखता है। लाहौर अधिवेशन द्वारा अंगीकृत पूर्ण स्वराज्य के लक्ष्य को प्राप्त करने के लिए १२ मार्च, १९३० को डांडी मार्च के साथ आरंभ हुआ नमक सत्याग्रह तब तक का विशालतम शांतिपूर्ण अहिंसक सत्याग्रह था। पूरा देश इस आंदोलन में सम्मिलित था। एक लाख से अधिक सत्याग्रही जेलों में पहुँच चुके थे। ब्रिटिश सरकार भारतीय राष्ट्रवाद के इस विराट रूप को देखकर स्तंभित रह गई थी। आंदोलन का एक प्रमुख नारा विधान परिषदों एवं गोलमेज सम्मेलन का बहिष्कार था। जून १९३० में साईमन कमीशन की रिपोर्ट पाने के बाद ब्रिटिश सरकार गोलमेज सम्मेलन की तैयारियों को लगभग पूरा कर चुकी थी। कांग्रेस के सहभाग के बिना गोलमेज सम्मेलन का कोई अर्थ नहीं रह जाएगा, यह ब्रिटिश शासकों को स्पष्ट दिखाई दे रहा था। अत: २ जुलाई, १९३० को भारत सचिव ने वायसराय को तार भेजकर आंदोलन के स्वरूप और प्रभाव की सही जानकारी भेजने को कहा। इस तार के उत्तर में वायसराय की ओर से १४ जुलाई, १९३० से हर पखवाड़े सत्याग्रह के बारे में विस्तृत रिपोर्ट भेजी गई।

ऐसी कल्पना नहीं थी

१४ जुलाई की रिपोर्ट में वायसराय ने स्वीकार किया कि इस आंदोलन को इतना व्यापक जन समर्थन प्राप्त होगा इसकी कल्पना ब्रिटिश सरकार तो क्या स्वयं उसके नेताओं ने भी नहीं की थी। भारत के शिक्षित वर्गों में अधिकतम राजनीतिक स्वतंत्रता पाने की तीव्र आकांक्षा और राष्ट्रवाद का जाग्रत भाव ही इस व्यापक सफलता के लिए जिम्मेदार है। भले ही अशिक्षित जनसमूह संविधान रचना की समझ न रखता हो, किंतु

स्वाधीनता प्राप्ति के व्यापक प्रचार से वह भी प्रभावित हुआ है।''

वायसराय आगे लिखते हैं कि ''यह सविनय अवज्ञा आंदोलन मूलतः हिन्दू आंदोलन है और शहरी, शिक्षित व मध्यम वर्ग ही उसका मुख्य जनाधार है। कुल मिलाकर मुसलमान उससे अलग रहे हैं। सीमा प्रांत के अलावा और कहीं उनके सम्मिलित होने की संभावना नहीं है। साईमन रिपोर्ट के कारण दोनों समुद्रायों के बीच खाई कम होने के बजाय चौड़ी हुई है।''

''सविनय अवज्ञा आंदोलन को युवा वर्ग का बहुत तगड़ा समर्थन मिल रहा है। इस कांग्रेसी आंदोलन का एक अनपेक्षित पहलू यह है कि महिलाएँ बहुत उत्साह और आग्रह के साथ उसमें भाग ले रही हैं। अधिकांश महिलाएँ अच्छे परिवार से आती हैं। उनके कूद पड़ने से आंदोलन को गति मिली है और पुरुषों में मैदान में जमे रहने का उत्साह भर गया है।''

वायसराय की रिपोर्ट कहती है, ''एक और भी विशेषता है जिसकी पूर्व कल्पना नहीं थी। वह है व्यवसायी एवं व्यापारी वर्ग की ओर से विशेषकर बंबई में प्राप्त हो रहा समर्थन। इसके पीछे गांधी के व्यक्तित्व का प्रभाव तो मुख्य कारण है ही, साथ ही, भारत की आर्थिक और वित्तीय नीतियों के दिशा-निर्धारण को अपने हाथ में लेने की लालसा भी है।'' वायसराय ने यह भी माना कि प्रत्येक प्रांत कमोवेश मात्रा में आंदोलन से प्रभावित हुआ है, बंबई की स्थिति सर्वाधिक खराब है। बंबई शहर में समूचे मध्यम वर्ग पर आंदोलन का उन्माद सवार है। गुजरात के प्रत्येक जिले में आंदोलन फैल गया है। निश्चय की वहाँ गांधी का प्रभाव बहुत अधिक है और शहरी तथा ग्रामीण क्षेत्रों में अधिकांश जनसंख्या आंदोलन को सक्रिय समर्थन दे रही है।''' ''हमारी सरकार एक ओर आंदोलन से लड़ रही है, दूसरी ओर संवैधानिक प्रक्रिया को आगे बढ़ाने के लिए गोलमेज सम्मेलन को सफल बनाने के प्रयास में लगी है। मुसलमान गोलमेज सम्मेलन में भाग लेने को उत्सुक हैं, पर अभी तक यह नहीं कहा जा सकता कि कांग्रेस गोलमेज सम्मेलन में आएगी या नहीं।''

कांग्रेसी नियंत्रण

२९ अगस्त, १९३० को प्रेषित चौथी रिपोर्ट में गुप्तचर विभाग के प्रमुख पेट्री के शब्दों में बंबई का हाल बताया गया है, ''हर प्रकार के कार्यकलापों पर कांग्रेस ने अपना पूरा नियंत्रण स्थापित कर लिया है। जिस किसी चीज पर वह रोक लगा देती है तो वह नहीं ही हो सकता। उनकी निषेधाज्ञा का पूरी तरह पालन होता है, बंबई का कार्य व्यापार ठहर जाता है। स्थिति में सुधार के कोई लक्षण दिखाई नहीं दे रहे। इस गतिरोध से बाहर निकलने का कोई रास्ता नहीं सूझ रहा। व्यापारिक फर्मों की भारी हानि हुई है, उनमें से

कई तो दिवालिया हो गई है···गुजराती वर्ग इस दिशा में बहुत आगे है जिसका कारण उन पर गांधी का गहरा प्रभाव है।"

१४ सितंबर, १९३० को पाँचवीं रिपोर्ट कहती है "बंबई शहर में कांग्रेस अभी भी बड़ी ताकत है और गुजरात में जनसंख्या का बड़ा हिस्सा उसके पीछे खड़ा है। विदेशी वस्त्रों का आम बहिष्कार पूरी तरह घरेलू है और जब तक यह लागू रहेगा कांग्रेस की ताकत और प्रभाव बने रहेंगे। हमें आशा करनी चाहिए कि गोलमेज सम्मेलन के समय वे इंग्लैंड के जनमत को प्रभावित करने के उद्देश्य से अपने आंदोलन को और तेज करेंगे।···संतोष की बात यह है कि कांग्रेस अभी तक सेना और पुलिस को प्रभावित नहीं कर पाई है।"

२९ सितंबर, १९३० को छठी रिपोर्ट में कहा गया है "आंदोलन को चलते लगभग छह महीने हो गए।···सीमा प्रांत में बड़ी संख्या में मुसलमान सरकार का विरोध कर रहे हैं। पर यह होते भी कांग्रेस अन्य प्रांतों में मुसलमानों को अपने साथ नहीं ला पाई है। हिन्दुओं का मध्यम वर्ग पूरी तरह उसके साथ खड़ा है। सच यह है कि पिछले छह महीनों में सरकार को एक ऐसे विशाल और प्रबल आंदोलन से जूझना पड़ रहा है जिसकी सफलता से समूचे राजनीतिक और सामाजिक ताने-बाने को गंभीर खतरा पैदा हो जाएगा। प्रांतीय सरकारों के सहयोग से भारत सरकार इस आंदोलन को परास्त करने के लिए पूरी शक्ति लगा रही है।"

१४ अक्तूबर, १९३० की सातवीं रिपोर्ट बताती है, "हिन्दुओं में अभी भी यह भावना प्रबल है कि कांग्रेस अपनी कई भूलों और ज्यादतियों के बावजूद देश के व्यापक हितों के लिए संघर्ष कर रही है और यही कारण है कि इस आंदोलन को इतना अधिक और प्रबल समर्थन प्राप्त हुआ। इसी से स्पष्ट होता है कि कांग्रेस का अभी भी हिन्दुओं के मध्यम और व्यापारी वर्ग पर इतना प्रभाव क्यों है। हिन्दू व्यापारी कांग्रेस के आदेशों का उल्लंघन करेंगे इसका अभी कोई संकेत नहीं है। कांग्रेस का प्रभाव बना रहने के सत्य को झुठलाना भूल होगी।"

२८ नवंबर, १९३० को दसवीं रिपोर्ट में कहा गया है कि "नागपुर के दो चुनाव क्षेत्रों में कांग्रेस के अनुरोध पर ९७ और ९३ प्रतिशत मतदाताओं ने चुनाव का बहिष्कार किया। कई स्थानों पर हिंदू मतदाताओं के बहुमत ने मतदान में भाग नहीं लिया। आबकारी राजस्व में भारी गिरावट से भी संकेत मिलता है कि आंदोलन में अभी बहुत शक्ति मौजूद है।"

गांधीजी का प्रभाव

वायसराय लार्ड इर्विन की ओर से भारत सचिव को भेजी गई इन गोपनीय और

अधिकृत रिपोर्टों के कुछ अंश यहाँ इस अभिप्राय से दिए गए हैं कि पाठक यह जान सकें कि गांधीजी का प्रभाव हिन्दू समाज पर कितना व्यापक और गहरा था। ब्रिटिश शासक उससे कितना अधिक भयभीत और चिंतित थे। वे इस प्रभाव को राष्ट्रवाद के जागरण के रूप में देखते थे और इस जागरण को कुंठित करने के लिए गोलमेज सम्मेलन जैसा चक्रव्यूह रच रहे थे। वे यह समझ गए थे कि कांग्रेस के सहभाग के बिना गोलमेज सम्मेलन का कोई अर्थ नहीं रह जाएगा। इसीलिए वायसराय की इन रिपोर्टों में कांग्रेस को १३ नवंबर, १९३० से लंदन में आरंभ होने वाले पहले गोलमेज सम्मेलन में ले जाने के प्रयत्नों का भी विस्तृत वर्णन मिल जाता है।

ब्रिटिश कूटनीति की कार्यशैली को समझने के लिए खुले सम्मेलनों और वार्त्ताओं से अधिक पर्दे के पीछे व्यक्तिगत संबंधों की राजनीति को जानना ज्यादा उपयोगी है। वायसराय लार्ड इर्विन को एक बहुत ही उदार, धर्मनिष्ठ ईसाई, विनम्र और व्यवहार कुशल प्रशासक की छवि मिल गई थी। गांधीजी उसकी इस छवि से बहुत प्रभावित थे। वे उसे बहुत प्रामाणिक और भारत हितैषी व्यक्ति मानते थे। इर्विन के मित्र इलाहाबाद हाईकोर्ट के मुख्य न्यायाधीश सर ग्रिमवुड मीयर्स के लिबरल नेता तेज बहादुर सप्रू और मोतीलाल नेहरू से घनिष्ठ संबंध थे। इर्विन ने इन संबंधों का लाभ उठाते हुए जुलाई १९३० में तेज बहादुर सप्रू और एम.आर.जयकर को यरवदा जेल में गांधीजी से भेंट करके कांग्रेस को गोलमेज सम्मेलन में लाने की कोशिश शुरू की। गांधीजी को निर्णय पर पहुँचाने के लिए नैनीताल जेल में मोतीलाल नेहरू और जवाहर लाल नेहरू को भी यरवदा जेल ले जाया गया। सरदार वल्लभ भाई पटेल को भी बुला लिया गया। जवाहरलाल और सरदार पटेल के कड़े विरोध के कारण यह प्रयास विफल हो गया। गांधीजी ने गोलमेज सम्मेलन में जाने के लिए जो शर्तें प्रस्तुत कीं, उन्हें मानने से वायसराय ने इनकार कर दिया। इस प्रकार कांग्रेस के सहभाग के बिना ही पहला गोलमेज सम्मेलन १९ जनवरी, १९३१ को समाप्त हो गया। उसकी उपलब्धि मात्र इतनी रही कि विभिन्न धड़ों में बिखरा हुआ मुस्लिम नेतृत्व अपनी पृथकतावादी माँगों के साथ ब्रिटिश साम्राज्यवाद के पीछे एकजुट हो गया। सिख, एंग्लो इंडियन, भारतीय ईसाई, यूरोपीय उद्योगपति आदि छोटे-छोटे समूह अल्पसंख्यकवाद के नाम पर शक्तिशाली मुस्लिम पृथकतावाद के शिविर में खड़े हो गए। देश भर में गाँव-गाँव, मुहल्ले-मुहल्ले में बिखरे हुए गरीब, अशिक्षित और अबोध वंचित वर्गों के एकमात्र प्रवक्ता के रूप में डॉ. भीमराव अंबेडकर को मान्यता दे दी गई। छुआछूत व जाति-भेद के आधार पर राष्ट्रवाद की आधारभूमि हिंदू समाज को दो फाँक करने की व्यूह रचना तैयार हो गई। तीसरे, भारतीय नरेशों को संवैधानिक प्रक्रिया का अंग बनाने हेतु संघवाद या भारतीय संघ का सिद्धांत निरुपित किया गया।

प्रथम गोलमेज सम्मेलन के समापन दिवस १९ जनवरी, १९३१ को ब्रिटिश प्रधानमंत्री

रैमसे मैकडोनॉल्ड ने सम्मेलन के निष्कर्षों की सूत्रबद्ध घोषणा करके कांग्रेस को अगले गोलमेज सम्मेलन में आने का सार्वजनिक निमंत्रण दे दिया। पता नहीं क्यों तेज बहादुर सप्रू, एम.आर. जयकर और वी.एस. श्रीनिवास शास्त्री आदि लिबरल नेता इस गोलमेज सम्मेलन की कार्रवाई और ब्रिटिश प्रधानमंत्री मैकडोनॉल्ड द्वारा उद्घोषित निष्कर्षों से बहुत अधिक गद्गद थे। उन्हें निकट भविष्य में भारत को औपनिवेशिक स्वराज्य मिलने का विश्वास हो गया। ये लिबरल नेता बहुत बुद्धिमान, देशभक्त और प्रामाणिक व्यक्ति थे, किंतु पता नहीं क्यों ब्रिटिश शासकों की न्यायप्रियता और लोकतांत्रिक सिद्धांतवाद पर उन्हें जरूरत से ज्यादा विश्वास था। ब्रिटिश शासक उनकी इस कमजोरी का पूरा लाभ उठाते थे। इर्विन ने इन्हीं लिबरल नेताओं को माध्यम बनाकर गांधीजी और कांग्रेस को गांधी-इर्विन वार्त्ता के जाल में फँसाया।

मैकडोनॉल्ड ने कांग्रेस को अगले सम्मेलन में आने का सार्वजनिक निमंत्रण दिया। २४ जनवरी, १९३१ को इर्विन ने प्रतिबंधित कार्यसमिति के सदस्यों को रिहा करने की घोषणा की। २६ जनवरी को रात में १०.३० बजे गांधीजी को रिहा किया गया। २ फरवरी को इलाहाबाद में कांग्रेस कार्यसमिति ने गोलमेज सम्मेलन को राष्ट्रवाद विरोधी बताकर अगले सम्मेलन के बहिष्कार का प्रस्ताव तैयार कर लिया। पर लिबरल नेताओं ने लंदन से तार भेजा कि हमारे भारत वापस लौटने और हमारी बात को सुनने तक कोई प्रस्ताव सार्वजनिक न किया जाए। फलतः मृत्युशय्या पर पड़े मोतीलाल नेहरू के आग्रह पर उस प्रस्ताव को रोक लिया गया।

(पाञ्चजन्य, ४ मार्च, २०१२)

□

लार्ड इर्विन : संत या शकुनि?

६ फरवरी, १९३१ को पं. मोतीलाल नेहरू के देहावसान से शोकग्रस्त जवाहर लाल, गांधीजी और कार्यसमिति के सदस्यगण जब इलाहाबाद में उनके अंतिम संस्कार में व्यस्त थे, उसी दिन गोलमेज सम्मेलन से लौटे २६ प्रतिनिधियों ने एक संयुक्त वक्तव्य जारी करके ब्रिटिश प्रधानमंत्री रैमजे मैकडोनॉल्ड के १९ जनवरी के वक्तव्य को भारत की स्वतंत्रता का घोषणा पत्र बना दिया। श्रीनिवास शास्त्री तुरंत दिल्ली में वायसराय लार्ड इर्विन से भेंट करने के लिए रवाना हो गए और तेज बहादुर सप्रू व जयकर इलाहाबाद के लिए चल पड़े। शास्त्री ने वायसराय से लंबी बात की। बताया कि यदि गोलमेज सम्मेलन की सफलता के लिए गांधीजी को वहाँ ले जाना आवश्यक है तो वायसराय को गांधीजी को मनाने का भगीरथ प्रयास करना होगा। शास्त्री ने इर्विन को गुरुमंत्र दिया कि गांधीजी का व्यक्तित्व महान होते हुए भी उनके अचेतन मानस में अहं का तत्त्व मौजूद है, जिसका लाभ उठाते हुए वायसराय को उन्हें एक घमंडी स्त्री की तरह रिझाना होगा। गांधीजी से एक वायसराय की तरह नहीं बल्कि एक गैर-राजनीतिक श्रद्धावान धार्मिक पुरुष के धरातल पर विनम्रता के साथ संवाद करना होगा।

संत बनाने का षड्यंत्र

अप्रैल १९२६ में वायसराय के रूप में बंबई बंदरगाह पर पहुँचने के क्षण से ही इर्विन के चारों ओर 'एक श्रद्धालु धार्मिक व्यक्ति' का आवरण खड़ा करना शुरू कर दिया गया था। सन् १९५७ में प्रकाशित अपनी आत्मकथा 'फुलनेस ऑफ डेज' में इर्विन स्वयं लिखते हैं कि मेरे भारत आगमन के बारे में एक कथा प्रचलित की गई कि उस दिन गुड फ्राइडे होने के कारण मैं जहाज से उतरते ही चर्च में दौड़ गया, जबकि मैं एक दिन पहले बृहस्पतिवार को बंबई पहुँच गया था। इधर शास्त्री ने वायसराय को गांधीजी को रिझाने का गुर बताया, उधर इलाहाबाद पहुँचकर गांधीजी के सामने इर्विन की चर्च-निष्ठा, गैर-राजनीतिक प्रकृति और भारत का हितचिंतक होने का वर्णन किया। कहा

कि वे इर्विन को वायसराय के रूप में नहीं बल्कि अपने जैसा धर्मनिष्ठ पुरुष मानकर वार्त्तालाप करें। उन्होंने गांधीजी के मन में यह धारणा भी बैठा दी कि ब्रिटिश सरकार अब भारत को अविलंब औपनिवेशिक स्वराज्य देने का मन बना चुकी है। गांधीजी को अगले गोलमेज सम्मेलन में जाकर केवल सत्ता हस्तांतरण पर औपचारिक हस्ताक्षर करने हैं। शास्त्री ने गांधीजी से स्पष्ट शब्दों में कहा कि आपके निकट सहयोगियों में से आधा दर्जन व्यक्तियों की भी अहिंसा पर पूरी आस्था नहीं है, आपके बाद कांग्रेस में अराजकता की स्थिति पैदा हो जाएगी। अतः अपने सामने ही भारत को औपनिवेशिक स्वराज्य दिलाने की औपचारिकता पूरी कर जाइए। श्रीनिवास शास्त्री के इस मार्मिक संवाद से उत्साहित होकर गांधीजी ने १४ फरवरी, १९३१ को इर्विन को पत्र लिखा कि मैं आपसे वायसराय के नाते नहीं बल्कि एक व्यक्ति के धरातल पर भेंट करना चाहता हूँ। और वायसराय ने तुरंत उन्हें बुलावा भेजकर १७ फरवरी को वार्त्ता आरंभ कर दी।

१७ फरवरी को ही शास्त्रीजी ने अपने मित्र टी.आर. वेंकटराम शास्त्री को दिल्ली स्थित पुराने वायसराय निवास से लिखा कि, ''आज दोपहर से 'जीवित ईसा मसीहों' में भेंट आरंभ हो गई। सप्रू, जयकर और मैंने उन्हें एक-दूसरे से मिलने के लिए तैयार किया है। परिणाम जानने के लिए हम लोग महात्मा से मिल रहे हैं। यदि उनका निशाना ठीक बैठ गया तो गंभीर वार्त्ता आरंभ होगी। तब बीकानेर और भोपाल (नरेश), शफी और छतारी (मुस्लिम नेता), मालवीय और अंसारी और हम लोग उस वार्त्ता में सम्मिलित होंगे।''

इर्विन की योजना

गांधी-इर्विन वार्त्ता की स्थिति पैदा करने में अपने योगदान को शास्त्री एवं अन्य नरमदलीय नेता आवश्यकता से अधिक आँक रहे थे। वस्तुतः वायसराय इर्विन के दो भारत सचिवों—बर्केनहैड और वेजवुड बेन के साथ पत्राचार और उनकी आत्मकथा के प्रकाशन के बाद अब इस समझौते की अंतर्कथा पर से रहस्य का पर्दा पूरी तरह हट चुका है। इस पत्राचार से पहली बात तो यह उभरकर सामने आती है कि अप्रैल १९२६ में भारत आगमन के क्षण से ही इर्विन की पहली चिंता यही थी कि भारत में ब्रिटिश साम्राज्य के स्थायित्व के लिए क्या नीति अपनाई जाए। भारत सचिव बर्केनहैड को कई पत्रों में उन्होंने सूचित किया था कि राष्ट्रवाद के उभार के विरुद्ध मुसलमानों, देशी नरेशों और नरमदलीय नेताओं के समर्थन को जुटाना आवश्यक है। केवल गोरी चमड़ी का 'साईमन कमीशन' बनाने की सलाह भी इर्विन ने ही भारत सचिव को दी थी, उसी ने विश्वास दिलाया था कि उसका भारत में विरोध नहीं, स्वागत होगा। 'साईमन कमीशन' के सर्वदलीय बहिष्कार और कांग्रेस के कलकत्ता अधिवेशन (१९२८)

में 'पूर्ण स्वतंत्रता बनाम औपनिवेशिक स्वराज्य' की गरम बहस होने से घबराकर इर्विन जून १९२९ में भागे-भागे लंदन गए। वहाँ उन्होंने ही लेबर पार्टी की नई सरकार में भारत सचिव वेजवुड बेन को सलाह दी कि जल्द्री-से-जल्दी गोलमेज सम्मेलन बुलाया जाए और बिना समय सीमा निर्धारित किए यह घोषणा की जाए कि भारत की राजनीतिक यात्रा का गंतव्य औपनिवेशिक राज्य का दर्जा ही होगा। भारत सचिव की सहमति लेकर उन्होंने भारत लौटकर ३१ अक्तूबर, १९२९ को इस आशय की ऐतिहासिक घोषणा कर डाली, जिस पर मोतीलाल नेहरू ने तुरंत दिल्ली में शीर्ष नेताओं की सर्वदलीय बैठक बुलाकर इस घोषणा का स्वागत करवाया। इससे आशंकित होकर ब्रिटिश संसद के दोनों सदनों में सभी दलों के नेताओं ने भारत को औपनिवेशिक राज्य का दर्जा देने की घोषणा का प्रबल विरोध किया। ब्रिटिश संसद की इस बहस से चिंतित होकर गांधीजी, मोतीलाल नेहरू, सप्रू एवं जिन्ना ने २३ दिसंबर, १९२९ को वायसराय इर्विन से सामूहिक भेंट की। इर्विन की आत्मकथा के अनुसार इस भेंट में अधिक समय गांधीजी बोले। उन्होंने वायसराय से अपनी घोषणा को पूरा करने की निश्चित समय सीमा निर्धारित करने का अनुरोध किया। इसे मानने से इर्विन ने स्पष्ट शब्दों में इनकार कर दिया। जिसका परिणाम एक सप्ताह बाद लाहौर अधिवेशन में पूर्ण स्वराज्य की माँग व गोलमेज सम्मेलन और विधान परिषदों के बहिष्कार तथा सविनय अवज्ञा आंदोलन आरंभ करने की घोषणा में हुआ।

इर्विन की दुविधा

इर्विन को पूर्ण विश्वास था कि १२ मार्च, १९३० से आरंभ होने वाला सविनय अवज्ञा आंदोलन पूरी तरह विफल होगा और उपहास का विषय बनेगा। अगले दिन (१३ मार्च को) उसने भारत सचिव बेन को लिखा कि "मैं गांधी से मुकाबले का रास्ता सोच रहा हूँ।" ७ अप्रैल के पत्र में इर्विन ने लिखा कि "अच्छा हो कि ज्योतिषियों की भविष्यवाणी के अनुसार इस साल वह (गांधी) मर ही जाएँ।" २४ अप्रैल को लिखा कि "एक समुदाय के रूप में मुसलमान इस आंदोलन से पूरी तरह अलग खड़े हैं।" पर २२ मई तक उसका आत्मविश्वास डिगने लगा था। भारत सचिव को उस दिन के पत्र में इर्विन ने लिखा, "इसमें कोई संदेह नहीं है कि गांधी हिन्दुओं में बहुत व्यापक राष्ट्रवादी आंदोलन पैदा करने में सफल हो गए हैं, जो मेरी जानकारी में किसी भी भारतीय या ब्रिटिश पर्यवेक्षक के लिए कल्पनानीत है। साथ ही इस आंदोलन को परास्त करने के लिए बड़े नेताओं को रंगमंच से हटाने की हमारी नीति सफल नहीं हुई है।" इससे वह इतना अधिक चिंतित हो गया था कि उसे दो ही विकल्प दिखाई देने लगे—आंदोलन का दमन या गांधी के सामने आत्मसमर्पण।

प्रारंभ में उसने दमन का रास्ता अपनाया। इसके लिए उसने अनेक दमनकारी अध्यादेश जारी किए। सन् १९१० के प्रेस एक्ट को पुनरुज्जीवित किया। ६७ अखबारों और ३४ छापेखानों की तालाबंदी कर दी। ४ मई की रात में १२.३० बजे गांधीजी को बंदी बनाया। २१ मई को सूरत जिले में २५०० सत्याग्रहियों पर निर्मम लाठीचार्ज किया। लगान वसूलने के लिए हजारों किसानों की जमीन-जायदाद को कुर्क कर दिया, उनकी जमीनें जब्त कर लीं। देश भर में पुलिस का अत्याचार छा गया। परंतु आंदोलन की आग बुझने की बजाय फैलती ही गई। तब घबराकर २४ मई को उसने बेन को लिखा, ''इस तथ्य को छिपाने की कोशिश करके हम भारी भूल करेंगे कि इस समय हम एक भारी संकट में घिर गए हैं।'' २ जून, १९३० को लिखा कि यह आंदोलन बहुत गहरा है और भारत-समाज के सब स्तरों तक फैल गया है। यह उनके दिलोदिमाग पर छा गया है और उन्हें मैदान में उतार लाया है। स्पष्ट है कि इसमें बहुत खतरनाक संभावनाएँ छिपी हैं। अब मुझे विश्वास हो गया है कि केवल दमनकारी उपायों से हम समस्या का सही हल नहीं खोज पाएँगे। उनकी जगह हमें रचनात्मक नीति की संभावनाओं को खोजना होगा।'' १३ और २४ जून, १९३० को 'साईमन कमीशन' रपट के प्रकाशन के बाद तो उसकी घबराहट और भी बढ़ गई। क्योंकि उस रपट में औपनिवेशिक दर्जे का उल्लेख तक नहीं था। घबराहट में इर्विन ने बेन को सलाह दी कि साईमन रपट को ठंडे बस्ते में डालकर गोलमेज सम्मेलन को जल्दी-से-जल्दी बुलाया जाए। उसमें गांधीजी व कांग्रेस को लाने का पूरा प्रयास किया जाए ताकि भारतीयों का ध्यान आंदोलन से हटकर रचनात्मक सोच में लगे। उस सम्मेलन में भाग लेने वाले प्रतिनिधियों की चयन प्रक्रिया आरंभ हो और सम्मेलन का एजेंडा व बहस के बिंदू तैयार किए जाएँ।

इर्विन का सम्मोहन?

इसी के बाद उसने अपने मित्रों, नरमदलीय नेताओं, सप्रू व जयकर को जेल में गांधीजी एवं अन्य कांग्रेस नेताओं को गोलमेज सम्मेलन में जाने को मनाने के लिए वार्त्ता हेतु भेजा। वी.एस.श्रीनिवास शास्त्री उन दिनों इंग्लैंड में होने के कारण उपलब्ध नहीं थे। यह प्रयास विफल हो गया, क्योंकि कांग्रेस नेताओं ने वहाँ जाने से इनकार कर दिया था।

२६ जनवरी, १९३१ की सायंकाल जेल से रिहा होने के बाद भी गांधीजी ने अपनी ग्यारह माँगें वायसराय को लिखित रूप में भेजीं। परंतु लार्ड इर्विन ने उनमें से एक भी माँग स्वीकार नहीं की। उसकी एकमात्र चिंता यह थी कि गांधीजी अपने आंदोलन को समाप्त कर दें और गोलमेज सम्मेलन में जाने की सहमति दे दें। ये दोनों लक्ष्य उसने प्राप्त कर लिए। गांधीजी ने ब्रिटिश प्रधानमंत्री द्वारा १९ जनवरी को निर्धारित सीमाओं के भीतर ही गोलमेज सम्मेलन में चर्चा करने की शर्त भी स्वीकार कर ली।

इर्विन का सम्मोहन गांधीजी पर किस सीमा तक सवार था, इसके कुछ उदाहरण इर्विन की आत्मकथा में उपलब्ध है। इर्विन लिखते हैं कि दूसरे दिन की वार्त्ता के अंत में उन्होंने गांधीजी के सामने अगले दिन से भारत सरकार के गृह सचिव इमर्सन को भी वार्त्ता के समय मौजूद रहने का सुझाव दिया तो उन्होंने तुरंत मान लिया, जबकि वे जानते थे कि वह बहुत जालिम है। इसी प्रकार जब गांधीजी ने कहा कि वे चाहते हैं कि आंदोलन को 'समाप्त करने' की भाषा की जगह 'स्थगित करने' की भाषा लिखी जाए तो इर्विन अड़ गए और गांधीजी को 'समाप्त करने' शब्द ही स्वीकार करने पड़े। जब गांधीजी पुलिस अत्याचारों की जाँच की माँग पर दो-तीन दिन तक अड़े रहे तो इर्विन ने उन्हें दो टूक शब्दों में कहा कि पूरी संभावना है कि आप सविनय अवज्ञा आंदोलन पुनः आरंभ करेंगे और तब मैं नहीं चाहूँगा कि हमारी पुलिस दुम दबाकर हतबल खड़ी रहे। इर्विन की इस बेबाकी से प्रभावित होकर गांधीजी ने इतनी आवश्यक माँग को भी छोड़ दिया। यदि तथ्यों की कसौटी पर देखा जाए तो गांधी-इर्विन समझौता, जिसके लिए इर्विन ने अपनी आत्मकथा में 'तथाकथित' शब्द का प्रयोग किया है, एकपक्षीय समझौता था, जिसमें ब्रिटिश सरकार ने वह सब पा लिया जो वे चाहते थे और गांधीजी ने वह सब गँवा दिया, जिसके लिए उन्होंने विशाल आंदोलन छेड़ा था और जिसके पीछे राष्ट्रभक्त हिन्दू समाज पूरी तरह खड़ा हो गया था। यह देखकर सन् १९१५ में मृत्युशैय्या पर पड़े गोपाल कृष्ण गोखले की एम.आर. जयकर को गांधीजी के बारे में यह चेतावनी स्मरण आ जाती है कि "इस व्यक्ति में ऐसा कुछ है कि वह समाज के अंतिम व्यक्ति से तुरंत तादात्म्य स्थापित कर लेता है, पर कूटनीतिक वार्त्ता की मेज पर उसकी सफलता में संदेह है।"

(पाञ्चजन्य, २५ मार्च, २०१२)

□

मेज पर हार, जनता में जीत

५ मार्च, १९३१ का गांधी–इर्विन समझौता पूरी तरह एकपक्षीय था, जिसमें गांधीजी ने सब कुछ खोया और वायसराय इर्विन ने सब कुछ पा लिया। इस सत्य का साक्ष्य प्रस्तुत करता है गांधीजी के 'हनुमान और गणेश' महादेव देसाई की डायरी का १२वाँ खंड। महादेव देसाई इस वार्त्ता के समय दिल्ली में गांधीजी के साथ मौजूद थे। १७ फरवरी से ५ मार्च तक गांधीजी और इर्विन के बीच जो गुप्त वार्त्तालाप चला, उसकी जो जानकारी गांधीजी ने महादेव देसाई को दी वह उन्होंने अपनी डायरी में निबद्ध की। इस डायरी के गुजराती संस्करण की भूमिका में चंदुलाल भगुभाई दलाल ने समझौते का निचोड़ इन शब्दों में प्रस्तुत किया, ''इस समझौते के अनुसार कांग्रेस ने आंदोलन वापस लिया, गोलमेज परिषद् में भाग लेना स्वीकार किया, जमीन महसूल जितना हो सके उतनी मात्रा में भरवाया और शांति बनाए रखी। लेकिन सरकार ने आर्डिनेंस वापस लेने के सिवाय किसी प्रकार से इस समझौते का पालन नहीं किया। समझौते के मुताबिक छोड़े जाने योग्य कितनों को जेल से नहीं छोड़ा, किसानों पर जुल्म ज्यों–का–त्यों चलता रहा—विशेषकर संयुक्त प्रांत (यू.पी.) और गुजरात में। गांधीजी और सरकार के बीच लंबा पत्र व्यवहार चला। गांधीजी ने वायसराय विलिंग्डन से तीन बार, संयुक्त प्रांत के गवर्नर से एक बार और बंबई के गवर्नर से एक बार भेंट की। वे वायसराय से लेकर कलेक्टर तक शिमला और गुजरात के बीच दौड़ते रहे। गांधीजी की इस दुर्दशा को देखकर सरदार पटेल ने झुँझलाकर टिप्पणी की, ''आपने युद्ध विराम करके गांधीजी को फँसाया है। या तो वायसराय ने उन्हें ठगा है या उसका अपने अफसरों पर कोई वश नहीं है। गांधीजी की जगह कोई महिला होती तो चूड़ियाँ फोड़कर खड़ी हो गई होती।''

गांधीजी की लोकप्रियता

महादेव देसाई लिखते हैं कि ''बातचीत जब अंतिम दौर में थी तब जवाहरलाल पूरी रात सिसकियाँ भरते रहे थे। गांधीजी ने उन्हें बहुत समझाया पर वह निष्फल

गया''गांधीजी ने नेहरू को कहा, ''मुझे अच्छी तरह से रोकने वाले चौकीदार बहुत कम हैं। वल्लभ भाई सिपाही हैं। महादेव भी नहीं रोकता। सिर्फ राजगोपालाचारी, जयरामदास और तुम ही तो हो।'' पर ये सब भी समझौते को एकपक्षीय होने से रोक नहीं पाए, क्योंकि समझौते पर हस्ताक्षर होने के ठीक पहले ४ मार्च को ही गांधीजी ने कार्यसमिति से वचन ले लिया था कि वे समझौते को आँख मूँदकर स्वीकार कर लेंगे उस पर कोई सवाल नहीं उठाएँगे। आश्चर्य तो यह है कि वायसराय जो चाहते थे कि गांधीजी अपना सत्याग्रह समाप्त कर दें, गोलमेज सम्मेलन में जाने की हामी भर दें और पहले गोलमेज सम्मेलन के अंतिम दिन १९ जनवरी, १९३१ को ब्रिटिश प्रधानमंत्री रैमजे मैकडोनॉल्ड द्वारा उद्घोषित संवैधानिक ढाँचे के दायरे में अगली गोलमेज कॉन्फ्रेंस की बहस को सीमित रखना स्वीकार कर लें, इन तीनों मूलभूत मुद्दों को गांधीजी ने बिना किसी बहस के पहले दौर में ही स्वीकार कर लिया। जबकि यह तीनों मुद्दे लाहौर कांग्रेस के प्रस्तावों के विरुद्ध जाते थे और तीनों को लेकर ही कांग्रेस ने यह विशाल आंदोलन छेड़ा था, जिसने ब्रिटिश सरकार को बुरी तरह हिला दिया था। बारह-तेरह दिन दोनों के बीच जो बहस चली वह मूल संवैधानिक मुद्दे को लेकर नहीं थी, बल्कि जब्त और नीलाम जमीनों की वापसी और पुलिस अत्याचार जैसे गौण मुद्दों को लेकर थी न कि पूर्ण स्वराज्य की माँग को लेकर। गांधीजी ने भगत सिंह, सुखदेव और राजगुरु की फाँसी को रुकवाने का भी बहुत प्रयास किया पर वायसराय ने नहीं माना। फाँसी के निर्णय को कराची कांग्रेस के बाद तक स्थगित करना तो दूर उसे एक सप्ताह पहले २३ मार्च को आधी रात को ही क्रियान्वित कर दिया गया।''

स्वाभाविक ही, इन अनपेक्षित परिणामों से देश में हताशा और गुस्से की लहर दौड़ गई थी। इसके परिणामस्वरूप गांधीजी की लोकप्रियता का ग्राफ एकदम नीचे चला जाना चाहिए था, पर हुआ उलटा। जिस गांधी-इर्विन समझौते को राजनेता और राजनीति के विशेषज्ञ ब्रिटिश कूटनीति की विजय और गांधीजी की कूटनीतिक पराजय समझ रहे थे उसे ही भारत के सामान्य जन ब्रिटिश साम्राज्यवाद पर गांधीजी की विजय के रूप में देख रहा था।

अधनंगा फकीर

शायद विजय की इस भावना को गहरा करने में विंस्टन चर्चिल के उस प्रसिद्ध उद्गार का बड़ा योगदान रहा, जिसे उन्होंने गांधी-इर्विन वार्त्ता के दौरान २३ फरवरी को कहा था कि ''कितना लज्जाजनक दृश्य है कि पूरब का एक जाना-पहचाना अधनंगा फकीर वायसराय भवन की सीढ़ियाँ चढ़कर साम्राज्य के प्रतिनिधि की बगल में बैठकर बराबरी पर वार्त्तालाप कर रहा है।'' स्वयं इर्विन ने कई बार विनोदपूर्ण लहजे में गांधीजी

के सामने इसे दोहराकर उनके मन में गुदगुदी पैदा करने का प्रयास किया था। भारतीय समाज पर गांधीजी की असामान्य पकड़ को लार्ड इर्विन और बंबई के गवर्नर साईक्स ने भी अपने पत्रों में स्वीकार किया है। इर्विन ने १४ मई, १९३० को भारत सचिव वेजवुड बेन को एक नोट भेजा, जिसमें कहा गया कि "जमींदार लोग हमारे पक्ष में वफादारी आंदोलन नहीं चला रहे हैं, क्योंकि उन्हें अपने जोतदारों की नाराजगी का डर है। ये जोतदार गांधी को संत के रूप में देखते हैं और गांधी का उन पर भारी प्रभाव है।" साईक्स ने २१ मई को इर्विन को लिखा कि उसने गांधी के प्रभाव को बहुत कम आँक लिया था। लिबरल नेता तेजबहादुर सप्रू ने २० मई, १९३० को लार्ड इर्विन को पत्र में लिखा, "मैं गांधी को न मसीहा मानता हूँ, न राजनीतिज्ञ और न नेता, पर मैं यह महसूस करता हूँ कि चाहे कैसे भी क्यों न हो उसने भारत की जनसंख्या के बड़े वर्ग के दिलों पर कब्जा जमा लिया है।" इन्हीं सब कारणों से इर्विन इस निष्कर्ष पर पहुँचा कि वर्तमान दुष्चक्र से बाहर निकलने के लिए उसे गांधी की शरण में जाना ही पड़ेगा और २ जून, १९३० को भारत सचिव बेन को उसने तार भेजकर सूचित कर दिया कि 'गांधी जिस तरफ जाएँगे जनमत उसी तरफ उनके पीछे-पीछे चला जाएगा। भारत का सहयोग पाने के लिए गांधी का सहयोग लेना होगा।'

जन भावनाओं पर गांधीजी की इस गहरी पकड़ के सामने ही नेहरू और सुभाष जैसे नेता गांधीजी से अनेक बुनियादी विषयों पर मतभेद रखते हुए भी उनके सामने हतप्रभ रहते थे। लाहौर अधिवेशन में अपने अध्यक्षीय भाषण में जवाहरलाल नेहरू ने गांधीजी की स्तुति करते हुए कहा कि "भारत में वे अकेले नेता हैं, जिन पर जनता को आस्था है। उन्हें ही राष्ट्रव्यापी आदर और श्रद्धा प्राप्त है।" इस अधिवेशन में गांधीजी ने ही पूर्ण स्वराज्य का प्रस्ताव प्रस्तुत किया था। पं. मदन मोहन मालवीय, एम.एस. अणे, एन.सी. केलकर, सत्यमूर्ति आदि नेताओं ने उस प्रस्ताव पर कुछ शंकाएँ उठाईं। उनका उत्तर देते हुए बंगाल के कांग्रेसी नेता जे.एम. सेनगुप्ता ने खुले सत्र में उपस्थित जन समुदाय से प्रश्न पूछा, "क्या आपके पास महात्मा गांधी के अलावा कोई दूसरा नेता है जो देश को विजय दिला सके?" तो पूरे पंडाल में इस प्रश्न का एक ही उत्तर गूँज उठा, "नहीं, नहीं, नहीं।"

नेहरू की मतभिन्नता

जवाहरलाल नेहरू ऊपर से दिखने में चाहे जितने भावुक लगते हों पर वे अपने हित में बहुत यथार्थवादी समझ रखते थे। उन्होंने गांधीजी की आर्थिक, सामाजिक, सांस्कृतिक और राजनीतिक विचारधारा से अपनी मताभिन्नता को गांधीजी के साथ अपने पत्राचार, अपनी आत्मकथा और 'डिस्कवरी ऑफ इंडिया' जैसी पुस्तकों में खुलकर

प्रगट किया है। वे स्वयं को समाजवादियों और कम्युनिस्टों के निकट मानते थे, किंतु गांधीजी से संबंध विच्छेद की स्थिति नहीं पैदा होने देते थे। उनका एक ही तर्क रहता था कि भारत कृषकों का देश है और कृषकों को स्वतंत्रता आंदोलन में कूद पड़ने की प्रेरणा देने का सामर्थ्य अकेले गांधी में है। हम सब समाजवादी मिलकर भी यह काम नहीं कर सकते। अपनी आत्मकथा में उन्होंने गांधी-इर्विन समझौते से अपने मन में पैदा हुए भूचाल का बहुत मार्मिक वर्णन किया है और अंदर से टूट जाने पर भी उन्होंने गांधी के सामने आत्मसमर्पण क्यों किया यह स्पष्ट करने की कोशिश की है। मार्च के अंतिम सप्ताह में कराची अधिवेशन में गांधी-इर्विन समझौते के स्वागत का प्रस्ताव गांधीजी ने नेहरू जी से ही प्रस्तुत करवाया था।

गांधी-इर्विन समझौते पर सुभाष जैसे नेता और जनसाधारण की प्रतिक्रिया में आकाश-पाताल की दूरी का बहुत रोचक वर्णन हमें सुभाष बोस की सन् १९३५ में प्रकाशित 'दि इंडियन स्ट्रगल' में प्राप्त होता है। सुभाष अकेले नेता थे जो मतभेद होने पर गांधीजी के सामने खड़े होने का साहस कर सकते थे। सन् १९२८ के कलकत्ता अधिवेशन में और १ दिसंबर, १९२९ को दिल्ली घोषणा-पत्र पर हस्ताक्षर न करके उन्होंने यह प्रमाणित कर दिया था। शायद इसीलिए गांधी-इर्विन वार्त्ता के समय अंग्रेजों ने उन्हें जेल में बंद कर दिया था और समझौते पर हस्ताक्षर होने के दस दिन बाद १५ मार्च को उन्हें रिहा किया था। रिहा होते ही वे गांधीजी के पास अपना विरोध दर्ज कराने के लिए तुरंत बंबई पहुँचे और गांधीजी के साथ उसी ट्रेन से दिल्ली वापस लौटे भी ताकि ट्रेन में भी वह अपना वार्त्तालाप जारी रख सकें। इस यात्रा का वर्णन उनकी 'इंडियन स्ट्रगल' में उपलब्ध है। वहीं उन्होंने गांधी-इर्विन समझौते से अपना मतभेद भी निबद्ध किया है। समझौते की जन प्रतिक्रिया को देखकर वे स्तब्ध थे। हर स्टेशन पर उस समझौते के समर्थन में जन उत्साह और अभिनंदन को देखकर वे चमत्कृत थे। सुभाष बाबू लिखते हैं, "स्पष्ट ही इस समझौते के फलस्वरूप गांधीजी की लोकप्रियता घटने के बजाय बहुत ऊपर पहुँच गई थी। वह सन् १९२१ के रिकॉर्ड को भी पार कर गई थी।" आगे वे लिखते हैं, "समझौते की आलोचना में ऊपर जो कुछ लिखा गया है, उसके बावजूद नासमझ जनसाधारण दिल्ली समझौते में महात्मा गांधी की विजय देख रहा है...कराची अधिवेशन में गांधीजी की लोकप्रियता और प्रतिष्ठा चरम पर पहुँच गई। मैंने कुछ दिनों तक उनके साथ यात्रा की ओर तब मुझे हर जगह उनका स्वागत करने के लिए उमड़े विशाल जनसमूहों को देखने का अवसर मिला। मुझे आश्चर्य है कि क्या किसी अन्य देश में किसी नेता को इतना भारी स्वयंस्फूर्त जय-जयकार मिलता होगा। वे भीड़ के सामने केवल एक महात्मा के रूप में ही नहीं तो एक राजनीतिक युद्ध के विजेता के रूप में प्रगट होते थे।"

युवाओं में उबाल

गांधी-इर्विन समझौते से जागरूक राजनीतिक जगत गांधीजी का आलोचक बन गया था तो भगत सिंह को फाँसी लगने के बाद तो पूरा युवा वर्ग क्रोध से उबल रहा था। कम्युनिस्टों ने इस उबाल को गांधी विरोधी दिशा देने का पूरा प्रयास किया। बंबई में गांधीजी के लिए आयोजित जनसभा के मंच पर अपना लाल झंडा गाड़ दिया किंतु गांधी जी उस झंडे के नीचे बैठकर ही अविचलित भाव से भाषण देते रहे। कराची अधिवेशन में भी कम्युनिस्ट नियंत्रित नौजवान भारत सभा ने भगत सिंह की फाँसी को लेकर पर्चे बाँटे, नारे लगाए, पर इससे गांधीजी की लोकप्रियता पर कोई असर नहीं पड़ा। इतिहासकार डॉ. आर.सी. मजूमदार लिखते हैं, ''गांधीजी अधिवेशन प्रारंभ होने से पहले ही कराची पहुँच गए थे। आयोजकों ने अधिवेशन से एक दिन पहले उनके लिए एक सभा का आयोजन किया, जिसमें चार आना प्रति व्यक्ति प्रवेश शुल्क रखा गया। इस शुल्क से १०,००० रु. की राशि इकट्‌ठी हुई अर्थात् ४० हजार लोग शुल्क देकर भाषण सुनने आए।'' डॉ. मजूमदार लिखते हैं कि एक बार फिर राजनीतिक गांधी पर संत गांधी की विजय देखने को मिली।

दूसरे गोलमेज सम्मेलन में वी.एस. श्रीनिवास शास्त्री ने नाटकीय शैली में गांधीजी की ओर मुड़कर कहा, ''आपने अतुलनीय प्रसिद्धि प्राप्त कर ली है। आपके प्रभाव की बराबरी नहीं की जा सकती। पूरा विश्व मनुष्यों पर शासन करने और उन्हें ऊपर उठाने की आपकी आध्यात्मिक शक्ति को स्वीकार करता है। क्या यह अच्छा न होगा कि आप इस दैवी वरदान का राष्ट्र के रचनात्मक विकास में उपयोग करें?''

भारतीय मानस की सही समझ पाने के लिए भारतीय समाज पर गांधीजी के इस प्रभाव और सम्मोहन की सूक्ष्म कारण-मीमांसा बहुत आवश्यक है।

(पाञ्चजन्य, ८ अप्रैल, २०१२)

□

अभिमन्यु बिना गोलमेज चक्रव्यूह

स्वतंत्रता आंदोलन के इतिहास की यह एक अनसुलझी गुत्थी है कि सन् १९३० के नमक सत्याग्रह में जब भारतीय राष्ट्रवाद के पूर्ण स्वतंत्रता के लक्ष्य को पाने के लिए अपने विराट रूप का प्रदर्शन कर ब्रिटिश साम्राज्य को हतप्रभ कर दिया था, जब वह आंदोलन शहरी मध्यम वर्ग से आगे बढ़कर गुजरात, उत्तर प्रदेश और बिहार के गाँव-गाँव में फैल गया था, नारी शक्ति विदेशी वस्त्रों के बहिष्कार और शराब की दुकानों की बंदी की अग्रिम पंक्ति में खड़ी होकर पुलिस के बर्बर दमन का शिकार बन रही थी, जेलों को भर रही थी, जब गांधीजी अपनी लोकप्रियता के चरम शिखर पर खड़े थे, तब उन्होंने अचानक १४ फरवरी, १९३१ को ब्रिटिश वायसराय लार्ड इर्विन को पत्र लिखकर भेंट का समय देने की प्रार्थना क्यों की? वायसराय भी आतुरता से उनके पत्र की प्रतीक्षा कर रहे थे। वस्तुतः श्रीनिवास शास्त्री, तेजबहादुर सप्रू और एम.आर. जयकर नामक लिबरल (नरमदलीय) तिकड़ी के माध्यम से वायसराय ने स्वयं ही गांधीजी की ओर से यह पत्र पाने का जाल बिछाया था। १७ फरवरी को गांधी-इर्विन वार्त्तालाप आरंभ हुआ और ५ मार्च को एक समझौते के रूप में ब्रिटिश सरकार के असाधारण गजट में प्रकाशित होकर देश के सामने आया। बताया गया कि इस दौरान गांधीजी वायसराय निवास आठ बार गए, कुल २४ घंटे इर्विन के अध्ययन कक्ष में उन दोनों के बीच बिल्कुल अकेले में अनौपचारिक वार्त्ता हुई। कांग्रेस कार्यसमिति के सदस्य दिल्ली में मौजूद अवश्य थे। गांधीजी वायसराय निवास से कभी रात के एक बजे, कभी प्रातः ४ बजे पैदल लौटकर जितना कुछ बताते थे, उतना ही वे जान पाते थे। वार्त्ता को अंतिम रूप देने के पहले, ४ मार्च की रात्रि में तो गांधीजी ने कार्यसमिति को समझौते को आँख मूँदकर स्वीकार करने के लिए वचनबद्ध कर लिया था।

गांधी-इर्विन वार्त्ता और नेहरू-सुभाष

उस समय तो वायसराय और गांधीजी के वार्त्तालाप पर गोपनीयता का मोटा पर्दा

पड़ा हुआ था। पर अब उस काल के दस्तावेजों के प्रकाश में आने के बाद ज्ञात होता है कि वायसराय इर्विन की प्रारंभिक योजना थी कि १७ फरवरी को गांधीजी से पहली भेंट के बाद समझौता विषयक वार्त्तालाप के समय शास्त्री, सप्रू, जयकर के अतिरिक्त कांग्रेस कार्यसमिति के कुछ चुने हुए सदस्य, महाराजा बीकानेर, मुहम्मद शफी आदि प्रथम गोलमेज सम्मेलन से लौटे सदस्य भी उपस्थित रहें। एक प्रकार से दिल्ली में 'मिनी गोलमेज सम्मेलन' आयोजित करने का उनका विचार था। किंतु बाद में स्वयं या किसी अन्य के सुझाव पर उन्हें लगा कि अधिक लोगों की उपस्थिति में वार्त्तालाप बिखर जाने का खतरा है, इसलिए गांधीजी से अकेले में बात करना ही परिणामकारी हो सकेगा। इस योजना परिवर्तन की पुष्टि श्रीनिवास शास्त्री द्वारा १७ फरवरी को ही लिखे गए एक पत्र से होती है। फिर भी वायसराय की सहायता के लिए गृहसचिव एमर्सन, गृहमंत्री जेम्स केरार और कानून मंत्री बी.एल. मित्तर तो उनके पासवाले कमरे में बैठते ही थे। तीनों नरमदलीय नेता भी पूरे समय दिल्ली में डटे रहे और वायसराय भवन तथा डॉ. अंसारी के दरियागंज स्थित निवास के बीच लगातार दौड़ते रहकर मध्यस्थ की भूमिका निभाते रहे। इनके अतिरिक्त लंदन में भारत सचिव वेजवुड बेन और वायसराय के बीच लगातार तारों का आदान-प्रदान होता रहता था। १७ फरवरी की पहली बैठक में गांधीजी को टटोल लेने के बाद तो इर्विन ने वार्त्तालाप को कई दिन के लिए स्थगित ही कर दिया और इस अंतराल का उपयोग भारत सचिव के साथ समझौते के बारीक बिंदुओं पर मार्गदर्शन और सहमति पाने के लिए किया। समझौता वार्त्ता के सफल होने तक ब्रिटिश सरकार ने सुभाष चंद्र बोस को उन दिनों कारावास में बंद रखा। समझौता ५ मार्च को हुआ और १५ मार्च को सुभाष बोस को रिहा किया गया। रिहा होते ही वे गांधीजी के पास अपना विरोध दर्ज कराने के लिए भागे-भागे बंबई पहुँच गए। समझौते के विरुद्ध अपने सब तर्क सुभाष ने 'इंडियन स्ट्रगल' नामक अपनी रचना में प्रस्तुत किए हैं। नेहरूजी भी इस समझौते से पूरी तरह असहमत थे, पर दिल्ली में मौजूद होते हुए भी वे बहुत कुछ नहीं कर सके। अंग्रेजों को विश्वास था कि पूरी तरह असहमत होने पर भी जवाहरलाल में गांधी के विरुद्ध जाने का साहस नहीं है और नेहरू की अपनी आत्मकथा उनके इस विश्वास को सही सिद्ध करती है। ब्रिटिश शासकों ने प्रत्येक राष्ट्रीय नेता का सूक्ष्म आकलन किया था। नेहरू और सुभाष दोनों लगभग एक जैसा सोचते थे, अनेक विषयों पर गांधीजी से मत-भिन्नता रखते थे, पर नेहरू गांधीजी की छत्रछाया से बाहर निकलने का साहस नहीं बटोर पाते थे, जबकि सुभाष अपनी बात पर दृढ़ता से खड़े रहकर गांधीजी को चुनौती देने का साहस रखते थे। इसका एक उदाहरण—इर्विन के अक्तूबर १९२९ के वक्तव्य का स्वागत करने के लिए २ दिसंबर, १९२९ के दिल्ली घोषणा पत्र पर गांधीजी सहित सब नेताओं के हस्ताक्षरों को लकर सामने आया।

जवाहरलाल और सुभाष दोनों इस 'स्वागत वक्तव्य' से असहमत थे। गांधीजी के समझाने-बुझाने पर जवाहरलाल ने तो हस्ताक्षर कर दिए पर सुभाष बोस बिना हस्ताक्षर किए कलकत्ता वापस लौट गए। सुभाष की इस दृढ़ता ने गांधीजी को भीतर से इतना आहत कर दिया था कि, महादेव देसाई की डायरी के अनुसार, गांधीजी ने विदेशी वायसराय इर्विन को भी यह बताने में संकोच नहीं किया कि सुभाष मेरा विरोधी है।

घोषणा से उलट समझौता

लगभग सत्रह दिन लंबे वार्त्तालाप के अंत में जो समझौता हुआ वह कांग्रेस की तब तक की घोषित प्रतिज्ञाओं से बिल्कुल उलटा था। लाहौर अधिवेशन के कुछ दिन पूर्व २३ दिसंबर, १९२९ को गांधीजी ने वायसराय इर्विन को पत्र लिखा था कि यदि ब्रिटिश सरकार उन्हें निकट भविष्य में औपनिवेशिक स्वराज्य देने का लिखित आश्वासन दे तो वे कांग्रेस को गोलमेज सम्मेलन में भाग लेने की सलाह दे सकते हैं। पर इर्विन ने उनकी इस माँग को ठुकरा दिया, जिसकी प्रतिक्रियास्वरूप गांधीजी ने लाहौर अधिवेशन के लिए स्वयं ही पूर्ण स्वतंत्रता के संकल्प का प्रारूप तैयार किया। उस अधिवेशन में संकल्प लिया गया कि कांग्रेस ब्रिटिश सरकार द्वारा आयोजित किसी भी गोलमेज सम्मेलन में शामिल नहीं होगी। विधान परिषदों के लिए होने वाले भावी चुनावों में भाग नहीं लेगी। इतना ही नहीं, पहले चुनकर आए विधायकों को विधान परिषदों से त्यागपत्र देने का भी निर्देश दिया गया। लाहौर अधिवेशन के इन सभी संकल्पों की पूर्ति के लिए गांधीजी के नेतृत्व में १२ मार्च, १९३० को देशव्यापी सविनय अवज्ञा आंदोलन, जो-नमक सत्याग्रह नाम से प्रसिद्ध है, प्रारंभ हुआ। इस सत्याग्रह के दौरान ही जब पूरा कांग्रेस नेतृत्व जेलों में बंद था, १२ नवंबर, १९३० को लंदन में पहला गोलमेज सम्मेलन आरंभ हो गया। सुभाष ने अपनी 'इंडियन स्ट्रगल' में लिखा है कि इस सम्मेलन में भाग लेने वाले ऐसे जनाधारशून्य भारतीय प्रतिनिधि थे जिनका चयन ब्रिटिश सरकार ने किया था। वे भारत की जनता के नहीं, ब्रिटिश सरकार के प्रतिनिधि थे। भारत में राष्ट्रवाद के देशव्यापी उभार की खबरों से गोलमेज सम्मेलन में सहभागी भारतीय प्रतिनिधियों और ब्रिटिश सरकार का यह विश्वास पक्का हो गया था कि इस उभार का नेतृत्व करने वाली कांग्रेस का सहभाग हुए बिना अंग्रेजों का गोलमेज सम्मेलन नामक चक्रव्यूह बिना अभिमन्यु के निरर्थक रह जाएगा। अतः वायसराय और भारत सचिव के बीच पत्राचार के बाद कांग्रेस को पहले सम्मेलन में ले जाने का जोरदार प्रयास प्रारंभ किया गया। नरमदलीय नेता जयकर और सप्रू को गांधीजी को मनाने के लिए यरवदा जेल भेजा गया। मोतीलाल नेहरू, जवाहरलाल नेहरू और कांग्रेस के कार्यवाहक सचिव सैयद महमूद को वहाँ ले जाया गया। वार्त्तालाप में सरदार पटेल और सरोजिनी नायडू को भी सम्मिलित किया गया। १५-१६ अगस्त, १९३० को दो दिन लंबी

बहस के बाद गांधीजी आदि सात नेताओं के हस्ताक्षरों के साथ जो शर्तें वायसराय को भेजी गईं, उन्हें वायसराय ने ठुकरा दिया। इसलिए पहला गोलमेज सम्मेलन कांग्रेस के सहभाग के बिना ही संपन्न हुआ। लेकिन सबने यह अनुभव किया कि भारत के विशाल जनमत का प्रतिनिधित्व इस समय केवल कांग्रेस करती है, गांधीजी उसके सर्वमान्य नेता हैं। गांधीजी के नेतृत्व में उभर रहे भारतीय राष्ट्रवाद को घेरकर मारने के लिए ही तो यह चक्रव्यूह बिछाया गया है।

गोलमेज का चक्रव्यूह

अगर वह (कांग्रेस) नहीं है तो चक्रव्यूह का अर्थ ही क्या था? इसलिए अगले गोलमेज सम्मेलन में कांग्रेस को लाना आवश्यक है, पर वह हो कैसे? इसके लिए भारत सचिव की दृष्टि सम्मेलन में उपस्थित तीन नरम दलीय नेताओं—शास्त्री, सप्रू और जयकर पर गई। तीनों को उन्होंने एक विशेष भोज पर बुलाया और उनके मन पर यह बैठा दिया कि ब्रिटिश सरकार जल्दी-से-जल्दी भारत को औपनिवेशिक स्वराज्य देने का इरादा बना चुकी है। अगले गोलमेज सम्मेलन में केवल सत्तांतरण की बारीकियाँ तय करनी हैं, जो कांग्रेस के आए बिना पूरी नहीं हो सकतीं। इन नरमदलीय नेताओं पर 'ब्रिटिश एजेंट' होने का आरोप तो सपने में भी नहीं लगाया जा सकता। उनकी राष्ट्रभक्ति निर्विवाद है। पर पता नहीं क्यों उन्हें ब्रिटिश न्यायप्रियता और लोकतांत्रिकनिष्ठा पर अंधविश्वास था और वे मान बैठे थे कि भारत को स्वतंत्र कराने के लिए जनांदोलन नहीं, केवल वाक-चातुर्य पर्याप्त है। दूसरे, वे प्रधानमंत्री से लेकर वायसराय तक ब्रिटिश शासकों के द्वारा मिलने वाले व्यक्तिगत सम्मान और महत्त्व से अभिभूत रहते थे। शायद वे नहीं समझ पा रहे थे कि अनजाने में ही क्यों न हो, वे राष्ट्रवाद के विरुद्ध इस्तेमाल किए जा रहे हैं। अत: भारत सचिव के भोजन और लुभावनी बातों से गद्‌गद होकर उन्होंने कांग्रेस को अगले गोलमेज सम्मेलन में लाने का बीड़ा उठा लिया और इस दिशा में अपने प्रयास आरंभ कर दिए। इस बीच भारत सचिव बेजवुड बेन और वायसराय इर्विन के बीच पत्र-व्यवहार चालू था। १५ जनवरी को भारत सचिव ने इर्विन को सूचित किया कि कांग्रेस कार्यसमिति के सदस्यों को एकत्र आने का अवसर दें। मोतीलाल नेहरू उन दिनों इलाहाबाद में रोग शैय्या पर पड़े मृत्यु से जूझ रहे थे। २० जनवरी को इर्विन ने संयुक्त प्रांत (उ.प्र.) के गवर्नर हेली से परामर्श करके कार्यसमिति पर प्रतिबंध को उठा लिया। उन्हें मोतीलाल नेहरू के पास इलाहाबाद पहुँचने और आपस में विचार-विमर्श करने का अवसर दे दिया। पहले गोलमेज सम्मेलन की समाप्ति पर १९ जनवरी, १९३१ को ब्रिटिश प्रधानमंत्री मैकडोनॉल्ड ने एक वक्तव्य जारी कर भारी संवैधानिक रचना के तीन आधारभूत सूत्र घोषित कर दिए। उनमें पहला सूत्र था कि भारत को पूर्ण उत्तरदायी शासन प्राप्त होगा, किंतु उसके साथ

अल्पसंख्यकों, सेना, आर्थिक दायित्व आदि के बारे में आवश्यक संरक्षण, आरक्षण एवं विशेषाधिकार जुड़े होंगे। जिसका सीधा-सीधा अर्थ था कि 'फूट डालो राज करो' की पुरानी नीति जारी रहेगी। दूसरा सूत्र था सेना व अर्थतंत्र पर ब्रिटिश नियंत्रण रहेगा। तीसरा सूत्र था—भारतीय नरेशों को भारतीय संविधान के अंतर्गत लाने के लिए भावी ढाँचा संघात्मक रहेगा। इस वक्तव्य में 'पूर्ण स्वराज्य' तो क्या 'औपनिवेशिक स्वराज्य' तक का नामोल्लेख नहीं था। इसके साथ ही उन्होंने कांग्रेस को दूसरे गोलमेज सम्मेलन में आने का सार्वजनिक निमंत्रण दिया।

यह वक्तव्य प्रकाशित होते ही २१ जनवरी को इलाहाबाद में एकत्र कार्यसमिति के सदस्यों ने एक प्रस्ताव पारित करके प्रधानमंत्री के वक्तव्य को अस्वीकार कर दिया और गोलमेज सम्मेलन में न जाने के अपने संकल्प को दोहराया। इस प्रस्ताव के पारित होने पर उस समय कार्यवाहक अध्यक्ष डॉ. राजेंद्र प्रसाद ने प्रांतीय कांग्रेस कमेटियों के नाम एक परिपत्र भी जारी कर दिया। किंतु प्रतीत होता है कि इलाहाबाद में जो कुछ विचार-मंथन चल रहा था, उसकी क्षण-क्षण की जानकारी इंग्लैंड पहुँच रही थी। क्योंकि तुरंत ही लंदन से नरमदलीय तिकड़ी का तार आया कि हमारे भारत लौटने और हमारी बात को सुने बगैर इस प्रस्ताव को सार्वजनिक न किया जाए। फलतः रोगग्रस्त मोतीलाल नेहरू के निर्देश पर उस प्रस्ताव को प्रकाशित नहीं किया गया। गांधीजी और जवाहरलाल के जेल से बाहर आने की प्रतीक्षा की जाने लगी।

गांधीजी एवं अन्य वरिष्ठ नेताओं को शायद जानबूझकर २६ जनवरी की सायंकाल छोड़ा गया ताकि वे लोग 'पूर्ण स्वतंत्रता दिवस' के कार्यक्रमों में सम्मिलित न हो सकें। जेल से रिहा होकर जब अगली प्रातः गांधीजी बंबई पहुँचे तो उनका स्वागत करने के लिए इतना विशाल जनसमुदाय एकत्र हुआ कि पूरा विश्व उसे देखकर चमत्कृत रह गया। मोतीलाल की गंभीर बीमारी से चिंतित गांधीजी इलाहाबाद पहुँचने के लिए दौड़ गए। ६ फरवरी को मोतीलाल नेहरू का देहावसान हुआ और उसी दिन नरमदलीय तिगड़ी भारत वापस लौट आई। यहाँ से गांधी-इर्विन वार्त्ता का अगला पर्व आरंभ हुआ।

(पाञ्चजन्य, ११ मार्च, २०१२)

□

चक्रव्यूह में फँस ही गया अभिमन्यु

आखिरकार गांधीजी दौड़ते-भागते २९ अगस्त, १९३१ को बंबई बंदरगाह से एस.एस. राजपूताना नामक जलपोत पर सवार होकर लंदन के लिए रवाना हो ही गए। १२ सितंबर से गोलमेज सम्मेलन की कार्रवाई में शामिल हो गए। सम्मेलन की कार्रवाई ७ सितंबर को संघीय समिति की बैठक के साथ आरंभ हो चुकी थी, पर देर से ही क्यों न हो, गांधीजी को गोलमेज सम्मेलन में लाने पर लंदन की ब्रिटिश सरकार तुली हुई थी। उसके दबाव के कारण वायसराय विलिंग्डन को गांधीजी को शिमला आने का न्योता देना पड़ा था। २५ से २८ अगस्त तक गांधीजी ने शिमला में वायसराय विलिंग्डन, गृहमंत्री केरार, गृहसचिव एमर्सन आदि से बात की। वायसराय ने उन्हें दिल्ली से बंबई के लिए फ्रंटियर मेल पकड़वाने के लिए स्पेशल ट्रेन की व्यवस्था की। बंबई स्टेशन से गांधीजी मीरा बहन और महादेव देसाई के साथ बंबई बंदरगाह के लिए दौड़े। उनके निजी सचिवालय के दो सदस्य—देवदास गांधी और प्यारेलाल को निकलने में कुछ देर हो गई, तब तक जहाज का लंगर उठ चुका था। इसलिए इन दोनों को एक छोटे स्टीमर पर बैठाकर 'राजपूताना' जहाज तक पहुँचाया गया।

एकमात्र प्रतिनिधि

गांधीजी कांग्रेस पार्टी के अकेले प्रतिनिधि (यह एक रहस्य ही है) बनकर गए। सुशीला नायर ने लिखा है कि लार्ड इर्विन ने उन्हें कहा था कि वे अपने साथ १५-२० लोगों का अधिकृत प्रतिनिधिमंडल कांग्रेस की ओर से ले जा सकते हैं। इनमें एक नाम की चर्चा बार-बार आती है और वह है डॉ. एम.ए. अंसारी का। इर्विन भी इस नाम पर सहमत थे। पर, उनके उत्तराधिकारी विलिंग्डन ने अपनी एक्जीक्यूटिव काउंसिल के सदस्य फजले हसन के दबाव में डॉ. अंसारी के नाम को मंजूर नहीं किया। वास्तव में गांधीजी इसी मुद्दे को आधार बनाकर गोलमेज सम्मेलन के बहिष्कार का निर्णय सुनाकर ब्रिटिश सरकार को सकते में डाल सकते थे। क्योंकि उनकी उपस्थिति के बिना गोलमेज

सम्मेलन नामक चक्रव्यूह की योजना ही बेकार हो जाती। किंतु पता नहीं क्यों लार्ड इर्विन से बात करते समय गांधीजी स्वयं ही गोलमेज सम्मेलन में जाने को उत्सुक लग रहे थे। कराची कांग्रेस (२८-३१ मार्च, १९३१) तक आते-आते उन्होंने कांग्रेस अधिवेशन से अपने अकेले नाम को प्रस्तावित करवाने का मन बना लिया था। अधिवेशन द्वारा पारित प्रस्ताव में केवल उन्हीं का नाम घोषित किया गया, पर साथ ही यह भी जोड़ा गया कि गांधीजी जिन और कांग्रेस नेताओं को अपने साथ ले जाना चाहें उन्हें भी कांग्रेस के प्रतिनिधिमंडल में सम्मिलित किया जाए। इनमें जवाहरलाल नेहरू के नाम की भी बहुत चर्चा रही। पर गांधीजी ने स्वयं 'यंग इंडिया' में लिखा कि "जवाहरलाल और वल्लभभाई पटेल की जगह यहीं भारत में है, गोलमेज सम्मेलन में नहीं।" दूसरी बार उन्होंने यह भी लिखा कि कांग्रेस के प्रतिनिधिमंडल का वजन उसकी संख्या में नहीं, उसकी गुणवत्ता में होगा, और इस दृष्टि से एक व्यक्ति का ही जाना ठीक रहेगा। उनकी ऐसी टिप्पणियों से प्रश्न पैदा होता है कि गांधीजी तेज बहादुर सप्रू और मुकुंदराव जयकर के प्रयत्नों के बावजूद पहले गोलमेज सम्मेलन का बहिष्कार करने का निर्णय लेने के बाद दूसरे गोलमेज सम्मेलन में जाने को तुरंत तैयार क्यों हो गए? और उन्होंने अकेले जाने का ही मन क्यों बनाया?

गांधीजी का अचेतन मानस

उस काल के समस्त पत्राचार और घटनाक्रम का सूक्ष्म अध्ययन करने पर प्रतीत होता है कि पहले गोलमेज सम्मेलन में भाग लेने वाले अधिकांश प्रतिनिधियों, विशेषकर तीनों नरमदलीय नेताओं—तेज बहादुर सप्रू, वी.एस. श्रीनिवास शास्त्री और मुकुंदराव जयकर को यह विश्वास हो गया था कि ब्रिटेन ने भारत को औपनिवेशिक राज्य का दर्जा देने का पक्का मन बना लिया है और प्रधानमंत्री रैमजे मैकडोनॉल्ड द्वारा अगले गोलमेज सम्मेलन में कांग्रेस को भाग लेने का सार्वजनिक निमंत्रण देने का अर्थ है कि अगले सम्मेलन में औपनिवेशिक दर्जा देनेवाले संविधान की रचना को अंतिम रूप देने का काम किया जाएगा। ब्रिटिश शासक और नरमदलीय नेता नमक सत्याग्रह के विराट रूप को देखकर स्तंभित थे और मान चुके थे कि भारतीय राष्ट्रवाद का वास्तविक प्रतिनिधित्व गांधीजी के नेतृत्ववाली कांग्रेस ही कर सकती है, इसलिए दूसरे गोलमेज सम्मेलन की सफलता कांग्रेस की उपस्थिति पर ही निर्भर करती है। गांधी-इर्विन समझौते को भारतीय जनता के जिस प्रकार गांधीजी की विजय के रूप में देखा, शायद उससे भी गांधीजी के अचेतन मानस में यह भाव जगा हो कि लंदन में ब्रिटिश प्रधानमंत्री के साथ बराबरी के धरातल पर सत्ता हस्तांतरण की संधि पर भारत के अकेले प्रतिनिधि के रूप में उन्हें ही हस्ताक्षर करने का अवसर प्राप्त होगा। शायद गांधीजी के अचेतन मानस के इस पक्ष को

लार्ड इर्विन ने पहचान लिया था, क्योंकि भारत सचिव बर्केनहेड को उन्होंने लिखा था कि गांधीजी अपनी 'अहमन्यता और व्यक्तित्व' से अभिभूत हैं और हम इसी का लाभ उठा सकते हैं।

लंदन में भारत का सर्वमान्य प्रतिनिधित्व करने की इच्छा से ही गांधीजी ने इर्विन के साथ समझौता होने के तुरंत बाद बीकानेर, भोपाल आदि के महाराजाओं और मुस्लिम नेताओं के मन को टटोलना आरंभ कर दिया था, क्योंकि केंद्र में संघीय संविधान और उत्तरदायी सरकार की स्थापना को ब्रिटिश शासकों ने नरेशों की सहमति और मुस्लिम व अन्य अल्पसंख्यकों की समस्या के साथ बाँध दिया था। उसमें भी उन्होंने अल्पसंख्यकों की समस्या को प्राथमिकता दे दी थी कि इस समस्या का संतोषजनक समाधान निकलने पर ही संघीय व्यवस्था और उत्तरदायी शासन क्रियान्वित होगा। इसलिए गांधीजी ने अपना पूरा प्रयास मुस्लिम प्रश्न को हल करने पर केंद्रित कर दिया। यह प्रयास विफल होने पर गांधीजी ने ११ जून, १९३१ को बंबई में कांग्रेस कार्यसमिति की बैठक में प्रस्ताव रखा कि मुस्लिम प्रश्न हल न होने पर लंदन जाने का कोई अर्थ नहीं रह जाता। परंतु बताया जाता है कि कार्यसमिति ने उनके इस प्रस्ताव को ठुकरा दिया।

वेशभूषा का प्रभाव

एक ओर गांधीजी बार-बार कह रहे थे कि भारत में ब्रिटिश सरकार की दमनकारी नीति और सांप्रदायिक प्रश्न का हल न निकलने के कारण शायद मेरा लंदन जाना संभव न हो, दूसरी ओर उनके मन में यह विचार मंथन भी चल रहा था कि यदि वे लंदन चले ही गए तो उनकी वेशभूषा क्या होगी। ९ जुलाई के 'यंग इंडिया' में उन्होंने इस विषय की सार्वजनिक चर्चा करते हुए लिखा कि "मुझे इस बारे में तरह-तरह की सलाह मिल रही हैं, पर मैं वहाँ भारत के भूखे-नंगे दरिद्र नारायण का प्रतिनिधि बनकर जा रहा हूँ, इसलिए मैं अपनी लँगोटी से अधिक कुछ धारण करना नहीं चाहूँगा, वहाँ के मौसम के कारण शाल जैसा कुछ ओढ़ना पड़ा तो बात अलग है।" वेशभूषा की यह समस्या ब्रिटिश सम्राट के निमंत्रण पर बकिंघम पैलेस में आयोजित भोज में जाने के समय भी खड़ी हुई। गांधीजी ने अपने पुराने वेश पर अडिग रहकर भारतीयों के मन को गद्गद कर दिया। पर, गांधीजी की इस संत छवि का गोलमेज सम्मेलन में भाग ले रहे प्रतिनिधियों पर वही प्रभाव नहीं पड़ा जो भारतीय जनता के मन पर था। वहाँ जितने भी प्रतिनिधि आए थे वे मँजे हुए कूटनीतिज्ञ और घाघ राजनीतिज्ञ थे। वे हृदय से नहीं, मस्तिष्क से सोचते थे। वे संकीर्ण हितों का प्रतिनिधित्व करते थे और उन्हें साधने के लिए ही वहाँ आए थे। गांधीजी को इस वेशभूषा में वे एक हिन्दू संत के रूप में ही देखते थे, जो गांधीजी की एक सांप्रदायिक हिन्दू की छवि उनके मन पर अंकित करती थी।

ब्रिटिश शासक वर्ग और मुस्लिम नेतृत्व गांधीजी और कांग्रेस को केवल सवर्ण हिन्दुओं की संस्था कहता और मानता था। भले ही गांधीजी ने अपने भाषणों में बार-बार यह कहा कि कांग्रेस ८५ प्रतिशत भारतीयों का प्रतिनिधित्व करती है, जबकि यहाँ आए अधिकांश प्रतिनिधि छोटे-छोटे संकीर्ण हितों का प्रतिनिधित्व करते हैं, उनका अपन कोई जनाधार नहीं है। वे न अपनी पार्टी और न अपने समाज के द्वारा निर्वाचित हुए हैं. अपितु उनका चयन और मनोनयन ब्रिटिश वायसराय के द्वारा किया गया है। गांधीजी ने दु:ख प्रकट किया कि भारत की ८५ प्रतिशत जनता का प्रतिनिधित्व करने वाली कांग्रेस को जनाधारशून्य संकीर्ण हितों की पंक्ति में सम्मिलित कर दिया गया है। आश्चर्य है कि गांधीजी को इस सत्य की अनुभूति गोलमेज सम्मेलन के अंतिम दिनों में हुई, जबकि यह सत्य पूरी दुनिया के सामने पहले दिन से स्पष्ट था। यदि गांधीजी अपने साथ १५-२० कांग्रेसजनों का प्रतिनिधिमंडल ले गए होते तो वे भारतीय समाज के सब वर्गों और संप्रदायों में कांग्रेस का प्रभाव प्रदर्शित कर सकते थे। उस प्रतिनिधिमंडल में मुस्लिम, ईसाई, सिख, पारसी, मद्रासी, बंगाली, पंजाबी, दलित, सवर्ण आदि सब क्षेत्रों और वर्गों का प्रतिनिधित्व होता। उनकी उपस्थिति मात्र ही ब्रिटिश वायसराय द्वारा मनोनीत संकीर्ण हितों के प्रतिनिधियों को हतप्रभ कर देती और तब गांधीजी की संत छवि का आभामंडल कुछ अलग ही होता। उन्हें संकीर्ण हितों के प्रतिनिधियों को मनाने के लिए चक्कर न लगाने पड़ते।

परिणाम पूर्वनिर्धारित

गोलमेज सम्मेलन में गांधीजी के अवमूल्यन से सबसे अधिक पीड़ा नरमदलीय नेता वी.एस. श्रीनिवास शास्त्री को हुई। दूसरे गोलमेज सम्मेलन में लंदन से अपने मित्रों को उन्होंने जो पत्र लिखे हैं, वे इस दृष्टि से बहुत पठनीय हैं। गांधीजी को गोलमेज सम्मेलन में लाने की दृष्टि से गांधी-इर्विन समझौता कराने में उनकी मुख्य भूमिका थी। वे गांधीजी के आध्यात्मिक व्यक्तित्व के अत्यंत प्रशंसक थे। वे भी गांधीजी के समान गोपाल कृष्ण गोखले को अपना गुरु मानते थे। लंदन में अपने कई पत्रों में उन्होंने लिखा है कि गोलमेज सम्मेलन में गांधीजी के भाषणों की वहाँ उपस्थित प्रतिनिधियों पर प्रतिकूल प्रतिक्रिया होती रही। उन्होंने यह भी लिखा है कि गांधीजी गोलमेज सम्मेलन की सफलता के बार में प्रारंभ से ही निराश थे और उनके निकटस्थ साथियों ने शास्त्रीजी को बताया कि गांधीजी गोलमेज सम्मेलन को ध्वस्त करने का निश्चय करके यहाँ आए हैं। उन्हें इस सम्मेलन से कुछ निकलने की आशा नहीं है।

गांधीजी ने भी शास्त्री को बताया कि भारत को स्वतंत्रता समझौता-वार्त्ता से नहीं, शक्ति से प्राप्त होगी, और वह शक्ति सविनय अवज्ञा आंदोलन या सत्याग्रह से ही पैदा

हो सकती है। इसीलिए सम्मेलन के अंत में गांधीजी ने घोषणा कर दी कि वे भारत लौटकर ३ जनवरी से सविनय अवज्ञा आंदोलन को पुनः प्रारंभ करेंगे। किंतु वायसराय ने गांधीजी को यह अवसर ही नहीं दिया। गांधीजी २८ दिसंबर को भारत वापस लौटे और विलिंग्डन ने उन्हें ३ जनवरी को जेल में बंद कर दिया। अनेक दमनकारी निर्देश जारी कर दिए। कांग्रेस कार्यसमिति और कांग्रेस संगठन को प्रतिबंधित कर दिया। परंतु गोलमेज सम्मेलन में ब्रिटिश साम्राज्यवाद डॉ.अंबेडकर के नेतृत्व में दलित वर्गों के लिए पृथक् मताधिकार का एक नया भस्मासुर पैदा करने में सफल हो गया। मुस्लिम नेतृत्व ने भारतीय ईसाइयों और वंचित वर्गों के साथ संयुक्त मोर्चा बनाकर ब्रिटिश प्रधानमंत्री को सांप्रदायिक निर्णय का अधिकार लिखित रूप में दे दिया, जिसके आंशिक निराकरण करने के लिए गांधीजी को अपनी जान की बाजी लगानी पड़ी। यदि गांधीजी गोलमेज सम्मेलन में न जाते तो संभवतः यह संयुक्त मोर्चा बनने की नौबत ही न आती और कांग्रेस के बिना गोलमेज सम्मेलन के निर्णयों का कोई महत्त्व ही न रह जाता। भारत सरकार की योजना से डॉ. ताराचंद ने चार खंडों में स्वाधीनता आंदोलन का जो इतिहास लिखा है, जिसे भारत सरकार के प्रकाशन विभाग ने छापा है, उसमें भी यही निष्कर्ष निकाला गया है कि गांधीजी को गोलमेज सम्मेलन में नहीं जाना चाहिए था।

(पाञ्चजन्य, १५ अप्रैल, २०१२)

□

गांधीजी के आलोचक मित्र श्रीनिवास शास्त्री

दूसरे गोलमेज सम्मेलन में गांधीजी की भूमिका और मन:स्थिति को जानने के लिए उस कालखंड में नरमदलीय नेता वी.एस. श्रीनिवास शास्त्री के पत्रों का अध्ययन बहुत उपयोगी है। अपने गुरु गोपाल कृष्ण गोखले के समान शास्त्रीजी नरमदलीय होते हुए प्रखर राष्ट्रभक्त, संस्कृतिनिष्ठ एवं आध्यात्मिक प्रवृत्ति के व्यक्ति थे। वे अपने युग के असामान्य वक्ता थे। उनके वक्तृत्व की प्रशंसा करते हुए गांधीजी ने अपनी आत्मकथा में लिखा है—"भारतीय विधान परिषद् की कार्रवाई में उपस्थित रहने का अवसर मेरे जीवन में केवल एक बार आया। वह अवसर था जब वहाँ रौलेट विधेयक (१९१९) पर बहस चल रही थी। तब शास्त्रीजी ने एक भावुक भाषण दिया, जिसमें उन्होंने ब्रिटिश सरकार को गंभीर चेतावनी दी। वायसराय मंत्रमुग्ध होकर उन्हें सुन रहे थे। जब तक शास्त्रीजी के वक्तृत्व की उष्ण धारा बहती रही, वायसराय की दृष्टि उन पर ही गड़ी रही। एक क्षण के लिए मुझे लगा कि उनका भाषण सत्य के इतना निकट और भावना से इतना ओतप्रोत था कि वायसराय उससे प्रभावित हुए बिना नहीं रहे होंगे।"

शास्त्रीजी की निष्ठा

संस्कृतिनिष्ठा, राष्ट्रभक्ति और वक्तृत्व के धरातल पर महान होते हुए भी शास्त्रीजी को अंग्रेजों की लोकतंत्र-निष्ठा, न्यायप्रियता और प्रजा वत्सलता पर असीम श्रद्धा थी। उन्हें विश्वास था कि भारत को ब्रिटिश दासता से स्वातंत्र्य बिना किसी संघर्ष या जनांदोलन के, केवल अपनी प्रशासकीय क्षमता बढ़ाने और ब्रिटिश सदिच्छा को जाग्रत् करने से प्राप्त हो सकेगा। इसलिए गांधीजी के आध्यात्मिक व्यक्तित्व से अभिभूत होते हुए भी वे उनके सत्याग्रह या सविनय अवज्ञा आंदोलन को ध्वंसात्मक मार्ग मानते थे और ब्रिटिश संवैधानिक प्रक्रिया का अंग बनकर विधान परिषदों में अपने वाक्-चातुर्य से ब्रिटिश

आत्मा को झकझोरने के मार्ग को रचनात्मक मानते थे। संभवत: शास्त्रीजी अकेले ऐसे व्यक्ति थे, जिन्होंने अपने पत्रों में गांधीजी से मत-भिन्नता प्रकट करने और गांधीजी की कमियों को जताने का साहस दिखाया। यह गांधीजी की महानता ही थी कि उन्होंने न केवल शास्त्रीजी की फटकार का स्वागत किया अपितु उनके प्रत्येक पत्र का उत्तर दिया, उन्हें बड़ा भाई और स्वयं को 'आपका छोटा भाई' कहकर संबोधित किया। २२ सितंबर, १८६९ को जन्म लेने के कारण शास्त्रीजी उनसे आयु में केवल दस दिन बड़े थे, पर १७ अप्रैल, १९४६ को अपनी मृत्यु तक उनका गांधीजी के साथ संबंध व पत्राचार लगातार बना रहा।

शास्त्रीजी की स्पष्टवादिता

इन दो महापुरुषों के संबंधों की गहराई को समझने के लिए यहाँ एक ही उदाहरण देना पर्याप्त होगा। गांधीजी ने जेल में बंद होते हुए ही ११ फरवरी, १९३३ से अंग्रेजी भाषा में 'हरिजन' पत्र का प्रकाशन आरंभ किया। उसके लिए श्रीनिवास शास्त्री को पत्र लिखकर आशीर्वचन माँगा। शास्त्रीजी ने १३ फरवरी, १९३३ को उनके पत्र का उत्तर दिया, जिसके शिखर पर गोपनीय लिख दिया। इस पत्र में उन्होंने लिखा, ''तुमने अपने नए शिशु के लिए संदेश माँगा है। अब मैं तुम्हारे प्रति अपना रुख बदलने जा रहा हूँ। यह तुम्हारे हित में आवश्यक भी है, भले ही उसके लिए मुझे कितना ही प्रयास करना पड़े। तुम एक बोझिल दुनिया में जी रहे हो। सोते-जागते तुम पाप और प्रायश्चित्त, आत्मस्वीकृति और सत्यान्वेषण, सत्याग्रह और नैतिक आत्म-प्रवंजचना के विचारों में खोए रहते हो। जिन्हें तुमसे बात करने या पत्र लिखने का मौका मिलता है, वे लगातार शंकाएँ और गंभीर समस्याएँ खड़ी करते हैं, जिससे तुम्हारे इर्द-गिर्द घुटन और गंभीरता का वातावरण और अधिक गंभीर हो जाता है। कम लोग हैं जो हल्की-फुल्की बातें, निरापद चुटकलों, अर्थपूर्ण हँसी-मजाक और प्रचलित गाली-गलौज की भाषा बोलकर वातावरण को हल्का बना सकें। तुम्हें अपनी मंडली में एक मजाकिए की बहुत आवश्यकता है। मैं समय-समय पर यह काम करने की कोशिश करूँगा। मैं लंबे समय से सोए पड़े तुम्हारे मस्तिष्क को झकझोरने की कोशिश करूँगा और जिन पोषक तत्त्वों का उसे लंबे समय से अभाव है, वह देने की कोशिश करूँगा। नि:संदेह यदि मेरी दवा को अनुकूल न पाओ और उसे झेल न पाओ तो तुम उसे बंद करवा सकते हो। वह मेरे लिए संकेत होगा कि बीमारी बहुत आगे जा चुकी है।…तुम अंग्रेजी भाषा के असामान्य शुद्ध लेखक हो। सामान्य पाठक तुम्हारे लेखन में कोई भूल नहीं देख पाता, क्योंकि वे बहुत सूक्ष्म होती हैं। मैं 'हरिजन' के पहले अंक में तुम्हारे नाम से छपी रचनाओं में से कुछ नमूने पेश कर रहा हूँ।'' इसके बाद शास्त्रीजी भाषा की भूलों की एक लंबी तालिका प्रस्तुत करते हैं।

गांधीजी का बड़प्पन

ऐसे कठोर निंदा भरे पत्र पर गांधीजी की प्रतिक्रिया देखने लायक है। शास्त्री से इस पत्र के प्रकाशन की अनुमति माँगते हुए गांधीजी ने लिखा, ''मैं इस पत्र को सार्वजनिक करना चाहता हूँ, यद्यपि यह प्रकाशन के भाव से नहीं लिखा गया है। मैं इस पत्र को छापकर सनातनियों और सुधारकों के बीच के वर्तमान तनाव को भी कम करना चाहता हूँ। उन्हें सीखना चाहिए कि परस्पर विरोधी प्रवृत्तियों के व्यक्तियों में भी घनिष्ठ मित्रता बनी रह सकती है। जनता जानती है कि कई महत्त्वपूर्ण प्रश्नों पर मेरे और आपके विचार एक-दूसरे के विरुद्ध हैं। परंतु इस कारण एक-दूसरे के प्रति हमारे स्नेह और सम्मान की भावना में कोई अंतर नहीं पड़ा।''…आगे गांधीजी लिखते हैं, ''शायद आपको पता नहीं है कि मेरी मंडली में सरदार वल्लभभाई पटेल उस मजाकिए की आवश्यकता को भली प्रकार पूरा कर देते हैं। कोई दिन ऐसा नहीं जाता जब वे अपने अनपेक्षित व्यंग्य वाणों से मुझे हँसाते-हँसाते पेट में दर्द न करा देते हों। उनकी उपस्थिति में उदासी अपना मनहूस चेहरा छिपा लेती है। कितनी भी बड़ी निराशा उन्हें अधिक देर तक उदास नहीं रहने देती। मेरा 'संतपन' भी उनके हमले से नहीं बच पाता। भले ही सीधे-सादे लोग उससे धोखा खा जाएँ, पर सरदार या सनातनी नहीं। दोनों मेरे चेहरे का नकाब उधेड़ डालते हैं और मुझे अपने आपको अपनी आँखों से देखने के लिए मजबूर कर देते हैं।…

''सरकार को धन्यवाद है कि उसने वल्लभभाई को मेरे या मुझे उनके साथ रख दिया। परंतु यह जानकारी देने का अर्थ यह नहीं है कि आप (शास्त्री) अपने स्व-अंगीकृत दायित्व से मुक्त हो गए हैं, क्योंकि सरदार वह नहीं कर पाएँगे जिसे आप पर हमेशा करने का भरोसा किया जा सकता है। आपके विपरीत सरदार ने मेरी हर बात के समर्थन में 'हाँ जी' कहने की बुरी आदत पाल ली है। और यह किसी भी व्यक्ति के लिए हितकर नहीं है।…''

इस लंबे पत्र के अंत में गांधीजी ने शास्त्रीजी के पत्र को 'हरिजन' में छापकर पाठकों से अनुरोध किया कि वे शास्त्रीजी के पत्र को 'हरिजन' अंक को सामने रखकर तीन-चार बार पढ़ें, ताकि वे शास्त्रीजी के पत्र के सौंदर्य की पकड़ सकें।'' 'हरिजन' में शास्त्रीजी के पत्र और अपने उत्तर को प्रकाशित करने के पूर्व गांधीजी ने उनसे उस 'निजी पत्र' के प्रकाशन की अनुमति माँगी। इस रोचक पत्राचार के ऊपर उन्होंने टिप्पणी लिखी, ''मैंने शास्त्रीजी से 'हरिजन' के लिए संदेश माँगा था और उनसे 'निजी' शब्द के साथ यह विशेष पत्र मिला। मुझे यह पत्र इतना अच्छा लगा कि मैंने उसे दबाना उचित समझा और इसलिए उनसे प्रकाशन की तार द्वारा अनुमति माँगी। उत्तर में उनका तार भी उतना ही विशिष्ट है जितना की उनका पत्र। वे लिखते हैं, ''प्रथमत: यह पत्र 'हरिजन'

के लिए उपयुक्त नहीं है। दूसरे, आपके प्रशंसकों की भावनाओं को ठेस पहुँचाता है। तीसरे, तुम्हारे अनवरत स्नेह का उचित प्रतिदान नहीं है। फिर भी यदि तुम्हें इससे कोई भी लाभ दिखाई देता है, तो छापो।''

अपने-अपने निष्कर्षों पर दृढ़

गांधीजी और शास्त्रीजी के लंबे संबंधों में ऐसे अनेक मधुर प्रसंग हैं, जिन्हें हम पाठकों के समाने अवश्य लाना चाहेंगे, पर इस समय तो केवल द्वितीय गोलमेज सम्मेलन पर ही केंद्रित करेंगे। गांधीजी १२ सितंबर, १९३१ को लंदन पहुँच पाए, जबकि सम्मेलन ७ सितंबर को ही आरंभ हो चुका था। शास्त्रीजी स्वयं तो अप्रैल माह में ही इंग्लैंड पहुँच गए थे और वहाँ लेखों, भाषणों एवं व्यक्तिगत भेंटों के द्वारा भारत को औपनिवेशिक राज्य का दर्जा देने के पक्ष में वातावरण बनाने में जुट गए थे। वे गांधीजी के आगमन की उत्सुकता से प्रतीक्षा कर रहे थे। वस्तुतः उन्होंने ही गांधीजी की लंदन यात्रा के लिए गांधी-इर्विन वार्त्ता और समझौते की भूमिका तैयार की थी। 'गांधीजी आएँगे या नहीं', इस ऊहापोह की भी वे लंदन में बैठकर चिंतापूर्वक खोज-खबर ले रहे थे।

गांधीजी के लंदन पहुँच जाने पर ही उन्होंने राहत की साँस ली, पर इस बारे में २२ सितंबर के अपने पहले पत्र में ही उन्होंने लिखा, ''गांधी आए यह तो अच्छा हुआ, पर वह स्वयं में एक समस्या बन गए हैं। यहाँ आकर उन्होंने विधान परिषद् में एक सदन या दो सदन की अनावश्यक बहस आरंभ कर दी है। बिड़ला (घनश्याम दास) ने मुझे बताया कि गांधीजी गोलमेज सम्मेलन को तोड़ने का निश्चय लेकर ही आए हैं, अतः आप लोग व्यर्थ ही परेशान न हों। कभी-कभी मुझे भी ऐसा ही लगता है।''

२४ सितंबर को अगले पत्र में उन्होंने लिखा कि ''रंगास्वामी ने मुझे गुप्त तौर पर बताया कि गांधी सम्मेलन से विच्छेद करने का निश्चय कर चुके दीखते हैं, और उसके लिए कोई अच्छा बहाना ढूँढ़ रहे हैं। निश्चय ही बिड़ला, डॉ. जीवराज मेहता और कुछ अन्य लोग उन्हें उसी तरफ दृढ़ता से खींच रहे हैं। सच तो ईश्वर ही जानता है। मैं उनसे बिल्कुल नहीं मिलता हूँ। भीड़ उन्हें हर समय घेरे रहती है। यहाँ आने के बाद उनकी प्रतिष्ठा बढ़ी नहीं है। मालवीयजी बहुत सहमे और हक्के-बक्के लग रहे हैं।...''

२ अक्तूबर को टी.आर. वेंकटराम शास्त्री को वे लिखते हैं, ''लक्षण शुभ नहीं हैं। गांधी अपनी ही महानता के शिकार हैं और परेशान हो रहे हैं। वे कहते हैं कि मैं अपना पक्ष रखकर चला जाऊँगा। जिसका अर्थ हुआ कि वे 'अल्टीमेटम' देकर चले जाएँगे। वे कठोर भाषा का प्रयोग नहीं करते इस कारण उनकी शैली बहुत मधुर है। मुसलमानों ने उनके साथ अच्छा व्यवहार नहीं किया। उन्होंने बताया कि मुसलमानों ने उनसे लंबी जिरह की और उन्हें जानबूझकर सताया। परंतु वे इस सबका दोष ब्रिटिश पक्ष पर

डालकर सम्मेलन से अलग हो जाना चाहते हैं। उन्होंने अपनी यह योजना कल रात सप्रू के कमरे में भोजन के समय हम कुछ लोगों को बताई। हममें से कुछ लोगों ने स्पष्ट शब्दों में असहमति प्रकट की। उन्हें पता है कि हम उनका साथ नहीं देंगे। मालवीयजी एक पतिव्रता हिन्दू पत्नी की तरह उनसे संबंध-विच्छेद नहीं कर सकते, भले ही दूसरों से मिन्नत करें कि वे उसके पति को सद्-परामर्श दें। गांधी ने हमें बताया कि उन्होंने अल्पसंख्यक समिति को एक सप्ताह के लिए स्थगित करने की माँग मुसलमानों की इच्छा से की है और उसकी असफलता का पूरा दोष अपने माथे पर ले लिया।...मैंने गांधी को अपनी सोच बता दी है। उनका कहना है कि मेरी 'लाइन' का उन्हें पहले से पता है। तुम अपने रास्ते जाओ, मैं अपने रास्ते जाऊँगा।''

७ अक्तूबर को गुंडप्पा के नाम पत्र में शास्त्रीजी ने लिखा, ''सम्मेलन नीचे जा रहा है। पिछले साल की तरह इस बार भी सांप्रदायिक प्रश्न रास्ता रोककर खड़ा है, पर वे पूरी तरह किंकर्त्तव्यविमूढ़ हैं। गांधी अपने को हताश और पराजित पा रहे हैं। यहाँ आकर उन्होंने जो भाषण दिए हैं उनसे उनकी अपनी प्रतिष्ठा नहीं बढ़ी है। आज रात को ११.०० बजे हम लोग समस्या का हल निकालने का अंतिम प्रयास करेंगे। कल सम्मेलन में गांधी अपनी विफलता स्वीकार कर लेंगे।'' १ दिसंबर को सम्मेलन के समापन सत्र में गांधीजी के प्रति शास्त्रीजी के भावुक उद्‌बोधन का स्वर गांधी की भूमिका के प्रति आलोचनापूर्ण था। ९ दिसंबर को शास्त्रीजी ने गांधीजी को एक पत्र लिखकर उस उद्‌बोधन की भाषा के लिए क्षमायाचना की। उन्होंने लिखा कि ''उस विचित्र और लंबे तनाव के क्षणों में मैं अपनी भावनाओं को दबा नहीं पाया। वे मेरे वास्तविक मनोभाव थे जो कई दिनों से मेरे भीतर घूम रहे थे।''

(पाञ्चजन्य, २९ अप्रैल, २०१२)

□

गोलमेज सम्मेलन से लौटे गांधीजी

द्वितीय गोलमेज सम्मेलन में भाग लेकर गांधीजी फ्रांस में रोम्याँ रोला और रोम में मुसोलिनी की मिलते हुए २९ दिसंबर, १९३१ को भारत वापस लौटे। उन्होंने गोलमेज सम्मेलन के अंत में घोषणा कर दी थी कि अपनी जान की बाजी लगाकर भी वे हिन्दू समाज को विखंडित करने के ब्रिटिश षड्यंत्र का विरोध करेंगे, अस्पृश्यता की समस्या हिन्दू समाज की आंतरिक सामाजिक समस्या है, इसलिए वे भारत लौटकर अस्पृश्यता निवारण के लिए प्रबल सामाजिक अभियान भी प्रारंभ करेंगे। गोलमेज सम्मेलन में ही गांधीजी को यह आभास हो गया था कि पूर्ण स्वराज्य के लक्ष्य को पाने के लिए प्रबल जनांदोलन के द्वारा भारत को अपनी एकता और नैतिक सामर्थ्य का साक्षात्कार विश्व को कराना होगा, अत: भारत लौटते ही उन्होंने इस दिशा में प्रयास आरंभ कर दिए। उन्होंने आते ही वायसराय लार्ड विलिंग्डन से भेंट का समय पाने के लिए विनम्र टेलीग्राम भेजा, किंतु विलिंग्डन ने पहले से ही कठोर दमन नीति अपनाने का मन बना रखा था। इस कठोर नीति में उसे बंबई के गवर्नर फ्रेडरिक साईक्स और लंदन में भारत सचिव सेमुअल होर का पूर्ण समर्थन प्राप्त था।

गांधीजी और डॉ. अंबेडकर

वायसराय के निजी सचिव ने कड़ी भाषा में तार भेजकर गांधीजी को भेंट का समय देने से इनकार कर दिया, दमन नीति को उचित ठहराया। गांधीजी को सविनय अवज्ञा आंदोलन पुन: प्रारंभ करने का अवसर देने के पूर्व ही उसने ४ जनवरी, १९३२ को प्रात: ३.३० बजे सोते से उठाकर गांधीजी और सरदार पटेल को गिरफ्तार कर जेल में ठूँस दिया। जवाहरलाल नेहरू पहले ही उत्तर प्रदेश में गिरफ्तार किए जा चुके थे। सरकार ने ४ जनवरी को ही कांग्रेस पर प्रतिबंध लगा दिया। पहले के आठ अध्यादेशों के अलावा चार नए अध्यादेश जारी करके सार्वजनिक गतिविधियों एवं विचार अभिव्यक्ति पर रोक लगा दी गई। गांधीजी ने स्वयं को एक विषम स्थिति में फँसा पाया। उन्हें एक

साथ तीन मोर्चों पर जूझना पड़ रहा था। एक—गोलमेज सम्मेलन की विफलता से हताश कांग्रेस जनों के मनोबल को ऊपर उठाना, दो—सरकार की दमन नीति को कुंठित करना और तीन—डॉ. अंबेडकर की सहायता से हिन्दू समाज को विखंडित करने के ब्रिटिश षड्यंत्र को परास्त करना।

जेल के भीतर से ही ११ मार्च, १९३२ को भारत सचिव सेमुअल होर को एक लंबा पत्र भेजकर गांधीजी ने हिन्दू समाज के तथाकथित वंचित वर्गों को पृथक् मताधिकार देने के किसी भी प्रयास का विरोध करने की चेतावनी भेज दी। पर, ब्रिटिश सरकार ने इसकी पृष्ठभूमि तैयार करने के लिए 'लोथियन कमेटी' को भारत रवाना कर दिया, जो पूरे भारत का भ्रमण कर दलित वर्ग के नेताओं की खोज कर रही थी और उनका मन टटोल रही थी। गोलमेज सम्मेलन के अंत में अन्य अल्पसंख्यक वर्गों के साथ-साथ दलित वर्गों को पृथक् मताधिकार देने का प्रश्न ब्रिटिश प्रधानमंत्री के निर्णय पर छोड़ दिया गया था। उस निर्णय की उत्सुकता से प्रतीक्षा की जा रही थी। 'लोथियन कमेटी' ने अपनी व्यापक जाँच के आधार पर दलित वर्गों को पृथक् मताधिकार देने की अनुशंसा नहीं की, जिससे चिंतित होकर डॉ. अंबेडकर ब्रिटिश नेताओं को मनाने के लिए लंदन की गुप्त यात्रा पर गए, किंतु 'बंबई क्रानिकल' के किसी संवाददाता ने उन्हें लंदन जानेवाले जहाज पर खड़े देखकर उसे गुप्त नहीं रहने दिया। डॉ. अंबेडकर लंदन में लगभग दो माह तक रहकर ब्रिटिश नेताओं से गुप्त परामर्शों में लगे रहे और १७ अगस्त, १९३२ को 'प्रधानमंत्री निर्णय' की घोषणा के समय पर ही स्वदेश वापस लौटे। सचमुच ही, उस निर्णय में अस्पृश्य वर्गों के लिए पृथक् मताधिकार की घोषणा कर दी गई थी।

विलिंग्डन को गांधीजी का भय

'प्रधानमंत्री निर्णय', जो 'कम्युनल अवार्ड' के नाम से प्रसिद्ध है, की सार्वजनिक घोषणा होते ही गांधीजी ने प्रधानमंत्री रैमजे मैक्डोनॉल्ड के नाम लंबा पत्र लिखा, जिसमें उन्होंने इस निर्णय के विरोध में २० सितंबर से आमरण अनशन प्रारंभ करने की सूचना भी दे दी। साथ ही, उन्होंने ब्रिटिश सरकार के साथ हुए अपने पत्र-व्यवहार को प्रकाशित करने की अनुमति भी माँगी। पर, ब्रिटिश सरकार ने इस बारे में मार्च से सितंबर तक (पूरे छह महीने) बाहर से चुप्पी साधे रखी। किसी को पता नहीं चला कि अंदर-अंदर क्या पक रहा है। यह भी नहीं कि गांधीजी सरकार को आमरण अनशन पर जाने की लिखित सूचना दे चुके हैं। ऊपर से सब कुछ भले ही शांत हो, पर भीतर-ही-भीतर लंदन और दिल्ली, दिल्ली और बंबई तथा अन्य गवर्नरों के बीच पत्रों और तारों का अंबार लग गया था। गांधीजी जिस यरवदा जेल में बंद थे, वह जेल और उनका साबरमती आश्रम, दोनों बंबई प्रांत में आते थे, इसलिए वहाँ के गवर्नर फ्रेडरिक साईक्स का मत महत्त्वपूर्ण बन गया था। वायसराय

विलिंग्डन ने पूरी स्थिति जानने के लिए सभी गवर्नरों के नाम २४ अगस्त को एक गुप्त पत्र भेजा। विलिंग्डन ऊपर से कठोरता का प्रदर्शन करके भी भीतर से हिल गया था। उसकी चिंता थी कि यदि गांधीजी आमरण अनशन करके जेल के भीतर मरे तो भी मुसीबत और जेल के बाहर मरे तो और भी बड़ी मुसीबत। हिन्दू समाज के मन में उनके प्रति असीम श्रद्धा का जो भाव बन चुका है, उसके कारण गांधीजी का आमरण अनशन के दौरान निधन ब्रिटिश सरकार और जनभावनाओं के बीच कटुता की एक स्थायी दीवार बनकर खड़ा हो जाएगी। भारत की प्रेस पर हिन्दुओं का स्वामित्व है। वह प्रेस बड़ा बवंडर खड़ा कर देगा। अत: गांधी के पत्राचार को और उनके आमरण अनशन के निर्णय को अनशन प्रारंभ करने की तिथि के आसपास ही प्रकाशित किया जाए ताकि 'हिन्दू प्रेस' को जनभावनाओं को उत्तेजित कर प्रतिरोध की व्यूह रचना तैयार करने का समय ही न मिलने पाए। घबराए हुए वायसराय ने २४ अगस्त को सभी गवर्नरों को एक गोपनीय पत्र भेजकर पूछा कि इस संकट से बाहर निकलने का उपाय क्या है? अस्पृश्य (दलित) वर्गों की पृथक् मताधिकार पर क्या प्रतिक्रिया है? उनका समर्थन हमें किस मात्रा में मिलेगा?

'पृथक् मताधिकार' दाँव असफल

वायसराय के इस पत्र के उत्तर में गवर्नरों से प्राप्त गोपनीय उत्तरों से उस समय के दलित वर्ग के यथार्थ का पता लगता है। मध्य प्रांत के गवर्नर ए.ई. नेल्सन ने लिखा, ''जहाँ तक 'दलित वर्गों' का सवाल है, वे अधिकांशत: पिछड़े और निरक्षर हैं। इसलिए पृथक् बनाम संयुक्त निर्वाचन जैसे प्रश्नों पर कोई मत देने में वे पूर्णतया अक्षम हैं। न ही उन्हें यह समझ में आता है कि हिन्दू धर्म के विघटन का अर्थ क्या है? 'दलित वर्गों' के नाम पर जो भी मत प्रचारित किया जाता है वह केवल आधा दर्जन नेता किस्म के लोगों का मत होता है, जिनमें से कोई स्वयं को डॉ. अंबेडकर का तो काई एम.सी. राजा का अनुयायी बताता है। उनके अपने विचार पक्के न होने के कारण वे इन दोनों के बीच पाला बदलते रहते हैं। इसलिए 'कम्युनल अवार्ड' (सांप्रदायिक निर्णय) के बारे में 'दलित वर्गों' की वास्तविक भावनाओं का पता लगाना संभव नहीं हैं।'' बिहार के गवर्नर जे.डी. सिफ्टन ने लिखा, ''यह पता लगा पाना कठिन है कि इस निर्णय का 'दलित वर्गों' पर क्या परिणाम होगा! इस प्रांत में वे बिल्कुल भी संगठित नहीं हैं। केवल उन दो चार थानों को छोड़कर जहाँ 'लोथियन कमेटी' के आधार पर निर्वाचन सूचियाँ बनाने का काम शुरू हुआ है। उनमें से अधिकांश तो मताधिकार जैसी कोई चीज नहीं जानते। सच तो यह है कि बिहार और उड़ीसा में उनमें अभी तक कोई 'पृथक् वर्ग चेतना' पैदा ही नहीं हुई है।''

इसी प्रकार मद्रास प्रांत, जहाँ 'दलित चेतना' को बहुत जाग्रत माना जाता था, के गवर्नर ने भी सूचित किया कि इस समय यह कहना कठिन है कि 'दलित वर्ग' का आम आदमी

क्या सोचता है। संभवत: उनमें अधिकांश को तो इस बारे में कुछ पता ही नहीं है। ऐसे लोग भी इने-गिने ही होंगे जो पृथक् निर्वाचन के संभावित परिणामों को समझ सकें। अन्य गवर्नरों के उत्तर भी इससे भिन्न नहीं थे। ये उत्तर 'दलित यथार्थ' के गांधीजी के आकलन की पुष्टि करते हैं। बंबई के गवर्नर साईक्स ने गांधीजी का मन टटोलने के लिए जेल महानिरीक्षक कर्नल डोयले को २६ अगस्त को गांधीजी के पास भेजा। उसको गांधीजी ने बताया, "दलित वर्गों को पृथक् निर्वाचन का अधिकार दिया जा रहा है, जबकि एक वर्ग के रूप में उनकी ओर से ऐसी कोई माँग नहीं है। एक बहुत छोटा सा वर्ग अर्थात् डॉ. अंबेडकर के नेतृत्व को माननेवाले महार जाति के लोग ही पृथक् निर्वाचन की माँग उठा रहे हैं, किंतु उन्हें संपूर्ण 'दलित वर्गों' की ओर से बोलने का कोई अधिकार नहीं है। संयुक्त प्रांत, बंगाल और अन्य प्रांतों के 'दलित वर्ग' संयुक्त निर्वाचन के पक्ष में है।" गांधीजी ने आगे कहा कि "इसलिए मैंने इंग्लैंड से लौटकर यह सोचा था कि भारत पहुँचकर 'दलित वर्गों', जो राजनीतिक चेतना से शून्य हैं और जिन्हें यह बोध नहीं है कि पृथक् निर्वाचन का अर्थ और परिणाम क्या हो सकता है, में राजनीतिक जागृति पैदा करने के लिए एक योजनाबद्ध अभियान छेड़ूँगा, किंतु भारत पहुँचने के एक सप्ताह के भीतर ही मुझे जेल में ठूँस दिया गया और अब आमरण अनशन के अलावा कोई रास्ता मेरे पास नहीं रह गया है।"

कौन सा 'दलित वर्ग'?

गांधीजी के इस आकलन की पुष्टि महाराष्ट्र के दलित नेता पी.एन. राजभोज के वायसराय के नाम ७ जून, १९३२ के उस पत्र से भी होती है, जिसमें उन्होंने लिखा था कि हमारे प्रांत में 'चमार' और 'मांग' जातियों के दलितों को सवर्णों के बजाय महारों से ज्यादा परेशानी होती है, इसलिए इन जातियों के लोग अंबेडकर को अपना नेता नहीं मानते। किंतु दलित वर्गों को पृथक् निर्वाचन का अधिकार देकर भारतीय राष्ट्रवाद की आधारभूमि हिन्दू समाज को भीतर से तोड़ना ब्रिटिश कूटनीति का हिस्सा था, उसके लिए वे डॉ. अंबेडकर को हथियार बना रहे थे। इसकी जानकारी हमें वायसराय और भारत सचिव के गुप्त पत्राचार, जो अब शोधकर्त्ताओं के लिए उपलब्ध है, से प्राप्त होती है। गांधीजी का पत्र पाते ही भारत सचिव ने तार द्वारा वायसराय से पूछा कि इस पत्र का क्या उत्तर दूँ। वायसराय ने सुझाव भेजा कि आप उत्तर दें कि यह मुद्दा गांधी और 'दलित वर्गों' के बीच है, ब्रिटिश सरकार का इससे कुछ लेना-देना नहीं है। इसके उत्तर में भारत सचिव ने वायसराय को लिखा कि "हमें यह आभास नहीं पैदा करना चाहिए कि यह मुद्दा गांधी व दलित वर्गों के बीच का मुद्दा है, क्योंकि इससे अंबेडकर की स्थिति कमजोर होगी, जो हमें नहीं करना चाहिए।"

डॉ. अंबेडकर को सामने बनाए रखने के लिए ही फरवरी-मार्च १९३२ में संपन्न

राजना–मुँजे पैक्ट के बारे में पर्दे के पीछे तो बहुत चिंता प्रगट की गई किंतु सार्वजनिक तौर पर उसे कोई तवज्जो नहीं दी गई। गांधीजी के अनशन के विरुद्ध भी बहुत सावधानी से व्यूह–रचना तैयार की गई। तय किया गया कि जेल से बाहर आने पर भी गांधीजी का संपर्क आम जनता की बजाय केवल कुछ नेताओं तक ही सीमित रहे। वे ही अंबेडकर और सवर्ण नेताओं के बीच समझौते की पहल करें ताकि यह प्रचारित किया जा सके कि ब्रिटिश सरकार की पहल के कारण ही सवर्ण हिन्दुओं और दलित वर्गों के बीच पूना पैक्ट जैसा समझौता हो सका, और यह भी कि दलित वर्ग व सवर्ण हिन्दू नामक दो अलग–अलग सुव्याख्यायित समूह हैं, जिनके बीच हित–विरोध की स्थिति विद्यमान है। यद्यपि ब्रिटिश शासक बीसवीं शताब्दी के आरंभ से ही 'दलित वर्गों' की अलग पहचान की असफल कोशिश करते आ रहे थे और हिन्दू समाज की सीढ़ीनुमा जाति व्यवस्था में अस्पृश्यता की कृत्रिम विभाजन रेखा खींचने की जी–तोड़ कोशिश में लगे थे। १७ अगस्त, १९३२ को ब्रिटिश प्रधानमंत्री के 'सांप्रदायिक निर्णय' की घोषणा के समय भी स्थिति में कोई परिवर्तन नहीं हुआ था। २१ अगस्त, १९३२ को भी भारत सरकार के गृह सचिव एम.जी. हैलेट ने लिखित टिप्पणी की थी कि एक बिंदु जिसे भूलना नहीं चाहिए वह यह है कि 'दलित वर्गों' की अभी तक कोई व्याख्या नहीं हो पाई है, और कुछ प्रांतों में तो संभवत: ऐसे किसी वर्ग का अस्तित्व ही नहीं है।

आरक्षण का दंश

किंतु इसे ब्रिटिश कूटनीति की विजय ही कहना होगा कि हिन्दू समाज की एकता को बनाए रखने के लिए गांधीजी को अपने प्राणों की बाजी लगाकर जो पूना पैक्ट करना पड़ा, उसमें उन्हें अपनी इच्छा के विरुद्ध आरक्षण का सिद्धांत स्वीकार करना पड़ा, जिसके कारण प्रत्येक प्रांत में दलित वर्गों के लिए आरक्षित सीटों के लिए जातियों के आधार पर मतदाताओं की सूचियाँ तैयार करना अनिवार्य हो गया, जिसका स्वाभाविक परिणाम जन्मना जाति–व्यवस्था को मिटाने की बजाय उसे चिरस्थायी बनाने में हो रहा है। इस जन्मना जाति–व्यवस्था को स्थायी बनाने की स्थिति जिन डॉ. अंबेडकर के माध्यम से अंग्रेज शासकों ने पैदा की, उन्हें गांधीजी के मुख्य प्रतिद्वंद्वी के रूप में पूजा जा रहा है। गांधी–इर्विन समझौते के कारण गांधीजी जिस गोलमेज सम्मेलन में गए, वह लंदन में होने के कारण भारत विरोधी ब्रिटिश मीडिया और राजनीतिज्ञों के प्रोत्साहन से डॉ. अंबेडकर ने वहां गांधी के 'मूर्ति भंजन' पर अपनी पूरी शक्ति लगा दी और खूब वाहवाही लूटी। तब तक जिन डॉ. अंबेडकर को भारत में महाराष्ट्र के बाहर मुट्ठी भर लोग जानते थे, उनका नाम पूरे भारत में पहुँच गया और वे गांधीजी के सबसे मुखर प्रतिद्वंद्वी बनकर उभर आए।

(पाञ्चजन्य, १५ जुलाई, २०१२)

□

गांधीजी गोलमेज सम्मेलन में गए ही क्यों?

ब्रिटिश प्रधानमंत्री रैमजे मैकडोनॉल्ड द्वारा १७ अगस्त, १९३२ को घोषित 'सांप्रदायिक निर्णय' के पीछे भारतीय राष्ट्रवाद के विरुद्ध जिस 'दुष्ट षड्यंत्र' का गांधीजी ने उल्लेख किया उसकी कुछ झलक तत्कालीन वायसराय विलिंग्डन एवं बंबई प्रांत के गवर्नर फ्रेडरिक साईक्स के गोपनीय पत्राचार से मिलती है। वायसराय ने १० फरवरी, १९३२ को साईक्स को लिखा, "हमारा निश्चित लक्ष्य लोगों को कांग्रेस आंदोलन से अलग करना और संवैधानिक सुधारों की ओर प्रवृत्त करना है। मुसलमानों को ठीक पटरी पर बनाए रखने के महत्त्व के प्रति हम पूरी तरह जागरूक हैं।" गवर्नर साईक्स ने १९ अप्रैल, १९३२ को वायसराय को लिखा कि "कांग्रेस के पूर्ण वर्चस्व के प्रति लोगों की आस्था को उखाड़ने में मदद करके ही हम अन्य दलों के इस प्रकार संगठित होने की आशा कर सकते हैं कि वे भविष्य में (कांग्रेस के विरुद्ध) एक सशक्त विपक्ष की भूमिका निभा सकें।"

७ जून, १९३२ को साईक्स ने अपनी रणनीति का खुलासा करते हुए वायसराय को लिखा, "मैं समझता हूँ कि 'दलित वर्गों' को राजनीतिक उद्देश्यों के लिए हिन्दुओं से पृथक् समुदाय के रूप में गिना जाना चाहिए। और उनके प्रतिनिधित्व को हिन्दू वोट-संख्या में से कटौती के रूप में देखा जाना चाहिए।"

साईक्स आगे लिखते हैं, "मैं पुनः दोहराना चाहता हूँ कि अब कांग्रेस को मनाने का कोई प्रयास नहीं होना चाहिए। हमारी ओर से ऐसा कोई भी प्रयास मुसलमानों और अन्य अल्पसंख्यकों को हमसे दूर कर देगा।"

भारतीय राष्ट्रीयता की आधारभूमि होने के कारण हिन्दू समाज को भीतर से तोड़ने की इस रणनीति में अंग्रेजों और मुसलमानों की मिलीभगत थी। सन् १९०६ में ही लार्ड मिंटो से मुस्लिम प्रतिनिधिमंडल ने अपने लिखित प्रतिवेदन में अनुरोध किया था कि

यदि हिन्दुओं की जनसंख्या में से निचली जातियाँ, प्रकृति पूजक वनवासियों और छोटे मजहबों के लोगों को निकाल दिया जाए, क्योंकि वे हिन्दू नहीं हैं, तो हमारा अनुपात चौथाई हो जाता है। आगे सन् १९२३ में कांग्रेस के काकीनाड़ा अधिवेशन में अपने अध्यक्षीय भाषण में मुहम्मद अली ने सुझाव दिया था कि 'दलित वर्गों' का सवर्णों और मुसलमानों के बीच बराबर का बँटवारा कर दिया जाए। जैसा पहले बताया जा चुका है ब्रिटिश कूटनीति इस दिशा में उन्नीसवीं शताब्दी से ही सक्रिय थी, किंतु गांधीजी के नेतृत्व में सन् १९२० और १९३० के सत्याग्रहों में भारतीय राष्ट्रवाद का विराट रूप प्रगट होने पर घबराए हुए ब्रिटिश शासकों को हिन्दू समाज को तोड़ने के लिए अविलंब निर्णायक कदम उठाना आवश्यक हो गया। साइमन कमीशन, गांधी-इर्विन समझौता, गोलमेज सम्मेलन और ब्रिटिश प्रधानमंत्री का सांप्रदायिक निर्णय आदि पगों का एकमात्र लक्ष्य तथाकथित 'दलित वर्गों' को हिन्दू समाज से अलग करना था।

सच्चा प्रतिनिधि

गांधीजी ने गोलमेज सम्मेलन में ही कह दिया था कि "अस्पृश्यों को पृथक् निर्वाचन का प्रश्न ब्रिटिश सरकार का नया शिगूफा है। 'अस्पृश्यों' को पृथक् मताधिकार का अर्थ उन्हें सदा सर्वदा के लिए गुलामी के गड्ढे में धकेलना होगा। सांप्रदायिक निर्णय की घोषणा के बाद जेल में बंद गांधीजी ने जेल अधीक्षक ले. कर्नल ई.ई. डोयले को २६ अगस्त को स्पष्ट शब्दों में बताया कि 'बेचारे' दलित वर्गों को यह समझ नहीं है कि पृथक् मताधिकार का अर्थ क्या होता है। न वे यह जानते हैं कि उनके नाम पर क्या किया जा रहा है। मैं पृथक् मताधिकार के विरुद्ध जनजागरण का संकल्प लेकर भारत लौटा था, किंतु मुझे तुरंत ही जेल में ठूँस दिया गया।

आगे उन्होंने कहा, "सांप्रदायिक निर्णय में दलित वर्गों के पृथक् निर्वाचन का अधिकार दिया गया था जबकि वे इसे कभी नहीं चाहते थे। महारों की छोटी सी संख्या ने डॉ. अंबेडकर के नेतृत्व में पृथक् मताधिकार की माँग उठाई, किंतु उन्हें समूचे दलित वर्गों की ओर से बोलने का कोई अधिकार नहीं है। क्योंकि संयुक्त प्रांत, बंगाल और अन्य प्रांतों के दलित वर्गों ने निश्चित रूप से संयुक्त निर्वाचन की माँग की है।"

गांधीजी ने गोलमेज सम्मेलन में चुनौती दी थी कि भारत में दलित वर्गों का सच्चा प्रतिनिधि मैं हूँ या डॉ. अंबेडकर, इसकी परीक्षा करनी हो तो हम दोनों को उत्तर भारत के किसी भी गाँव में भेज दीजिए, तब सामने आ जाएगा कि वहाँ के अस्पृश्य लोग मुझे पहचानते हैं या डॉ. अंबेडकर को। उस समय के दलित यथार्थ का जो चित्रण गांधीजी ने किया, हूबहू वहीं चित्रण विभिन्न प्रांतों के ब्रिटिश अधिकारियों द्वारा केंद्र को भेजी गई गुप्त रपटों में मिलता है। 'सांप्रदायिक निर्णय' पर दलित वर्गों की प्रतिक्रिया के बारे में

वायसराय की जिज्ञासा के उत्तर में सेंट्रल प्राविन्सेज के गवर्नर ए.ई. नेल्सन ने ३० अगस्त, १९३२ को रपट दी कि ''यहाँ के दलित वर्ग अधिकांशतः पिछड़े और निरक्षर हैं। वे संयुक्त बनाम पृथक् मताधिकार के प्रश्न पर कोई भी मत देने में सक्षम नहीं हैं। न ही वे समझते हैं कि हिन्दू समाज को तोड़ने का अर्थ क्या होता है। दलित वर्गों के नाम पर यहाँ केवल आधा दर्जन नेताओं के मत को ही बताया जाता है। ये या तो अंबेडकर या राजा के अनुयायी हैं। उनका कोई सुनिश्चित मत नहीं है क्योंकि वे कई बार अंबेडकर या राजा के पक्ष में पाला बदल चुके हैं। अतः सांप्रदायिक निर्णय पर दलित वर्गों की वास्तविक भावनाओं को जानना लगभग असंभव है। विधान परिषद् की हाल की बहस में दलित वर्गों के एक प्रतिनिधि ने निर्णय के पक्ष में बोला तो दूसरे ने विरोध में।''

दलित यथार्थ

मद्रास और उड़ीसा के गवर्नर ने ३१ अगस्त को रपट दी, ''दलित वर्गों के बहुमत को पता तक नहीं है कि उन्हें कोई मताधिकार दिया जा रहा है। उनमें 'वर्ग चेतना' का पूर्ण अभाव है। जहाँ तक दलित वर्गों का सवाल है उन्होंने पृथक् मताधिकार की माँग कभी नहीं उठाई।''

मद्रास सरकार की १६ सितंबर, १९३२ की रपट कहती है ''इस समय यह कहना कठिन है कि 'दलित वर्गों' का आम आदमी इस मामले में क्या सोचता है। संभवतः अधिकांश ने कभी इसके बारे में सुना भी नहीं है। केवल मुट्ठी भर लोग ही इस बारे में जागरूक हैं।''

२३ सितंबर, १९३२ को अगली रपट में मद्रास सरकार के मुख्य सचिव ने लिखा कि ''यह जानना जरूरी है कि इस प्रेसीडेंसी में दलित वर्गों का भारी बहुमत अशिक्षित एवं असंगठित है। वे राजनीतिक घटनाचक्र से पूरी तरह अनभिज्ञ हैं। उन्हें जो बताया जाता है उसे भी पूरी तरह नहीं समझ पाते। अपनी छोटी सी जिंदगी के बाहर की दुनिया के प्रति वे पूरी तरह उदासीन हैं।''

यह था उस समय का दलित यथार्थ, जिन्हें जानने के कारण गांधीजी ने गोलमेज सम्मेलन में ही चेतावनी दी कि पृथक् मताधिकार का अर्थ होगा प्रत्येक गाँव में कमजोर दलित वर्ग एवं शक्तिशाली सवर्णों के बीच विभाजन। दोनों एक-दूसरे के पूरक हैं। गांधीजी ने जेल अधीक्षक डोयले को भी २६ अगस्त को कहा, ''इस सांप्रदायिक निर्णय में दलित वर्गों को शेष हिन्दू समाज से बीस वर्षों के लिए काटने की व्यवस्था की गई है। यदि एक बार इस आधार पर विधानसभाओं का गठन हो गया तो फिर इस दरार को पाटना असंभव हो जाएगा।''

किंतु ब्रिटिश सरकार इस विभाजन पर तुली हुई थी, इसीलिए उन्होंने वरिष्ठ दलित

नेता एम.सी. राजा की जगह डॉ. अंबेडकर को गोलमेज सम्मेलन का निमंत्रण दिया। एम.सी. राजा पहले दलित नेता थे, जिन्हें ब्रिटिश सरकार ने सन् १९२२ में मद्रास विधानसभा और सन् १९२७ में केंद्रीय विधानसभा में दलित वर्गों के प्रतिनिधि के नाते मनोनीत किया था। किंतु गोलमेज सम्मेलन में उन्होंने अंबेडकर को बुलाया क्योंकि वे बौद्धिक क्षमता और अंग्रेजी भाषा में भाषण व लेखन की दृष्टि से एम.सी. राजा की तुलना में कहीं आगे थे। गोलमेज सम्मेलन में मंच से ब्रिटिश जनता और पश्चिमी देशों को वे अपनी भाषा कला से अधिक प्रभावित कर सकते थे। यह अभी तक रहस्य ही है कि जिन डॉ. अंबेडकर ने १९२८ में साईमन कमीशन को आरक्षण के साथ संयुक्त निर्वाचन का लिखित प्रतिवेदन दिया था, उन्हीं अंबेडकर ने प्रथम गोलमेज सम्मेलन में पहुँचकर न केवल पृथक् निर्वाचन, बल्कि हिन्दू समाज से पूर्ण संबंध विच्छेद की माँग क्यों उठाई। १ जनवरी, १९३१ को प्रथम गोलमेज सम्मेलन में भाषण करते हुए डॉ. अंबेडकर ने कहा, ''दलित वर्गों के हम ४ करोड़ ३० लाख लोग अपने और हिन्दुओं के बीच बँटवारा चाहते हैं । यह हमारी पहली माँग है। राजनीतिक उद्देश्यों के लिए हमें हिन्दू कहा जाता है, किंतु हिन्दुओं ने हमें सामाजिक दृष्टि से अपना भाई कभी नहीं माना।''

एम.सी. राजा का स्वर डॉ. अंबेडकर से बिल्कुल उलटा था। सांप्रदायिक निर्णय में दलित वर्गों के पृथक् निर्वाचन पर तीखी प्रतिक्रिया करते हुए राजा ने १३ सितंबर, १९३२ को केंद्रीय विधानसभा में भाषण करते हुए कहा, ''दलित वर्गों के हम लोग अपने को उतना ही सच्चा हिन्दू मानते हैं जितना कि कोई सवर्ण हिन्दू हो सकता है। हम अनुभव कर रहे हैं कि हिन्दुओं की नैतिक चेतना में इतना अधिक परिवर्तन आया है कि अब हम हिन्दू समाज के भीतर ही परिवर्तन लाकर अपना उद्धार होने की आशा कर सकते हैं, न कि अपने को उनसे अलग करके। सरकार ने जो रास्ता अपनाया है उससे इस प्रशंसनीय आंदोलन की प्राप्ति निश्चित रूप से बाधित होगी।''

राजा-मुंजे पैक्ट

समरसता की इसी दृष्टि को अपनाकर एम.सी. राजा ने दूसरे गोलमेज सम्मेलन की समाप्ति के तुरंत बाद मार्च १९३२ में हिन्दू महासभा नेता डॉ. मुंजे के साथ आरक्षण सहित संयुक्त निर्वाचन के आधार पर एक महत्त्वपूर्ण समझौता किया, जो उस समय राजा-मुंजे पैक्ट के नाम से चर्चित हुआ, किंतु जो अब राजा के नाम के साथ पूर्णतया विस्मृति के गर्भ में समा गया है। (इस पैक्ट की विस्तृत जानकारी के लिए पढ़िए पुस्तक 'जातिविहीन समाज का सपना')

राजा-मुंजे पैक्ट और भारत सचिव के नाम जेल से गांधीजी के ११ मार्च, १९३२ के पत्र से घबराए डॉ. अंबेडकर २२ मई, १९३२ को इंग्लैंड के लिए रवाना हो गए और

और १७ अगस्त को 'सांप्रदायिक निर्णय' की घोषणा के दिन ही स्वदेश वापस लौटे। डॉ. अंबेडकर ने अपने इस इंग्लैंड यात्रा को पूरी तरह गुप्त रखने का प्रयास किया, किंतु फ्री प्रेस जर्नल के एक संवाददाता ने उन्हें बंबई बंदरगाह पर इंग्लैंड जाने वाले जहाज पर चढ़ते देख लिया, जिससे वह खबर प्रकाश में आ गई।

किंतु यहाँ प्रश्न खड़ा होता है कि ब्रिटिश प्रधानमंत्री के सांप्रदायिक निर्णय के जाल में गांधीजी ने स्वयं को फँसने ही क्यों दिया? कांग्रेस के साईमन कमीशन के पूर्ण बहिष्कार को गोलमेज सम्मेलन पर लागू क्यों नहीं किया? पहले गोलमेज सम्मेलन में कांग्रेस उपस्थित नहीं थी। वहाँ जो कुछ हुआ उसकी जानकारी कांग्रेस को अवश्य प्राप्त हुई होगी। उससे ब्रिटिश कूटनीति के लक्ष्य को समझना कठिन नहीं था। फिर दूसरे गोलमेज सम्मेलन में गांधीजी अकेले ही क्यों गए? क्या सचमुच गांधीजी ने सोचा था कि उनके जिस आध्यात्मिक व्यक्तित्व ने हिन्दू मानस को स्पंदित व झंकृत कर दिया है, वही व्यक्तित्व गोलमेज सम्मेलन में ब्रिटिश सरकार द्वारा जुटाए गए जनाधारशून्य घाघ चेहरों को भी प्रभावित कर पाएगा? गोलमेज सम्मेलन में डॉ. अंबेडकर अपनी वकीली तर्कशक्ति और अंग्रेजी में भाषण कला के द्वारा गांधीजी पर भारी पड़ गए। वे और मुस्लिम प्रतिनिधि गांधीजी को सवर्ण हिन्दुओं का प्रतिनिधि होने की छवि देने में सफल हो गए। और सबसे बड़ा प्रश्न तो यह है कि गोलमेज सम्मेलन में ब्रिटिश कूटनीति के खेल को अपनी आँखों से देखने के बाद भी गांधीजी ने सम्मेलन के अंतिम दिन अल्पसंख्यक समिति के सदस्यों की इस प्रार्थना पर हस्ताक्षर क्यों कर दिए कि अल्पसंख्यक समिति किसी सर्वसम्मत निर्णय पर न पहुँच पाने के कारण ब्रिटिश प्रधानमंत्री को अपनी ओर से कोई निर्णय देने का अधिकार देती है और वह अधिकार समिति के प्रत्येक सदस्य को शिरोधार्य होगा। एक प्रकार से गांधीजी ने स्वयं ही अपने को ब्रिटिश कूटनीति के जाल में फँसा लिया था। कितना विचित्र है कि अल्पसंख्यक समिति के इस दस्तावेज पर गांधीजी ने हस्ताक्षर किए, पर डॉ. अंबेडकर ने नहीं किए।

शताब्दी पुरुष

गोलमेज सम्मेलन में गांधीजी की स्थिति पर प्रकाश डालने वाला एक बहुत दिलचस्प दस्तावेज दिल्ली स्थित राष्ट्रीय लेखागार में सुरक्षित है। इस दस्तावेज में १८ जनवरी, १९३२ को पुणे में हिन्दू महासभा के ४० शीर्ष नेताओं की बैठक में डॉ. मुंजे ने द्वितीय गोलमेज सम्मेलन का वृत्त प्रस्तुत किया। गांधीजी के महत्त्व को स्वीकार करते हुए डॉ. मुंजे ने कहा, "निश्चय ही गांधीजी इस समय शताब्दी पुरुष हैं। उनमें ऊर्जा पैदा करने और उसे एक बिंदु (अर्थात् स्वयं) पर केंद्रित करने की अपूर्व क्षमता है।" किंतु यहाँ पहुँचकर उनका कौशल समाप्त हो जाता है और प्रत्येक चीज बिखरने लगती है।

वह कभी परिस्थिति का लाभ नहीं उठा सकते। जो वह मुसलमानों को दे रहे थे, वही दलित वर्गों को देने को तैयार नहीं थे।

डॉ. मुंजे ने कहा कि गोलमेज सम्मेलन में वस्तुतः गांधीजी ही भारत के एकमात्र सच्चे प्रतिनिधि थे। अपनी इस स्थिति की गरिमा के अनुरूप ही उन्हें गोलमेज सम्मेलन में अपनी भूमिका निभानी चाहिए थी। गांधीजी ने गोलमेज सम्मेलन में अकेले आकर भारी भूल की। यदि वे अपने साथ सभी वर्गों और संप्रदायों के कांग्रेसजनों का बड़ा प्रतिनिधिमंडल साथ लाते तो वे संकीर्ण सांप्रदायिक तत्त्वों के मुकाबले कांग्रेस प्रतिनिधियों को खड़ा करके उनके दावों की कलई खोल सकते थे।

डॉ. मुंजे ने पछतावे के स्वर में कहा कि गांधी के आने से पूरे गोलमेज सम्मेलन की दृष्टि उन्हीं पर केंद्रित हो गई। यदि वे इंग्लैंड न आते तो शायद अन्य भारतीय प्रतिनिधि कुछ-न-कुछ प्राप्त करके लौटते।

गोलमेज सम्मेलन से लौटकर डॉ. मुंजे ने 'सांप्रदायिक निर्णय' की घोषणा के पहले ही मार्च १९३२ में एम.सी. राजा के साथ 'आरक्षण के साथ संयुक्त निर्वाचन' के आधार पर जो पैक्ट किया, उसी आधार पर गांधीजी ने सांप्रदायिक निर्णय की घोषणा के बाद आमरण अनशन के मूल्य पर पूना पैक्ट किया। जिन शर्तों को गांधीजी ने गोलमेज सम्मेलन के पहले और उसके मंच पर ठुकराया, उन्हीं शर्तों पर उन्हें पूना-पैक्ट क्यों स्वीकार करना पड़ा, यह एक पहेली ही है।

(पाञ्चजन्य, ३ सितंबर, २००६)

□

ब्रिटिश कूटनीति की विजय है आरक्षण सिद्धांत

भारतीय राजनीति में आरक्षण के सिद्धांत की स्थापना २५ सितंबर, १९३२ के पूना-पैक्ट के द्वारा हुई। इस पैक्ट को गांधी-अंबेडकर पैक्ट भी कहा जाता है, क्योंकि यह पैक्ट २० सितंबर, १९३२ को आरंभ हुए गांधीजी के आमरण अनशन के कारण संपन्न हुआ था। गांधीजी को वह आमरण अनशन १७ अगस्त, १९३२ को ब्रिटिश प्रधानमंत्री रैम्जे मैकडोनॉल्ड द्वारा घोषित 'सांप्रदायिक निर्णय' के विरुद्ध करना पड़ा था। इस 'सांप्रदायिक निर्णय' में ब्रिटिश सरकार द्वारा भारत के लिए संवैधानिक सुधार की अगली किश्त, जो सन् '१९३५ के भारत एक्ट' के रूप में सामने आई, में हिन्दू समाज के तथाकथित निचले या अस्पृश्य जातियों को पृथक् निर्वाचन का अधिकार दिया गया था। यद्यपि इस अधिकार की अवधि २० वर्ष निर्धारित की गई थी और तदुपरांत उस पर पुनर्विचार की छूट दी गई थी, साथ ही तथाकथित दलित जातियों के मतदाताओं को आरक्षित श्रेणी के अपने प्रत्याशियों के साथ-साथ सामान्य प्रत्याशियों को भी मत देने का अधिकार दिया गया था। अर्थात् 'दलित वर्गों' की श्रेणी में आनेवाले मतदाताओं को दो वोट का अधिकार मिला था। उनके लिए विधानमंडलों की कुल १४०० से अधिक सीटों में केवल ७१ सीटें आरक्षित श्रेणी में दी गई थीं। स्पष्ट ही दलित वर्गों के लिए पृथक् निर्वाचन के अधिकार के प्रावधान में निहित पृथक्ता को बहुत सावधानी के साथ ढंका गया था, किंतु गांधीजी की दृष्टि ने इस प्रावधान के दूरगामी परिणामों को भाँप लिया। अगले ही दिन १८ अगस्त को उन्होंने ब्रिटिश प्रधानमंत्री को वायसराय लार्ड वेलिंग्डन के माध्यम से सूचना दे दी कि यदि हिन्दू समाज के तथाकथित अस्पृश्यों या दलित वर्गों के लिए पृथक् निर्वाचन के अधिकार को हटाया नहीं गया तो वे २० सितंबर से आमरण अनशन पर चले जाएँगे। गांधीजी के इस निर्णय ने ब्रिटिश सरकार के भीतर हड़कंप मचा दिया था और देश भर में आक्रोश व चिंता की लहर पैदा कर दी थी।

यह सत्य है कि गांधीजी के अनशन से जो दबाव पैदा हुआ उसके कारण पृथक् निर्वाचन का प्रावधान ब्रिटिश सरकार को हटाना पड़ा, किंतु पूना पैक्ट में संयुक्त निर्वाचन के साथ-साथ आरक्षण के सिद्धांत को भी अपनाना पड़ा था। गांधीजी पहले दिन से आरक्षण सिद्धांत के विरुद्ध थे। गांधीजी अस्पृश्यता और ऊँच-नीच की समस्या को हिन्दू समाज की आंतरिक सामाजिक समस्या के रूप में देखते थे और सन् १९१५ में भारत-वापसी के समय से ही अस्पृश्यता व जातिभेद की समस्या को समाप्त करने के लिए एक प्रबल सामाजिक आंदोलन खड़ा करने की दिशा में प्रयत्नशील थे। किंतु ब्रिटिश सरकार इस समस्या का राजनीतिकरण करने पर तुली हुई थी। वह भारतीय समाज को अनेक प्रतिस्पर्धी गुटों व हितों में विभाजित कर जनगणना नीति व संवैधानिक सुधार प्रक्रिया के माध्यम से राष्ट्रवादी चेतना एवं राष्ट्रीय एकता के जागरण को कुंठित करने का षड्यंत्र बिछा रही थी।

दुष्ट षड्यंत्र

स्वयं गांधीजी ने १५ वर्ष बाद २० अप्रैल, १९४७ को राजकुमारी अमृत कौर को लिखे एक पत्र में स्वीकार किया, "मैं बहुत स्पष्ट हूँ कि डॉ. अंबेडकर की और माँगों को अब स्वीकार करना उचित नहीं है। जरा स्मरण करो गोलमेज सम्मेलन के समय प्रस्तुत मैकडोनॉल्ड अवार्ड का, जिसका जन्म भारतीय राष्ट्रवाद के विरुद्ध एक दुष्ट षड्यंत्र में से हुआ था। तथाकथित अनुसूचित जातियों को पृथक् निर्वाचन का अधिकार देकर इस अवार्ड ने पहली बार हिन्दू और हिन्दू के बीच विभाजन की दीवार खड़ी करने की कोशिश की। हिन्दू समाज के विभाजन के विरुद्ध विद्रोह की भविष्यवाणी मैं पहले ही कर चुका था। परिणामस्वरूप, आरक्षित सीटों की संख्या में काफी वृद्धि हुई और प्राथमिक स्तर पर अलग निर्वाचन शुरू हुआ, किंतु पूर्ण पृथक्ता को रोका जा सका। मेरे मत से, हिन्दू समाज को तोड़ने वाली पृथकतावादी प्रवृत्ति को इससे अधिक कीमत देना संभव नहीं था।...यदि डॉ. अंबेडकर की आपत्तियों को अब और अधिक समय तक, वह चाहे कितना छोटी क्यों न हो, माना गया तो उससे हिन्दू समाज कमजोर होगा। अतः बायकाट की धमकी से भयभीत नहीं होना चाहिए।"

गांधीजी ने यह महत्त्वपूर्ण पत्र उस समय लिखा था जब संविधान सभा ने स्वाधीन भारत के लिए नया संविधान गढ़ना प्रारंभ कर दिया था और डॉ. अंबेडकर ने मार्च १९४७ में संविधान सभा को एक प्रतिवेदन भेजकर सुझाव दिया कि आरक्षित चुनाव क्षेत्रों में अनुसूचित जातियों को पृथक् निर्वाचन का अधिकार दिया जाए। अन्य चुनाव क्षेत्रों में वे संयुक्त मतदान कर सकते हैं। गांधीजी का उपरोक्त पत्र इस नई माँग की प्रतिक्रिया में ही लिखा गया होगा। २९ अप्रैल, १९४७ को संविधान सभा ने अस्पृश्यता

को एक कानूनी अपराध घोषित कर दिया था। इसको एक प्रकार से गांधीजी और उनसे पहले के समाज-सुधारकों के अस्पृश्यता निवारण आंदोलन की वैधानिक पूर्णाहुति कहा जा सकता है।

उपरोक्त पत्र में गांधीजी ने रैम्जे मैकडोनॉल्ड के सांप्रदायिक निर्णय को भारतीय राष्ट्रवाद के विरुद्ध एक दुष्ट षड्यंत्र में से जन्मा कहा है। जाति के आधार पर भारतीय समाज को विभाजित करने का षड्यंत्र तो उन्नीसवीं शताब्दी में ही प्रारंभ हो चुका था। बीसवीं सदी के आरंभ से तथाकथित संवैधानिक सुधार प्रक्रिया के माध्यम से पहले मुसलमानों, फिर सिखों को वैधानिक पृथक्तावाद के पथ पर धकेला जा चुका था। हिन्दू समाज को भीतर से तोड़ने के लिए तथाकथित 'अस्पृश्य' या 'दलित' जातियों को पृथक् निर्वाचन का अधिकार देने की तैयारी भी काफी पहले प्रारंभ कर दी गई थी। सन् १९१७ में भारत सचिव मांटेग्यु और साउथबोरो आयोग की भारत यात्रा के माध्यम से 'दलित वर्गों' के राजनीतिक प्रतिनिधित्व का प्रश्न भी खड़ा करना शुरू हो गया था। इसके साथ ही भारतीय रियासतों के नरेशों को एक मंच पर लाकर 'ब्रिटिश भारत' और 'रियासती भारत' जैसा विभाजन भी खड़ा किया जा रहा था। भारतीय नरेशों को राष्ट्रीय आंदोलन के विरुद्ध इस्तेमाल करने की साजिश शुरू हो चुकी थी। सन् १९१९ के भारत एक्ट के बाद अगली किश्त में केंद्र में संघीय ढाँचे की बात उठाकर भारत के क्षेत्रीय विखंडन की भूमिका भी बनाई जा रही थी। भारतीय समाज में एंग्लो इंडियन, ईसाई, जमींदार, ब्रिटिश उद्योगपति, विश्वविद्यालय जैसे तरह-तरह के प्रतिस्पर्धी हित खड़े किए जा रहे थे। एक के बाद एक कमीशन और कमेटियाँ भारत भेजी जा रही थीं। साइमन कमीशन (१९२८), लोथियन कमेटी, डेविडसन कमेटी एवं लार्ड इयुस्टेस पर्सी कमेटी जैसी अनेक कमेटियाँ भारत में घूमकर विभिन्न हितों में ऐसे प्रवक्ताओं को खोज रही थीं, जिन्हें उन हितों के प्रतिनिधियों के नाते राष्ट्रवाद के विरुद्ध खड़ा किया जा सके।

सुधार प्रक्रिया का जाल

इधर, गांधीजी का सांस्कृतिक-धार्मिक व्यक्तित्व भारतीय लोकमानस को स्पंदित कर रहा था। प्रबल राष्ट्रीय जनांदोलन खड़ा कर रहा था। उधर ब्रिटिश सरकार इस राष्ट्रीय उभार को कुंठित करने एवं राष्ट्रवाद को विभाजित करने के लिए संवैधानिक सुधार प्रक्रिया का जाल बिछा रही थी। सन् १९३१ का गांधी-इर्विन पैक्ट, सन् १९३०-३२ में लंदन में तीन गोलमेज सम्मेलनों का आयोजन, १७ अगस्त, १९३२ का सांप्रदायिक निर्णय एवं २५ सितंबर, १९३२ को पूना-पैक्ट सब इसी षड्यंत्र की एक के बाद दूसरी कड़ी थे। सन् १९२० के असहयोग आंदोलन और सन् १९३० के सविनय अवज्ञा आंदोलन के माध्यम से गांधीजी ने राष्ट्रीय आंदोलन को जो विराट रूप दे दिया था वह

ब्रिटिश शासकों के लिए भय और चिंता का भारी कारण बन गया था। उनकी कोशिश थी कि किसी प्रकार कांग्रेस को, जो राष्ट्रीय आंदोलन की मुख्य वाहक थी, इन छोटे-छोटे संकुचित हितों के प्रतिनिधियों के साथ उनके समकक्ष एक पार्टी बनाकर वार्ता की मेज पर बैठा दिया जाए और लोकतंत्रीय प्रक्रिया के नाम पर उनसे सौदेबाजी के खेल में उलझा दिया जाए।

गांधीजी ने प्रारंभ से ही ब्रिटिश लोकतंत्र और संसदीय प्रणाली के खोखलेपन को इंग्लैंड में रहकर देख लिया था। सन् १९०९ में प्रकाशित 'हिंद स्वराज' में उन्होंने ब्रिटिश पार्लियामेंट को वेश्या की स्थिति में रख दिया था। स्वदेश वापसी के बाद भी उन्होंने विधान मंडलों के बहिष्कार और चुनाव न लड़ने को अपने असहयोग आंदोलन का मुख्य कार्यक्रम बनाया। सन् १९२२ की गया कांग्रेस के अध्यक्ष देशबंधु चितरंजनदास के चुनावों में भाग लेने के प्रस्ताव को प्रतिनिधियों ने भारी बहुमत से ठुकरा दिया था। पुरानी पीढ़ी के वरिष्ठ नेताओं के भारी दबाव पर भी गांधीजी ने उन्हें कांग्रेस के टिकट पर चुनाव लड़ने की अनुमति नहीं दी। जिस कारण उन्हें 'स्वराज पार्टी' बनाकर उसके टिकट पर चुनाव लड़ना पड़ा। सन् १९३१ में द्वितीय गोलमेज सम्मेलन से लौटकर कारागृह से ११ मार्च, १९३२ को गांधीजी ने भारत-सचिव सर सेमुअल होर को जो पत्र लिखा उसमें भी ब्रिटिश लोकतंत्र को खोखला बताया। उन्होंने लिखा, "मेरी हाल की इंग्लैंड यात्रा ने मेरी इस धारणा की पुष्टि की है कि आपका लोकतंत्र चौखटे में जड़ी एक दिखावटी वस्तु है। अत्यंत महत्त्वपूर्ण विषयों पर भी निर्णय व्यक्तियों या गुटों के द्वारा संसद को विश्वास में लिए बिना ही ले लिए जाते हैं और संसद सदस्य उनको समझे बिना ही उन पर पुष्टि की मुहर लगा देते हैं। ऐसा मिस्र के मामले में हुआ, प्रथम विश्वयुद्ध के बारे में हुआ और ऐसा ही भारत के बारे में हो रहा है। मेरी अंतरात्मा यह देखकर विद्रोह कर रही है कि तथाकथित लोकतांत्रिक प्रणाली में किसी एक व्यक्ति को ३० करोड़ जनसंख्या वाले प्राचीन समाज के भाग्य निर्णय के असीमित अधिकार दे दिए जाएँ और उसके निर्णयों को विध्वंस की महाभयानक शक्तियों की मदद से क्रियान्वित किया जाए। मैं इसे लोकतंत्र की हत्या के रूप में देखता हूँ।"

इर्विन की चतुराई

आश्चर्य है कि ब्रिटिश लोकतंत्र के बारे में इतनी स्पष्ट धारणा रखने के बाद भी गांधीजी सन् १९३०के सत्याग्रह के विराट रूप से घबराए हुए ब्रिटिश वायसराय लार्ड इर्विन के साथ समझौते के जाल में फंस गए इस समझौते का एकमात्र उद्देश्य सविनय अवज्ञा आंदोलन को बंद कराना और कांग्रेस को गोलमेज सम्मेलन में भाग लेने के लिए लंदन बुलाना था। जिस समय नमक सत्याग्रह अपने उत्कर्ष पर था, देश भर में निहत्थी

भीड़ ब्रिटिश पुलिस और सेना के सामने सीना खोलकर खड़ी थी, जेलों में जगह नहीं बची थी, जब नारी शक्ति शराब और विदेशी वस्तुओं के खिलाफ धरना देकर ब्रिटिश आर्थिक हितों को भारी धक्का पहुँचा रही थी, तब ब्रिटिश कूटनीति लंदन में प्रथम गोलमेज सम्मेलन की शतरंज बिछा रही थी। इस गोलमेज सम्मेलन में उपस्थित ८९ प्रतिनिधियों में से १६ तीन ब्रिटिश राजनीतिक दलों का प्रतिनिधित्व कर रहे थे। २० भारतीय नरेशों के और ५३ तथाकथित ब्रिटिश भारत के प्रतिनिधि थे। इनमें मुसलमानों के, सिखों के, ईसाइयों के, एंग्लो इंडियनों के, ब्रिटिश व्यापारिक हितों के, जमींदारों के, हिन्दुओं के और पहली बार हिन्दु समाज के 'दलित वर्गों' के प्रतिनिधि सम्मिलित थे। दूसरे गोलमेज सम्मेलन में उन्होंने सनातनी हिन्दुओं के प्रतिनिधि रूप में पं. मदनमोहन मालवीय को स्त्रियों के प्रतिनिधि स्वरूप सरोजनी नायडू को भी सम्मिलित कर लिया था। किंतु ब्रिटिश शासक जानते थे कि भारत का राष्ट्रीय प्रतिनिधित्व करने की स्थिति में एकमात्र कांग्रेस ही है। उसके बिना यह गोलमेज सम्मेलन निरर्थक और निर्जीव है। ऐसे गोलमेज सम्मेलन में लिए गए निर्णयों को भारतीय समाज कदापि स्वीकार नहीं करेगा, अत: इन निर्णयों पर कांग्रेस के सहभाग और सहमति ही मुहर लगवाना आवश्यक है। यह सोचकर की वायसराय लार्ड इर्विन ने १८ जनवरी, १९३१ को प्रथम गोलमेज सम्मेलन समाप्त होते ही कांग्रेस को वार्ता की मेज पर लाने का जाल बिछाना शुरू कर दिया। उसने बड़ी चतुराई से गांधीजी को भेट के लिए सीधे बुलावा न भेजकर नमरदलोय नेताओं सप्रू-जयकर और वी.एस. श्रीनिवास शास्त्री की सेवाओं का उपयोग किया। उनके बहकावे में आकर गांधीजी ने वायसराय को पत्र लिखकर निमंत्रण माँगा। कई किश्तों में लंबी वार्ता के बाद ५ मार्च, १९३१ को जो गांधी-इर्विन समझौता हुआ, वह एक प्रकार से ब्रिटिश कूटनीति की गांधीजी पर पहली निर्णायक विजय थी।

दु:खद स्थिति

इस समझौते के अंतर्गत गांधीजी ने सविनय अवज्ञा आंदोलन को स्थगित करना स्वीकार कर लिया, ब्रिटिश उत्पादों का बहिष्कार वापस ले लिया, अगले गेलमेज सम्मेलन में कांग्रेस के सहभाग को स्वीकार कर लिया। समझौते में स्पष्ट शब्दों में लिखा गया कि गोलमेज सम्मेलन में भारत के भावी संविधान की रूपरेखा के बारे में पहले गोलमेज सम्मेलन के दायरे के भीतर रहकर ही विचार होगा। इसमें केंद्र में संघीय ढाँचे की स्थापना आधारभूत तत्त्व है। समझौते में यह भी स्पष्ट कर दिया गया कि "ब्रिटिश भारत के प्रतिनिधियों, भारतीय नरेशों, ब्रिटिश सरकार एवं इंग्लैंड के राजनीतिक दलों के प्रतिनिधियों के साथ संवैधानिक प्रश्नों पर चर्चा असंगत नहीं होगी।"

गांधी-इर्विन समझौते के इन अंशों से स्पष्ट है कि गांधीजी ने ब्रिटिश संवैधानिक

सुधार-प्रक्रिया और गोलमेज सम्मेलन को मान्यता प्रदान कर दी थी। यद्यपि बाद में कांग्रेस ने द्वितीय गोलमेज सम्मेलन में सम्मिलित होने से बचने की काफी कोशिश की। किंतु ब्रिटिश कूटनीति ने उनका पीछा नहीं छोड़ा और कांग्रेस के प्रतिनिधि के रूप में गांधीजी अकेले ही लंदन पहुँच गए। वहाँ उन्होंने स्वयं को चक्रव्यूह में फँसा पाया। सम्मेलन के आखिरी दिन ३० नवंबर, १९३१ को उन्होंने स्पष्ट शब्दों में कहा कि इस सम्मेलन में जो लोग भाग ले रहे हैं वे छोटे-छोटे वर्गीय हितों का प्रतिनिधित्व करते हैं, वे जनता के निर्वाचित प्रतिनिधि न होकर ब्रिटिश सरकार द्वारा चुने गए प्रतिनिधि हैं। कांग्रेस ही पूरे भारत का, सभी हितों का प्रतिनिधित्व करने का दावा कर सकती है। लेकिन मैं यहाँ देख रहा हूँ कि कांग्रेस को इन अनेक दलों के समकक्ष एक दल की श्रेणी में रखा जा रहा है। जबकि कांग्रेस अकेला ही अखिल भारतीय राष्ट्रीय दल है।''

प्रश्न है कि गांधीजी ने कांग्रेस के लिए यह दुःखद स्थिति आमंत्रित की ही क्यों?

(पाञ्चजन्य, १८ अगस्त, २००६)

□

सफाईकर्मी समाज की माँ हैं

गांधीजी जनवरी १९१५ में दक्षिण अफ्रीका में अपने फिनीक्स आश्रम को समेटकर भारत को अपना कार्यक्षेत्र बनाने का संकल्प लेकर स्वदेश पहुँच गए। स्वदेश वापसी पर जिस समस्या की ओर उनका ध्यान सबसे पहले गया वह थी हिन्दू समाज में व्याप्त छुआछूत एवं ऊँच-नीच की भावना। गांधीजी ने इस समस्या पर गहरा विचार मंथन किया। उनके मन में प्रश्न उठा कि क्या पेशे या कर्म के कारण किसी को अस्पृश्य अथवा अंत्यज मानना उचित है? क्या कोई कर्म ऐसा है, जिसके बिना समाज का जीवन चल सकता है? यदि कोई कर्म समाज जीवन को चलाने के लिए अपरिहार्य है तो उसे खराब या नीच कैसे कहा जा सकता है? उस कर्म को करनेवाले व्यक्ति या वर्ग के प्रति हीन एवं अस्पृश्यता की भावना क्यों? इसमें से गांधीजी ने निष्कर्ष निकाला कि अस्पृश्यता की भावना को मिटाने के लिए पहली आवश्यकता यह है कि उस वर्ग को प्रतिष्ठा प्रदान की जाए। उसे प्रतिष्ठा देने का उपाय है कि जो लोग अपने को ऊँचा समझते हैं, वे स्वयं उस कर्म को अपनाएँ और अपना उदाहरण प्रस्तुत करें।

गांधीजी की विशेषता यह रही कि वे जिस किसी भी बात को दूसरों से करवाना चाहते थे उसे पहले स्वयं अपने जीवन में अपनाते थे। उन्होंने अपने आश्रम को प्रयोगशाला बनाया। स्वदेश वापसी के कुछ ही महीनों के भीतर १५ मई, १९१५ को उन्होंने अहमदाबाद के निकट साबरमती में सत्याग्रह आश्रम की स्थापना की। उसके संविधान में निम्न नियम जोड़े—

''रूढ़ि के अनुसार हिन्दू समाज में ढेड, माँग आदि जातियाँ अंत्यज, पंचम और अछूत कही जाती हैं और अस्पृश्य मानी जाती हैं। उनसे छू जाने पर अन्य जातियों के हिन्दू अपने को अपवित्र मानने लगते हैं, उनसे अनजाने में छू जाना भी पाप समझते हैं। आश्रम के संस्थापकों की मान्यता है कि यह हिन्दू धर्म पर कलंक है। संस्थापक स्वयं कट्टर हिन्दू हैं, परंतु उनकी मान्यता है कि जब तक हिन्दू लोग किसी भी जाति को अछूत मानते हैं, तब तक वो पाप का ही संचय करते हैं। इस पाप से मुक्ति पाने के लिए

आश्रम में अस्पृश्य जातियों के प्रति स्पर्श भावना व्रत का पालन करना होगा।''

उन दिनों ऐसा नियम बनाना बड़े साहस का काम था। गांधीजी के इस नियम को आचरण की कसौटी पर कसने के लिए एक अंत्यज परिवार को आश्रम में सम्मिलित किया गया। इसके कारण गांधीजी को बड़ी कठिनाई का सामना करना पड़ा, पर वे अपने निश्चय पर डटे रहे। पेशे के कारण छुआछूत की भावना को मिटाने के लिए गांधीजी ने स्वयं भंगी कर्म अपनाया। वे अपने मल को स्वयं साफ करते थे। यदि मल उठाने के कारण ही कोई अछूत बन जाता है तो गांधीजी को भी अछूत मानना चाहिए था, किंतु गांधीजी जैसे श्रेष्ठ व्यक्ति को कौन अछूत मान सकता था। सभी आश्रमवासी अपना-अपना मल उठाने लगे और इस प्रकार गांधीजी ने आश्रमवासियों को छुआछूत की भावना से ऊपर उठाने का प्रयास किया।

यंग इंडिया (४.५.१९२१) में उन्होंने लिखा, ''मल उठाते समय मुझे आनंद होता है। मेरे आश्रम में एक अठारह वर्षीय ब्राह्मण युवक आश्रमवासियों को सफाई एवं मल उठाने की शिक्षा देने के लिए स्वयं भंगी कर्म करता है। वह समाज सुधारक कहलाने का दंभ नहीं भरता। एक रूढ़िवादी परिवार में उसका लालन-पालन हुआ है। वह रोज नियम से गीता पाठ एवं संध्यावंदन करता है। वह संस्कृत श्लोकों का उच्चारण मुझसे कहीं अधिक शुद्ध करता है। आश्रम की प्रार्थना के समय जब वह भजन गाता है तो प्रेम का झरना बहता है। उसे लगा कि जब तक वह एक कुशल सफाईकर्मी नहीं बन जाता, तब तक उसका विकास अधूरा रहेगा। यदि व्रह अपेक्षा करता है कि आश्रम का भंगी अपना काम ठीक से करे तो उसे स्वयं ही उसका उदाहरण प्रस्तुत करना चाहिए।''

गांधीजी का कहना था कि क्या भंगी कर्म के बिना समाज जीवन चल सकता है? यदि नहीं तो उसके प्रति यह हीन भावना क्यों? गांधीजी ने लिखा है कि भंगी कर्म ही सबसे श्रेष्ठ सेवा धर्म है। गांधीजी ने एक जगह लिखा कि मल उठाने वाला तो एक प्रकार से समाज की माँ का दायित्व निभाता है। क्या माँ अपने बच्चों का मल नहीं उठाती, क्या हम अपने परिवार में किसी बड़े-बूढ़े की बीमारी में उसका मल नहीं उठाते? क्या हम उसे अछूत मानेंगे? हाँ, इतना जरूर होता है कि माँ भी मल उठाने के बाद स्नान किए बिना भोजन ग्रहण नहीं करती, चौके में नहीं घुसती, परिवार के किसी सदस्य को नहीं छूती। इसके पीछे छुआछूत या उँच-नीच की भावना काम नहीं करती, बल्कि स्वच्छता का भाव होता है। गांधीजी कहते थे शरीर की स्वच्छता स्वास्थ्य के लिए बहुत आवश्यक है।

हरिजन सेवक (२-९-१९३३) में उन्होंने लिखा कि ''डॉक्टर का धंधा तो रोगी के उपचार के लिए है, लेकिन मेहतर का धंधा तो सारे संसार का उपचारक होने के कारण अधिक उपयोगी और अधिक पवित्र है। डॉक्टर यदि डॉक्टरी छोड़ दे तो रोगी का सर्वनाश

हो जाएगा, किंतु यदि मेहतर अपना क़ाम छोड़ दे तो जगत का ही नाश हो जाएगा।''

तथाकथित ऊँची जातियों के लोगों की दृष्टि एवं भावना को बदलने पर उन्होंने अपना ध्यान केंद्रित किया, इसीलिए भंगी बस्तियों में ठहरने का निर्णय लिया। गांधीजी से मिलने के लिए वहाँ बड़े-से-बड़ें कर्मकांडियों को भी जाना ही पड़ता था। इस प्रकार अपना उदाहरण प्रस्तुत करके गांधीजी ने छुआछूत और ऊँच-नीच की दीवारें ढहाने की कोशिश की। उन्होंने सफाई कर्म को समाज में प्रतिष्ठा का स्थान दिलाया।

(अस्तित्व-वाल्मीकि विचार मंच की पत्रिका)

□

एक कैदी से थर्राया साम्राज्य

नैतिक शक्ति से संपन्न व्यक्ति में कितना सामर्थ्य होता है, इसका कुछ अंदाजा सन् १९३२ में यरवदा जेल में बंदी गांधीजी के आमरण अनशन की सूचना मात्र से ब्रिटिश शासकों में फैली दहशत और घबराहट से लग सकता है। इस विषय पर बहुत कुछ लिखा गया है। गांधी और अंबेडकर का कोई भी जीवनीकार अथवा आधुनिक भारत की संवैधानिक यात्रा का कोई भी इतिहासकार ब्रिटिश प्रधानमंत्री के सांप्रदायिक निर्णय, उसके विरोध में गांधीजी के आमरण अनशन और उसमें से निकले पूना पैक्ट की उपेक्षा कर ही नहीं सकता। किंतु जितना कुछ भी अब तक लिखा गया है, वह बहुत ही अपर्याप्त है।

इस काल का इतिहास लिखते समय हमें यह भूलना नहीं चाहिए कि सन् १८५७ की क्रांति की विफलता के पश्चात् १९४७ तक भारत के सार्वजनिक जीवन का एजेंडा तय करने की पहल ब्रिटिश शासकों के हाथों में सिमट गई थी। वे पहल करते थे और अधिकतर भारतीय चिंतक व नेता उनकी पहल पर केवल प्रतिक्रिया करते रहते थे। अत: इस कालखंड की किसी भी महत्त्वपूर्ण घटना अथवा व्यक्तित्व का पूर्ण आकलन यह जाने बिना नहीं हो सकता था कि उस घटना का ब्रिटिश सरकार के एजेंडे में क्या स्थान था अथवा उस व्यक्ति विशेष के प्रति ब्रिटिश शासकों का रुख क्या था।

यह ध्यान रखना भी आवश्यक है कि किसी घटना या व्यक्ति के बारे में ब्रिटिश शासकों की असली सोच उनके सार्वजनिक शासकीय दस्तावेजों से नहीं जानी जा सकती। क्योंकि ऐसा प्रत्येक दस्तावेज पर्दे के पीछे चलने वाली सामूहिक चिंतन की लंबी प्रक्रिया का परिणाम होता था। जन भावनाओं को ध्यान में रखकर प्रत्येक बिंदु को बड़ी सावधानीपूर्वक चुने गए शब्दों में इस सार्वजनिक दस्तावेज में प्रस्तुत किया जाता था। इसी कारण ब्रिटिश दस्तावेजों को अधिकतर फाइलों में दो हिस्से पाए जाते हैं—एक, सार्वजनिक शासकीय दस्तावेजों का और दूसरा, उन दस्तावेजों के पीछे विद्यमान चिंतन-प्रक्रिया का। इस भाग को 'कीप विद्' या 'के.डब्ल्यू.' कहा जाता है। अब यह

भाग भी शोधकर्ताओं को उपलब्ध है।

गांधीजी के उपवास से संबद्ध फाइलों के के.डब्ल्यू. भाग का अध्ययन करने पर आश्चर्य और गर्व होता है कि उनकी नैतिक शक्ति व जन-प्रभाव से सर्वोच्च ब्रिटिश शासक किस कदर भयभीत थे। १२ सितंबर, १९३२ को पहली बार देशवासी यह जानकर स्तब्ध रह गए थे कि सांप्रदायिक निर्णय में दलित वर्गों के लिए पृथक् निर्वाचन के प्रावधान के विरुद्ध गांधीजी २० सितंबर से आमरण अनशन प्रारंभ करनेवाले हैं। इस सूचना से देश भर में जन-भावनाओं का जो ज्वार उमड़ा, जो जबरदस्त हलचल मची, उसका वर्णन तो अनेक लेखकों ने किया है; किंतु यह जानकारी कहीं नहीं मिलती कि ब्रिटिश शासकों पर उसकी क्या प्रतिक्रिया हुई। सर्वोच्च ब्रिटिश शासकों को गांधीजी ने अपने संकल्प की पूर्व चेतावनी ११ मार्च को ही भारत-सचिव सर सैमुअल होर के नाम एक पत्र द्वारा दे दी थी और १८ अगस्त को ब्रिटिश प्रधानमंत्री के नाम अपने लंबे पत्र में उन्होंने अनशन प्रारंभ करने की तिथि भी सूचित कर दी थी। ११ मार्च से १२ सितंबर तक दोनों पक्षों की ओर से इस सूचना को अलग-अलग कारणों से गुप्त रखा गया था।

इस छह मास के लंबे अंतराल में भारत-सचिव सैमुअल होर, वायसराय लॉर्ड विलिंग्डन और प्रांतीय गवर्नरों, विशेषकर बंबई के गवर्नर सर फ्रेडरिक साईक्स, के बीच सैकड़ों निजी व गोपनीय त्वरित तारों का आदान-प्रदान हुआ। कभी-कभी एक ही दिन में लंदन और शिमला के बीच दो-दो तार आए गए। अनेक अर्ध-शासकीय पत्र लिखे गए और पचासों सचिवालयी टिप्पणियाँ निबद्ध की गई। सब पर एक ही चिंता सवार थी कि गांधी के अनशन की सूचना प्रकाशित होते ही देश में तूफान आ जाएगा, उस तूफान का मुकाबला कैसे होगा? वायसराय बार-बार चेतावनी दे रहे थे कि गांधी के आमरण अनशन की सूचना पाते ही पूरा हिन्दू समाज पागल हो उठेगा और भारतीय प्रेस, जिस पर हिन्दुओं का ही कब्जा है, बवंडर खड़ा कर देगा। जन-भावनाओं के इस भीषण ज्वार का सामना कैसे किया जा सकेगा?

गांधीजी जेल में बंद थे। भारत-सचिव या ब्रिटिश प्रधानमंत्री के साथ उनका पत्राचार बंबई के गवर्नर के माध्यम से ही संभव था। अत: उनके प्रत्येक पत्र के साथ ही इधर बंबई के गवर्नर और वायसराय के बीच और उधर वायसराय व भारत-सचिव के बीच तारों का आदान-प्रदान शुरू हो जाता था। इस पूरे प्रकरण में बंबई के गवर्नर की स्थिति बहुत महत्त्वपूर्ण थी, क्योंकि यरवदा जेल व गांधीजी का साबरमती आश्रम दोनों ही बंबई प्रांत में पड़ते थे। गांधीजी के अनशन से उत्पन्न स्थिति का सीधा प्रभाव तो वहीं पड़ना था। इसलिए सर फ्रेडरिक साईक्स के मत को बड़ी गंभीरता से लिया जा रहा था। भारत-सचिव के नाम गांधीजी के ११ मार्च के पत्र को प्रेषित करते ही सर साईक्स ने १९ मार्च को वायसराय को व्यक्तिगत पत्र लिखा कि यदि गांधीजी ने अनशन की धमकी

को कार्यान्वित किया तो भारी समस्या खड़ी हो जाएगी। उधर, भारत-सचिव ने गांधीजी का पत्र पाकर ६ अप्रैल को वायसराय को तार देकर पूछा कि इस पत्र का क्या उत्तर दूँ। वायसराय ने ११ अप्रैल को तार से सुझाया कि अभी तो यह कहकर बात टाल दी जाए कि लोथियन कमेटी की रिपोर्ट की प्रतीक्षा की जा रही है। १३ अप्रैल को सर होर ने अपने उत्तर में यही तर्क दोहरा दिया। यहाँ ब्रिटिश कार्य-पद्धति का यह वैशिष्ट्य भी सामने आता है कि भारत-सचिव या प्रधानमंत्री जैसे शीर्षस्थ लोग कोई भी उत्तर अपने मन में नहीं देते थे, बल्कि वायसराय से परामर्श करके ही देते थे। ब्रिटिश प्रधानमंत्री के नाम गांधीजी के १८ अगस्त के पत्र का उत्तर देने के लिए तो ८ सितंबर तक वायसराय और भारत-सचिव के बीच बीसियों तारों का आदान-प्रदान हुआ। एक-एक पंक्ति या शब्द कें परिवर्तन के लिए तार खटखटाए गए। तीनों के बीच पूर्ण मतैक्य हो जाने पर ही ८ सितंबर को प्रधानमंत्री के हस्ताक्षर से उत्तर रवाना हुआ।

वायसराय को भारत-सचिव के २२ जुलाई के तार से विदित होता है कि उस समय तक सांप्रदायिक निर्णय को अंतिम रूप दिया जा चुका था। भले ही उसकी घोषणा लगभग एक माह बाद १७ अगस्त को की गई। भारत-सचिव ने कहा कि हमें अभी से अपना दिमाग साफ कर लेना चाहिए कि यदि गांधी ने अनशन शुरू किया तो हम उसका मुकाबला कैसे करेंगे। इसलिए मैं जानना चाहूँगा कि इस बारे में आपकी और साईक्स की क्या सोच है? भारत-सचिव ने यह भी चिंता व्यक्त की कि दलित वर्गों के मुद्दे पर गांधीजी के अनशन का विदेशों में हमारे लिए प्रतिकूल प्रभाव होगा, अतः हमें अपने निर्णय के बारे में जन-मानस को शिक्षित करने के प्रभावी उपाय करने होंगे। बस, यहीं से एक कैदी के उपवास के मुकाबले की व्यूह-रचना के लिए सचिवालयीय टिप्पणियाँ एवं गोपनीय तारों के आदान-प्रदान का अखंड सिलसिला शुरू हो जाता है।

(नवभारत टाइम्स, १९ जुलाई, १९९५)

□

गांधी, अंबेडकर और ब्रिटिश चिंता

१७ अगस्त, १९३२ को ब्रिटिश प्रधानमंत्री रेम्जे मैकडोनॉल्ड के 'सांप्रदायिक निर्णय' की सार्वजनिक घोषणा के अगले ही दिन गांधीजी ने प्रधानमंत्री के नाम एक लंबा पत्र लिखकर इस निर्णय में हिन्दू समाज के दलित वर्गों को पृथक् निर्वाचन का अधिकार देने के विरुद्ध २० सितंबर से आमरण अनशन प्रारंभ करने की सूचना दी और अपने पत्राचार के प्रकाशन की अनुमति माँगी। वायसराय लॉर्ड विलिंग्डन ने भारत-सचिव सर सेमुअल होर को २३ अगस्त को तार दिया कि पत्राचार के प्रकाशन की अनुमति देने के पूर्व प्रधानमंत्री की ओर से गांधीजी के पत्र का उत्तर अवश्य जाना चाहिए और उसमें प्रधानमंत्री को लाइन लेनी चाहिए कि गांधी के अनशन से जुड़े मुद्दे का ब्रिटिश सरकार से कोई संबंध नहीं है, बल्कि यह मुद्दा गांधी और दलित वर्गों के बीच का मुद्दा हैं। भारत-सचिव ने ६ सितंबर को तार देकर कहा कि "गांधी और दलित वर्गों के बीच का मुद्दा कहने से अंबेडकर की स्थिति कमजोर होगी, जो हमें नहीं होने देना चाहिए।" व्यूह-रचना को अंतिम रूप देते समय भी यह सावधानी बरती गई कि जेल से रिहा होने की स्थिति में गांधीजी का संपर्क आम जनता के बजाय केवल कुछ नेताओं तक ही सीमित रहे, ताकि इनके बीच हुए समझौते को संसार में यह कहकर प्रचारित किया जा सके कि ब्रिटिश सरकार के हस्तक्षेप के कारण ही सवर्ण हिंदुओं और दलित वर्गों के बीच यह समझौता संपन्न हो सका। यह भी कि 'दलित वर्ग' व 'सवर्ण हिन्दू' नाम के दो अलग-अलग सुव्याख्यायित सामाजिक समूह हैं, जिन दोनों के बीच हित-विरोध की स्थिति विद्यमान है। जबकि गृह सचिव एम.जी. हैलेट ने २१ अगस्त को ही एक टिप्पणी में स्पष्ट शब्दों में लिखा था, "एक बिंदु जिसे भूलना नहीं चाहिए, वह यह है कि दलित वर्गों की अभी तक कोई व्याख्या नहीं हो पाई है और कुछ प्रांतों में तो संभवतः ऐसे किसी वर्ग का अस्तित्व ही नहीं है।"

गांधीजी इस वस्तुस्थिति को ठीक प्रकार से समझते थे। इसलिए उन्होंने २६ अगस्त को जेल महानिरीक्षक कर्नल ई.ई. डोयले, जिन्हें बंबई के गवर्नर ने गांधीजी का मन टटोलने

के लिए भेजा था, अनौपचारिक वार्त्तालाप में कहा कि ''दलित वर्गों को पृथक् निर्वाचन दिया जा रहा है, जबकि एक वर्ग के रूप में उनकी ओर से ऐसी कोई माँग नहीं है। केवल एक बहुत छोटा सा वर्ग, अर्थात् डॉ. अंबेडकर के नेतृत्व को मानने वाले महार जाति के लोग ही पृथक् निर्वाचन की माँग उठा रहे हैं; किंतु उन्हें संपूर्ण दलित वर्गों की ओर से बोलने का कोई अधिकार नहीं है। संयुक्त प्रांत, बंगाल और अन्य प्रांतों में दलित वर्ग संयुक्त निर्वाचन के पक्ष में है।'' गांधीजी ने आगे कहा कि ''इसलिए मैं इंग्लैंड से यह सोचकर लौटा था कि भारत पहुँचकर दलित वर्गों, जो राजनीतिक चेतना से शून्य हैं और जिन्हें यह ज्ञान ही नहीं है कि पृथक् निर्वाचन का अर्थ और परिणाम क्या हो सकता है, में राजनीतिक जागृति पैदा करने के लिए एक संगठित जन अभियान छेड़ूँगा। किंतु भारत पहुँचने के एक सप्ताह के भीतर ही मुझे जेल में ठूँस दिया गया और अब आमरण अनशन के अलावा और कोई हथियार मेरे पास नहीं रह गया है।''

ऐसा नहीं है कि ब्रिटिश शासक दलित वर्गों के यथार्थ और अंबेडकर आदि नेताओं की सीमा से परिचित नहीं थे। यह बात प्रांतीय गवर्नरों के नाम वायसराय के २४ अगस्त के अर्ध-शासकीय पत्र के उत्तर में कई गवर्नरों के पत्रों से बहुत स्पष्ट है। मध्य प्रांत के गवर्नर ए.ई.नेल्सन ने लिखा, ''जहाँ तक दलित वर्गों का सवाल है, वे अधिकांशत: पिछड़े हुए और निरक्षर हैं और इसलिए पृथक् बनाम संयुक्त निर्वाचन क्षेत्र जैसे प्रश्नों पर कोई मत देने में पूर्णतया अक्षम हैं। न ही उन्हें यह समझ में आता है कि हिन्दू धर्म के विघटन का अर्थ क्या होता है। दलित वर्गों के नाम पर जो भी मत प्रचारित किया जाता है वह केवल आधा दर्जन नेता किस्म के लोगों का मत होता है, जिनमें से कोई स्वयं को डॉ. अंबेडकर का, कोई एम.सी. राजा का अनुयायी बताता है। उनके विचार पक्के न होने के कारण वे इन दोनों के बीच पाला बदलते रहते हैं। इसलिए सांप्रदायिक निर्णय के बारे में दलित वर्गों की वास्तविक भावनाओं का पता लगाना संभव नहीं है।'' बिहार के गवर्नर जे.डी. सिफ्टन ने लिखा, ''यह बता पाना कठिन है कि इसका दलित वर्गों पर क्या परिणाम होगा। इस प्रांत में वे बिल्कुल भी संगठित नहीं हैं—केवल उन दो-चार थानों को छोड़कर जहाँ लोथियन कमेटी के आधार पर निर्वाचन सूचियाँ बनाने का काम शुरू हुआ है। उनमें में अधिकतर को तो यह भी पता नहीं कि उन्हें मताधिकार जैसी कोई चीज मिली है। पृथक् निर्वाचन के बारे में तो वे निश्चय ही कुछ भी नहीं जानते। सच तो यह है कि बिहार और उड़ीसा में उनमें अभी तक कोई पृथक् वर्ग-चेतना पैदा ही नहीं हुई है।''

इसी प्रकार मद्रास प्रांत, जिसे दलित चेतना की दृष्टि से बहुत जाग्रत् माना जाता था, के गवर्नर ने भी १७ सितंबर को सूचित किया कि इस समय यह कहना कठिन है कि दलित वर्गों का आम आदमी इस मामले पर क्या सोचता है। संभवत: उनमें से अधिकतर

को तो इस बारे में कुछ भी पता नहीं है। ऐसे लोग भी इने-गिने ही होंगे, जो पृथक् निर्वाचन के संभावित परिणामों को समझ सकें।" जहाँ तक डॉ. अंबेडकर के सीमित जनाधार का संबंध है, गांधीजी के आकलन की पुष्टि पुणे के दलित नेता पी.एन. राजभोज के वायसराय के नाम ८ जून, १९३२ के पत्र से भी होती है। उसमें राजभोज ने लिखा था कि "हमारे प्रांत में चमार और माँग जातियों को सवर्णों के बजाय महारों से ज्यादा परेशानी होती है। इसलिए इन जातियों के लोग अंबेडकर को अपना नेता नहीं मानते।"

इस यथार्थ के मद्देनजर ब्रिटिश कूटनीति का स्पष्ट लक्ष्य था कि बीस वर्ष के लिए ही क्यों न हो, दलित वर्गों को पृथक् निर्वाचन का अधिकार देकर उनकी शेष हिन्दू समाज से अलग पहचान बनाना और एक विशेष प्रकार के नेतृत्व को उनके बीच स्थापित करना। इसीलिए प्रधानमंत्री के उत्तर में गांधीजी ने ९ सितंबर को यह लिखा कि "यह विडंबना ही है कि जिसकी सेवा करना मेरे जीवन का व्रत रहा है, आप मुझे उनका ही हित-शत्रु बताने का प्रयास कर रहे हैं। 'दलित' वर्गों के लिए पृथक् निर्वाचन की व्यवस्था करके आप ऐसा जहर बो रहे हैं, जिसका लक्ष्य हिन्दू समाज को नष्ट करना है और जिससे दलित वर्गों का कोई भला नहीं होने वाला है।"

(नवभारत टाइम्स, ३ अगस्त, १९९५)

□

अनशन के विरुद्ध ब्रिटिश रणनीति

सन् १९०९ के एक्ट में मुसलमानों को और सन् १९१९ के एक्ट में सिखों को पृथक निर्वाचन देकर देश को पृथकतावाद के पथ पर धकेलने की कोशिश शुरू हो चुकी थी। अब सन् १९३५ के एक्ट में हिन्दू समाज के दलित वर्गों को पृथक् निर्वाचन देकर भारतीय राष्ट्रवाद को गृह-युद्ध में झोंकने की तैयारी थी। किंतु पता नहीं कहाँ से इस डेढ़ हड्डी के आदमी ने लपककर साम्राज्य के घोड़े को पकड़ लिया और स्वप्नभंग की स्थिति पैदा कर दी। भारतीय जनता पर गांधीजी के जादू को और जनांदोलन खड़ा करने की उनकी ताकत को अंग्रेज पहचानते थे, इसलिए गोलमेज सम्मेलन से लौटते ही उन्हें जेल में बंद कर दिया गया था। पर जेल में बैठा-बैठा भी वह शख्स ब्रिटिश शासकों को चैन की नींद नहीं सोने दे रहा था।

ब्रिटिश साम्राज्य ने १७ अगस्त, १९३२ को सांप्रदायिक निर्णय की औपचारिक घोषणा के एक माह पहले से ही इस कैदी का मुकाबला करने के लिए अपनी व्यूह-रचना की तैयारी शुरू कर दी थी। वायसराय ने भारत-सचिव का २२ जुलाई का तार पाकर बंबई के गवर्नर साईक्स को एक ही दिन में दो तार भेजकर रणनीति के बारे में उनकी सोच पूछी। सर साईक्स ने कड़ा रुख अपनाया। २८ जुलाई को उन्होंने तार दिया, "अगर गांधी अनशन शुरू करते हैं तो बंबई सरकार उनकी शारीरिक कमजोरी को खतरनाक बिंदु तक पहुँचते ही उन्हें रिहा कर देगी। अगर रिहाई के बाद वे अनशन तोड़ते हैं तो आवश्यक होने पर उन्हें पुनः गिरफ्तार कर लिया जाएगा।" यह तार पाकर वायसराय सकते में आ गए। क्या साईक्स स्थिति की नाजुकता को समझ नहीं पा रहे हैं? 'खतरनाक बिंदु' से उनका मतलब क्या है? गांधी अगर जेल से रिहा होते ही मर गए तो क्या कम भयंकर तूफान खड़ा होगा? वे जेल में मरें या बाहर, दोनों ही स्थितियों में गांधी का शव सदा-सर्वदा के लिए ब्रिटिश सरकार और भारतीय जनता के बीच कटुता की दीवार बनकर खड़ा हो जाएगा। वायसराय ने गृह सचिव हैलेट और गृह सदस्य सर हेग से परामर्श करके भारत-सचिव को ३१ जुलाई को तार दिया कि गांधी

कोई साधारण कैदी नहीं है। उन पर जेल के सामान्य नियमों को लागू नहीं किया जा सकता। उन्हें न तो जबरन खिलाया जा सकता है और न ही भूखा मरने दिया जा सकता है। हमें जेल में या बाहर उनके मरने की स्थिति नहीं पैदा होने देना चाहिए, क्योंकि उसकी बहुत तीव्र प्रतिक्रिया होगी। अनशन प्रारंभ करते ही हमें उन्हें रिहा कर देना चाहिए।

भारत-सचिव ने ४ अगस्त को तार द्वारा वायसराय को इस रणनीति को अपनी स्वीकृति दे दी और वायसराय ने अर्ध-शासकीय पत्र द्वारा बंबई के गवर्नर को इस निर्णय से सूचित कर दिया। इस पर साईक्स ने प्रश्न उठाया कि क्या आप गांधी की रिहाई के परिणामों को समझते हैं? अगर गांधी बंबई पहुँच गए और उन्हें पंद्रह दिन भी जन-आंदोलन चलाने का मौका मिल गया तो हमारे पिछले छह महीनों के किए-कराए पर पानी फिर जाएगा।

सांप्रदायिक निर्णय के प्रकाशन के अगले ही दिन गांधीजी ने ब्रिटिश प्रधानमंत्री को एक लंबा पत्र लिखकर इस निर्णय के विरोध में २० सितंबर से आमरण अनशन प्रारंभ करने की सूचना दे दी और अपने पत्राचार को प्रकाशित करने की अनुमति माँगी। गांधीजी ने लिखा कि मैंने जेल के नियमों का पालन करते हुए अपने निर्णय की एवं इन पत्रों की जानकारी वल्लभभाई पटेल और महादेव देसाई के अलावा किसी को भी नहीं दी है। २१ अगस्त को हैलेट ने टिप्पणी लिखी कि अनशन के निर्णय की सूचना मिलते ही हिन्दू धर्मयुद्ध छेड़ देंगे। हिन्दुत्व के मुद्दे पर गांधी के विचारों के समर्थन में जबरदस्त आंदोलन शुरू हो जाएगा।

वायसराय ने २३ अगस्त को भारत-सचिव को तार दिया कि गांधी अपनी धमकी को कार्यान्वित करने पर दृढ़ हैं। हमने उन्हें जेल में बंद करके अपने विचारों को जनता तक पहुँचाने से वंचित कर दिया था। यदि अब भी उनके पत्राचार के प्रकाशन की अनुमति नहीं दी गई तो बहुत कटुता फैलेगी। यह कह पाना कठिन है कि अंबेडकर और उसके अनुयायी इस तूफान के सामने खड़े रह सकेंगे या नहीं। हम लोगों को भले ही गांधी का कदम अजीब और तर्कहीन लगता हो, पर यह हिन्दुओं और भारत की आम जनता की भावनाओं को छूनेवाला है, क्योंकि यह उनके सोचने के तरीके से पूरी तरह मेल खाता है। प्रधानमंत्री को तुरंत गांधी के पत्र का उत्तर देना चाहिए और उसमें कहना चाहिए कि यह झगड़ा गांधी और सरकार के बीच नहीं, गांधी और दलित वर्गों के बीच है। यह आभास भी पैदा किया जाए कि हम तो दलित वर्गों के शुभचिंतक हैं; पर गांधी उनके हित शत्रु हैं। उनका उत्तर आते ही पत्राचार के प्रकाशन की अनुमति दे दी जाए और हम जिला स्तर तक जवाबी प्रचार अभियान छेड़ दें। गांधी को अनशन शुरू करते ही छोड़ दिया जाए; किंतु अभी इसकी घोषणा न की जाए।

२४ अगस्त को वायसराय ने सभी प्रांतीय गवर्नरों को गोपनीय पत्र लिखकर अपनी रणनीति पर उनके सुझाव माँगे। बंगाल के गवर्नर एंडरसन ने लिखा कि यह बहुत ही अपमानजनक स्थिति है कि एक कैदी की धमकी के कारण हम उसे रिहा कर दें। २७ अगस्त को गृह–विभाग ने सभी प्रांतीय सरकारों को प्रचार के मुद्दों पर एक गुप्त नोट भेजा, जिसमें अन्य तर्कों के साथ इस बात का विशेष रूप से उल्लेख किया गया कि गांधी का जन्म दलित वर्ग में नहीं हुआ है, वह सवर्ण हिन्दू हैं। गृह–विभाग ने विशेष रूप से सूचना दी कि यह नोट किसी भी प्रकार 'लीक' नहीं होना चाहिए। इसका उपयोग परोक्ष ढंग से हो और जिलाधीशों को सूचना रहे कि हमसे आधिकारिक सूचना मिलने तक उस लिफाफे को खोला न जाए। गांधी के अनशन के समाचार को भी अभी गुप्त रखा जाए। वायसराय बार–बार प्रधानमंत्री से गांधी को उत्तर भेजने और पत्राचार के प्रकाशन की अनुमति देने का आग्रह करते रहे; किंतु भारत–सचिव का सुनिश्चित मत था कि पत्राचार के प्रकाशन और अनशन शुरू होने की तिथियों के बीच कम–से–कम फासला रहना चाहिए, ताकि आंदोलन को संगठित होने और फैलने का अवसर न मिलने पाए। इसलिए उन्होंने २३ सितंबर की प्रात: भारत और लंदन में एक साथ प्रकाशन की तिथि तय की। साथ ही ११ सितंबर को सभी जिलाधीशों को गुप्त नोट का सीलबंद लिफाफा खोलने का आदेश भी भेज दिया गया।

(नवभारत टाइम्स, २० जुलाई, १९९५)

□

गांधीजी ने व्यूह-रचना पर पानी फेरा

गांधीजी के अनशन की तिथि २० सितंबर नजदीक आ रही थी। १३ सितंबर की प्रात: पत्राचार के प्रकाशन के साथ ही उनके इस निर्णय का सबको पता चल जाना था। प्रचार के मोर्चे पर जवाबी हमले के लिए जिला स्तर तक पूरा ब्रिटिश प्रशासन तंत्र तैयार बैठा था। पर अभी तक यह तय नहीं हो पा रहा था कि अनशन शुरू होने के बाद गांधी का क्या किया जाए। इस बारे में वायसराय लॉर्ड विलिंग्डन और बंबई के गवर्नर सर फ्रेडरिक साईक्स के बीच भारी मतभेद था। वायसराय का निश्चित मत था कि जेल में या रिहाई के तुरंत पश्चात् गांधी की मृत्यु से जो तीव्र जन-प्रतिक्रिया उत्पन्न होगी, उससे बचने का एक ही उपाय है कि गांधी को अनशन शुरू करते ही रिहा कर दिया जाए और जवाबी प्रचार अभियान के द्वारा उनका मुकाबला किया जाए। पर सर साईक्स का कहना था कि बिना शर्त रिहाई के बाद अगर गांधी में इतनी ताकत रह गई कि वह बंबई शहर जैसे कुछ ज्वलनशील स्थानों पर जाकर स्वयं प्रचार अभियान चला सके तो समझ लीजिए कि गांधी की आँधी में आपका प्रचार अभियान रुई के फाहे की तरह उड़ जाएगा। तब दलित वर्गों को शेष हिन्दू समाज से अलग करने की अपनी समूची रणनीति का क्या होगा? सर साईक्स दृढ़ थे कि गांधी को अनशन शुरू होने के बाद ऐसी हालत में रिहा किया जाए जब उनमें हिलने-डुलने की ताकत न रहे। वायसराय साईक्स के इस आकलन से सहमत नहीं थे।

१० सितंबर को भारत-सचिव ने वायसराय को तार दिया कि अगर गांधी की रिहाई से सिविल नाफरमानी आदोलन जोर पकड़ गया तो यहाँ हमारी स्थिति बहुत कमजोर हो जाएगी। इसलिए गांधी को बताया जाए कि वे दलित वर्गों के प्रश्न पर अनशन करने जा रहे हैं और उसे हल करने के लिए ही उन्हें रिहा किया जा रहा है। इसलिए हमें विश्वास है कि वे अपना पूरा ध्यान इस प्रश्न पर ही केंद्रित करेंगे। वायसराय चाहते थे कि १३ सितंबर को केंद्रीय विधानसभा का अधिवेशन शुरू होते ही इस नीति की घोषणा कर दी जाए। पर सर साईक्स अड़े हुए थे। उन्होंने सवाल उठाया कि यदि

गांधीजी ने धारा ४ के बंधन को न माना तो हम बार-बार उन्हें गिरफ्तार करके साबरमती आश्रम में वापस लाने की हास्यास्पद स्थिति में पहुँच जाएँगे। इससे अच्छा तो यही होगा कि गांधी को फिर से गिरफ्तार करके जेल में डाल दिया जाए। साबरमती आश्रम के पास सभा जुलूसों को कदापि बर्दाश्त न किया जाए।

१३ सितंबर को ही लंदन से भारत-सचिव का तार पहुँच गया कि यहाँ सरकार और जनमत दोनों ऐसी स्थिति से बचना जरूरी मान रहे हैं, जिसमें दलित वर्गों के नेताओं को जनमत के दबाव के सामने झुकना पड़ जाए। अत: साबरमती में गांधी के पास जनता को पहुँचने से रोकने के लिए आश्रम की नाकाबंदी करना जरूरी हो सकता है। इस स्थिति की तैयारी अभी से करनी चाहिए क्योंकि गांधी को जेल में रखना मुश्किल है और दोबारा गिरफ्तार करना भी। पर्दे के पीछे चल रही इस कशमकश का परिणाम हुआ कि १३ सितंबर को असेंबली में केवल इतनी घोषणा की जा सकी कि अनशन की स्थिति में गांधी के साथ क्या व्यवहार हो, इस पर अभी विचार चल रहा है। वायसराय ने बंबई को तार दिया कि हमें विश्वास है कि गांधी बंधन मानेंगे। पर अगर उन्होंने बंधन नहीं माने तो अध्यादेश की धारा १६ के तहत आश्रम के चारों ओर नाकाबंदी कर देंगे; पर उन्हें दोबारा गिरफ्तार नहीं करना है और कोई भी कदम हमसे पूछे बिना न उठाया जाए।

१४ सितंबर को बंबई ने वायसराय को लंबा तार दिया कि कानून भंग करना ही जिस शख्स की विचारधारा है वह भला कोई बंधन क्यों मानने लगा! साईक्स ने एक नया सवाल खड़ा कर दिया कि क्या गांधी साबरमती आश्रम जाना स्वीकार करेंगे, क्योंकि वे सन् १९३० में प्रतिज्ञा ले चुके हैं कि स्वराज्य प्राप्त किए बिना मैं साबरमती आश्रम वापस नहीं लौटूँगा। यदि हमने पहले से घोषणा कर दी कि हम उन्हें साबरमती आश्रम ले जाने वाले हैं तो अभी से यरवदा जेल के बाहर से साबरमती के पूरे रास्ते भर प्रदर्शनों का ताँता लग जाएगा। इसलिए अगर वहाँ ले ही जाना है तो अच्छा होगा कि हम पहले उन्हें चुपके से साबरमती जेल ले जाएँ और फिर अनशन शुरू होने पर साबरमती आश्रम पहुँचा दें। साईक्स ने कहा कि गुजरात तो गांधी का चुना हुआ रणक्षेत्र है। साबरमती आश्रम में उनकी उपस्थिति मात्र से पूरे गुजरात में सिविल नाफरमानी आंदोलन भड़क उठेगा। यदि हमने आश्रम की नाकाबंदी की तो उससे उत्तेजित होकर लोग प्रदर्शन करेंगे, आदोलन करेंगे। हो सकता है, तब हमें गांधी को गुजरात से हटाकर कहीं और ले जाना पड़े। बहरहाल, किसी भी स्थिति से निपटने की छूट बंबई सरकार को मिलनी चाहिए।

इस तार को पाकर वायसराय घबरा गए। उन्होंने तुरंत जवाबी तार दिया कि यदि गांधी ने साबरमती आश्रम में वापस लौटने के बारे में कोई प्रतिज्ञा ली है तो उनसे पहले

पूछना उचित रहेगा। यदि गांधी को गुजरात में रखना खतरनाक है तो क्यों न हम उन्हें पुणे शहर में या उसके आस-पास किसी निजी बँगले में रखें! भारत-सचिव को भी पुणे में किसी निजी मकान में रखने का सुझाव पसंद आया।

तारों के इस आदान-प्रदान के प्रकाश में गृह सदस्य सर हेग ने 15 सितंबर को केंद्रीय विधानसभा में घोषणा कर दी कि अनशन शुरू होने पर गांधीजी को बिना शर्त रिहा करके किसी निजी मकान में ले जाया जाएगा। उन पर कोई बंधन नहीं रहेगा, सिवाय इसके कि वे वहीं रहें। अब व्यूह-रचना को अंतिम रूप मिल चुका था कि एकाएक गांधी ने १७ सितंबर को वायसराय के निजी सचिव के नाम पर तार भेजकर पूरी व्यूह-रचना पर पानी फेर दिया। उन्होंने लिखा, ''अभी-अभी सरकार की यह घोषणा पढ़कर बहुत कष्ट हुआ कि अनशन प्रारंभ होने पर मुझे कुछ बंधनों के साथ किसी अज्ञात निजी मकान में ले जाया जाएगा। सरकार को अनावश्यक परेशानी और जनता के पैसे का अनावश्यक व्यय तथा स्वयं को अनावश्यक चिंता से बचाने के लिए मैं सरकार से प्रार्थना करता हूँ कि मुझे यहाँ से न हटाया जाए क्योंकि मैं रिहाई के बाद इधर-उधर भटकने के अथवा किसी भी अन्य बंधन का पालन नहीं कर पाऊँगा। मैं यहीं भला हूँ।''

वायसराय पर तो मानो गाज गिर पड़ी। उन्होंने साईक्स को तार दिया, ''गांधी को समझाओ कि वे अपनी जिद छोड़ दें। वे क्यों हमें मुसीबत में डाल रहे हैं?'' पर गांधी नहीं माने। तब वायसराय ने कहा कि हम गांधी को रिहा करने की घोषणा कर चुके हैं। इसलिए जनता को यह बताना जरूरी हो गया है कि गांधी के आग्रह पर ही उन्हें जेल से तुरंत रिहा नहीं किया जा रहा है। विवश होकर सर हेग ने २० सितंबर को विधानसभा में यह घोषणा की, जिसे पढ़कर भारत-सचिव ने तुरंत तार दिया कि अनशन शुरू होने के बाद भी गांधी को जेल में रखने का अर्थ होगा कि हम गांधी के जाल में फँस गए हैं। इसलिए अभी भी मेरी सलाह है कि गांधी को किसी निजी सदन में रख दें। पर गांधी अपनी जगह अटल रहे और ब्रिटिश साम्राज्य को ही पीछे हटना पड़ा।

(नवभारत टाइम्स, २६ जुलाई, १९९५)

□

जब ब्राह्मणों ने सफाई-कर्म अपनाया

सफाई-कर्म शहरी जीवन की अनिवार्य आवश्यकता है। उसके बिना जीवन दूभर हो जाएगा। किंतु पता नहीं कब और क्यों इस महत्त्वपूर्ण सामाजिक दायित्व को वहन करनेवाले बंधुओं के प्रति कृतज्ञता की भावना प्रकट करने के बजाय उन्हें अस्पृश्य घोषित करके जाति-व्यवस्था में सबसे निचली सीढ़ी पर धकेल दिया गया। आम धारणा बनी है कि यह दु:स्थिति ब्राह्मणवाद की देन है। ब्राह्मणों ने स्वयं को सबसे ऊँची सीढ़ी पर बैठाकर सफाई-कर्म करनेवालों के प्रति घृणा और अस्पृश्यता का भाव फैलाया। किंतु भारत सरकार ने स्वतंत्रता-प्राप्ति के तुरंत बाद सफाई-कर्म की स्थिति एवं समस्याओं का अध्ययन करने के लिए एक वरिष्ठ गांधी-शिष्य प्रो. एन. आर. मलकानी की अध्यक्षता में एक समिति गठित की थी। इस समिति की सन् १९६० में प्रकाशित रिपोर्ट में उन्होंने सफाई-कर्म के इतिहास पर भी प्रकाश डाला। उनका निष्कर्ष है कि आज के सफाई-कर्मी उन पराजित योद्धाओं की संतान हैं जिन्हें बंदी बना लिया गया था और विजेताओं के लिए सफाई-कर्म करने को विवश किया गया था। स्व. अमृतलाल नागर ने भी अपनी खोजपूर्ण कृति 'नाच्यो बहुत गोपाल' में कहा है कि सफाई-पेशा करने वाले लोग उन क्षत्रियों की संतान हैं जिन्हें मुस्लिम आंक्रांताओं ने परास्त करके बंदी बना लिया था।

अनेक समाजशास्त्रियों का कहना है कि भारत की ग्राम-प्रधान सभ्यता में ऐसे कर्म की आवश्यकता ही नहीं थी। इस धारणा की पुष्टि श्रेष्ठ गांधीवादी अप्पा साहब पटवर्धन के एक पत्र से भी होती है। नमक सत्याग्रह के कारण रत्नागिरि जेल में बंदी अप्पा साहब ने ७ दिसंबर, १९३२ को यरवदा जेल में बंदी गांधीजी के नाम एक पत्र में लिखा कि वंश परंपरा से सफाई-कर्म को करने वाले लोग पूरे महाराष्ट्र में, विशेषकर हमारे जिले रत्नागिरि में, नहीं ही होते। इसलिए जेलों में एवं बाहर भी सफाई-कर्म करने के लिए लोगों को अन्य प्रांतों से लाया जाता है।

इस पत्र में अप्पा साहब ने रहस्योद्घाटन किया कि ब्रिटिश शासक भी मुस्लिम परंपरा का अनुसरण करते हुए जेलों में ऐसे कैदियों को (सफाई-कर्म जिनका पारिवारिक

पेशा कभी नहीं था) सफाई-कर्म करने के लिए बाध्य करते थे और उनके प्रति अछूतों जैसा व्यवहार करते थे। अप्पा साहब ने गांधीजी को सूचित किया कि सन् १९३० में सत्याग्रह करके जेल आने के पश्चात् उन्होंने देखा कि महार और माँग जाति के बंदियों से उनकी इच्छा के विरुद्ध बलात् सफाई-कर्म कराया जाता है। इसी प्रकार कातकरी नामक पहाड़ी जनजाति के कैदियों से भी सफाई-कर्म कराया जाता है। उन्हें अन्य कैदियों से अलग पंक्ति में बैठाकर भोजन दिया जाता है और उनके पीने के पानी का बरतन भी अलग रखा जाता है। ऐसे कैदी जेल से छूटने के बाद अपनी जाति से सदा के लिए बहिष्कृत घोषित कर दिए जाते हैं। अप्पा साहब ने लिखा कि पेशे की ऊँच-नीच का विचार जितना तथाकथित उच्च जातियों में होता है, उससे कहीं अधिक तथाकथित नीची जातियों में पाया जाता है।

महार, माँग और कातकरी कैदियों पर इस अन्याय के बारे में जब अप्पा साहब ने फरवरी १९३१ में बेलगाँव जेल के दारोगा का ध्यान आकर्षित किया तो उसने यह कहकर टाल दिया कि हम केवल माँग जाति के कैदियों से ही यह कार्य कराते हैं, क्योंकि बाहर से मँगाने के बाद भी हमारे पास सफाई-कर्म करनेवालों की कमी रहती है। अप्पा साहब और अन्य सत्याग्रही इस अन्याय को देखकर बहुत दुःखी थे। अंत में उन्होंने एक साहसिक निर्णय लिया। अप्पा साहब के नेतृत्व में एक टोली तैयार हुई, जिसमें अधिकांश ब्राह्मण थे। इस टोली ने जेल अधिकारियों के सामने प्रस्ताव रखा कि वे स्वयं सफाई-कर्म करने के लिए अपनी सेवाएँ समर्पित करते हैं। अप्पा साहब ने गांधीजी को सूचित किया कि उनकी टोली ने मार्च १९३२ से मैला साफ करने का काम शुरू कर दिया था। किंतु अचानक सितंबर १९३२ में जेल महानिरीक्षक ने जेल के नियमों का हवाला देकर आदेश निकाला कि उच्च जाति के लोगों को सफाई-कर्म कदापि नहीं करने दिया जाएगा। अप्पा साहब ने कहा कि यह कैसा नियम-पालन है कि एक ओर तो जो नहीं करना चाहते उन पर सफाई-कर्म लादा जा रहा है और जो स्वेच्छा से करना चाहते हैं उन्हें यह कर्म करने से रोका जा रहा है।

कोई सुनवाई न होने पर अप्पा साहब पटवर्धन और उनके साथी अन्ना साहब दस्ताने ने इस अन्याय के विरोध में अर्ध-उपवास शुरू कर दिया। अप्पा साहब का वजन दस पौंड घट गया। जेल से मुक्त होने पर चार सत्याग्रहियों ने मराठी में एक पैंफ्लेट प्रकाशित करके जेल में अछूतों की नई जमात खड़ी करने के इस ब्रिटिश कुचक्र का पर्दाफाश किया। अप्पा साहब के उपवास की सूचना यरवदा जेल में गांधीजी तक भी पहुँच गई। उन्होंने २८ और ३० नवंबर, १९३२ को जेल महानिरीक्षक ई.ई. डायल के नाम दो पत्रों में अप्पा साहब और उनके साथियों के साहसी कदम की सराहना करते हुए उन्हें मैला उठाने की अनुमति देने का अनुरोध किया, अन्यथा स्वयं ३ दिसंबर से पूर्ण

अनशन करने का अल्टीमेटम दे दिया। क्या आज यह कल्पना की जा सकती है कि संपन्न और नैष्ठिक ब्राह्मण परिवारों में जनमे लोग स्वेच्छा से सफाई-कर्म अपना सकते हैं! जाति-प्रथा को ऊँच-नीच और छुआछूत की भावना से मुक्त करने का इससे अचूक उपाय और क्या हो सकता है कि जिस पेशे को घृणित माना जाए उसे उच्च जाति के लोग स्वेच्छा से अपना लें! किंतु यह निर्णय लेना सरल नहीं है। इसके लिए अति संवेदनशील अंत:करण, आदर्शनिष्ठा और अपार नैतिक बल चाहिए। यह निष्ठा और बल गांधीजी में था। गांधीजी के दिव्य संपर्क का ही प्रभाव था कि अप्पा साहब और विनोबा जैसे ब्राह्मण भी सफाई-कर्म अपनाने का साहस कर सके। यही है सामाजिक परिवर्तन का सही मार्ग।

(नवभारत टाइम्स, १९ अक्तूबर, १९९५)

□

गांधी और अंबेडकर

क्या यह मात्र संयोग है कि महाराष्ट्र सरकार द्वारा अब तक प्रकाशित अंबेडकर वाङ्मय के चौदह खंडों में महात्मा गांधी के लिए एक शब्द भी अच्छा नहीं है और भारत सरकार द्वारा प्रकाशित 'संपूर्ण गांधी वाङ्मय' के पचास हजार पृष्ठों के सौ खंडों में डॉ. अंबेडकर के प्रति एक भी शब्द खराब नहीं है? क्या इससे कोई यह अर्थ निकाल सकता है कि डॉ. अंबेडकर का व्यक्तित्व इतना पूर्ण और महान था कि गांधीजी उसमें दोष निकालते भी तो कहाँ से, और गांधीजी नाम का व्यक्ति इतना निकम्मा था कि डॉ. अंबेडकर यदि चाहते भी तो उनके लिए अच्छे शब्द पाते कहाँ से?

दूसरे गोलमेज सम्मेलन के लिए लंदन प्रस्थान करने के पूर्व १४ अगस्त, १९३१ को बंबई में मणिभवन निवास में गांधीजी से पहली मुलाकात के क्षण से ही डॉ. अंबेडकर ने गांधी को अपना शत्रु घोषित किया तो फिर कोई अवसर नहीं गया जब गांधी को दुनिया की नजरों में गिराने से वे चूके हों, यहाँ तक कि ३० जनवरी, १९४८ को गांधीजी की हत्या के हृदयविदारक क्षणों में भी, जब भारत ही नहीं समूचा विश्व शोक से रोया, डॉ. अंबेडकर के मुँह से शोक या संवेदना का एक शब्द नहीं फूटा। ऐसा क्या अपराध किया था गांधीजी ने अंबेडकर के प्रति कि उन्होंने ब्रिटिश साम्राज्यवाद के बजाय गांधीजी के विरोध को ही अपने जीवन का परम लक्ष्य मान लिया?

गांधी वाङ्मय में अंबेडकर का पहला उल्लेख तैंतीसवें खंड में मार्च १९२७ में मिलता है, जब गांधीजी उन्हें बिल्कुल नहीं जानते थे। उन्हें किसी महाड़वासी ने सूचना दी थी कि डॉ. अंबेडकर के नेतृत्व में दलितों की एक भीड़ ने महाड़ के तालाब में सवर्णों के विरोध की चिंता न करके 'हर-हर महादेव' के नारों के साथ पानी पीकर अपनी प्यास बुझाई। गांधीजी ने 'यंग इंडिया' में बिना झिझक अंबेडकर के इस साहसी काम की सराहना की। दूसरे गोलमेज सम्मेलन में डॉ. अंबेडकर ने गांधीजी पर लगातार तीखे हमले करके ऐसी स्थिति पैदा कर दी कि जीवनीकार धनंजय कीर के अनुसार, गांधी के जो आलोचक प्रारंभ में इस गांधी-निंदा में रस ले रहे थे, वे बाद में खराब

अनुभव करने लगे। कीर लिखते हैं, ''निश्चित ही अपने सामान्य नैतिक बल के सहारे गांधीजी इन तीखे प्रहारों के बीच अपने संयम और धैर्य को बनाए रख सके होंगे।'' पर उस समय भी 'स्पेक्टेटर' के संपादक के साथ १७ अक्टूबर, १९३१ की भेंटवार्त्ता में गांधीजी ने कहा, ''डॉ. अंबेडकर निस्संदेह चतुर और उत्साही आदमी हैं। उनके मन में कटुता होना सभी तरह से उचित है।'' (खंड ४८, पृ. १९७) २२ अक्तूबर, १९३१ को मिर्जा इस्माइल के नाम पत्र में भी गांधीजी सहानुभूतिपूर्वक लिखते हैं, ''दक्षिण अफ्रीका में मैंने खुद वह सब झेला था जो वे (अंबेडकर) झेलते रहे हैं। इसलिए उनकी सभी बातों के प्रति मेरी सहानुभूति है।'' (खंड ४९, पृ. २३०)

११ फरवरी, १९३३ को 'हरिजन' पत्र के उद्घाटन अंक में अंबेडकर ने संदेश भेजने की गांधीजी की प्रार्थना को ठुकरा दिया; पर गांधीजी ने लिखा, ''अंबेडकर कटुता से भरे हैं। ऐसा होने का उन्हें पूरा अधिकार है। उन्होंने उदार शिक्षा पाई है। वे सामान्य शिक्षित भारतीय से कहीं अधिक प्रतिभा-संपन्न हैं। भारत के बाहर उन्हें सम्मान व स्नेह मिलता है; पर भारत में हिन्दुओं की ओर से प्रत्येक कदम पर अहसास कराया जाता है कि वे हिन्दू समाज के अछूत हैं। इसमें उनके लिए लज्जा की कोई बात नहों है, क्योंकि उन्होंने कोई गलती नहीं की है। वे किसी भी गर्वीले और स्वच्छ ब्राह्मण जितने ही स्वच्छ हैं।'' ऐसे अनेक उद्धरणों से गांधी वाङ्मय भरा पड़ा है।

अस्पृश्यता के प्रति गांधीजी के मन में वेदना और आक्रोश डॉ. अंबेडकर से कम नहीं था। गांधीजी ने भी अस्पृश्यता-निवारण को ही अपना जीवन-कार्य माना था। किंतु दोनों का मार्ग अलग था। गांधीजी इस समस्या को मूलत: सामाजिक और धार्मिक मानते थे और उसके लिए प्रबल सामाजिक आंदोलन खड़ा करने के लिए उन्होंने पूरी शक्ति लगा दी। वे बौद्धिकता से परे, संवेदना और करुणा के पुंज थे।

इसके विपरीत अंबेडकर विशुद्ध बौद्धिक प्राणी थे। वे समझते थे कि बौद्धिक शक्ति के बल पर ही वे अपना उत्कर्ष कर सकते हैं। एक कुशल वकील के समान वे पृथक् निर्वाचन के पक्ष में उतने ही प्रबल तर्क बुन सकते थे जितने कि उन्होंने पहले संयुक्त निर्वाचन के पक्ष में बुने थे। अंग्रेजों की आँखें दलित वर्गों में जन्मी ऐसी ही किसी पैनी बुद्धि को खोज रही थी। दलित आंदोलन को सामाजिक धरातल से हटाकर राजनीतिक धरातल पर लाने में अंबेडकर के बुद्धिबल का सहयोग अंग्रेजों को मिला और अंबेडकर को उनकी कृपा से वायसराय के मंत्रिमंडल में श्रम मंत्री के पद तक पहुँचने का अवसर मिल सका।

सच यह है कि अपार बौद्धिक क्षमता होते हुए भी उनका जनाधार बहुत छोटा था। व्यापक जनाधार के लिए बौद्धिकता से अधिक संवेदनशीलता चाहिए, अपने अनुयायियों के सुख-दु:ख में सहभागी बनने की त्याग-भावना चाहिए। यह शायद उनके मन की तैयारी नहीं थी।

उच्च शिक्षा प्राप्त करके लौटने के पश्चात् उन्हें सामाजिक उत्पीड़न व अपमान का भले ही शिकार बनना पड़ा हो, पर आर्थिक अभावों को नहीं भोगना पड़ा। उन्होंने अभिजात्य जीवन-शैली अपनाई। वे अपने अनुयायियों से अलग-थलग रहे। अपने व्यक्तिगत सुख के सामने उन्होंने अनुयायियों की भावनाओं को महत्व नहीं दिया।

उनकी जीवन-यात्रा में सन् १९४६ सबसे निराशापूर्ण एवं कठिन वर्ष था, क्योंकि तब कांग्रेस के पास सत्ता का आना निश्चित हो गया था। इतिहास का यह एक महत्त्वपूर्ण 'अगर' है कि यदि उस समय कांग्रेस के नेतृत्व ने सन् १९४६ तक की उनकी ब्रिटिश-भक्ति, कांग्रेस-विरोध और गांधी-निंदा के कटु अध्याय को भुलाकर उन्हें संविधान की प्रारूप समिति का अध्यक्ष पद और प्रथम मंत्रिमंडल में विधि मंत्री का स्थान न दिया गया होता तो स्वतंत्र भारत में उनकी भूमिका क्या होती और इतिहास उन्हें किस रूप में स्मरण करता? आज जन-मानस पर उनकी क्या छवि उभरी होती? क्या गांधीजी की उदारता के बिना उन्हें भारत के संविधान का रचनाकार कहलाने का गौरव मिल पाता? यही है गांधी और अंबेडकर के व्यक्तित्वों का अंतर।

□

अंबेडकर-भक्ति बनाम गांधी-विरोध

जब से उत्तर प्रदेश की राजनीति में बसपा नेता मायावती एक सत्ता केंद्र के रूप में उभरी हैं, तब से 'गांधी बनाम अंबेडकर' जैसा निरर्थक और पीड़ादायक विवाद हमारे संचार-माध्यमों पर छा गया है। पता नहीं क्यों, मायावती ने अपनी इस व्यक्तिगत धारणा का सार्वजनिक ढिंढ़ोरा पीटना आवश्यक समझा कि वे केवल डॉ. अंबेडकर को ही अपना प्रेरणा-पुरुष मानती हैं और उनकी दृष्टि में डॉ. अंबेडकर नायक हैं तो गांधी खलनायक। गांधीजी ने दलित वर्गों के लिए जिस 'हरिजन' शब्द को लोकप्रिय बनाया, उसका मजाक उड़ाते हुए भी मायावती ने तीखी भाषा का प्रयोग किया। आज यह देश भले ही गांधीजी के आदर्शों और कार्यक्रमों से भटक चुका हो, किंतु श्रद्धा के धरातल पर तो गांधीजी आज भी उसके मन-प्राण में बसे हुए हैं। गांधीजी पर कोई अनावश्यक प्रहार करे तो उसकी श्रद्धा आहत होकर तीव्र प्रतिक्रिया करती है और वही हुआ। मायावती के उद्गारों को लेकर खूब चर्चा हुई, खूब गुस्सा निकला। जब जून १९९५ के घटनाचक्र ने ऐसी करवट ली कि उन्होंने रातोंरात स्वयं को उत्तर प्रदेश जैसे विशाल राज्य के मुख्यमंत्री पद पर अभिषिक्त पाया तो समूचे देश में आनंद की लहर दौड़ गई कि दलित वर्ग में जनमी एक महिला को पहली बार इतने महत्त्वपूर्ण पद पर पहुँचने का अवसर मिला। किंतु शीघ्र ही वे पुनः गांधी बनाम अंबेडकर विवाद में उलझ गईं। उनके मुख्यमंत्री बनने के दो-चार दिन के भीतर ही कुछ पत्रकारों ने उनसे उगलवा लिया कि वे गांधी से कहीं बड़ा नेता अंबेडकर को मानती हैं। किंतु इस बार उन्होंने स्वयं को विषम स्थिति में फँसा पाया। एक ओर तो उनका अचेतन मानस उन्हें बेबाक अभिव्यक्ति के रास्ते पर धकेल रहा था तो दूसरी ओर मुख्यमंत्री पद से जुड़ा सर्वजन प्रतिनिधि कहलाने का भाव उन्हें संयम अपनाने के लिए बाध्य कर रहा था।

अतः सवाल उठता है कि अपनी अंबेडकर—भक्ति का प्रदर्शन करने के लिए मायावती की गांधी-निंदा में उलझने की मजबूरी क्या है? किंतु यह रोग केवल मायावती तक ही सीमित नहीं है, उनकी पीढ़ी के अधिकतर दलित युवाओं में न्यूनाधिक मात्रा में

विद्यमान है। ऐसा लगता है कि स्वाधीन भारत में दलित वर्गों में जो विशाल शिक्षित वर्ग खड़ा हुआ है, उसकी सोच में कहीं-न-कहीं गांधी, हिन्दुत्व और मनु सब एक-दूसरे में घुल-मिल गए हैं और उसकी दृष्टि से अंबेडकरवाद का अर्थ इन सबका विरोध करना बन गया है। कहीं ऐसा तो नहीं कि अंबेडकर-भक्ति में से ही यह गांधी-विरोधी भाव उन्हें प्राप्त हुआ हो? मायावती कभी-कभी प्रकारांतर से इस बात को स्वीकार भी करती हैं। अभी ४ जून को जी.टीवी पर 'आपकी अदालत' में मायावती पर अप्रैल १९९४ के मुकदमे का पुन: प्रसारण किया गया। उसमें जब रजत शर्मा ने मायावती से पूछा कि "आपको 'हरिजन' शब्द से इतनी चिढ़ क्यों है? क्या आपने पढ़ा है कि दलित वर्गों के लिए गांधीजी ने 'हरिजन' शब्द का प्रयोग कब, क्यों किया था?" तो मायावती ने बार-बार एक ही उत्तर दिया कि "मैं अपने मन से कुछ नहीं कहती। मैं तो वही कहती हूँ जो बाबा साहब अंबेडकर और दादा साहब गायकवाड़ जैसे महापुरुषों ने कहा था।" इस पर जब रजत शर्मा ने 'हरिजन' शब्द से संबद्ध तीसरे दशक के कुछ समकालीन उद्धरण पढ़कर सुनाए तो वे अवाक् रह गईं, क्योंकि उन्होंने गांधीजी को तो पढ़ा ही नहीं था, केवल अंबेडकर को और उनके स्तुति साहित्य को ही पढ़ा था। मुख्यमंत्री बनने के बाद जब यह विवाद पुन: खड़ा हुआ तो मायावती ने स्पष्ट शब्दों में कहा कि "महात्मा गांधी के बारे में अब तक मैंने अपनी ओर से कुछ भी नहीं कहा है। वही कहा है जो बाबा साहब कह चुके हैं और जो उनकी रचनाओं में प्रकाशित हो चुका है।...चूँकि मेरी नजर में गांधी से कहीं ज्यादा बड़े नेता बाबा साहब हैं, इसलिए उनके विचारों के प्रति हमारा लगाव और समर्पण भी ज्यादा है।"

मायावती की आयु तीस वर्ष बताई जाती है। यदि लगभग सत्रह-अठारह वर्ष की आयु में उनमें समाज और देश के प्रश्नों के प्रति जाग्रति व जिज्ञासा जगी हो तो हम सातवें दशक में पहुँच जाते हैं। तब तक तो डॉ. अंबेडकर भारतीय संविधान के रचनाकार के साथ-साथ दलित वर्ग में जन्मे एकमात्र शलाका पुरुष के रूप में स्थापित हो चुके थे। किसी भी जागरूक और शिक्षित दलित युवक के सामने दलित साहित्य के रूप में अंबेडकर के अतिरिक्त किसी अन्य दलित नेता का कोई लिखित साहित्य उपलब्ध नहीं था। अत: अंबेडकर साहित्य ही उनके वैचारिक शिक्षण का एकमात्र माध्यम बना। यदि अंबेडकर वाङ्मय में ही गांधी-निंदा के बीज विद्यमान हों तो अंबेडकर-भक्ति से अभिभूत मायावती की पीढ़ी का इसमें क्या दोष?

(नवभारत टाइम्स, १६ अगस्त, १९९५)

□

पूना पैक्ट में आरक्षण सिद्धांत क्यों माना?

गोलमेज सम्मेलन के अंत में गांधीजी अस्पृश्यता और ऊँच-नीच, जाति भेद के निवारण व हिन्दू समाज के तथाकथित दलित वर्गों को भावी संविधान में पृथक् निर्वाचन का अधिकार देने के विरुद्ध प्रबल सामाजिक आंदोलन चलाने के अपने संकल्प की घोषणा करके २८ दिसंबर, १९३१ को स्वदेश वापस लौटे। किंतु भारतीय जनमानस एवं मीडिया पर गांधीजी के गहरे प्रभाव से आतंकित ब्रिटिश शासन ने उन्हें ४ जनवरी, १९३२ को ही पुनः जेल में बंद करके उन्हें सामाजिक आंदोलन चलाने का अवसर ही नहीं दिया। जेल में बंद गांधीजी ने ११ मार्च,१९३२ को भारत सचिव सेमुअल होर को एक लंबा पत्र लिखकर चेतावनी दी कि अस्पृश्यता और जाति-भेद की समस्या हिन्दू समाज की आंतरिक समस्या है और उसे एक सामाजिक आंदोलन द्वारा ही स्थाई रूप से हल किया जा सकता है। किंतु ब्रिटिश सरकार ने मुझे जेल में ठूँस दिया है यदि ब्रिटिश सरकार दलित वर्गों के पृथक् निर्वाचन का अधिकार देने पर तुली रही तो वे अकेले ही इसका विरोध करेंगे और हिन्दू समाज के विभाजन को रोकने के लिए अपने प्राणों का होम करने में भी संकोच नहीं करेंगे। किंतु अब तक गांधीजी ब्रिटिश कूटनीति के जाल में पूरी तरह फँस चुके थे। गोलमेज सम्मेलन की अल्पसंख्यक समिति की ओर से ब्रिटिश प्रधानमंत्री को सांप्रदायिक निर्णय का अधिकार देने वाले प्रतिवेदन पर हस्ताक्षर करके गांधीजी अपने हाथ बाँध चुके थे। ब्रिटिश सरकार की आँखों में गांधीजी ब्रिटिश सरकार के सबसे बड़े शत्रु के अलावा कुछ नहीं थे, क्योंकि वे भारतीय राष्ट्रवाद की आधारभूमि हिन्दू समाज को राष्ट्रीय एकता के सूत्र में गूँथने में क्रमशः सफल हो रहे थे। उनके विजय रथ को रोकने के लिए हिन्दू समाज को भीतर से तोड़ना आवश्यक था। इस प्रक्रिया में डॉ. अंबेडकर को अपनी अपार बौद्धिक क्षमता और अंग्रेजी भाषा में भाषण कला के कारण ब्रिटिश शासकों ने अपना मित्र बनाया था। इसीलिए उन्होंने इंग्लैंड पहुँचे डॉ. अंबेडकर के आग्रह पर जेल में बंद गांधी की चेतावनी को दरकिनार कर दिया और १७ अगस्त, १९३२ को ब्रिटिश प्रधानमंत्री ने 'सांप्रदायिक निर्णय' में

दलित वर्गों को बीस वर्ष के लिए ही क्यों न हो, पृथक् मताधिकार की घोषणा करके गांधीजी को आमरण अनशन का अंतिम शस्त्र उठाने के लिए बाध्य कर दिया।

भूचाल पैदा करने वाला अनशन

उनके अनशन से राष्ट्र जीवन में भूचाल सा आ गया। इस भूचाल का कुछ अनुमान समकालीन स्रोतों से लग सकता है। वे महाराष्ट्र सरकार द्वारा प्रकाशित एक ग्रंथमाला, जो अज्ञात कारणों से प्रथम खंड के आगे नहीं बढ़ी, के प्रथम खंड में उपलब्ध हैं। इन स्रोतों को पढ़कर लगता है कि जन भावनाओं के ज्वार के कारण डॉ. अंबेडकर कुछ समय के लिए अकेले पड़ गए थे और दलित नेताओं का बड़ा वर्ग भी गांधीजी के साथ खड़ा था। इस वातावरण में २५ सितंबर, १९३२ को पूना-पैक्ट पर हस्ताक्षर हुए। पृथक् मताधिकार के प्रावधान को हटा दिया गया। ऊपर से देखने पर पूना-पैक्ट को गांधीजी की विजय कहा जा सकता है, पर वस्तुतः वह ब्रिटिश कूटनीति की गांधीजी पर विजय थी। पूना-पैक्ट दलित समस्या को सामाजिक आंदोलन की परिधि से बाहर खींचकर ब्रिटिश संवैधानिक सुधार प्रक्रिया का अंग बना देता है। वह दलित समस्या का राजनीतिकरण कर देता है। दूसरे, इस पैक्ट के द्वारा गांधीजी को अपनी इच्छा के विरुद्ध 'संयुक्त मताधिकार के साथ आरक्षण' के सिद्धांत पर अपनी स्वीकृति की मुहर लगाने को भी विवश होना पड़ा।

वस्तुतः दलित वर्गों के लिए आरक्षण की बात ब्रिटिश शासकों के मन में पहले से चल रही थी। साइमन कमीशन ने भी मई १९३० की अपनी रपट में आरक्षण के साथ 'संयुक्त मताधिकार' की ही सिफारिश की थी। द्वितीय गोलमेज सम्मेलन में जाने के पूर्व डॉ. अंबेडकर ने १४ अगस्त, १९३१ को गांधीजी से भेंट करके दलित वर्गों को आरक्षण द्वारा राजनीतिक प्रतिनिधित्व देने का सुझाव दिया था, जिसे गांधीजी ने दलितों के लिए आत्मघाती बताया था।

गांधीजी आरक्षण के सिद्धांत को आत्मघाती क्यों मानते थे? अनशन प्रारंभ करने के पूर्व १६ सितंबर, १९३२ को एक वक्तव्य जारी करके गांधीजी ने कहा, "सीटों के आरक्षण के बारे में मेरे विचार बहुत दृढ़ हैं। किंतु यदि सवर्ण हिन्दुओं और दलित वर्गों के नेताओं के बीच संयुक्त मताधिकार के आधार पर कोई समझौता होता है तो मैं उसे स्वीकार करूँगा, क्योंकि मेरा अनशन संवैधानिक पृथक् मताधिकार, उसका रूप चाहे जो हो, के विरुद्ध है। सदा-सर्वदा के लिए वह खतरा टलते ही मेरा अनशन समाप्त हो जाएगा। मेरे अनशन का सीमित उद्‌देश्य है। दलित प्रश्न मुख्यतया धार्मिक प्रश्न है। मैं इसे अपना विषय मानता हूँ, क्योंकि मैं जीवन भर उस पर ध्यान लगाता रहा हूँ। मैं इसे अपनी व्यक्तिगत पवित्र धरोहर मानता हूँ, जिसे मैं छोड़ नहीं सकता।

महाराष्ट्र के दलित नेता पी.एन. राजभोज के पत्र के उत्तर में गांधीजी ने लिखा, ''यदि दलित वर्गों के नेता मेरे विचारों को अनदेखा करके सीटों का संवैधानिक आरक्षण प्राप्त करना चाहते हैं तो वे इसके लिए स्वतंत्र हैं। मैं उस निर्णय के विरुद्ध अनशन नहीं करूँगा। किंतु ऐसी किसी योजना के लिए आप मेरे आशीर्वाद की आशा भी न करें। यदि मुझे अवसर मिला तो मैं दलित वर्गों में संवैधानिक आरक्षण के विरुद्ध जनमत पैदा करने का प्रयास निश्चित ही करूँगा।'' जेल में किसी पत्रकार से भेंट का प्रथम अवसर मिलने पर गांधीजी ने कहा, ''मेरा अनशन पृथक मताधिकार के विरुद्ध है, न कि सीटों के संवैधानिक आरक्षण के विरुद्ध। यह कथन कि मैं आरक्षण का निःसंदिग्ध विरोध करके उद्देश्य को हानि पहुँचा रहा हूँ, केवल अंशतः सही होगा। मैं आरक्षण का विरोधी था और इस समय भी हूँ। मेरी समझ से ऐसा संवैधानिक आरक्षण लाभ करने के बजाय हानि ही करेगा। इससे सुधार की स्वाभाविक प्रक्रिया रुक जाएगी। कानूनी आरक्षण वैसाखी के समान है। वैसाखी का सहारा लेने वाला व्यक्ति स्वयं को कमजोर बना लेता है।''

इसी भेंट-वार्ता में गांधीजी ने स्वयं को 'स्वेच्छया अस्पृश्य' कहकर दलित वर्गों का अंग बताया और कहा, ''दलित वर्गों का उत्थान सीटों के आरक्षण से नहीं, अपितु हिन्दू सुधारकों द्वारा उनके मध्य निरंतर सेवा कार्य से ही होगा।''

आरक्षण का चाकू

२१ सितंबर को पी.एन. राजभोज से प्रत्यक्ष भेंट में गांधीजी ने कहा, ''मेरा तात्कालिक उद्देश्य पृथक् मताधिकार द्वारा दलित वर्गों को शेष हिन्दू समाज से अलग करने की योजना को विफल करना है। संयुक्त मताधिकार में आरक्षण की व्यवस्था के प्रति गंभीर शंकाएँ रखते हुए भी यदि इसी आधार पर सब सहमत होते हैं तो मैं अधिकतम झिझक के बावजूद उनके साथ रहूँगा।''

स्पष्ट ही, ब्रिटिश कूटनीति ने गांधीजी को ऐसे विषम चक्रव्यूह में फंसा लिया था कि गांधी को पृथक् मताधिकार की विभाजनकारी फाँस को काटने के लिए आरक्षण के चाकू का इस्तेमाल करना पड़ा। इसलिए पूना-पैक्ट पर अंबेडकर के इस कटाक्ष को पूरी तरह अनुचित नहीं कहा जा सकता कि, ''यदि गांधीजी ने मेरे दृष्टिकोण के प्रति यही उदारवादी दृष्टि पहले दिखा दी होती तो उन्हें इस कठिन परीक्षा से गुजरने की आवश्यकता ही नहीं पड़ती।'' उदारवादी नेता चिमनलाल सीतलवाड की प्रतिक्रिया थी, ''गांधीजी ने लंदन में दलित वर्गों के लिए सीटों के आरक्षण के सुझाव को स्वीकार करने से सर्वथा इनकार कर दिया था, पर यहाँ पूना में उन्होंने न केवल सीटों का आरक्षण स्वीकार कर लिया, बल्कि पृथक् प्राथमिक निर्वाचन मंडल को भी मान लिया।'' वरिष्ठ उदारवादी नेता वी.एस. श्रीनिवास शास्त्री ने पूना-पैक्ट को 'खराब सौदेबाजी' घोषित कर दिया।

इतिहास की आँखों से देखें तो भारतीय राजनीति के दिशा-निर्धारण की जो पहल गांधीजी ने अंग्रेजों से छीन ली थी, वह पूना-पैक्ट के बाद उनसे छिनकर पुन: अंग्रेजों के पास चली गई। सन् १९२५ से सन् १९३० तक गांधीजी ने अपनी अभिनव जीवन-शैली और संघर्ष-पद्धति से राष्ट्रीयता का जो ज्वार उभारा था, जन-शक्ति के सहारे पूर्ण स्वराज्य की प्राप्ति का जो विश्वास समाज के मन में पैदा किया था, उसे गोलमेज सम्मेलन में जाकर, ब्रिटिश प्रधानमंत्री को सांप्रदायिक निर्णय का अधिकार देकर और पूना-पैक्ट में आरक्षण के सिद्धांत के समक्ष समर्पण करके अंग्रेजों की संवैधानिक सुधार प्रक्रिया के कुटिल चक्र में फँसा दिया। राजनीतिक एजेंडा की पहल उनके हाथों से निकल गई। प्रत्येक प्रक्रिया अपनी दिशा में ही आगे बढ़ती है और अपने ही ढंग का नेतृत्व ऊपर फेंकती है। आरक्षण के सिद्धांत के साथ भी वैसा ही हुआ। गांधीजी ने सन् १९३३ में पुन: सामाजिक धरातल पर सशक्त हरिजन आंदोलन खड़ा करने का सराहनीय प्रयास किया। किंतु आरक्षण के सिद्धांत में से उभरे दलित नेतृत्व को यह रास नहीं आया। जैसा कि हम पहले ही बता चुके हैं कि उन दिनों अशिक्षा और गरीबी में डूबे अस्पृश्य समाज में नेतृत्व था ही कहाँ? मुट्‌ठी भर स्वयंभू नेता ब्रिटिश हाथों में खेल रहे थे। शायद इसीलिए साइमन कमीशन की रपट में शर्त लगाई गई थी कि आरक्षित सीटों के लिए दलित प्रत्याशियों के नामों पर गवर्नर की स्वीकृति की मुहर लगना आवश्यक होगा। सन् १९३४ में गांधीजी ने कांग्रेस की प्राथमिक सदस्यता को त्यागकर राजनीति के दिशा-निर्धारण में अपनी सीमा को स्वीकार कर लिया। उनका वह वक्तव्य उनके मन की निराशा को व्यक्त करता है। आचार्य कृपलानी ने कहीं लिखा है कि गांधीजी सन् १९४२ से कांग्रेस में निष्प्रभावी हो गए थे, किंतु मुझे लगता है कि यह प्रक्रिया सन् १९३२ के पूना-पैक्ट से प्रारंभ हो चुकी थी।

संख्या बल का महत्त्व

पूना-पैक्ट में आरक्षण के सिद्धांत को मान्यता मिलने पर उसे सन् १९३५ के भारत सरकार एक्ट में सम्मिलित कर लिया गया। एम.सी. राजा, अंबेडकर, थावडे, गवई आदि सभी नेताओं का आग्रह था कि वे अपने समाज के लिए 'दलित वर्ग' जैसा शब्द प्रयोग नहीं चाहते। उन्हें बहिष्कृत या प्रोटेस्टेंट हिन्दू जैसा नाम दिया जाना चाहिए। इस पर गांधीजी ने 'हरिजन' शब्द फेंका, जिसे उस समय मीडिया और नेतृत्व ने हाथों हाथ उठा लिया, किंतु ब्रिटिश सरकार ने उसे न अपनाकर 'अनुसूचित जाति' जैसे शब्द को कानूनी मान्यता दी, स्वाधीन भारत के संविधान ने इस नामकरण और 'आरक्षण के सिद्धांत' को ज्यों-का-त्यों अपना लिया। यद्यपि भारत के इतिहास में स्वतंत्रता प्राप्ति का वह अवसर ऐसा ऐतिहासिक मनोवैज्ञानिक क्षण था कि राष्ट्र किसी भी बड़े परिवर्तन को स्वीकार करने की

मन:स्थिति में था। गांधीजी का राजकुमारी अमृतकौर के नाम अप्रैल १९४७ का पत्र इस बारे में पुनर्चिंतन का कुछ संकेत देता है। किंतु वह नहीं हो पाया। स्वाधीन भारत का संपूर्ण सार्वजनिक जीवन संविधान अर्थात् राजनीति केंद्रित हो गया। सत्ता में पहुँचना ही राजनीति का एकमात्र लक्ष्य रह गया। चुनावी राजनीति में आदर्शवाद और राष्ट्रनिष्ठा से अधिक महत्त्व संख्या बल का हो गया। जातिवाद और संप्रदायवाद वोट-बैंक राजनीति के दो मुख्य आधार बन गए। जातिगत आरक्षण में निहित स्वार्थ उत्पन्न हो गया। अनुसूचित जातियों/जनजातियों के लिए आरक्षण का जो प्रावधान केवल दस साल के लिए किया गया था वह साठ साल बाद अब चिरस्थायित्व की दिशा में है। सन् १९७० के बाद 'दलित' शब्द को पुनरुज्जीवित कर दिया गया है और अब 'दलित' शब्द को उसकी हिन्दू पृष्ठभूमि से काटकर अन्य संप्रदायों तक विस्तारित कर दिया गया है।

भारतीय संविधान में आरक्षण के सिद्धांत को मान्यता मिल जाने के बाद अन्य जातियों के मन में भी आरक्षण का लाभ उठाने की इच्छा पैदा हुई। वयस्क मताधिकार पर आधारित प्रथम आम चुनाव ने अन्य जातियों को अपने संख्या बल का अहसास कराया। अत: हिन्दू समाज की 'मध्यम जातियों' ने संविधान की धारा ३४० में उल्लिखित 'अन्य पिछड़ा वर्गों' शब्दावली को अपने ऊपर लागू करके आरक्षण की माँग उठाना शुरू कर दिया। इस पृष्ठभूमि में प्रथम राष्ट्रपति डॉ. राजेंद्र प्रसाद ने प्रथम प्रधानमंत्री पं. नेहरू की सलाह पर २१ जनवरी, १९५३ को सुप्रसिद्ध गांधीवादी काका कालेलकर की अध्यक्षता में 'पिछड़ा वर्ग आयोग' के गठन की घोषणा की और १८ मार्च को उसके विधिवत् उद्घाटन के अवसर पर भाषण करते हुए प्रधानमंत्री पं. नेहरू ने इस आयोग को जातिवादी सोच से ऊपर उठने का आह्वान करते हुए कहा कि इस समय देश की १० प्रतिशत जनसंख्या गरीबी और पिछड़ेपन में डूबी हुई है, उसकी चिंता करना चाहिए।

जातिवाद का सहारा

उस प्रारंभिक चरण में राष्ट्रवादी नेतृत्व के चिंतन की कुछ झलक, इस आयोग के अध्यक्ष काका कालेलकर के राष्ट्रपति के नाम ३० मार्च, १९५५ के पत्र से मिल जाती है, जो उन्होंने आयोग की रपट के साथ भेजा था। अपने पत्र में उन्होंने लिखा कि "इस रपट को अंतिम रूप देने तक मुझे लगने लगा कि पिछड़ेपन की व्याख्या का आधार जाति नहीं, अन्य कसौटियों को किया जाना चाहिए। जब हम जाति का आधार छोड़ेंगे, तभी हम सभी समुदायों के अतिनिर्धन व उपेक्षित लोगों की मदद कर पाएँगे।" उन्होंने लिखा, "इस आयोग में दो साल के अनुभव से मुझे जातिवाद का खतरा निश्चय रूप से लगने लगा है।" क्योंकि "वयस्क मताधिकार के कारण देश भर में सत्ता पाने के लिए जाति-चेतना को फैलाया जा रहा है और जातियों को राजनीतिक दलों में संगठित किया जा रहा है।

जाति का महत्त्व बढ़ने से विभिन्न दल जातिवाद का सहारा ले रहे हैं।'' काका ने लिखा, ''दु:ख की बात है कि पिछड़ी जातियों के धनी एवं संपन्न वर्ग अपने जाति-बंधुओं की उपेक्षा करते हैं।'' उन्होंने चेतावनी दी कि ''जाति के आधार पर आरक्षण देने से ईसाई और मुसलमानों के मन में भी आरक्षण की सुविधा पाने की इच्छा जग रही है। यद्यपि वे दावा करते हैं कि उनका मजहब जाति एवं जातिभेद को नहीं मानता।''

काका कालेलकर ने स्मरण दिलाया कि ''हमारे राष्ट्र ने जातिविहीन और वर्गविहीन समाज रचना का लक्ष्य अपनाया है। इसलिए हमें पिछड़ेपन की कसौटी व्यक्ति या परिवार को बनाना चाहिए।'' क्योंकि ''राष्ट्रीय एकता की माँग है कि लोकतांत्रिक प्रणाली में किसी भी सरकार को एक सिरे पर केवल 'व्यक्ति' और दूसरे सिरे पर केवल 'राष्ट्र' को मान्यता देनी चाहिए। इनके बीच अन्य समूहों को मान्यता मिलने से राष्ट्रीय एकता एवं व्यक्ति की स्वतंत्रता बाधित होती है।'' उनका दृढ़ मत था कि ''सरकरी नौकरियों में तो आरक्षण कदापि नहीं होना चाहिए, क्योंकि शासन का लक्ष्य नौकरियाँ बाँटना नहीं, जनता को कुशल एवं हितकारी प्रशासन देना होता है।''

अपने इन राष्ट्रवादी विचारों के कारण उनके ही आयोग के एक जातिवादी सदस्य ने उन पर ब्राह्मणवादी होने का आरोप लगा दिया। इस आयोग ने अन्य तीन सदस्यों डॉ. अनूप सिंह, पी.जी. शाह एवं सदस्य सचिव अरुगांशु डे ने भी जाति आधारित आरक्षण के सिद्धांत को अवैज्ञानिक एवं विभाजनकारी बताया। कालेलकर आयोग की रपट को ३ सितंबर, १९५६ को संसद में विचारार्थ प्रस्तुत किया गया। इस रपट को सरकार ने पूरी तरह अस्वीकार कर दिया, क्योंकि गृह मंत्रालय की टिप्पणी में कहा गया कि ''जातिवाद समस्त समाज के निर्माण की दिशा में हमारी प्रगति के रास्ते में सबसे बड़ी बाधा सिद्ध हो रहा है। किन्हीं विशिष्ट जातियों को पिछड़ी जातियों की मान्यता देने का परिणाम जाति आधारित वर्तमान भेदभाव को चिरस्थाई बनाने में होगा।'' सन् १९६५ में यह रपट पुन: संसद में रखी गई, किंतु तब भी भारत सरकार के प्रवक्ता ने जाति को पिछड़ेपन का आधार बनाने को अन्य गरीबों के प्रति अन्याय एवं सामाजिक न्याय के सिद्धांत के विरुद्ध घोषित किया। उसने आर्थिक आधार को अपनाने का सुझाव दिया। लेकिन रपट पुन: ठुकरा दी गई।

(पाञ्चजन्य, ३१ अगस्त, २००६)

□

वायसराय का श्रीनिवास शास्त्री को ऐतिहासिक पत्र

अस्पृश्यता उन्मूलन एवं हरिजनोद्धार गांधीजी के लिए जीवन-निष्ठा का विषय थे। वे उसे हिन्दू समाज की आंतरिक सामाजिक समस्या के रूप में देखते थे और अस्पृश्यता का व्यवहार करने वाले सवर्ण हिन्दुओं के हृदय परिवर्तन को इसके एकमात्र स्थायी हल के रूप में देखते थे। सन् १९१५ की जनवरी में भारत वापसी के क्षण से ही वे इस दिशा में सक्रिय हो गए थे। किंतु ब्रिटिश सरकार हरिजन समस्या के द्वारा हिन्दू समाज को तोड़कर हरिजन प्रश्न को राष्ट्रीय आंदोलन को कमजोर करने का हथियार बनाने पर तुली हुई थी। गोलमेज सम्मेलनों, ब्रिटिश प्रधानमंत्री के 'सांप्रदायिक निर्णय' में हरिजनों को पृथक् मताधिकार की घोषणा और पूना पैक्ट के अनुभवों से गांधीजी को लग गया कि अब उन्हें हरिजन आंदोलन को ही प्राथमिकता देनी होगी। अत: 'पूना पैक्ट' के बाद उन्होंने हरिजन आंदोलन को ही अपना मुख्य कार्यक्रम बना लिया। गांधीजी उसे स्वतंत्रता आंदोलन के अंग के रूप में देखते थे।

'सविनय अवज्ञा' या 'हरिजन आंदोलन'

विचित्र बात यह है कि जिस वायसराय लार्ड विलिंग्डन ने एक कठोर दमननीति अपनाकर स्वतंत्रता आंदोलन को कुचलने में अपनी पूरी शक्ति लगा दी थी, उसने भी गांधीजी के हरिजन आंदोलन में रुचि दिखाई और गांधीजी को सत्याग्रह का मार्ग छोड़कर हरिजन आंदोलन पर ही अपना पूरा ध्यान केंद्रित करने की दिशा में प्रवृत्त करने का कूटनीतिक जाल बिछाया। २५ सितंबर, १९३२ को 'पूना पैक्ट' संपन्न होने के कुछ समय बाद ही २ नवंबर, १९३२ को वायसराय विलिंग्डन ने नरमदलीय नेता श्रीनिवास शास्त्री को एक रहस्यमय पत्र लिखा कि ''यद्यपि मैं गांधीजी के तौर-तरीकों को पसंद नहीं करता, किंतु दलित वर्गों के हितों को बहुत आगे बढ़ाने का पूरा श्रेय उन्हें देना ही

होगा। क्यों नहीं वे 'दुष्ट सविनय अवज्ञा' का रास्ता छोड़ देते? यदि वे उसे छोड़ दें तो उन्हें दलित वर्गों के लिए काम करने की पूरी स्वतंत्रता दी जा सकती है। किंतु जब तक वे यह नहीं करते, मैं उन पर कभी विश्वास नहीं करूँगा।...एक बहुत पुराने मित्र होने के नाते मैं आपको यह लिख रहा हूँ क्योंकि मैं आप पर पूरी तरह भरोसा कर सकता हूँ। मैं शांति चाहता हूँ, किंतु प्रशासक के नाते 'सविनय अवज्ञा' की अनुमति नहीं दे सकता, क्योंकि वह कानून तोड़ने की नीति है।" श्रीनिवास शास्त्री ने वायसराय के इस पत्र को गंभीरता से लिया और १२ नवंबर को उत्तर लिखा कि "इस काम में गोपनीयता बहुत आवश्यक है। सौभाग्यवश मेरी संस्था 'फ्रेंडस ऑफ इंडिया सोसायटी' का मुख्यालय पूना में होने के कारण मैं किसी प्रकार का संदेह आकर्षित किए बिना वहाँ रह सकता हूँ। किंतु इसके लिए मुझे दो सुविधाएँ दी जानी आवश्यक हैं। एक, जेल सुपरिटेंडेंट एवं अन्य औपचारिकताओं से गुजरे बिना गांधीजी से भेंट की सुविधा। दूसरे, आवश्यक होने पर आपसे तार द्वारा संपर्क। इसके लिए या तो मुझे कोई गुप्त कोड देना होगा या बंबई सचिवालय के गोपनीय विभाग का माध्यम अपनाना होगा।"

विलिंग्डन का दमन चक्र

इस पत्राचार को ऊपर से देखने पर प्रश्न उठता है कि क्या श्रीनिवास शास्त्री जैसा श्रेष्ठ और बुद्धिमान नेता ब्रिटिश वायसराय का हस्तक बन गया होगा? पर, श्रीनिवास शास्त्री की राष्ट्रभक्ति और संस्कृतिनिष्ठा संदेहातीत थी। यह सत्य है कि उन्हें ब्रिटिश न्यायप्रियता और लोकतंत्रवादिता पर अंधश्रद्धा थी और वे स्वतंत्रता प्राप्ति के लिए आंदोलन के बजाय संवाद को ज्यादा प्रभावी उपकरण मानते थे। किंतु इस पत्राचार के पीछे वायसराय विलिंग्डन की नीयत को समझना आवश्यक है। गांधीजी के गोलमेज सम्मेलन में रहते ही विलिंग्डन ने अपना दमन चक्र आरंभ कर दिया था। आठ अध्यादेश जारी किए जा चुके थे। 'गांधी-इर्विन समझौते' को मृत घोषित कर दिया गया था। उस समझौते के अंतर्गत न तो किसानों की जब्त की गई जमीनों को वापस किया जा रहा था, न ही नौकरी से बर्खास्त किए गए कर्मचारियों को नौकरी पर वापस लिया जा रहा था। खान अब्दुल गफ्फार खाँ व जवाहरलाल नहेरू जैसे शीर्षस्थ नेताओं को गिरफ्तार कर लिया गया था। पूरे देश में आतंक का वातावरण पैदा कर दिया गया था। उत्तर-पश्चिमी सीमा प्रांत के 'खुदाई खिदमतगार आंदोलन' को कुचलने के लिए अमानुषिक तरीके अपनाए गए। इंग्लैंड से वापस लौटते ही गांधीजी ने 'सविनय अवज्ञा आंदोलन' के पुनरुज्जीवन का बिगुल बजा दिया। किंतु विलिंग्डन ने गांधीजी को तुरंत कारागार में बंद कर दिया। कांग्रेस कार्यसमिति पर प्रतिबंध लगा दिया, देश भर में कांग्रेसी कार्यकर्ताओं को बड़े पैमाने पर गिरफ्तार कर लिया गया। मीडिया पर तरह-तरह के प्रतिबंध लगा

दिए गए। पिछले आठ अध्यादेशों के अतिरिक्त चार नए अध्यादेश लागू कर दिए गए। इस दमनकारी नीति में वायसराय विलिंग्डन को लंदन स्थित भारत सचिव सर सैमुअल होर का पूरा समर्थन प्राप्त था। होर ने हाउस ऑफ कामन्स में अपनी दमन नीति का वर्णन करते हुए अंत में कहा कि ''कुत्ते भौंकते रहेंगे, हम आगे बढ़ते रहेंगे।''

कांग्रेसियों की मनोदशा

राष्ट्रीय आंदोलन का जनाधार खत्म करने के लिए सरकार ने किसान वर्ग और शहरी मध्यम वर्ग को मुख्य निशाना बनाया। लगान न देने पर किसानों की भूमि को तुरंत जब्त कर लिया जाता, मध्यमवर्गीय सत्याग्रहियों की संपत्तियों को नीलाम कर दिया जाता। एक सीमा के आगे इस दमन नीति के सामने टिका रहना सत्याग्रहियों के लिए कठिन हो गया। उधर गांधीजी स्वयं को असहाय पा रहे थे। उनके बार-बार प्रयास करने पर भी विलिंग्डन उन्हें भेंट का समय नहीं दे रहा था। उसे लगता था कि वायसराय की भेंट से गांधी का महत्त्व बढ़ता है, जनता उन्हें वायसराय के बराबर मानने लगती है। इसलिए उसने और सैमुअल होर ने गांधीजी को भेंट का समय न देने को अपनी दमन नीति का अंग बना लिया और वे गांधीजी की प्रार्थनाओं को कड़े शब्दों में ठुकराने के प्रचार को जनमानस पर गांधीजी का प्रभाव खत्म करने का सफल उपाय मानने लगे। स्थिति यहाँ तक पहुँच गई कि गांधीजी को विलिंग्डन से भेंट का समय पाने के लिए श्रीनिवास शास्त्री की सहायता लेनी पड़ी। शास्त्रीजी ने २२ जून, १९३३ को अपने सहकारी टी.आर. वेंकटराम शास्त्री को गोपनीय सूचना दी कि आज गांधीजी ने मुझसे लंबी बात की और वायसराय से भेंट का समय दिलाने का अनुरोध किया। शास्त्रीजी ने उसी दिन लंदन स्थित सैमुअल होर और लार्ड इर्विन को पत्र लिखे। उनके उत्तर भी आए, पर वे भी वायसराय से समय नहीं दिला पाए। इसके पूर्व गांधीजी ८ से २९ मई, १९३३ तक हरिजन आंदोलन के लिए अनशन कर चुके थे, जिसके कारण उन्हें जेल से रिहा कर दिया गया, किंतु शीघ्र ही उन्हें पुनः गिरफ्तार कर लिया गया और जेल में रहते हुए हरिजन आंदोलन चलाने की गांधीजी के आग्रह को सरकार ने सहर्ष स्वीकार कर लिया।

सरकार की इस दमन नीति के फलस्वरूप सामान्य जनों और कांग्रेसी कार्यकर्ताओं का मनोबल खंडित होने लगा। गांधीजी को देश भर से पत्र आने लगे कि 'सविनय अवज्ञा आंदोलन' को वापस लिया जाए। गांधीजी ने राजगोपालाचारी से परामर्श करके किसानों को सत्याग्रह से मुक्त कर दिया। सामूहिक सत्याग्रह को छह सप्ताह के लिए स्थगित कर दिया गया। उन दिनों एम.एस. (बापू) अणे कांग्रेस के कार्यवाहक अध्यक्ष थे। सन् १९३४ में केंद्रीय लेजिस्लेटिव असेंबली के चुनाव होने थे। कांग्रेस जनों का

बड़ा वर्ग असेंबली के इन चुनावों में भाग लेने के लिए ललचाने लगा। गांधीजी के पास अनेक पत्र आने लगे। अंततः गांधीजी ने १२ से १४ जुलाई, १९३३ को पूना में ऐसे कांग्रेसियों का अनौपचारिक सम्मेलन बुलाया जो उस समय जेल के बाहर थे। इस सम्मेलन में उन्होंने श्रीनिवास शास्त्री और एन.सी. केलकर को कांग्रेस का सदस्य न होते हुए भी व्यक्तिगत निमंत्रण भेजकर बुलाया, जिस पर कांग्रेस जनों ने आपत्ति उठाई। तीन दिन के इस सम्मेलन में गांधीजी ने पाया कि कांग्रेस जनों की मनःस्थिति इस समय न तो सत्याग्रह करके जेल जाने की है, न वे रचनात्मक कार्यक्रम के लिए गाँवों में जाने को तत्पर हैं। वे अपने को थका हुआ अनुभव कर रहे हैं, वे विराम चाहते हैं। जिस कांग्रेस को उन्होंने सन् १९२० में कायाकल्प करके, अपने खून-पसीने से सींचा था, वह उनके साँचे में नहीं ढल पाई। उसका मन काउंसिल प्रवेश के लिए ललक रहा था। वह संघर्ष नहीं, आराम-कुर्सी की राजनीति करना चाहती थी।

शास्त्रीजी का ऐतिहासिक पत्र

इस कालखंड में गांधीजी जिस वेदना और अंतर्द्वंद्व से गुजर रहे थे, उसकी गहराई को समझने की आवश्यकता है। उस समय के गांधीजी के पत्राचार को पढ़ने से हमें अपने समाज के चरित्र और मानस को समझने में मदद मिल सकती है। गांधीजी अपने पत्रों में लिखते हैं कि ''कांग्रेस को लकवा मार गया है, उसे इस लकवे से बाहर निकालने का उपाय खोजना होगा।'' जब गांधीजी इस मनःस्थिति से गुजर रहे थे तभी उन्हें श्रीनिवास शास्त्री का ११ अगस्त, १९३३ का लिखा एक लंबा ऐतिहासिक पत्र मिला। गांधीजी के आगामी निर्णयों की कुँजी इसी पत्र में विद्यमान है, परंतु पता नहीं क्यों इस महत्त्वपूर्ण पत्र को इतिहासकारों एवं गांधीजी के जीवनीकारों द्वारा अब तक उपेक्षित रखा गया। यह पत्र श्रीनिवास शास्त्री की दूरदृष्टि, स्पष्टवादिता और निर्भीकता की अद्‌भुत मिसाल है।

श्रीनिवास शास्त्री पत्र में लिखते हैं, ''सरकार के साथ आपके संघर्ष के पीछे और आगे देश का भविष्य छिपा हुआ है। कांग्रेस उस भविष्य को कैसे प्राप्त करे? आपका उत्तर स्पष्ट है—यानी सत्याग्रह, पर लोगों के मस्तिष्क में दूसरा उत्तर उभर रहा है। वह उत्तर है कि 'सविनय अवज्ञा' को, चाहे वह सामूहिक हो या व्यक्तिगत, अब त्याग देना चाहिए। रचनात्मक कार्यक्रम से भी आगे बढ़कर प्रशासन, वित्त और विधायिका के द्वारा राष्ट्रीय हित को प्राथमिकता मिलनी चाहिए। कांग्रेस के बाहर और भीतर भी यह विचार बल पकड़ता जा रहा है। यह आपकी वर्तमान नीति से इतना भिन्न और विरोधी लगता है कि संदेह होता है कि क्या आप इसे अपना सकते हैं। आपकी पूरी तैयारी और मानसिकता भिन्न दिशा में जाती है। दुर्भाग्य से कोई भी व्यक्ति, वह चाहे जितना महान हो, अपनी

सीमाओं को हमेशा जान सके, यह संभव नहीं है। उसकी अपनी महानता ही परिवर्तन का रास्ता रोक लेती है। मैं आपको कई बार कह चुका हूँ कि आप अन्य नेताओं की तुलना में इतनी अधिक ऊँचाई पर इतने लंबे समय से निर्णायक तौर पर पहुँच गए हैं कि तुरंत आपकी जगह लेनेवा ला कोई अन्य व्यक्ति अब दिखाई ही नहीं देता। कितना अच्छा होता कि आप स्वयं को नए युग के लिए बदल सकते और नए साँचे में ढाल लेते।…"

"इस विषम स्थिति में देश अपेक्षा करता है कि आप पहले से भिन्न भूमिका अपनाएँ। सरकार को छकाने के लिए आप सत्याग्रह का चाहे जो रूप अपनाएँ, किंतु आप कांग्रेस को नया मार्ग चुनने के लिए स्वतंत्र कर दीजिए। आपको स्मरण होगा कि पिछली बार जब मैं पर्णकुटी में आपके साथ था तब भी मैंने आपसे यह रास्ता चुनने की याचना की थी। आपने मुझे कहा था कि आप इस विचार को कार्यसमिति के सामने रखेंगे। परंतु वह इसे कदापि नहीं मानेंगी, यही उसके लिए स्वाभाविक व उचित भी होगा। वह आपको त्यागने का लांछन अपने सिर पर क्यों लेगी? कोई आश्चर्य नहीं कि उन्हें ऐसा कोई विचार मात्र ही भयावह लगे। समय आ गया है, और मेरे विचार से बहुत पहले आ गया था, कि आप यह कह दें कि 'मैं कांग्रेस को अपने लिए नए रास्ते चुनने के लिए मुक्त करता हूँ। राष्ट्र कल्याण के लिए हरिजन आंदोलन जैसा बहुत सा ईश्वरीय कार्य मुझे करने को है।' सत्य को जैसा मैंने देखा, आपके सामने रखा। आशा है कि आप समस्या को नए दृष्टिकोण से देखेंगे।…" इस श्रीनिवास शास्त्री ने गांधीजी को स्पष्ट लिखा कि कांग्रेस को आप अपने ढाँचे में ढालने में विफल रहे हैं।

गांधीजी का मंतव्य

कांग्रेस रूपी अपने बच्चे को ही छोड़ देने का आग्रह करने वाला यह पत्र गांधीजी को खला नहीं, बल्कि ३० अगस्त को अपने उत्तर में उन्होंने शास्त्रीजी को लिखा, "आपके पत्र को मैं बहुमूल्य समझता हूँ। मैं प्रसन्नता से कांग्रेस से सेवानिवृत्त हो जाऊँगा और कांग्रेस के बाहर 'सविनय अवज्ञा" को आगे बढ़ाने व हरिजन कार्य में अपने को लगा लूँगा। समस्या यह है कि इसे कैसे किया जाए? क्या मैं कांग्रेस से अलग होकर यह कर सकता हूँ? यह प्रश्न मेरे सामने अनौपचारिक सम्मेलन (१२-१४ जुलाई, १९३३) के समय भी खड़ा था और आज भी खड़ा है। मैं रोशनी खोज रहा हूँ। जैसे ही मैं अपने भीतर पर्याप्त शक्ति पाऊँगा, मैं पुनः कांग्रेसजनों के मन टटोलूँगा और यदि मैं कांग्रेस को छोड़ सकता हूँ, तो मैं प्रसन्नतापूर्वक ऐसा करूँगा।…यह सच है कि काफी सारे कांग्रेसजन थक चुके हैं। वे बड़ा परिवर्तन चाहते हैं। किंतु मैं किसी निर्णय पर पहुँचने की जल्दी में नहीं हूँ। मैं आपको यह भरोसा दे सकता हूँ कि राष्ट्र के सर्वोत्तम हित में जो भी कदम उठाने आवश्यक होंगे, मैं उनसे पीछे नहीं हटूँगा। गुमनामी में जाने

का मुझे कोई डर नहीं है। कर्त्तव्य पालन को मैंने हमेशा बड़ा सुख माना है। ज्यादा कठिन बात है यह जानना कि कर्तव्य कहाँ है?''

गांधीजी के इस पत्र के उत्तर में शास्त्रीजी ने ४ सितंबर, १९३३ को लिखा, ''मैं पुनः अनुरोध करता हूँ कि कांग्रेस को अपने शासन से मुक्त कर दीजिए। यदि आप कांग्रेस की अनुमति की प्रतीक्षा कर रहे हो तो बहुत देर हो जाएगी। आप उसे तुरंत स्वतंत्र कर दीजिए।'' शास्त्रीजी ने विलंब होने के खतरे भी गिनाए—(१) इंग्लैंड में टोरी पार्टी का लंबा वर्चस्व काल, (२) भारतीय राष्ट्रवाद के सामने अल्पसंख्यकों के हाथ में सत्ता जाने का खतरा, क्योंकि उनकी पीठ पर ब्रिटिश सरकार का हाथ है। शास्त्रीजी ने इस लंबे पत्र का समापन इन शब्दों के साथ किया, ''यदि मेरी योजना में कोई दम हो तो उसे मौका दीजिए। दो शर्ते आवश्यक हैं—सविनय अवज्ञा समाप्त हो और तानाशाही (गांधी की?) खत्म हो।''

(पाञ्चजन्य, २९ जुलाई, २०१२)

□

उन्नीसवीं सदी में बिछी कूटनीतिक बिसात

भारत के सार्वजनिक जीवन में जाति-आधारित आरक्षण सिद्धांत को औपचारिक मान्यता का श्रेय २५ सितंबर, १९३२ के पूना-पैक्ट को दिया जा सकता है। यद्यपि इस पैक्ट पर १८ नेताओं के हस्ताक्षर थे और महात्मा गांधी के हस्ताक्षर नहीं है, तथापि इसे गांधी-अंबेडकर पैक्ट कहा जाता है, क्योंकि हिन्दू समाज के तथाकथित सवर्ण एवं अवर्ण नेताओं के मध्य इस समझौते को कराने के लिए गांधीजी को आमरण अनशन की भट्टी से गुजरना पड़ा था। गांधीजी को वह आमरण अनशन ब्रिटिश प्रधानमंत्री रैम्जे मैकडोनॉल्ड द्वारा १७ अगस्त, १९३२ को घोषित 'सांप्रदायिक निर्णय' (कम्युनल अवार्ड) के उस अंश के विरोध में करना पड़ा था, जिसमें ब्रिटिश सरकार ने भारत के भावी संविधान में हिन्दू समाज की तथाकथित दलित जातियों को पृथक् निर्वाचन एवं पृथक् प्रतिनिधित्व का अधिकार दिया था। मुसलमानों को यह अधिकार वे सन् १९०९ में दे चुके थे और सिखों को उन्होंने १९१९ के भारत एक्ट में दिया। अब उन्होंने इसका विस्तार हिन्दू समाज के अव्याख्यायित दलित या अस्पृश्य जातियों के लिए करने की घोषणा की। गांधीजी ने ब्रिटिश सरकार के इस कदम को हिन्दू समाज को भीतर से तोड़ने के कुचक्र के रूप में देखा। यद्यपि ब्रिटिश सरकार ने दलित जातियों के लिए पृथक् निर्वाचन की समयावधि केवल बीस वर्ष निर्धारित की थी और विधान मंडलों की १४०० से अधिक सीटों में से केवल ७१ सीटें उनके लिए आरक्षित की थीं, कितु गांधीजी की दूर दृष्टि ने भाँप लिया कि ब्रिटिश सरकार के इस कदम की अंतिम परिणति हिन्दू समाज के विभाजन में होगी। इसलिए उन्होंने घोषणा की कि मुसलमानों और सिखों को पृथक् निर्वाचन का अधिकार दिए जाते समय मैं भारतीय राजनीति का अंग नहीं था और उसे प्रभावित करने की स्थिति में नहीं था, किंतु इस समय अपनी आँखों के समाने हिन्दू समाज को विभाजित करने के किसी भी प्रयास का मैं अपने प्राणों की बाजी

लगाकर भी विरोध करूँगा। गांधीजी ने कहा कि छुआछूत और ऊँच-नीच की समस्या हिन्दू समाज की आंतरिक सामाजिक समस्या है, जिसका अंतिम चिरस्थायी हल हिन्दू समाज के भीतर प्रबल सामाजिक आंदोलन खड़ा करके ही हो सकता है। उसी सामाजिक आंदोलन को खड़ा करने के संकल्प की घोषणा करके मैं राउंड टेबिल कॉन्फ्रेंस से भारत लौटा था; किंतु ब्रिटिश सरकार ने मुझे भारत पहुँचते ही जेल में बंद कर दिया। अब आमरण अनशन पर जाने के सिवाय मेरे सामने कोई रास्ता नहीं बचा है। हिंदू समाज की एकता को बचाने के लिए मैं अपने प्राणों की आहूति देना स्वीकार करूँगा।

अंग्रेजों की कूटनीति

२० सितंबर, १९३२ को अनशन प्रारंभ करने पूर्व और अनशन के दौरान भी गांधीजी ने बार-बार दोहराया कि विधान मंडलों में आरक्षण इस समस्या का हल नहीं है, क्योंकि आरक्षण की व्यवस्था आरक्षण पाने वाले को कमजोर बनाती है, अपनी क्षमता के बल पर खड़ा होने का आत्मबल नहीं देती और साथ ही सवर्णों को प्रायश्चित्त करने तथा छुआछूत व ऊँच-नीच्च का शिकार बने अपने भाइयों को ऊपर उठाने के लिए परिश्रम व त्याग करने की भावना को कुंठित कर देती है। किंतु इस समय मेरे आमरण अनशन का तात्कालिक उद्देश्य 'सांप्रदायिक निर्णय' में से 'पृथक् निर्वाचन' की धाराओं को समाप्त कराना है। इन धाराओं को समाप्त कराने के लिए यदि हिन्दू नेताओं के बीच सीटों के आरक्षण पर एकमत्य होता है तो वह विषपान भी मैं सहन कर लूँगा। और वही हुआ। पूना-पैक्ट ने पृथक् निर्वाचन की धाराओं को तो समाप्त करवा दिया पर विधान मंडलों में तथाकथित 'दलित जातियों' के लिए 'सांप्रदायिक निर्णय' में आरक्षित ७१ सीटों की संख्या को बढ़ाकर १७८ कर दिया। इस प्रकार पूना-पैक्ट को ब्रिटिश कूटनीति के समक्ष गांधीजी की राष्ट्रवादी एवं सामाजिक नीति की पराजय कहा जा सकता है। पूना-पैक्ट से भारतीय राजनीति की पहल गांधीजी के हाथों से छिनकर पुनः अंग्रेजों के हाथों में चली गई।

सन् १९३२ में गांधीजी ने स्वयं को ब्रिटिश कूटनीति के जिस जाल में फँसा पाया, दरअसल उसका ताना-बाना सन् १८५७ की क्रांति के बाद से ही बुना जाने लगा था। सन् १८५७ के आकस्मिक विस्फोट से भारत में ब्रिटिश राज धूल धूसरित होने से बाल-बाल बच पाया था। गवर्नर जनरल केनिंग ने इसे देवी कृपा के रूप में देखा था और भारत में अपने साम्राज्य की दीर्घायु के उपाय खोजने हेतु गहन विचार-मंथन आरंभ कर दिया था। इस विचार-मंथन की बानगी स्वरूप हम बोर्ड ऑफ कंट्रोल के अध्यक्ष चार्ल्स वुड के भारत में केनिंग के उत्तराधिकारी लार्ड एलगिन के नाम मई १८६२ के पत्र की इस पंक्ति को उद्धृत कर रहे हैं कि "यदि पूरा भारत हमारे विरुद्ध एक हो गया तो हम वहाँ कैसे

टिक पाएँगे।'' अर्थात् ब्रिटिश शासकों की मुख्य चिंता यह पता लगाना थी कि भारतीय राष्ट्रवाद की जड़ें कहा हैं, उन जड़ों को कैसे कमजोर किया जाए, क्या भारत में कुछ ऐसे वर्ग हैं, जिन्हें राष्ट्रवाद के विरुद्ध इस्तेमाल किया जा सकता है और राष्ट्रवाद को अंदर से कैसे कमजोर किया जा सकता है।

राष्ट्रवाद का विरोध

उन्होंने पाया कि भारतीय मुस्लिम समाज के भीतर कुछ ऐसी प्रवृत्तियाँ विद्यमान हैं जिन्हें राष्ट्रवाद के विरुद्ध खड़ा किया जा सकता है। सन् १८६९ में सैयद अहमद खान की इंग्लैंड यात्रा, सन् १८७७ में वायसराय लार्ड लिटन द्वारा अलीगढ़ एंग्लो ओरियंटल मुस्लिम कॉलेज का उद्घाटन, सन् १९०५ में बंगाल का विभाजन, सन् १९०६ में मुस्लिम लीग की स्थापना और सन् १९०९ के भारत एक्ट में मुसलमानों को पृथक् निर्वाचन का अधिकार आदि को इस दिशा में ब्रिटिश कूटनीति की चालें कहा जा सकता है। ब्रिटिश शासक यह पहचान चुके थे कि भारत में राष्ट्रीयता के बीज हिन्दू समाज के भीतर ही विद्यमान हैं। यही समाज भारत में राष्ट्रवाद की आधारभूमि बन सकता है। अतः इस समाज की विकेंद्रित एवं वैविध्यपूर्ण रचना के भीतर एकता के कौन-कौन से सूत्र विद्यमान हैं, उन्हें पहचानकर तोड़ने के उपाय खोजना आवश्यक होगा। अल्फ्रेड लायल जैसे सूक्ष्मभेदी मस्तिष्कों ने हिन्दू समाज को अनेक जातियों की सहकारिता एवं अनेक उपासना पंथों के महासंघ के रूप में देखा। उन्होंने अध्ययन किया कि इस विशाल देश में बिखरे विशाल और विकेंद्रित हिन्दू समाज को एकता के सूत्र में बाँधने वाली दो कड़ियाँ हैं—एक जाति, दूसरा जनपद। यह ध्यान देने की बात है कि सन् १८५८ में ही मैक्समूलर, जेम्स म्योर जैसे ब्रिटिश संस्कृतज्ञों एवं जान विल्सन जैसे मिशनरियों ने हिंदू समाज की जाति-संस्था पर आधरित विपुल साहित्य का सृजन किया। अभी तक वे जाति को हिन्दुओं के ईसाई बनाने के प्रयासों में सबसे बड़ी बाधा के रूप में देख रहे थे। इसलिए ईसाई मिशनरियाँ ब्रिटिश शासकों पर एक ही दबाव डाल रही थीं कि जाति के बंधनों को ढीला किया जाए, संभव हो तो जाति को गैरकानूनी घोषित किया जाए। इसीलिए उन्होंने अंग्रेजी पढ़े-लिखे भारतीयों के दिमाग में भरा कि जाति ही भारत की पराजय, पराधीनता और पतन का मुख्य कारण है। अतः भारतीय राष्ट्रवादियों का एकमात्र लक्ष्य जातिविहीन भारत का निर्माण होना चाहिए।

किंतु भीतर-ही-भीतर वे 'जाति' को विभाजनकारी हथियार के रूप में इस्तेमाल करने के तरीके भी ढूँढ रहे थे। कलकत्ता के प्रतिष्ठित प्रेसीडेंसी कॉलेज के प्रिंसिपल जेम्स केर्र ने सन् १८६५ में लिखा, ''इसमें संदेह की काफी गुँजाइश है कि जाति का अस्तित्व कुछ मिलाकर भारत में हमारे शासन के चिरस्थायित्व के लिए प्रतिकूल सिद्ध

होगा। अगर हम चतुराई और धैर्य से कदम उठाएँ तो यह हमारे लिए अनुकूल भी सिद्ध हो सकता है। जाति-चेतना को राष्ट्रीय एकता के विरुद्ध मोड़ा जा सकता है।''

सन् १८८० में एम.ए. शेरिंग नामक प्रमुख ईसाई मिशनरी ने लिखा कि ''यूरोप में हिन्दू समाज को एक संगठित इकाई के रूप में देखता है। माना जाता है कि अनेक टुकड़ों में विभाजित दिखाई देने पर भी वह एक ऐसा 'पूर्ण' है जिसमें सब टुकड़े गुँथे हुए हैं। ज्यादा सही यह होगा कि भारत की असंख्य जातियों एवं जनजातियों को अनेकानेक भिन्न और स्वयं पूर्ण इकाइयों के रूप में देखें जो एक-दूसरे से सर्वथा स्वतंत्र एवं असंबद्ध है।''

उसी समय ऐसी ही बात सर जॉन स्ट्रेजी ने लिखी, जिसका उल्लेख पिछले अंक में किया जा चुका है।

विभाजनकारी नीति

इस प्रकार जाति को मिटाने के बजाय जाति चेतना को सुदृढ़ करना, जातियों की परस्पर पूरकता को समाप्त कर उन्हें परस्पर प्रतिस्पर्धी बनाना—यह भावी ब्रिटिश नीति का मुख्य लक्ष्य बन गया। इस विभाजनकारी नीति के क्रियान्वयन के मुख्य उपकरण बनाए गए—

(१) सेना का पुनर्गठन—सन् १८५७ के बाद सेना के पुनर्गठन के लिए गठित आयोग के अध्यक्ष लार्ड पील ने सूत्र दिया कि ''नेटिव भारतीय सेना में विभिन्न राष्ट्रीयताओं एवं जातियों के लोगों की पृथक् रेजीमेंटों का गठन किया जाए।'' उसी में से मराठा, राजपूत, सिख, जाट जैसे जाति नामों की रेजीमेंटों का जन्म हुआ।

(२) सन् १८६१ के भारतीय काउंसिल एक्ट से तथाकथित संवैधानिक सुधार प्रक्रिया का श्रीगणेश हुआ, जिसकी प्रत्येक अगली किश्त, चाहे वह सन् १८८२ के लार्ड रिपन के सुधार हों, या १८९२ का एक्ट, या १९०९, १९११ और १९३५ के भारत एक्ट्स, के द्वारा भारतीय समाज में धार्मिक, आर्थिक, सामाजिक एवं शैक्षणिक विभाजन को गहरा करने व प्रतिस्पर्धी बनाने का प्रयास हुआ।

(३) सरकारी नौकरियों के लिए जाति, क्षेत्र और भाषा और पंथ के आधार पर प्रतिस्पर्धा व कटुता बढ़ाना।

(४) दसवर्षीय जनगणना, गजेटियर, जाति सर्वेक्षण व भाषा सर्वेक्षण के द्वारा जाति भेद की नस्ली आधार प्रदान करने वाली विपुल बौद्धिक सामग्री का सृजन करना। जनगणना रपटों में जाति संस्था को ही प्रत्येक परिवार की

सामाजिक, शैक्षणिक, आर्थिक एवं राजनीतिक स्थिति के बारे जानकारी के एकत्रीकरण व वर्गीकरण के मुख्य आधार पर ही विभिन्न जातियों के बीच सामाजिक उच्चता, शिक्षा व नौकरी के अवसर व राजनीतिक प्रतिनिधित्व के लिए प्रतिस्पर्धा का वातावरण पैदा किया जाए।

सन् १८६९ में पहली दसवर्षीय जनगणना की विभिन्न प्रांतीय रपटों को पढ़ने से विदित होता है कि एक ओर तो प्रत्येक जनगणना अधिकारी जाति की गणना की कठिनाइयों का रोना रो रहा था, दूसरी ओर जाति को ही जनगणना का मुख्य आधार मानकर चल रहे थे। उदाहरणार्थ, पश्चिमी उत्तर प्रदेश, जिसे उन दिनों उत्तर-पश्चिमी प्रांत (एन.डब्ल्यू.पी.) कहा जाता था, के सन् १८७१ के जनगणना अधिकारी डब्ल्यू.सी.पी प्लाउडेन ने अपनी रपट में लिखा, ''जाति का प्रश्न इतना उलझा हुआ है और इस विषय पर सही जानकारी प्राप्त करना इतना कठिन है कि मैं आशा करता हूँ कि अगली बार जाति संबंधी जानकारी इकट्ठा करने का कोई प्रयास नहीं किया जाएगा।'' कुछ वर्ष बाद सन् १८७८ में उसने लिखा कि ''जाति के विषय पर जो कुछ जानकारी हम एकत्र कर पाए हैं वह उस पर किए गए परिश्रम की तुलना में कुछ नहीं है। मैं सलाह दूँगा कि जब तक हम इसका अच्छा प्रबंध करने की स्थिति में न हों हमें 'जाति' के कालम को पूरी तरह निकाल देना चाहिए।''

सन् १८७१ में मद्रास के जनगणना अधिकारी डब्ल्यू.आर. कोर्निश ने अपनी रपट में लिखा कि ''जाति के विषय में जनता के भी किन्हीं दो वर्गों या उपवर्गों में मतैक्य नहीं है। जिन यूरोपीय अधिकारियों ने इस ओर थोड़ा भी ध्यान दिया है उनमें भी जाति की पहचान के बारे में भारी मतभिन्नता है। स्थिति इतनी खराब थी कि मद्रास की सन् १८८१ की जनगणना में, जातियों की संख्या सन् १८७१ की ३२०८ से बढ़कर १९०४४ पहुँच गई।''

जातिवाद का खेल

यह सब जानते-बूझते भी ब्रिटिश शासन ने जनगणना में जाति संस्था को ही मुख्य आधार माना। जिन डब्ल्यू.सी. प्लाउडेन ने सन् १८७१ में पश्चिमी उत्तर प्रदेश के जनगणना अधिकारी के नाते भावी जनगणना में जाति का कॉलम निकाल देने की सलाह दी थी, उन्हें ही जब सन् १८८१ में पूरे भारत का जनगणना अधिकारी घोषित किया गया तो उन्होंने जाति संबंधी जानकारी के एकत्रीकरण को ही भावी शोध की मुख्य आधारशिला बताया। और भारत सरकार की ओर से तमाम स्थानीय अधिकारियों को आदेश भेजा गया कि वे जाति संबंधी जानकारी के एकत्रीकरण, वर्गीकरण एवं विश्लेषण की समुचित व्यवस्था करें।

प्रारंभ से ही जाति संबंधी जानकारी के एकत्रीकरण में सामाजिक ऊँच-नीच को मुख्य आधार माना गया, जिसके कारण विभिन्न जातियों के बीच प्रतिस्पर्धा को बढ़ावा मिला। बंगाल प्रांत के जनगणना अधिकारी ने लिखा कि उच्च सामाजिक स्थिति पाने के लिए विभिन्न जातियों की ओर से प्राप्त प्रतिवेदनों का वजन लगभग डेढ़ मन (६० सेर या १२० पौंड) हो गया था।

हिन्दू समाज में जाति संस्था की पहचान का आधार क्या हो, इस बारे में भी ब्रिटिश जनगणना अधिकारियों में काफी मतभेद था। पंजाब के जनगणना अधिकारी डेंजिल इब्बेट्सन और संयुक्त प्रांत के जनगणना अधिकारी जे.सी. नेसफील्ड इस विषय के विशेषज्ञ के रूप में उभरे थे। डब्ल्यू.सी. प्लाउडेन ने इन दोनों के साथ बैठकर इस विषय पर काफी लंबा और गहन विचार-मंथन किया। नेसफील्ड का मानना था कि केवल पेशे के आधार पर ही जाति की पहचान होनी चाहिए। किंतु आधुनिक शिक्षा व नए उद्योगों के उदय के कारण पेशों की परंपरागत दीवारें ढहने लगी थीं, जिसके कारण किसी जाति की पहचान को स्थायित्व देना कठिन हो गया था। पेशा परिवर्तन के कारण सामाजिक ऊँच-नीच की परंपरागत धारणाएँ शिथिल हो रही थीं। अल्फ्रेड लायल की चिंता थी कि वनवासियों और नीची जातियों का तेजी से ब्राह्मणीकरण हो रहा है। जिसके फलस्वरूप जातियों का मानचित्र पूरी-तरह बदल सकता है। इसके साथ ही अंग्रेजी शिक्षित समाज में राष्ट्रीय भावना की आधुनिक शब्दावली व रूप प्रगट होने लगा था। सन् १८६७ का हिन्दू मेला, बंकिम चंद्र चटर्जी का बंगला भाषा पर आग्रह, सन् १८७६ में सुरेंद्र नाथ बनर्जी का भारत भ्रमण और सन् १८८५ में अखिल भारतीय कांग्रेस का जन्म जैसी घटनाएँ ब्रिटिश शासकों के लिए राष्ट्रीय जागरण का खतरा बन गई थीं। जातिवाद को राष्ट्रवाद की काट के रूप में कैसे इस्तेमाल किया जा सकता, यही मुख्य चिंता बन गई थी।

(पाञ्चजन्य, १६ जुलाई, २००६)

□

हरिजन आंदोलन से डरी सरकार

अप्रैल १९४७ में गांधीजी ने राजकुमारी अमृत कौर के नाम एक पत्र में तत्कालीन ब्रिटिश प्रधानमंत्री रैम्जे मैकडोनॉल्ड द्वारा १४ वर्ष पहले १७ अगस्त, १९३२ को घोषित 'सांप्रदायिक निर्णय' को 'भारतीय राष्ट्रवाद के विरुद्ध ब्रिटिश साम्राज्यवाद का षड्यंत्र' कहा था। इस षड्यंत्र को विफल करने के लिए उन्हें आमरण अनशन के द्वारा अपने प्राणों की बाजी तक लगानी पड़ी थी, जिसमें से २५ सितंबर, १९३२ का 'पूना पैक्ट' निकला था। इससे हिन्दू समाज के दो फाड़ होने का संवैधानिक खतरा तो फिलहाल टल गया था, पर ब्रिटिश षड्यंत्र अभी भी चालू था। हिन्दू समाज की जाति संरचना में अस्पृश्यता की विभाजन रेखा खोजने और तथाकथित अस्पृश्य जातियों को अलग पहचान देने के लिए वे उनके लिए अलग नामाभिधान खोज रहे थे।

दलित या हरिजन

सन् १९०१ के आस-पास उन्होंने 'दलित वर्ग' जैसा शब्द उछाला था, उसे डॉ. अंबेडकर व एम.सी. राजा आदि नेताओं ने सिरे से नकार दिया था। प्रथम गोलमेज सम्मेलन के अंत में, ४ नवंबर, १९३१ को, डॉ. अंबेडकर ने अपने पूरक प्रतिवेदन में स्पष्ट शब्दों में लिखा, 'दलित वर्ग' के लोगों को इस 'दलित वर्ग' नाम पर सख्त आपत्ति है। इसलिए नए संविधान में हमें 'दलित वर्गों' की बजाय 'गैर-सवर्ण हिन्दू' या 'प्रोटेस्टेंट हिन्दू' या 'शास्त्र-बाह्य हिन्दू' जैसा कोई नाम दिया जाए। पुनः १ मई, १९३२ को लोथियन कमेटी को एक प्रतिवेदन में उन्होंने लिखा कि "आपकी कमेटी के सामने अधिकतर नेताओं ने इस नाम पर आपत्ति की है। यह नाम भ्रम पैदा करता है कि 'दलित वर्ग' कहलाने वाला समाज पिछड़ा और बेसहारा है, जबकि सच यह है कि प्रत्येक प्रांत में हमारे बीच खाते-पीते और सुशिक्षित लोग हैं…इन सब कारणों से 'दलित वर्ग' शब्द प्रयोग बिल्कुल अनुपयुक्त और अवांछित है।" उधर एम.सी. राजा और उनकी दलित वर्ग एसोसिएशन ने २१-२२ फरवरी, १९३२ को एक प्रस्ताव पारित कर अपने समाज

के लिए 'आदि हिन्दू' नाम स्वीकारने की प्रार्थना की। लेकिन वंचित वर्ग के दो शीर्ष नेताओं की ओर से आने वाली यह माँग अंग्रेज सरकार को क्यों स्वीकार्य होती? क्योंकि जो नाम ये नेता सुझा रहे थे, वे उनकी जातियों को 'हिन्दू समाज' का अभिन्न अंग मान रहे थे, जबकि ब्रिटिश सरकार की रणनीति उन्हें हिन्दू समाज से तोड़ने की थी, उन्हें अलग पहचान देने की थी।

ब्रिटिश सरकार इस वर्ग के लिए उपयुक्त शब्द खोजने की उधेड़बुन में लगी ही थी कि गांधीजी ने गुजरात के प्रसिद्ध कवि नरसी भगत के अभंगों में से 'हरिजन' शब्द उठाकर तथाकथित दलित वर्ग के लिए देश के सामने प्रस्तुत कर दिया। उस शब्द की पवित्रता और गांधीजी की लोकप्रियता के कारण वह शब्द अल्पकाल में ही सर्वमान्य बन गया। यहाँ तक कि डॉ. अंबेडकर को भी उसे शिरोधार्य करना पड़ा। गांधीजी ने 'हरिजन' शब्द को केवल उछाला ही नहीं बल्कि उसे जनमानस पर अंकित करने के लिए प्रबल देशव्यापी 'हरिजन आंदोलन' की कार्ययोजना व रूपरेखा भी तैयार की। उन्होंने जेल में बैठे-बैठे ही अपने साप्ताहिक पत्रों को 'हरिजन' (अंग्रेजी) और 'हरिजन सेवक' (हिंदी व गुजराती) जैसे नाम दे दिए। 'हरिजन सेवक संघ' की स्थापना की, 'हरिजन फंड' के लिए अपील जारी कर दी। ८ मई से २९ मई तक जेल में ही 'अस्पृश्यता उन्मूलन' के लिए २१ दिन का उपवास रखा। जेल में बैठे-बैठे ही 'अस्पृश्यता उन्मूलन' के लिए एक के बाद एक ९-१० लेखों की शृंखला लिख डाली। शास्त्रकारों एवं धर्माचार्यों को अस्पृश्यता के विरुद्ध निर्णय देने का अनुरोध किया। अस्पृश्यता उन्मूलन के लिए उनकी यह छटपटाहट जवाहरलाल नेहरू और उनके जैसी सोच रखने वाले अधिकांश कांग्रेसजनों को सहन नहीं थी। वे कांग्रेस को स्वतंत्रता प्राप्ति के एक राजनीतिक आंदोलन के रूप में देखते थे और अस्पृश्यता निवारण के लिए 'हरिजन आंदोलन' को वे विशुद्ध धार्मिक व सामाजिक प्रश्न समझते थे। वे गांधीजी के 'हरिजन आंदोलन' को राजनीति में धार्मिक हस्तक्षेप के रूप में देखते थे।

गांधीजी का अंतर्मन

अपनी सोच को स्पष्ट करने के लिए गांधीजी ने अनशन प्रारंभ करने से एक सप्ताह पहले २ मई, १९३२ को यरवदा जेल से पं. नेहरू को एक निजी पत्र लिखा। यह पत्र गांधीजी के अंतर्मन को समझने में ऐतिहासिक महत्त्व रखता है। गांधीजी ने लिखा, ''जब मैं आने वाले उपवास के विरुद्ध जूझ रहा था, तब तुम मानो हाड़-मांस में मेरी आँखों के सामने खड़े थे। मेरी प्रबल कामना है कि तुम इस उपवास की नितांत आवश्यकता को अनुभव कर पाओ। 'हरिजन आंदोलन' को केवल बौद्धिक प्रयास से समझना संभव नहीं है। दुनिया में 'अस्पृश्यता' से खराब कुछ और नहीं हो सकता। फिर भी मैं हिन्दू

धर्म से पल्ला नहीं झाड़ सकता। यदि हिन्दू धर्म ने मुझे निराश किया तो मेरा जीवन ही मेरे लिए भार बन जाएगा। हिन्दू धर्म के कारण ही मैं ईसाइयत, इस्लाम एवं अन्य मत-पंथों से प्रेम करता हूँ। इसको मुझसे ले लो तो मेरे पास कुछ नहीं रह जाता। किंतु तब भी मैं इसे अस्पृश्यता और ऊँच-नीच की भावना के साथ स्वीकार नहीं कर सकता। सौभाग्य से हिन्दू धर्म के अंदर ही इस बुराई का अचूक इलाज उपलब्ध है और उसी इलाज को मैं आजमा रहा हूँ। मैं चाहता हूँ कि यदि हो सके तो तुम यह सब अनुभव करो।...यदि तुम अंतरात्मा से सत्य को नहीं देख पा रहे तो मैं तुम्हें तर्क द्वारा नहीं समझा सकता।...''

वर्ण व्यवस्था–सिद्धांत और विकृतियाँ

पं. नेहरू एवं कुछ अन्य कांग्रेस जनों की यह सोच गांधीजी के लिए कितनी पीड़ादायक रही होगी, यह सहज ही समझा जा सकता है। पर गांधीजी अस्पृश्यता के विरुद्ध 'हरिजन आंदोलन' को उत्तरोत्तर आगे बढ़ाते रहे। सन् १९३३ में ही उनकी प्रेरणा से 'सेंट्रल लेजिस्लेटिव असेंबली' में दो गैर-सरकारी विधेयक हरिजनों को मंदिरों में प्रवेश की कानूनी अनिवार्यता के लिए प्रस्तुत किए गए। प्रारंभ में वायसराय विलिंग्डन ने उन विधेयकों को पेश करने की अनुमति नहीं दी, किंतु गांधीजी के खुले समर्थन के कारण अंततः अनुमति दे दी गई। सरकार तो थोड़ा झुकी, पर अब डॉ. अंबेडकर तनकर खड़े हो गए। वे वर्षों से हरिजनों के मंदिर प्रवेश के लिए आंदोलन कर रहे थे, इसलिए स्वाभाविक अपेक्षा थी कि वे इन विधेयकों का स्वागत व समर्थन करेंगे। पर समर्थन करना तो दूर, उन्होंने पूरी तरह चुप्पी साध ली। गांधीजी ने दो वक्तव्य देकर उन्हें उनकी पुरानी माँग का स्मरण दिलाया और इन विधेयकों का समर्थन करने का अनुरोध किया। गांधीजी के अनुरोध को ठुकराते हुए डॉ. अंबेडकर ने कहा कि अपने मंदिर अपने पास रखो, हम उनके बिना भी जीवित रह सकते हैं। अस्पृश्यता की जड़ें वर्ण व्यवस्था में हैं, और यदि गांधी वर्ण व्यवस्था को जड़-मूल से समाप्त करने को तैयार हों तो मैं इन विधेयकों का समर्थन करने की सोच सकता हूँ। डॉ. अंबेडकर की इस चुनौती पर गांधीजी और उनके बीच जो लंबा पत्राचार चला, वह पठनीय है। गांधीजी ने उत्तर दिया कि मैं जातियों में छुआछूत और ऊँच-नीच की भावना को पूरी तरह अस्वीकार करते हुए भी वर्ण व्यवस्था के सिद्धांत को अस्वीकार नहीं कर सकता। जिस दार्शनिक आधार पर वर्ण व्यवस्था का जन्म व विकास हुआ था, वह हिंदू धर्म की विश्व सभ्यता को अनुपम देन है। हमें उसे समझने और कालक्रम से उसमें आई विकृतियों को दूर करने का प्रयास अवश्य करना चाहिए, और मैं उसी में लगा हुआ हूँ।

अस्पृश्यता निवारण के प्रयोग

मंदिर प्रवेश विधेयकों के साथ-साथ गांधीजी केरल के गुरुवायूर मंदिर में हरिजनों के प्रवेश के लिए केलप्पन के सत्याग्रह को खुला समर्थन दे रहे थे। उधर, बंबई प्रांत की

रत्नागिरि जेल में गांधीजी के 'सविनय अवज्ञा आंदोलन' में बंदी बनाए गए अप्पा साहब पटवर्धन और उनके ब्राह्मण साथियों ने जेल अधिकारियों से जेल में शौच साफ करने की अनुमति माँगी। उनका कहना था कि जेल अधिकारी अन्य प्रांतों से कैदियों को लाकर उन्हें शौच उठाने के लिए बाध्य करते हैं, उन्हें अलग पंक्ति में बैठाकर भोजन कराते हैं, उनके प्रति छुआछूत अपनाते हैं। यदि मल की सफाई का पेशा ही छुआछूत का कारण है तो हम भी वह पेशा अपनाने को तैयार हैं। पर जेल अधिकारी उन्हें यह अनुमति देने को तैयार नहीं थे, क्योंकि वे जन्म से ब्राह्मण थे। इस पर अप्पा साहब और उनके साथियों ने अनशन पर जाने का निश्चय किया। गांधीजी दूसरी जेल में थे। उन्हें जब यह पता चला तो उन्होंने हस्तक्षेप किया। उन्होंने अपने साथियों के समर्थन में अनशन पर जाने की सूचना दी, जिससे घबराकर ब्रिटिश सरकार ने अप्पा साहब एवं अन्य ब्राह्मण सत्याग्रहियों को जेल में अन्य कैदियों के भी मल का साफ करने की अनुमति दे दी। अप्पा साहब पटवर्धन के इस आग्रह के पीछे गांधीजी का यह विचार था कि यदि मल सफाई के पेशे को अपनाने के कारण ही समाज के एक अंग को अस्पृश्य माना जाता है तो क्यों नहीं उच्च जातियों के लोग अपना मल स्वयं साफ करते? उन्होंने अपने आश्रम में यह प्रयोग आरंभ भी कर दिया था। गांधीजी ने स्वयं मल साफ करने का उदाहरण आश्रमवासियों के सामने रखा।

'हरिजन आंदोलन' का प्रभाव

ऐसे छुटपुट प्रयोगों के साथ-साथ गांधीजी अस्पृश्यता और ऊँच-नीच के विरुद्ध देशव्यापी अभियान छेड़ने की योजना मन-ही-मन तैयार कर रहे थे। इसी तैयारी के अंतर्गत उन्होंने १३ अक्टूबर, १९३३ को पूरे भारत का दौरा करने की घोषणा की और इस दौरे को हरिजन दौरे का नाम दिया। ७ नवंबर को वर्धा से निकलकर उन्होंने नागपुर से यह दौरा प्रारंभ किया। सन् १९३४ के पूरे वर्ष यह दौरा चलता रहा। इस दौरे में वे उत्तर से दक्षिण और पूरब से पश्चिम तक भारत के प्रत्येक प्रांत में गए। प्रत्येक प्रांत में छोटे-बड़े सब नगरों, कस्बों और ग्रामीण क्षेत्रों का भ्रमण किया। हरिजनों में जागृति पैदा करने के लिए उनकी बस्तियों में गए, वहाँ सभाएँ कीं, उनके नेताओं से बात की, शेष समाज को अस्पृश्यता को मिटाने का संकल्प लेने की प्रेरणा देने के लिए विशाल जनसभाएँ संबोधित कीं। धर्माचार्यों और शास्त्रज्ञों से भेंट की, सवर्ण नेताओं से मिले, 'हरिजन फंड' इकट्ठा किया, जगह-जगह 'हरिजन सेवक संघ' की शाखाएँ स्थापित कीं। अस्पृश्यता उन्मूलन का इतना बड़ा अभियान संभवतः इसके पूर्व कभी नहीं हुआ था। ब्रिटिश सरकार इस अभियान से घबरा उठी। भारत सरकार के गृह मंत्रालय ने प्रत्येक प्रांतीय गवर्नर को आदेश भेजा कि इस 'हरिजन दौरे' के अंतर्गत गांधीजी जहाँ-

जहाँ जाएँ, वहाँ की विस्तृत रपट केंद्र सरकार को भेजी जाए। उस रपट में गांधीजी के सब सार्वजनिक कार्यक्रमों की पूरी जानकारी हो। प्रत्येक स्थान पर उनकी प्रत्येक गतिविधि का वर्णन हो। प्रत्येक नगर में कौन लोग व संस्थाएँ गांधीजी का विरोध करती हैं, कौन सक्रिय सहयोग देते हैं, और कौन तटस्थ रहते हैं, इसका सूक्ष्म वर्णन हो। गांधीजी के दौरे का वहाँ क्या प्रभाव पड़ा है, इसका आकलन हो। हरिजनों और सवर्णों पर उनके आगमन की क्या प्रतिक्रिया रही, यह बताया जाए।

प्रत्येक प्रांत और जिलों से भेजी गई इन रपटों की मोटी–मोटी फाइलें नई दिल्ली स्थित राष्ट्रीय अभिलेखागार में उपलब्ध हैं, जिन्हें हमने देखा है। ब्रिटिश सरकार गांधीजी के इस 'हरिजन दौरे' में दो संभावनाएँ खोज रही थी। उसे लगता था कि इससे सवर्ण हिन्दू समाज, जो गांधीजी के स्वतंत्रता आंदोलन में पूरी तरह उनका साथ दे रहा था, अस्पृश्यता के प्रश्न पर विभाजित हो जाएगा। प्रभावशाली कट्टरपंथी नेतृत्व गांधीजी के विरुद्ध खड़ा हो जाएगा। समाज पर अभी भी उसका भारी प्रभाव है, इस कारण गांधीजी की स्वतंत्रता की लड़ाई कमजोर पड़ेगी। अस्पृश्यता के प्रश्न पर गांधीजी से असहमति रखनेवाले वर्ग को ब्रिटिश सरकार अपने साथ लाने का प्रयास करेगी। दूसरे, हरिजन कहलानेवाला वर्ग, जो स्वाधीनता आंदोलन के प्रति सहानुभूति का भाव रखने पर भी अपनी गरीबी, अशिक्षा और पिछड़ेपन के कारण उसमें सक्रिय योगदान नहीं कर पा रहा है, वह सनातन धर्म और कट्टरपंथी सवर्ण नेतृत्व के गांधी विरोधी रुख के कारण उनसे दूर रहेगा और हिन्दुओं के प्रति कटुता का भाव अपनाएगा। इस प्रकार ब्रिटिश सरकार गांधीजी के इस सुधार आंदोलन को अपने लिए वरदान बनाने के अवसर ढूँढ़ रही थी। पर साथ ही, उसे हिन्दू एकता का डर भी सता रहा था।

जाति-विहीन समाज का सपना

नमूने के तौर पर नागपुर जिले में गांधीजी के दौरे पर वहाँ के डिप्टी कमिश्नर डब्ल्यू.वी. ग्रिगसन की २० नवंबर की दस पृष्ठ लंबी टंकित रिपोर्ट की कुछ झलकियाँ यहाँ प्रस्तुत हैं। ग्रिगसन गांधीजी के स्वागत के लिए जन उत्साह को देखकर चमत्कृत था। इतवारी मुहल्ले में गांधीजी के आगमन का वर्णन करते हुए वह लिखता है कि सड़क के दोनों ओर छतों पर लोग खचाखच भरे थे। चारों ओर से पुष्प–वर्षा हो रही थी। महिलाएँ भक्ति–भाव से हाथ जोड़े खड़ी थीं। लोग गांधीजी के दर्शनों की झलक पाने के लिए उनकी कार पर टूट पड़ रहे थे। दम घुटने की स्थिति से गांधीजी को बचाने के लिए यात्रा को बीच में स्थगित कर उन्हें धंतोली ले जाया गया। दर्शनों की दीवानी भीड़ वहाँ भी पहुँच गई। चिटणिस पार्क में शाम को साढ़े छह बजे जनसभा होनेवाली थी। लोग दोपहर से ही सभास्थल पर जमा होने लगे थे। शाम को गांधी के पहुँचने तक

बीस–पच्चीस हजार का समूह वहाँ उपस्थित था। ग्रिगसन लिखते हैं कि नागपुर के इतिहास की यह अब तक की सबसे बड़ी सभा थी। हरिजन फंड के लिए गांधीजी की अपील पर जब श्रीमती अभ्यंकर ने अपनी कलाई से सोने की दो चूड़ियाँ–उतारकर भेंट कीं और कहा कि अब यह मेरी अंतिम भेंट है, क्योंकि शेष सब मैं पहले ही स्वतंत्रता आदोलन की भेंट चढ़ा चुकी हूँ तो हजारों आँखों से आँसू बहने लगे। ग्रिगसन को इस बात से प्रसन्नता हुई कि गांधी का विरोध भी हुआ। हिन्दू सभाई तत्त्व उनके कार्यक्रम से अलग रहे। सनातनधर्मियों ने तो उनका जमकर विरोध किया; गांधी की कार के सामने लेट गए, उन पर अंडे फेंके, उनकी सभाओं में गड़बड़ करने की कोशिश की। चौंकानेवाला तथ्य यह है और इसका उल्लेख ग्रिगसन ने तीन जगह किया है कि नागपुर के अंबेडकरवादी महार गांधीजी के स्वागत कार्यक्रमों में सम्मिलित नहीं हुए (स्पष्ट ही, अंबेडकर का प्रभाव उन दिनों महारों के एक वर्ग तक ही सीमित था)। सनातनधर्मियों का विरोध तो समझ में आता है, पर अंबेडकरवादियों का यह असहयोग क्यों? क्या गांधी और अंबेडकर के प्रयास एक ही लक्ष्य के लिए परस्पर पूरक नहीं थे?

(नवभारत टाइम्स, १२ अक्तूबर, १९९५)

□

राजा-मुंजे पैक्ट और गांधीजी

राजा-मुंजे पैक्ट का एक सिरा एम.सी. राजा थे जो दूसरा सिरा थे नागपुर के डॉ. बालकृष्ण शिवराम मुंजे। प्रश्न यह है कि राजा ने दलितों के लिए संयुक्त निर्वाचन के प्रश्न पर डॉ. मुंजे के साथ ही समझौता क्यों किया? डॉ. मुंजे की भारत के सार्वजनिक जीवन में उस समय क्या हैसियत थी? राजा द्वारा ब्रिटिश प्रधानमंत्री को भेजे लंबे पत्र, जो २५ मार्च, १९३२ के 'हिन्दुस्तान टाइम्स' में पूरा छपा है, से इन दोनों प्रश्नों का उत्तर मिल जाता है। डॉ. मुंजे का परिचय देते हुए वे लिखते हैं, ''हिंदू महासभा समस्त हिंदुओं का संगठन है। वह अस्पृश्यता-निवारण, दलित वर्गों के साथ शेष समाज के धार्मिक एवं सामाजिक संबंध जैसे प्रश्नों पर उनका प्रतिनिधित्व करती है। डॉ. बी.एस. मुंजे महासभा के अध्यक्ष हैं। वे सन् १९२३ से १९२६ तक मध्य प्रांत विधान परिषद् के सदस्य थे और सन् १९२६ में भारतीय विधानसभा के सदस्य हो गए। वे गोलमेज कॉन्फ्रेंस के भी सदस्य हैं। हिन्दू महासभा ने अप्रैल १९२८ में अपने जबलपुर अधिवेशन में अस्पृश्यता को मिटाने का संकल्प पारित किया था, जो इस बात का संकेत है कि हिन्दुओं की सामाजिक अंतरात्मा जग रही है।'' इन पंक्तियों से स्पष्ट है कि राजा ने डॉ. मुंजे और हिंदू महासभा को पूरे हिन्दू समाज के प्रतिनिधि के रूप में देखा।

इस समझौते की पृष्ठभूमि पर प्रकाश डालते हुए वे लिखते हैं, ''भारत के सामाजिक और संवैधानिक इतिहास में अब पहली बार हमें हिन्दू महासभा ने आधिकारिक न्यौता दिया है कि हम उनके साथ एक मंच पर इकट्ठे आकर अस्पृश्यता के अभिशाप को मिटाने के लिए मिल-जुलकर प्रयास करें। मैं इसे हिन्दू समाज में से अस्पृश्यता के कलंक को मिटाने की दिशा में सवर्ण हिन्दुओं के सच्चे प्रयास के रूप में देखता हूँ। इस मौके पर अपने सहकर्मी हिन्दुओं की ओर से दलित वर्गों की ओर बढ़ाए गए बंधुत्व के हाथ को दुत्कारना मेरे समुदाय के स्वस्थ विकास के हित में नहीं है, क्योंकि हमारी समस्त गतिविधियों और आकांक्षाओं का उद्देश्य यही रहा है कि कैसे हम अन्य जातियों के साथ समता की स्थिति प्राप्त करें। हिन्दू महासभा का निमंत्रण इस दृष्टि से शुभ संकेत बनकर आया।''

ये पंक्तियाँ राजा की भावात्मक दृष्टि एवं स्वस्थ चिंतन को प्रकट करती हैं। हिन्दू महासभा को हिन्दू हितों का प्रवक्ता मानकर ही ब्रिटिश सरकार ने भी उसके अध्यक्ष के नाते डॉ. मुंजे को गोलमेज सम्मेलन का निमंत्रण दिया था। पर प्रश्न यह है कि जिस प्रकार दलित वर्ग एम.सी. राजा के पीछे खड़ा था, क्या उसी प्रकार हिन्दू समाज भी डॉ. मुंजे के पीछे खड़ा था? यदि ऐसा होता तो प्रथम गोलमेज सम्मेलन में सभी वर्गीय हितों के प्रतिनिधियों को बटोर लेने के बाद भी ब्रिटिश सरकार को यह चिंता क्यों सताती कि इतने जाने-माने चेहरों के इकट्ठा होने के बाद भी यह सम्मेलन अपूर्ण है, क्योंकि इसमें भारतीय जनता का सच्चा प्रतिनिधित्व नहीं है? अंग्रेज जानते थे कि भारत की जनता की सच्ची प्रतिनिधि संस्था कांग्रेस है और उसके एकमात्र सच्चे प्रवक्ता हैं महात्मा गांधी।

इसलिए प्रथम गोलमेज सम्मेलन में अपनी राजनीतिक गोटियाँ बिछा लेने के बाद ब्रिटिश सरकार ने दूसरे गोलमेज सम्मेलन के चक्रव्यूह में गांधीजी को फाँसने के लिए अपना पूरा बुद्धिबल लगा दिया। गोलमेज सम्मेलन का बहिष्कार करने के कांग्रेस के निर्णय को समाप्त करने की इसी योजनाबद्ध प्रयास का नतीजा था, ५ मार्च, १९३१ का गांधी-इर्विन समझौता। पर कुछ स्थानीय प्रश्नों को लेकर कांग्रेस और सरकार के बीच मतभेद उत्पन्न हो गया और गांधीजी ने अपनी लंदन-यात्रा को इन प्रश्नों के हल से जोड़ दिया। तब भारत-सचिव सर सैमुअल होर ने २३ जुलाई, १९३१ को नए वायसराय लॉर्ड विलिंग्डन को तार दिया कि ''मुझे विश्वास है कि आप किसी-न-किसी प्रकार हमारे लिए एक वास्तविक प्रतिनिधि सम्मेलन की स्थिति पैदा कर सकेंगे, क्योंकि वही हमारी भावी आशाओं को पूरा करने का आधार होगा।'' गांधीजी और वायसराय के बीच लंबे पत्राचार के बाद भी जब गुत्थी नहीं सुलझी तब १३ अगस्त को कांग्रेस ने गोलमेज सम्मेलन में भाग लेने से इनकार कर दिया और गांधीजी ने लंदन-यात्रा का अपना कार्यक्रम ठीक समय पर निरस्त कर दिया। किंतु साथ ही १४ अगस्त की प्रातः कांग्रेस कार्य समिति ने एक प्रस्ताव पास करके कहा कि गोलमेज सम्मेलन में भाग लेने के अलावा बाकी गांधी-इर्विन समझौते के पालन पर कांग्रेस अटल है, तो वायसराय ने तुरंत वक्तव्य जारी किया कि ''गोलमेज सम्मेलन में कांग्रेस का भाग लेना ही तो उस समझौते की जान है। अगर यह बात कांग्रेस को मंजूर नहीं तो पूरे समझौते पर पुनर्विचार होगा।'' यह कहानी लंबी है कि किस प्रकार लंदन से भारत-सचिव ने दबाव डालकर वायसराय को गांधीजी की शर्तें मानने को विवश किया, कैसे पुनः शिमला में विलिंग्डन-गांधी भेंट का नाटक हुआ और गांधीजी को तुरत-फुरत लंदन रवाना होना पड़ा।

दूसरे गोलमेज सम्मेलन में डॉ. मुंजे ने भी गांधीजी के प्रभाव को देखा। लंदन से वापसी के बाद १८ जनवरी, १९३२ की रात्रि में पुणे में लगभग चालीस प्रमुख हिन्दू नेताओं की बैठक में डॉ. मुंजे ने गोलमेज सम्मेलन के अपने अनुभव प्रस्तुत करते समय सम्मेलन

में गांधीजी की तुष्टीकरण की भूमिका की कटु आलोचना की। इस पर एक श्रोता ने पूछा कि "आप भी तो हिन्दू मिहासभा का बड़ा प्रतिनिधि-मंडल लेकर गए थे, जबकि गांधीजी कांग्रेस के अकेले प्रतिनिधि थे, आपने क्या किया? आपने गांधी की काट क्यों नहीं की?" डॉ. मुंजे ने उत्तर दिया, "हम क्या करते, हमारी ओर तो कोई देखता ही नहीं था, सब गांधी की ओर ही देखते थे। आप चाहें या ना चाहे गोलमेज सम्मेलन में हमने अनुभव किया कि निश्चित रूप से गांधीजी ही इस शताब्दी के पुरुष है।"

डॉ. मुंजे की यह स्वीकारोक्ति उनकी सीमाओं को स्पष्ट कर देती है। राजा के पीछे दलित वर्गों का समर्थन था, पर उन्हें ब्रिटिश सरकार की मान्यता नहीं थी। डॉ. मुंजे को ब्रिटिश सरकार की मान्यता थी, पर हिन्दू समाज का समर्थन उन्हें प्राप्त नहीं था। वह समर्थन गांधीजी के पीछे खड़ा था। क्यों? इसके लिए हमें हिन्दू समाज की प्रवृत्ति और गांधीजी व मुंजे के हिन्दुत्व के अंतर को गहराई से समझना होगा। हिन्दुत्व प्रतिक्रिया में से उपजी राजनीतिक विचारधारा मात्र नहीं है, वह मूलत: एक भावात्मक जीवन-दर्शन है, मूल्य या धर्माधिष्ठित जीवन-शैली है। मुंजे हिन्दुत्व के पहले चेहरे के प्रतीक थे तो गांधीजी उसके भावात्मक पक्ष के। गांधीजी ने व्यक्तिगत एवं सार्वजनिक जीवन में उन जीवन-मूल्यों को जीने और प्रतिष्ठित करने का सच्चा प्रयास किया, जिनकी हिन्दू समाज शताब्दियों से उपासना करता आया है। इसलिए भारत के सार्वजनिक मंच पर गांधी के अवतरण ने हिन्दू मानस को झंकृत और स्पंदित कर दिया और वह उनके पीछे खड़ा हो गया। डॉ. मुंजे प्रखर हिन्दुत्ववादी होते हुए भी इने-गिने शहरी शिक्षितों से आगे जाकर विशाल हिन्दू समाज को स्पंदित नहीं कर पाए। जरा कल्पना करें कि यदि उस समय नैतिक शक्ति का गांधी जैसा पुंज हमारे बीच नहीं होता तो क्या दलित वर्गों के लिए पृथक् निर्वाचन के सांप्रदायिक निर्णय के चक्रव्यूह में से भारत बाहर निकल पाता?

(नवभारत टाइम्स, ६ जुलाई, १९९५)

□

गांधीजी ने कांग्रेस क्यों छोड़ी?

२६ जनवरी, १९३१ की सायंकाल जब गांधीजी यरवदा जेल से बाहर आए, तब वे अपनी लोकप्रियता के चरम शिखर पर थे। नमक सत्याग्रह के अखिल भारतीय विराट रूप और उसमें नारी शक्ति के साहस भरे भारी योगदान ने पूरे विश्व को चमत्कृत कर दिया था। पर तीन वर्ष से भी कम समय में २९ अक्तूबर, १९३४ को गांधीजी ने अपने द्वारा गढ़ी गई कांग्रेस की प्राथमिक सदस्यता से त्यागपत्र की सार्वजनिक घोषणा करके भारत और विश्व को चौंका दिया। इन तीन वर्षों में ऐसा क्या हुआ कि गांधीजी को इतना बड़ा निर्णय लेना पड़ा? २९ अक्तूबर के अपने सार्वजनिक वक्तव्य में गांधीजी ने इस त्यागपत्र के पीछे कांग्रेसजनों की अहिंसा, चरखा कातने और स्वदेशी के प्रति अनुराग और अस्पृश्यता निवारण के प्रति उनकी (गांधीजी की) जीवन निष्ठा के प्रति उत्साह के अभाव को कारण गिनाए। साथ ही उन्होंने युवा पीढ़ी में समाजवादी विचारधारा के प्रति रुझान और कांग्रेस के भीतर समाजवादी गुट के गठन के प्रति भी भारी चिंता प्रगट की।

बढ़ता प्रभाव

कांग्रेस की प्राथमिक सदस्यता से गांधीजी के त्यागपत्र को एक प्रकार से अंग्रेजों की कूटनीतिक विजय कहना होगा। सन् १८५७ की महाक्रांति की विफलता के साथ भारत में अंग्रेजों की सैनिक और राजनीतिक विजय अपनी पूर्णता पर पहुँच गई थी और वे अपनी इस विजय को बौद्धिक और सांस्कृतिक विजय का रूप देने के लिए सक्रिय हो गए थे। भारतीय समाज को उन्होंने निःशस्त्र कर दिया था। भारतीय समाज को उन्होंने निःशस्त्र कर दिया था। भारत सन् १८५७ की विफलता से कुछ समय के लिए सुन्न पड़ा था। भारत के भावी राजनीतिक एजेंडे की दशा-दिशा का निर्धारण अंग्रेजों सभ्यता एवं संस्थाओं से अभिभूत, अंग्रेजी शिक्षित भारतीयों के हाथों में चला गया था। ९ जनवरी, १९१५ को भारत वापसी के बाद गांधीजी ने वह राजनीतिक पहल अंग्रेजों से छीनकर अपने हाथ में

ले ली थी। उन्होंने ब्रिटेन के साथ भारत के संघर्ष को राजनीतिक धरातल से उठाकर दो सभ्यताओं के संघर्ष के धरातल पर पहुँचा दिया था। सन् १९०९ में उन्होंने 'हिंद स्वराज' यह लिखकर कि पाश्चात्य सभ्यता स्वीकार नहीं है क्योंकि उसमें लेने लायक कुछ नहीं है, वह मनुष्य को अच्छा मनुष्य बनाने की क्षमता नहीं रखती, गांधीजी ने मशीनचालित शहरी सभ्यता को पूरी तरह ठुकरा दिया था। नेहरू के साथ उनका अक्तूबर, १९४५ का पत्राचार इसका प्रमाण है कि स्वतंत्रता के प्रवेश द्वार पर खड़े होकर भी वे स्वाधीन भारत के इस कल्पना चित्र पर अडिग थे। स्वराज के अपने चित्र का साधन बनाने के लिए ही उन्होंने सन् १९२० में कांग्रेस का नया संविधान बनाया, उसकी प्राथमिक सदस्यता के नए नियम निर्धारित किए, सामूहिक सत्याग्रहों एवं रचनात्मक कार्यक्रमों के माध्यम से अपनी कल्पना के भारत की आधारभूमि तैयार करने की कोशिश की।

सत्य, अहिंसा, ब्रह्मचर्य, अपरिग्रह और सादगी जैसे उदात्त नैतिक मूल्यों पर आधारित समाज की रचना का अधिष्ठान केवल खोखला शब्दाचार राजनीतिक कार्यक्रम या नहीं हो सकता था, इसलिए उन्होंने अपने स्वयं के जीवन को उदाहरण के रूप में प्रस्तुत करने की कठोर साधना की। वस्तुतः सन् १९१५ में वे एक आध्यात्मिक शक्तिपुंज बनकर भारत वापस लौटे थे। भारत आने से पूर्व ही उनकी ख्याति भारत पहुँच चुकी थी। सन् १९०९ की लाहौर कांग्रेस में गोपाल कृष्ण गोखले द्वारा उनका स्तुतिगान और सन् १९१५ में उनकी भारत वापसी का स्वागत करते हुए उस समाचार पत्रों के संपादकीय व अनेक सांस्कृतिक संस्थाओं के प्रस्ताव इस बात का प्रमाण है कि भारतीय समाज ने उनके आगमन को किसी देवदूत के अवतरण के रूप में देखा था। अपनी जीवन-शैली, अपनी शब्दावली और लंबे उपवासों व सत्याग्रह की संघर्ष विधि से उन्होंने राजनीतिक एजेंडा की पहल अंग्रेजों से छीन ली थी। उनकी जीवन-शैली का भारतीय समाज पर नैतिक प्रभाव, उनकी शब्दावली से भारतीय मानस में जाग्रत् स्पंदन और उनके संघर्ष की भावी रूपरेखा की समझने में अंग्रेज स्वयं को असमर्थ पा रहे थे। तभी से गांधीजी और अंग्रेजों के बीच एक कूटनीतिक युद्ध छिड़ गया था। अंग्रेज अपनी तथाकथित संवैधानिक सुधार प्रक्रिया के माध्यम से भारतीय स्वाधीनता आंदोलन को राजनीतिक परिधि में सीमित रखने के लिए प्रयत्नशील थे, जबकि गांधीजी पूरे समाज को उससे जोड़ने की कोशिश में लगे थे और उसे एक व्यापक सामाजिक आधार देने में लगे हुए थे। अतः ब्रिटिश कूटनीति का एकमात्र लक्ष्य इस सामाजिक आधार को विखंडित करना बन गया था।

अचानक सब बिखर गया

५ मार्च, १९३१ का तथाकथित गांधी-इर्विन समझौता एक प्रकार से इस कूटनीतिक युद्ध में अंग्रेजों की विजय का आरंभ-बिंदु बन गया। किसी भी समझौते में दोनों पक्षों के

बीच लेन-देन होता है, पर यह पूरी तरह एकपक्षीय समझौता था। गांधीजी ने जो ग्यारह माँगें वायसराय को लिखित रूप में भेजीं, उनमें से एक भी माँग स्वीकार नहीं की गई। जबकि गांधीजी ने सन् १९३० के लाहौर अधिवेशन में लिए गए सभी संकल्पों को उलटकर वायसराय की प्रत्येक बात मान ली। इस समझौते से ब्रिटिश सरकार जिन तीन उद्‌देश्यों को प्राप्त करना चाहती थी, वे तीनों ही उसे प्राप्त हो गए। पहला—सविनय अवज्ञा आंदोलन की, जो उस समय व्यापकता और लोकप्रियता के चरम को छू रहा था, गांधीजी ने स्थगित कर दिया। दूसरा—गोलमेज सम्मेलन में कांग्रेस के सहभाग को स्वीकार कर लिया, जबकि लाहौर अधिवेशन में गोलमेज सम्मेलन के बहिष्कार क प्रस्ताव पारित हुआ था और लार्ड इर्विन के इशारे पर तेज बहादुर सप्रू और एम.आर जयकर जैसे उदात्त नेताओं के बहुत प्रयास करने पर भी गांधीजी स्वयं व अन्य ६ वरिष्ठ कांग्रेसी नेताओं की सहमति से पहले गोलमेज सम्मेलन के बहिष्कार पर दृढ़ रहे थे। भारतीय राष्ट्रवाद की एकमात्र प्रतिनिधि कांग्रेस की अनुपस्थिति से गोलमेज सम्मेलन पूरी तरह अर्थहीन बन गया था और उसके आयोजन के पीछे ब्रिटिश सरकार का शकुनि दाँव व्यर्थ जा रहा था। पर अब एकाएक गांधीजी ने दूसरे सम्मेलन में कांग्रेस के सहभाग पर केवल सहमति को स्वीकार ही नहीं किया, बल्कि प्रथम सम्मेलन के अंत में १९ जनवरी, १९३१ को ब्रिटिश प्रधानमंत्री रैम्जे मैकडोनॉल्ड द्वारा घोषित सीमाओं के बंधन को भी गांधीजी ने ज्यों-का-त्यों स्वीकार कर लिया। ब्रिटिश प्रधानमंत्री की घोषणा के अनुसार भावी सुधारों का अंतिम लक्ष्य पूर्ण स्वराज्य न होकर औपनिवेशिक स्वराज्य होगा। भावी ढाँचा संघात्मक होगा न कि एकात्मक। अल्पसंख्यकों एवं वर्ग विशेष के हितों के लिए विशेषाधिकार की सुरक्षात्मक व्यवस्था रहेगी। कट्टर गांधीभक्त क.मा. मुंशी भी आश्चर्यचकित थे कि गांधीजी ने इन सब बंधनों को क्यों स्वीकार कर लिया?

अंग्रेजों की चालें

गांधी-इर्विन समझौते के बाद राजनीतिक पहल गांधीजी के हाथों से खिसककर पुनः अंग्रेजों के पास चली गई और गांधीजी उनके कूटनीतिक जाल में उत्तरोत्तर फँसते चले गए। दूसरे गोलमेज सम्मेलन में पहुँचकर गांधीजी ने स्वयं को एक विषम चक्रव्यूह में फँसा हुआ पाया। भौगोलिक राष्ट्रवाद को अस्वीकार करने वाली इस्लामी विचारधारा की पृथकतावादी प्रवृत्तियों का सूक्ष्म अध्ययन करके अंग्रेजों ने १९०९ के 'इंडिया काउंसिल एक्ट' में मुसलमानों को पृथक् निर्वाचन का अधिकार देकर और मुस्लिम लीग नाम से एक राजनीतिक मंच का गठन करवाकर मुस्लिम पृथकतावाद को एक संवैधानिक रास्ता प्रदान कर दिया था। उन्नीसवीं शताब्दी से ही सिख पंथ को उसके हिन्दू स्रोत से अलग पहचान देने की प्रक्रिया उन्होंने प्रारंभ कर दी थी और सन् १९१९ के एक्ट में उन्हे भी

पृथक् मताधिकार प्रदान कर सिख समाज में एक पृथकतावादी नेतृत्व की निर्माण प्रक्रिया प्रारंभ कर दी। पर, भारत की मिट्टी में अपनी जड़ें होने के कारण सिख समाज भारतीय राष्ट्रवाद का अभिन्न अंत बना रहा और देश की स्वतंत्रता के आंदोलन की अग्रिम पंक्ति में खड़ा रहा। पंजाब की विशिष्ट स्थिति के कारण सिख समाज मुस्लिम कट्टरवाद को ही अपना मुख्य प्रतिद्वंद्वी मानता था। देसी रियासतों के विशाल भू-क्षेत्र और जनसंख्या को ब्रिटिश भारत के साथ जोड़ने की आकांक्षा से प्रथम गोलमेज सम्मेलन में संघीय ढाँचे को स्वीकृति मिल गई। आगे चलकर पृथकतावादी मुस्लिम नेतृत्व ने इन रियासतों की जनसंख्या में हिन्दू बहुमत होने के कारण संघीय ढाँचे का विरोध करके यह सिद्ध कर दिया कि भारतीय राष्ट्रवाद उसका समर्थन पाने की आशा नहीं कर सकता। भारतीय नरेशों का स्वर गोलमेज सम्मेलन में भी भारत-भक्ति से ओत-प्रोत था। यद्यपि ब्रिटिश नीतिकार उनका भारतीय राष्ट्रवाद के विरुद्ध इस्तेमाल करने की ही बिसात बिछा रहे थे।

खतरनाक दाँव

गोलमेज सम्मेलन के शकुनि खेल में जो सबसे खतरनाक पासा अंग्रेजों ने चला वह था भारतीय राष्ट्रवाद की मुख्य आधारभूमि 'हिंदू' नाम से अभिहित समाज को दो फाड़ करना। इसके लिए उन्होंने अव्याख्यायित 'दलित वर्गों' के प्रतिनिधि के रूप में डॉ. भीमराव अंबेडकर को गोलमेज सम्मेलन में खड़ा कर दिया। उन दिनों डॉ. अंबेडकर का जनाधार महाराष्ट्र की महार जाति के एक वर्ग तक ही सीमित था। यह महार जाति सबसे अधिक संपन्न, प्रगट और प्रभावशाली थी। लंबे समय से अंग्रेजों की सेना में उन्हें स्थान मिलता आ रहा था। स्वयं डॉ. अंबेडकर के पिता श्रीराम सिंह ब्रिटिश सेना के सूबेदार रह चुके थे। पूरे भारत में बिखरे विशाल दलित वर्ग में डॉ. अंबेडकर के नाम को जाननेवालों की संख्या अँगुली पर गिनी जा सकती थी। इसलिए जब गोलमेज सम्मेलन में अंग्रेजों ने डॉ. अंबेडकर को भारत के दलित वर्गों के एकमात्र प्रतिनिधि और प्रवक्ता के रूप में प्रस्तुत किया और ब्रिटिश मीडिया ने गांधीजी व कांग्रेस विरोधी अपनी मानसिकता के कारण डॉ. अंबेडकर के गांधी-विरोधी उद्‌गारों को बहुत बढ़ा-चढ़ाकर प्रचारित किया, तभी भी गांधीजी ने बहुत संयम अपनाते हुए मात्र इतनी प्रतिक्रिया दी कि यहाँ आप डॉ. अंबेडकर को चाहे जिस दृष्टि से देखें किंतु यदि हम दोनों को एक साथ उत्तर भारत के किसी भी गाँव में ले जाकर देखें, कि वहाँ 'दलित वर्गों' के लोग किसे पहचानते हैं—डॉ. अंबेडकर को या मुझे? तब सत्य सामने आ जाएगा। लंदन में आयोजित सम्मेलन की एकमात्र भाषा अंग्रेजी थी। सौभाग्य से अमरीका और इंग्लैंड में शिक्षित हुए डॉ. अंबेडकर का इस भाषा पर अच्छा अधिकार था। विधाता ने उन्हें श्रेष्ठ बौद्धिक क्षमता और वकील की तर्क-बुद्धि प्रदान की थी, जिसका पूरा प्रयोग उन्होंने

गांधीजी के विरुद्ध किया। ब्रिटिश मीडिया कितना भारत विरोधी था यह साइमन कमीशन के भारत दौरे के समय ही प्रगट हो गया था। वी.एस. श्रीनिवास शास्त्री ने उन्हीं दिनों लंदन से एक पत्र में लिखा था कि पूरे भारत में साइमन कमीशन के व्यापक बहिष्कार के समाचारों पर ब्रिटिश मीडिया ने पूरी तरह चुप्पी साध ली है। स्वतंत्रता आंदोलन का नेतृत्व करनेवाली कांग्रेस या गांधीजी को यह मीडिया अपना सहज शत्रु मानता है। अंबेडकर के प्रशंसक जीवनीकार धनंजय कीर ने भी स्वीकार किया है कि डॉ. अंबेडकर द्वारा गांधीजी की आलोचना से जो लोग बहुत प्रसन्न हो रहे थे, वे भी गांधीजी की निंदा की अति हो जाने पर असहज अनुभव करने लगे थे। कीर लिखते हैं कि डॉ. अंबेडकर द्वारा अपनी तीखी आलोचनाओं के समक्ष गांधीजी ने जिस संयम और धैर्य का परिचय दिया उसके लिए उन्हें असामान्य आत्मबल जुटाना पड़ा होगा।

विडंबना

यदि गोलमेज सम्मेलन का आयोजन भारत में हुआ होता तो यह स्थिति कदापि उत्पन्न न होती। गांधीजी और डॉ. अंबेडकर के जनाधार में भारी अंतर से भली-भाँति परिचित भारतीय मीडिया डॉ. अंबेडकर को अपनी अभिव्यक्ति में संयम बरतने के लिए विवश कर देता। गांधी-निंदा की भारतीय मीडिया में प्रतिकूल प्रतिक्रिया होने पर संभवत: दलित वर्गों की ओर से भी उसका विरोध होता। पर वैसा नहीं हो पाया और गांधीजी ब्रिटिश कूटनीति के जाल में फँसते चले गए। ब्रिटिश कूटनीति ने दलित वर्गों के उद्धार और अस्पृश्यता निवारण की समस्या की एकमात्र उपाय पृथक् मताधिकार से जोड़कर उसे संवैधानिक राजनीति के अखाड़े में घसीटने का जाल बिछाया। गांधीजी ने राष्ट्रीय एकता के हित में हिन्दू समाज के विभाजन की ब्रिटिश कूटनीति को विफल करने के लिए अपनी पूरी ताकत दलित वर्गों के लिए पृथक् मताधिकार के विरोध पर केंद्रित कर दी। इसके लिए उन्होंने एक ओर तो मुस्लिमों व सिखों के लिए पृथक् मताधिकार को 'ऐतिहासिक कारणों' से स्वीकार कर लिया, दूसरी ओर मुस्लिम और सिख प्रतिनिधिमंडलों को डॉ. अंबेडकर की माँग से दूर रहने की मुहिम चलाई। इसको डॉ. अंबेडकर ने गांधीजी की दलित वर्ग विरोधी मानसिकता के रूप में प्रचारित किया और उन पर सवर्ण हिन्दू नेता की छवि आरोपित कर दी। इतिहास की इससे बड़ी विडंबना और क्या होगी कि जिन गांधीजी ने अस्पृश्यता निवारण को भारत की धरती पर कदम रखते ही अपना मुख्य कार्यक्रम बनाया था, जिसे वे हिन्दू समाज की आंतरिक सामाजिक समस्या के रूप में देखते रहे और जिसके लिए हिन्दू समाज को तथाकथित उच्च जातियों को जिम्मेदार मानकर उनके हृदय परिवर्तन का प्रयास करते रहे, उन्हीं गांधीजी को 'दलित वर्ग विरोधी' कहा जाए?

□

कांग्रेस को अपने साँचे में नहीं ढाल पाए

जुलाई १९३३ में पूना सम्मेलन में गांधीजी यह देखकर स्तब्ध रह गए कि कांग्रेसजन अब न तो जेल जाने को तैयार हैं और न ही रचनात्मक कार्यक्रम में जुटने के लिए। उनके मन अब केवल चुनाव लड़कर विधान परिषदों में जाने को व्याकुल हैं। गांधीजी दुःखी थे कि कांग्रेस को लकवा मार गया है और उसकी मूर्छित चेतना को वापस लाने के लिए उसे 'काउंसिल प्रवेश' का इंजेक्शन देना आवश्यक हो गया है। जब वे इस मनःस्थिति से गुजर रहे थे तभी अगस्त में उनका उदारवादी नेता वी.एस. श्रीनिवास शास्त्री के साथ पत्राचार हुआ, जिसमें शास्त्री ने उन्हें कांग्रेस को अपनी तानाशाही से मुक्त करने की सलाह दी और गांधीजी ने इस सलाह पर गंभीरता से विचार करने व उपयुक्त समय आने पर कांग्रेस को मुक्त करने का वचन दिया। यद्यपि गांधीजी के बाद के पत्रों एवं वक्तव्यों में इस महत्त्वपूर्ण पत्राचार का कहीं कोई उल्लेख नहीं है, किंतु यह सत्य है कि श्रीनिवास शास्त्री का यह सुझाव गांधीजी के मन में गहरा बैठ गया था और उन्होंने उस दिशा में प्रयास प्रारंभ कर दिया था।

संघर्ष नहीं, सत्ता की चाह

'काउंसिल प्रवेश' के मार्ग पर बढ़ाकर उन्होंने मूर्छित कांग्रेस की चेतना को वापस लाने के लिए पहला कदम बढ़ाया। इसके लिए एक ओर तो उन्होंने सविनय अवज्ञा आंदोलन को सामूहिक के स्थान पर व्यक्तिगत रूप दिया। फिर उसे छह सप्ताह के लिए स्थगित किया और अंततः पटना से एक वक्तव्य देकर वापस ले लिया। दूसरे कदम के रूप में उन्होंने आसफ अली, सत्यमूर्ति एवं रंगास्वामी आयंगर आदि नेताओं से कहा कि यदि वे काउंसिल प्रवेश के लिए उत्सुक हैं तो उन्हें उस दिशा में प्रयास करना चाहिए और ऐसे कांग्रेसजनों का मंच तैयार करना चाहिए। ८ जनवरी, १९३४ को गांधीजी ने क.मा. मुंशी को पत्र लिखा कि 'काउंसिल प्रवेश' के लिए किसी दल के गठन में मुझे कोई हानि नहीं दिखाई देती। निःसंदेह सविनय अवज्ञा आंदोलन में भ्रष्टाचार प्रवेश कर

गया है किंतु उसका हमें उल्लेख भी नहीं करना चाहिए, क्योंकि हमारे विरोधी इसका लाभ उठाने से नहीं चूकेंगे।'' गांधीजी की हरी झंडी पाकर कांग्रेस अध्यक्ष डॉ. एम.ए. अंसारी भी सक्रिय हो गए। उन्होंने ५ अप्रैल, १९३४ के हिन्दुस्तान टाइम्स में अपने नाम गांधीजी का पत्र छपवा दिया, जिसमें गांधीजी ने लिखा था, ''मेरा दृढ़ मत है कि बुद्धिजीवी वर्ग की मूर्छा को दूर करना ही चाहिए। अतः 'काउंसिल प्रवेश' कार्यक्रम से मैं चाहे जितना भी असहमत होऊँ, मैं इस कार्यक्रम को अपनाने वाले कांग्रेसजनों के दल का स्वागत करूँगा, बजाय इसके कि वे मुरझाए, असंतुष्ट और पूरी तरह निष्क्रिय पड़े रहें।'' ९ अप्रैल को उन्होंने क.मा. मुंशी को पत्र लिखा कि फिलहाल इस समय कांग्रेस को बचाने के लिए वे 'काउंसिल प्रवेश' कार्यक्रम पर निर्भर कर रहे हैं। मार्च १९३४ में दिल्ली में डॉ. अंसारी के घर पर एक अनौपचारिक बैठक में आगामी चुनाव लड़ने के लिए स्वराज पार्टी के पुनरुज्जीवन का निर्णय हो गया और उसका पहला सम्मेलन ३० अप्रैल से ४ मई तक राँची में बुलाया गया। भूलाभाई देसाई को महासचिव बनाया गया। ४ मई को राँची में ही भूलाभाई ने पहली बार संविधान सभा बनाने की माँग उठाई।

'काउंसिल प्रवेश' कार्यक्रम को गांधीजी का खुला समर्थन मिलने के कारण नरीमन जैसे कांग्रेसजनों के नेतृत्व में उभरे विरोध के स्वर भी ठंडे पड़ गए। अभी तक तो इस कार्यक्रम को क्रियान्वित करने के लिए स्वराज पार्टी को खड़ा करने की बात चल रही थी, किंतु गांधीजी का मस्तिष्क अब पूरी तरह कांग्रेस पार्टी को ही चुनाव पार्टी के रूप देने की बात सोचने लगा था। ६ अप्रैल को गांधीजी ने डॉ. अंसारी को पत्र लिखा था कि ''मुझे स्वराज पार्टी के पुनरुज्जीवन का स्वागत करने में कोई झिझक नहीं है, यद्यपि विधान मंडलों के वर्तमान रूप की उपयोगिता के बारे में मेरे विचार वही हैं, जो सन् १९२० में थे।'' इस कालखंड में गांधी-मुंशी पत्राचार कांग्रेस के आंतरिक पतन पर व्यापक प्रकाश डालता है।

गांधीजी की निराशा

११ अप्रैल, १९३४ के पत्र में मुंशी गांधीजी को लिखते हैं, ''क्या आप अपने दुर्बलमना अनुयायियों से उसी आध्यात्मिक शक्ति की अपेक्षा करते हैं, जो आपके अंदर है? वे बेचारे उसे कहाँ से लाएँ? वर्तमान स्थिति के कारण आपने संवैधानिक गतिविधि का मार्ग अनिच्छा से अपनाया दीखता है।'' मुंशी ने आगे लिखा कि संसार के लोकतंत्रों में राजनीतिक दलों का पतन हो रहा है। क्या आप उन्हें कोई आदर्श दे सकते हैं? १६ अप्रैल को गांधीजी ने उत्तर दिया, ''विधान मंडलों के प्रवेश के जो खतरे तुम देख रहे हो, वही मैं भी देख रहा हूँ। मुझे कुछ और भी डर लग रहा है।''

स्पष्ट है कि कांग्रेस के मूर्छित प्राणों में चेतना संचार के लिए गांधीजी ने 'काउंसिल प्रवेश' कार्यक्रम को आपातकालीन उपाय के रूप में अपनाया था। किंतु गांधीजी की इससे

बड़ी चिंता यह थी कि जिस कांग्रेस संगठन को उन्होंने हिंद स्वराज में वर्णित सभ्यतामूलक समाज का नमूना खड़ा करने के लिए सन् १९२० से सत्य, अहिंसा और स्वदेशी के अधिष्ठान पर खड़ा करने की १४ वर्ष लंबी कठोर साधना की थी, उसे दो-दो सत्याग्रहों की अग्नि परीक्षा से गुजारा था, रचनात्मक कार्यक्रम की भट्टी में तपाया था, वह १४ वर्ष बाद भी अंदर से खोखला सिद्ध हो रहा था। उसमें सत्ता का लोभ, गुटबंदी और भ्रष्टाचार व्याप्त था।

कांग्रेस के आंतरिक पतन का पर्दाफाश १२ जून, १९३४ को तब हुआ जब कांग्रेस कार्यसमिति ने अगस्त १९३४ तक कांग्रेस की सब इकाइयों के चुनाव संपन्न कराने का आदेश दिया। पिछले चार वर्ष तक सरकारी प्रतिबंध के कारण कांग्रेस संगठन पूरी तरह बिखर चुका था। अब दो मास की अल्पावधि में संगठन के चुनाव कराने की हड़बड़ी में अनेक स्थानों पर सत्ताकांक्षी कांग्रेसजनों ने अपनी जेब से पैसा खर्च कर नकली (बोगस) सदस्य बनाए, इन नकली सदस्यों को खद्दर के कपड़े पहनाकर खड़ा किया, क्योंकि कांग्रेस संविधान के अनुसार खद्दरधारी व्यक्ति ही कांग्रेस का सदस्य बन सकता था। स्थिति इतनी खराब थी कि जुलाई के अंत में कार्यसमिति ने अपने एक प्रस्ताव में यह सब उल्लेख कर दिया। गांधीजी ने भी सात दिन का आत्मशुद्धि उपवास आरंभ करने के एक दिन पूर्व ६ अगस्त को एक वक्तव्य जारी करके कांग्रेसजनों के इस पतन पर घोर चिंता प्रगट की। ६ सितंबर, १९३४ को क.मा. मुंशी ने सरदार पटेल के हाथों गांधीजी को पत्र भेजा कि कांग्रेस में सत्ता के लिए जो छल-फरेब, गंदगी और झगड़े हो रहे हैं उन्हें देखकर मेरे जैसा व्यक्ति भी लंबे समय से यह सोचता रहा है कि इस स्थिति को बर्दाश्त क्यों किया जा रहा है। साफ-साफ कहूँ तो बंबई में इस समय मैं षड्यंत्रों की जिस राजनीति को देख रहा हूँ यदि उसी से स्वराज्य मिलता है तो ऐसे स्वराज्य को लेकर हम क्या करेंगे? मुंशी ने आगे लिखा कि कांग्रेस के समूचे ढाँचे को घुन लग गया है और इसे आमूल चूल बदले बिना कुछ भला नहीं होगा। आपका सर्वोच्च नेतृत्व न रहा तो कांग्रेस की भयंकर दुर्गति होगी। रोगी को मरने के पहले आप ही बचा सकते हैं।

कांग्रेस छोड़ने की तैयारी

समाजवादी नेता मधु लिमये ने अपनी पुस्तक 'महात्मा गांधी और जवाहरलाल नेहरू' के दूसरे खंड में इस काल का वर्णन करते हुए लिखा है कि "भारतीय समाज की भीरू और उदासीन प्रवृत्ति से गांधीजी बहुत चिंतित रहते थे। उन्होंने पूरा जीवन इस पिलपिले समाज में वीर भाव भरने में लगा दिया, पर वे भी इस समाज को नहीं बदल पाए। कांग्रेस का इस समय का चरित्र गांधी का नहीं, तो हमारे समाजजीवन का प्रतिबिंब था। धीरे-धीरे गांधीजी इस निष्कर्ष पर पहुँच गए कि कांग्रेस को एक सामान्य राजनीतिक दल के समान संवैधानिक राजनीति के रास्ते पर बढ़ाने की स्थिति पैदा करके ही वे कांग्रेस से

अलग होकर अपने लिए नई भूमिका खोज सकते हैं।''

श्रीनिवास शास्त्री का एक वर्ष पुराना पत्र उनके मन में हर समय घूमता रहता था, यद्यपि वे उसकी चर्चा दूसरों से नहीं करते थे। अपनी नौ मास लंबी देशव्यापी 'हरिजन यात्रा' पूरी कर गांधीजी ५ अगस्त, १९३४ को वर्धा वापस लौटे। ७ से १४ अगस्त तक उन्होंने आत्मशुद्धि उपवास रखा और कांग्रेस से अलग होने की दिशा में भूमिका तैयार करना शुरू कर दिया। इस बारे में पहला पत्र उन्होंने मीरा बहन को लिखा कि ''इस समय मेरे मन में अनेक परिवर्तन घुमड़ रहे हैं। कांग्रेस में व्याप्त भ्रष्टाचार इस कदर पीड़ा दे रहा है जैसा पहले कभी नहीं हुआ। मैं मित्रों से कांग्रेस छोड़ने के बारे में सलाह कर रहा हूँ और उसके बाहर रहकर आदर्शों की साधना करूँगा। यह अच्छा हुआ कि भ्रष्टाचार मुझे उद्वेलित कर रहा है।'' उन्हीं दिनों गांधीजी की जानकारी में आश्रम में घटित झूठ-फरेब और ब्रह्मचर्य के उल्लंघन के प्रसंग भी आए। १९ अगस्त को गांधीजी ने सरदार पटेल को पत्र लिखा कि ''तुम्हारी अनुमति के बिना मैं कांग्रेस कैसे छोड़ सकता हूँ, किंतु व्यक्तिशः मुझे लगता है कि इसके सिवा दूसरा रास्ता नहीं है। मैं कांग्रेस के विकास में बाधक बना हुआ हूँ। सामान्य कांग्रेसजन के लिए सत्य और असत्य, हिंसा और अहिंसा, खादी और मलमल में कोई अंतर नहीं रह गया है। उसे अपने ढंग से रहने देना चाहिए, पर वह मेरे रहते संभव नहीं हो पाएगा।...''

आत्ममंथन के इस दौर में गांधीजी ने परामर्श के लिए राजगोपालाचारी को २६/२७ अगस्त को वर्धा बुलाया। सितंबर के पहले सप्ताह में उन्होंने एक प्रेस वक्तव्य की रूपरेखा भी तैयार की और यह मसौदा सरदार पटेल की प्रतिक्रिया पाने के लिए भेज दिया। अभी तक गांधीजी इस बारे में सब विचार-विमर्श गोपनीय ढंग से चला रहे थे। पर मद्रास के दैनिक हिन्दू को कहीं से इसकी भनक लग गई और उसने एक कहानी बनाकर छाप दी, जिसमें गांधीजी के कांग्रेस से अलग होने का कारण मालवीयजी एवं एम.एस. अणे से 'सांप्रदायिक निर्णय' पर मतभेद को बताया गया। ९-१० सितंबर को वर्धा में कांग्रेस कार्यसमिति की बैठक हुई। उसमें गांधीजी के कांग्रेस से अलग होने के प्रश्न पर चर्चा हुई। गांधीजी ने विस्तार से अपने निर्णय के कारणों पर प्रकाश डाला। ये कारण थे—कांग्रेसजनों का अहिंसा में अविश्वास, सूत कातने और खद्दर पहनने के प्रति वितृष्णा, साध्य-साधन विवेक का अभाव, संसदीय गतिविधि के प्रति आकर्षण, समाजवादी गुट का गठन, हरिजन समस्या की उपेक्षा आदि-आदि। उन्होंने कांग्रेस के संविधान में भारी परिवर्तन भी सुझाए। १७ सितंबर को गांधीजी ने इस विषय पर एक लंबा प्रेस वक्तव्य जारी किया।

अंततः कांग्रेस से अलग हो गए

कार्यसमिति के बहुत मनाने पर भी जब गांधीजी अपने निर्णय पर अड़े रहे तो

कार्यसमिति ने उनसे प्रार्थना की कि वे २२-२३ अक्तूबर को बंबई में डॉ. राजेंद्र प्रसाद की अध्यक्षता में होने वाले अधिवेशन के बाद ही कांग्रेस की प्राथमिक सदस्यता से त्यागपत्र दें। गांधीजी ने यह अनुरोध मान लिया। २३ अक्तूबर को कांग्रेस की विषय समिति में गांधीजी के त्यागपत्र का विषय उठा। गांधीजी ने कहा कि "मैं कांग्रेस को छोड़कर वह वजन हटा रहा हूँ जो अब तक इसे दबाए हुए था। इससे कांग्रेस के विकास का रास्ता साफ होगा।" क्या गांधीजी उसी भाषा का प्रयोग नहीं कर रहे हैं जो श्रीनिवास शास्त्री ने सवा साल पहले ११ अगस्त, १९३३ के पत्र में लिखी थी? त्यागपत्र के गांधीजी के आग्रह को मानकर भी विषय समिति ने कांग्रेस के संविधान हेतु सुझाए गए गांधीजी के संशोधनों को ज्यों-का-त्यों स्वीकार नहीं किया। अधिवेशन समाप्त होते ही ३० अक्तूबर को गांधीजी ने कांग्रेस अध्यक्ष डॉ. राजेंद्र प्रसाद को अ.भा. कांग्रेस महासमिति से अपना त्यागपत्र भेज दिया और गुजरात प्रदेश कांग्रेस को प्राथमिक सदस्यता से भी।

गांधीजी अंतिम श्वांस तक कांग्रेस के मार्गदर्शक की भूमिका निभाते रहे। हिन्दू समाज पर उनकी पकड़ अंत तक बनी रही, जैसा कि सन् १९३७ के चुनाव परिणामों से स्पष्ट हो गया। वस्तुतः श्रीनिवास शास्त्री ने सन् १९३२ में ही सात हिन्दू प्रांतों और चार मुस्लिम प्रांतों की भविष्यवाणी कर दी थी। कांग्रेस छोड़ने के बाद कांग्रेस पर गांधीजी का प्रभाव पहले से अधिक बढ़ गया। यह वे भी जानते थे, जैसा कि १२ अक्तूबर, १९३४ को मीरा बहन के नाम उनके पत्र से स्पष्ट है। इस पत्र में गांधीजी लिखते हैं, "मेरा मन कांग्रेस से निकल जाने पर तुला हुआ है। मुझे पूरा यकीन है कि इससे कांग्रेस का और मेरा दोनों का भला होगा। बाहर जाकर मैं कांग्रेस पर अधिक अच्छा प्रभाव डाल सकूँगा। अभी मैं जो भार बना हुआ हूँ, सो नहीं रहूँगा। फिर भी जब-जब जरूरत होगी अपने विचार कांग्रेस को देता रहूँगा।"

गांधीजी के त्यागपत्र का यह प्रकरण हमारे लिए महत्त्वपूर्ण है, क्योंकि इससे पता चलता है कि गांधीजी जैसा आध्यात्मिक शक्तिपुंज भी कांग्रेस को अपने आदर्शों के साँचे में नहीं ढाल पाया। यह गांधीजी की नहीं, हमारे समाज की असफलता है। गांधीजी की आलोचना या उनकी असफलताओं का विवेचन करते समय हमें यह नहीं भूलना चाहिए कि हिन्दू समाज गांधीजी से अधिक प्रभावी कोई दूसरा नेता नहीं पैदा कर पाया। द्वितीय गोलमेज सम्मेलन से लौटने के बाद डॉ. मुँजे ने भी गांधीजी को ही 'शताब्दी पुरुष' कहा था। स्वतंत्रता के ६५ वर्ष बाद हमारी राजनीति और समाज का चरित्र सन् १९३४ से कहीं ज्यादा गिरा हुआ है। कथनी और करनी में भेद बहुत बढ़ गया है। यह प्रकरण हमें समाज के नाते आत्मालोचन को बाध्य करता है।

(पाञ्चजन्य, ५ अगस्त, २०१२)

□

गांधीजी के नेतृत्व को विप्लवी बंगाल ने कभी नहीं माना

चौथे आमचुनाव (१९६७) के परिणामों ने जब घोषित किया कि बंगाल की जनता कांग्रेसी शासन का २० वर्ष पुराना जुआ अपने कंधों पर से फेंकने में सफल हो गई है तो बंगाल में जनोत्साह का जो प्रदर्शन हुआ वह सचमुच अभूतपूर्व था। कलकत्ता में कई दिन तक दीवाली मनाई गई, लाखों नागरिक विजय-जुलूस में सम्मिलित हुए। उस समय जनता ने यह देखने की भी आवश्यकता नहीं समझी कि उनकी कांग्रेस-विरोधी भावना की लहर पर चढ़कर कौन सत्ता के सिंहासन पर पहुँच रहे हैं। कांग्रेस शासन से मुक्ति, यही मानो उसके लिए पर्याप्त था। आज अधिकांश लोग कांग्रेस के प्रति इस तीव्र जन विरोध का एकमेव दोषी अतुल्य घोष एवं पी.सी. सेन के भ्रष्टाचारी शासन को ठहराकर संतोष कर लेते हैं, किंतु यह समस्या का सरलीकरण प्रतीत होता है। इसकी सही कारण मीमांसा के लिए हमें कांग्रेस के प्रति प्रारंभ से, विशेषकर गांधीयुग प्रारंभ होने के समय से ही बंगाल के रुख को समझना होगा।

जब गांधी भारत पहुँचे

सन् १९१५ में जब गांधीजी अफ्रीका से भारत वापस आए तब स्वातंत्र्य संग्राम का नेतृत्व मुख्यतया बंगाल के हाथ में ही था। बंगाल ने ही एक प्रबल स्वदेशी आंदोलन को खड़ा करके समर्थ ब्रिटिश सरकार को बंगभंग को समाप्त करने के लिए विवश कर दिया था। सन् १९११ में बंगाल की जनता के भय से बंगभंग को समाप्त करके अंग्रेज अपनी राजधानी को कलकत्ता से दिल्ली उठा भागे थे। बंगाल के नवयुवकों के अंतःकरणों में स्वदेशी प्रेम के साथ-साथ सशस्त्र क्रांति की चिंगारियाँ सुलग रही थीं। जीवन के प्रत्येक क्षेत्र में रवींद्रनाथ टैगोर, सुरेंद्रनाथ बनर्जी, ब्रजेंद्रनाथ सील, विपिनचंद्र पाल, चितरंजनदास, अरविंद जैसी महाविभूतियाँ दैदीप्यमान थीं, जिनका बंगाली मानस पर

अप्रतिम प्रभाव था, जिनके नामस्मरण मात्र से बंगाली अपने को गौरवान्वित समझते थे।

गांधीजी के दक्षिण अफ्रीका के सत्याग्रह में भी बंगाल ने ही सबसे पहले रुचि ली थी और गांधीजी के भारत लौटने के निर्णय की पूर्ति में भी बंगाल ने ही सबसे पहले सहयोग का हाथ बढ़ाया था। जब गांधीजी ने अपने अफ्रीका स्थित फीनिक्स आश्रम को समेटकर आश्रमवासियों को भारत भेजने का विचार किया तो कवि रवींद्र ने ही उन आश्रमवासियों को अपने शांति निकेतन आश्रम में सहर्ष आश्रय देकर गांधीजी को उनकी चिंता से मुक्त कर दिया था। भारत आगमन के पश्चात् गांधीजी ने सबसे पहला कार्य शांति निकेतन की यात्रा ही की थी। यद्यपि उस समय गोखले की अकस्मात् मृत्यु के कारण उन्हें कवि से बिना प्रत्यक्ष भेंट किए ही लौट जाना पड़ा, किंतु शीघ्र ही दोनों की भेंट हुई।

बंगाल से यह प्रथम स्नेहालिंगन पाकर भी गांधीजी के नेतृत्व को चुनौतियाँ भी बंगाल से ही प्राप्त हुईं। गांधीजी की अहिंसावादी राजनीति बंगाली युवकों के क्रांतिकारी अंतःकरण को तो भाती ही कैसे? जब सन् १९२० में उन्होंने खिलाफ़त प्रश्न के साथ कांग्रेस को बाँधकर असहयोग आंदोलन के रूप में अहिंसक राजनीति का प्रथम देशव्यापी प्रयोग छेड़ना चाहा तो उसके विरोध में सबसे सशक्त स्वर उन बंगाली नेताओं के थे, जो नरमदलीय माने जाते थे। सुरेंद्रनाथ बनर्जी ने, जो पिछले ५० वर्ष में बंगाल की राजनीति के केंद्रबिंदु बने हुए थे, खिलाफत के प्रश्न पर आंदोलन छेड़ने की सार्वजनिक रूप से निंदा की और कहा कि इससे सांप्रदायिक कटुता में वृद्धि होगी, कमी नहीं। असहयोग आंदोलन की भी उन्होंने कड़ी आलोचना की। गांधीजी ने उसे वापस लेने की घोषणा की तो सुरेंद्रनाथ ने उसकी असफलता की घोषणा की। उन्होंने असहयोग आंदोलन को हिन्दू-मुस्लिम विद्वेष एवं कटुता में वृद्धि के लिए दोषी ठहराया।

कवि रवींद्र के तीव्र प्रहार

असहयोग आंदोलन पर सबसे अनपेक्षित किंतु तीव्र सार्वजनिक प्रहार किया कवि रवींद्र ने। उन्होंने अपने और गांधीजी के समान मित्र चार्ली एंड्रूज को कई पत्र लिखकर (ये पत्र उस समय लोकप्रिय मासिक 'माडर्न रिव्यू' में भी प्रकाशित हुए) असहयोग आंदोलन के कार्यक्रम की दार्शनिक स्तर पर कटु आलोचना की। उन्होंने असहयोग कार्यक्रम को नकारात्मक एवं 'मानवता में अविश्वास' की संज्ञा दी। और अंत में तो उन्होंने गांधीजी को तानाशाह घोषित करते हुए लिख डाला—

"एक बाहरी प्रभाव लोगों पर उतर रहा है जो उन्हें कुचले डाल रहा है और सबको एक ही स्वर में स्वर मिलाने को, एक ही ढर्रे पर चलने के लिए बाध्य कर रहा है। हर जगह मुझे बताया गया है कि संस्कृति और तर्क को तिलांजलि दे देना चाहिए,

केवल अंध श्रद्धा का राज्य होना चाहिए।…भारत जैसे महान देश को किसी एक स्वामी की इच्छाशक्ति पर निर्भर नहीं रहना चाहिए।'' आदि-आदि।

एक बार जब गांधीजी ने अंग्रेजी के बहिष्कार पर आग्रह करते हुए राजा राममोहन राय को 'बौना' कह दिया तो कवि रवींद्र ने तिलमिलाकर अपनी यूरोप यात्रा में ही अपनी तीव्र प्रतिक्रिया व्यक्त की। गांधीजी ने जब बिहार के भूकंप को हिन्दू समाज में अस्पृश्यता के विरुद्ध ईश्वरीय दंड बताया तो कवि रवींद्र ने इस कथन की 'घोर अंधविश्वास एवं कट्टरपंथिता' कहकर भर्त्सना की। जब गांधीजी ने चरखे को अपने कार्यक्रम का अभिन्न अंग बनाया तो रवींद्र ने न केवल उसे स्वयं अपनाने से इनकार कर दिया अपितु उसकी सार्वजनिक आलोचना की।

यह सत्य है कि गांधीजी ने बड़ी विनम्रतापूर्वक कवि रवींद्र नाथ की शंकाओं का निराकरण करने की कोशिश की, किंतु कवि की इन निर्भीक एवं सार्वजनिक आलोचनाओं का बंगाली मानस पर जो प्रभाव पड़ा होगा वह सहज अनुमान की वस्तु है। कवि मूलतः विचारक थे, कर्म के क्षेत्र में गांधीजी का उनसे विरोध अथवा प्रतिद्वंद्विता की कोई आशंका नहीं हो सकती थी। किंतु इस क्षेत्र में देशबंधु चितरंजनदास और बाद में सुभाष बोस के रूप में सशक्त आलोचक एवं प्रतिद्वंद्वी बनकर उनके मार्ग में आए।

देशबंधु से गांधीजी की टकराहट

देशबंधु से गांधीजी की टकराहट सन् १९१९ के अमृतसर अधिवेशन में ही प्रारंभ हो गई। वहाँ मांटेग्यु-चेम्सफोर्ड सुधारों के प्रति कांग्रेस का रुख निर्धारित करने के प्रश्न पर दोनों दिग्गजों के बीच समझौता कराने के लिए महामना मालवीय को बड़ा परिश्रम करना पड़ा था। सन् १९२० में जब गांधीजी ने खिलाफत और असहयोग आंदोलन को उठाया तो सिंतबर १९२० के विशेष कलकत्ता अधिवेशन में देशबंधु ने विधानमंडलों के बहिष्कार के कार्यक्रम का तीव्र विरोध किया। यद्यपि वे खिलाफत के प्रश्न को उठाने के विरोधी थे तथापि राष्ट्रीय स्वातंत्र्य के हित में आंदोलन के विरोध में नहीं थे। देशबंधु के विरोध के कारण कलकत्ता कांग्रेस में अंतिम निर्णय नहीं लिया जा सका और नागपुर अधिवेशन के लिए स्थगित कर दिया गया। वहाँ भी देशबंधु ४०० बंगाली प्रतिनिधियों का विशाल दल लेकर पहुँचे। गांधीजी घबरा गए थे। अधिवेशन प्रारंभ होने के पूर्व ही देशबंधु को मनाने की कोशिश की गई और उनका समर्थन पाने के लिए आंदोलन के प्रस्ताव में से विधानमंडलों के बहिष्कार का उल्लेख निकाल दिया गया। देशबंधु अपनी चलती हुई वकालत को ठोकर मारकर असहयोग आंदोलन में सपरिवार कूद पड़े। उनके त्याग से चमत्कृत बंगाल आंदोलन में भाग लेने के लिए उमड़ पड़ा। किंतु उसकी दृष्टि में यह आंदोलन गांधी का नहीं, देशबंधु का आंदोलन था।

गांधीजी की महान भूल

तब देशबंधु जेल में थे, कलकत्ता में प्रिंस ऑफ वेल्स के बहिष्कार की जबरदस्त हवा देखकर वायसराय रीडिंग थर्रा गया था। उसने देशबंधु के समक्ष समझौते की याचना की। देशबंधु को वायसराय से मिली शर्तें अनुकूल लगीं। उन्होंने गांधीजी से आग्रह किया कि वे समझौता कर लें, किंतु गांधीजी ने मुस्लिम मुल्लाओं के प्रभाव में आकर देशबंधु के परामर्श का निरादर किया, जिससे देशबंधु, मौलाना आजाद, महामना मालवीय, जिन्ना आदि अनेक नेताओं को बहुत कष्ट हुआ। देशबंधु ने जेल से मुक्त होने के पश्चात् महाराष्ट्र के बुलढ़ाना नगर में प्रांतीय सम्मेलन में स्पष्ट शब्दों में गांधीजी पर आरोप लगाया कि उन्होंने समझौते की इस स्वर्णसंधि को गँवाकर राष्ट्रीय हितों को भारी क्षति पहुँचाई है। देशबंधु को गांधीजी द्वारा आंदोलन के स्थगन का निर्णय भी पसंद नहीं आया।

स्वराज्य पार्टी का निर्माण

देशबंधु की गांधीजी के नेतृत्व में आस्था हिल गई, उन्होंने सन् १९२२ में गया कांग्रेस के अध्यक्ष के रूप में कांग्रेस के समक्ष काउंसिल प्रवेश का कार्यक्रम रखा। गांधीवादियों के विरोध के कारण उनका प्रस्ताव गिर गया, यद्यपि उनके पक्ष में ८९० मत आए थे। देशबंधु ने अध्यक्ष पद से त्यागपत्र दे दिया और मोतीलाल नेहरू आदि को साथ लेकर १ जनवरी, १९२३ को स्वराज्य पार्टी के निर्माण की घोषणा कर दी। उन्होंने देश भर का तूफानी दौरा करके कांग्रेस में काउंसिल प्रवेश के पक्ष में बहुमत तैयार कर दिया और इस प्रकार गांधीजी के नेतृत्व के लिए गंभीर चुनौती प्रस्तुत की।

क्रांतिकारियों के प्रति गांधीजी का व्यवहार

क्रांतिकारियों के प्रश्न को लेकर भी देशबंधु का गांधीजी से गंभीर मतभेद था। व्यापक पैमाने पर सशस्त्र क्रांति को अव्यवहार्य मानते हुए भी क्रांतिकारी युवकों की उत्कट देशभक्ति एवं बलिदान भावना के प्रति उनके मन में भारी आदर था और वे चाहते थे कि गांधीजी की अहिंसा के कारण कांग्रेस उनको उपेक्षा एवं हीन दृष्टि से न देखे। इसी उद्देश्य से उन्होंने सितंबर १९२० में कलकत्ता में क्रांतिकारियों के एक गुप्त सम्मेलन में गांधीजी को अपने साथ ले जाकर दोनों के बीच सौहार्द स्थापित कराने का प्रयास किया था, किंतु उसमें वे विफल रहे। इस प्रश्न पर दोनों का मतभेद उस समय उभरकर सामने आ गया जब सन् १९२४ में एक क्रांतिकारी युवक गोपीनाथ साहा को एक अंग्रेज की हत्या के आरोप में फाँसी की सजा दी गई। गोपीनाथ साहा ने जेल की दीवार पर मोटे अक्षरों में लिख रखा था—'इस देश में अहिंसा के लिए कोई स्थान नहीं रहेगा।'

मई १९२४ में सिराजगंज में बंगाल प्रांतीय कांग्रेस में देशबंधु के प्रयत्नों से गोपीनाथ साहा के साहस और बलिदान की स्तुति में एक प्रस्ताव पारित किया गया। देशबंधु ने ऐसा ही प्रस्ताव अहमदाबाद में कांग्रेस महासमिति के अधिवेशन में भी प्रस्तुत किया, किंतु गांधीजी के प्रबल विरोध के कारण वह पारित न हो सका। देशबंधु की पराजय और क्रांतिकारियों के प्रति गांधीजी का यह कठोर रुख बंगाल के युवक के मन में उनके नेतृत्व के प्रति घृणा एवं विरोध की गहरी रेखा अंकित कर गया।

दुर्भाग्य से विधाता ने सन् १९२५ में केवल ५५ वर्ष की अल्पायु में ही देशबंधु को इस धरती से उठा लिया। उनके आकस्मिक निधन के कारण बंगाल गांधीजी के नेतृत्व को तुरंत गंभीर चुनौती खड़ी न कर सका, किंतु सुभाष के रूप में वह मंच पर अवतरित हो चुकी थी। और इसे इतिहास कैसे अस्वीकार कर सकता है कि गांधीजी के राजनीतिक प्रभुत्व को चुनौती देने में यदि कोई एक युवक नेता सफल हो सका तो वह था बंगभूमि का सुभाष।

एक वर्ष में स्वराज्य दिलाने की गांधीजी की प्रतिज्ञा एवं देशबंधु के वकालत को त्यागने से प्रभावित होकर युवक सुभाष आई.सी.एस. को ठोकर मारकर इंग्लैंड से जुलाई १९२१ में भारत पहुँच गए थे। बंबई पहुँचकर उन्होंने सबसे पहले गांधीजी से भेंट की। उनके मस्तिष्क और कार्यक्रम को समझने का प्रयास किया, किंतु पहली ही भेंट में उनके नेतृत्व के प्रति एक अनास्था और वितृष्णा लेकर यह युवक कलकत्ता आया। वहाँ आकर उसने देशबंधु से प्रथम साक्षात्कार किया। इस साक्षात्कार का प्रभाव सुभाष के अपने शब्दों में,

"जब तक हम लोगों का वार्त्तालाप समाप्ति के निकट पहुँचा मैं अपना निश्चय ले चुका था। मैंने अनुभव किया कि मैंने अपना नेता पा लिया है और मैंने उसके पीछे चलने का संकल्प कर लिया।" इस प्रकार कांग्रेस में सुभाष की यात्रा के प्रेरणास्रोत गांधीजी नहीं, देशबंधु बने रहे।

गांधी बनाम सुभाष बनाम नेहरू

धीरे-धीरे सुभाष बाबू गांधीजी के नेतृत्व के प्रति युवा बंगाल की असहमति के मुख्य प्रवक्ता बन गए। उन्होंने कभी गांधीजी की अहिंसा को व्यावहारिक नहीं माना, क्रांतिकारियों के प्रति उनकी उपेक्षा व घृणा भावना को सहन नहीं किया। यहाँ इस इतिहास को विस्तार से दोहराने की आवश्यकता नहीं है कि किस प्रकार युवक सुभाष ने देशबंधु की मृत्यु के तीन वर्ष पश्चात् ही सन् १९२८ में कलकत्ता कांग्रेस में पूर्ण स्वराज्य बनाम औपनिवेशिक स्वराज्य के प्रश्न पर गांधीजी के नेतृत्व को चुनौती दे दी थी, किस प्रकार गांधीजी ने वहाँ अंग्रेजों को एक वर्ष का अल्टीमेटम देकर उस चुनौती को टाला और

किस प्रकार उन्होंने महत्त्वाकांक्षी जवाहरलाल नेहरू को सुभाष के प्रतिद्वंद्वी के रूप में मैदान में उतरने के लिए लाहौर कांग्रेस का अध्यक्ष बनाया, और किस प्रकार गांधीजी के परामर्श पर पं. नेहरू ने उन सुभाष को अपनी कार्यसमिति में सम्मिलित नहीं किया, जिनके दबाव के कारण ही लाहौर कांग्रेस ने पूर्ण स्वराज्य का अपना लक्ष्य घोषित किया था।

षड्यंत्री राजनीति में सुभाष का अभिमन्यु वध

कांग्रेस में रहते हुए भी सुभाष गांधीजी के दूर ही हटते चले गए। सन् १९३४ में जेनेवा में बैठकर सुभाष ने 'इंडियन स्ट्रगल' नामक ग्रंथ में सन् १९२० से १९३४ तक के स्वातंत्र्य आंदोलन का इतिहास प्रस्तुत करते हुए गांधीजी के नेतृत्व एवं कार्य नीति की जो कटु आलोचना प्रस्तुत की है वह इस बात की घोषणा थी कि सुभाष ने गांधीजी को खुली टक्कर लेने का निश्चय कर लिया था। सुभाष की बढ़ती हुई लोकप्रियता को आँककर सन् १९३८ में गांधीजी ने स्वयं उन्हें कांग्रेस का अध्यक्ष पद समर्पित कर दिया, किंतु वे सन् १९३९ में गांधीजी की इच्छा के विरुद्ध खम ठोककर अध्यक्ष पद के लिए दोबारा मैदान में उतर पड़े और उन्होंने गांधीजी के प्रत्याशी पट्टाभि सीतारमैया को परास्त कर एक भारी प्रजातांत्रिक विजय प्राप्त की। किंतु उनकी इस जनतांत्रिक विजय को गांधीजी सहन नहीं कर सके। उन्होंने सार्वजनिक रूप से यह उद्‌गार प्रकट करके 'पट्टाभि की हार मेरी हार है'—अपनी संपूर्ण प्रतिष्ठा और व्यक्तित्व को दाँव पर लगा दिया। फिर जिस प्रकार त्रिपुरा कांग्रेस में बीमार सुभाष के विरुद्ध षड्यंत्र रचा गया, जिस प्रकार एक प्रस्ताव द्वारा उन्हें गांधीजी के परामर्श पर चलने के लिए बाँधा गया और जिस प्रकार सुभाष के बार-बार अनुरोध करने पर भी गांधीजी उन्हें परामर्श एवं सहयोग देने को तैयार नहीं हुए, जिस कारण सुभाष को अध्यक्ष पद से त्यागपत्र देने को विवश होना पड़ा और जिस प्रकार उनको कांग्रेस से निष्कासित किया गया, यह भारत के राष्ट्रीय आंदोलन के इतिहास का एक बहुत ही काला एवं पीड़ादायक पृष्ठ है।

सुभाष का देशत्याग और बंगाल की काली छाया

कांग्रेस से निष्कासित होते ही सुभाष पर अंग्रेजी सरकार ने प्रहार किया। उन्हें जेल में ठूँस दिया। किंतु द्वितीय महायुद्ध से उत्पन्न स्वर्णसंधि का लाभ उठाकर भारत को स्वाधीन करा लेने की सुभाष की आकांक्षा इतनी प्रबल थी कि गांधीवादी कांग्रेस का विश्वासघात एवं ब्रिटिश जेल के बंधन भी उन्हें रोक न पाए और वे बड़े नाटकीय ढंग से अंग्रेजों की आँखों में धूल झोंककर जर्मनी और वहाँ से जापान पहुँच गए। जिस समय सुभाष विदेश में बैठकर राष्ट्रीय स्वातंत्र्य के लिए युद्ध का बिगुल बजा रहे थे, उनकी बंगभूमि भीषण अकाल की विभीषिका में झुलस रही थी। बंगाल की उस समय यह धारणा निराधार नहीं थी कि सुभाष जैसे वीर पुत्र को जनने के कारण ही ब्रिटिश

साम्राज्यवादियों द्वारा मानव निर्मित अकाल के रूप में उसे दंड दिया जा रहा है। यद्यपि अकाल से गांधीजी का कुछ लेना-देना नहीं था, तथापि सुभाष के देशत्याग के लिए बंगाल ने गांधीजी को ही दोषी माना और उसे विश्वास था कि सुभाष के भारत में रहते उसे अकाल के मुँह में नहीं झोंका जा सकता था।

नेतृत्व का संकट और विभाजन का घाव

सुभाष के साथ गांधीजी एवं उनकी कांग्रेस ने जो व्यवहार किया वह बंगाल के मन में एक गहरी कटुता छोड़ गया है। बंगाल के मन मस्तिष्क ने उसी दिन से गांधीवादी कांग्रेस से अपना नाता पूर्णतया विच्छेद कर लिया। द्वितीय महासमर की समाप्ति के पश्चात् शरत बोस के रूप में बंगाल का विरोध कुछ समय तक मुखरित रहा, जो सन् १९४६ में नेहरू और उनके बीच सार्वजनिक मंच पर घूँसेबाजी के बिंदु पर पहुँच गया था। किंतु शरत में सुभाष का रिक्त स्थान भरने की पात्रता नहीं थी। अतः बंगाल स्वयं को नेतृत्वविहीन अनुभव करने लगा। ऐसी नेतृत्वविहीन स्थिति में उस पर विभाजन का कहर टूटा। विभाजन का मूल्य भी सबसे पहले बंगाल को ही नोआखाली और कलकत्ता के भीषण नरमेध के रूप में चुकाना पड़ा। बंगाल में अखंड बंगाल का नारा धीमे से उठा, किंतु गांधीजी की झिड़कियों के सामने वह ठहर न सका। बंगाल निराशा और अपमान की भट्ठी में झुलसने लगा। जब उसने देखा कि जिस विभाजन के षड्यंत्र को उसने ४० वर्ष पूर्व अपने शौर्य और पुरुषार्थ के बल पर परास्त कर दिया था, वही आज विजयी होकर उसकी छाती पर नर्तन कर रहा है, और वह कुछ भी करने में समर्थ नहीं है। पराजय की वेदना से बंगाल तिलमिला उठा। अपनी दुर्बल और असहाय स्थिति के लिए उसने गांधीवादी नेतृत्व को अपराधी माना। विभाजन के पश्चात् लाखों विस्थापित अपनी करुण गाथाओं के द्वारा कांग्रेस के प्रति बंगाल की घृणा को और गहरा करने लगे।

डॉ. मुकर्जी का बलिदान

विभाजन के पश्चात् डॉ. श्यामाप्रसाद मुकर्जी ने नेतृत्व की रिक्तता को भरने की कोशिश की। सरदार पटेल के आग्रह पर वे केंद्रीय मंत्रिमंडल में लिये भी गए। किंतु पूर्वी बंगाल में निरपराध हिन्दुओं पर जो अत्याचार ढाए गए, उस समय नेहरू सरकार ने जिस निर्मम उपेक्षा का परिचय दिया और नेहरू-लियाकत समझौते की निर्लज्जता अपनाई, उससे बंगाल की चेतना में केंद्र की कांग्रेस सरकार के प्रति वितृष्णा का भाव और गहरा हो गया। डॉ. मुकर्जी मंत्रिपद को ठोकर मारकर बाहर निकल आए, जनसंघ के संस्थापक नेता के रूप में उन्होंने नेहरू के नेतृत्व को निर्भीक एवं सशक्त चुनौती दी। बंगाल के मुरझाए प्राणों में आशा का नवसंचार हुआ। किंतु जून १९५३ में जिन रहस्यमय परिस्थितियों में डॉ. मुकर्जी की नेहरू के कृपापात्र शेख अब्दुल्ला के कारावास में आकस्मिक मृत्यु

हुई, उसने बंगाल के इस विश्वास को और गहरा कर दिया कि उसकी आशा के अंतिम केंद्र को भी कांग्रेसी नेतृत्व ने षड्यंत्र करके मरवा डाला है।

एक दानव को मारा, दूसरे के मुँह में

डॉ. मुकर्जी के निधन के पश्चात् बंगाल स्वयं को बिल्कुल ही अनाथ अनुभव करने लगा। उसने केंद्रीय नेहरू सरकार को कभी अपना नहीं माना। यद्यपि उसमें प्रतिनिधित्व के नाम पर एक-दो बंगाली लिये गए, किंतु वे कभी बंगाल का सच्चा प्रतिनिधित्व नहीं करते थे। फलतः बंगाल निराशा के गर्त में डूबता गया, उसका क्षोभ अंतर्मुखी होता गया। नेतृत्वविहीन बंगाल को २० वर्ष तक कांग्रेसी कुशासन का भार ढोना पड़ा, किंतु स्वेच्छा से नहीं, प्रसन्नता से नहीं, मजबूरी के कारण। अवसर आते ही उसका आक्रोश फूटा और कांग्रेस की पराजय पर वह उन्मत्त होकर नाचने लगा। उस समय वह भूल गया कि एक दानव को मारने के मोह में उसने स्वयं को दूसरे दानव के मुँह में झोंक दिया है। आज वह यह अनुभव कर रहा है। किंतु प्रश्न है कि अनुभूति के इस क्षण में उसका त्राता कौन बनेगा?

□

गांधी और सुभाष
दो निष्काम राष्ट्रभक्तों का टकराव

वह चित्र आज भी मेरी आँखों के सामने घूम रहा है। तीस के दशक में जब मैंने किशोरावस्था की दहलीज पर पैर रखा ही था, वह रंगीन चित्र हमारे परिवार में दीवार की शोभा बढ़ाया करता था। बीच में महात्मा गांधी, उनके बाईं ओर जवाहरलाल नेहरू और दाईं ओर सुभाष बोस। इस चित्र को लेकर लोकगीत भी बने थे, जिनमें गांधीजी को विश्वामित्र, नेहरू को राम और सुभाष को लक्ष्मण कहा जाता था। गांधीजी की अगुवाई में राम-लक्ष्मण की यह जोड़ी भारत माँ के मुक्ति यज्ञ को पूरा करने के लिए निकल पड़ी थी। गांधीजी नेहरू से २० साल बड़े थे और नेहरू सुभाष से लगभग सात साल। कभी-कभी सोचता हूँ उस युग की श्रद्धाएँ कैसी थीं। गांधी बाबा और इस जोड़ी का कैसा जादू लोकमत पर छाया हुआ था। उस युग के गाँव-गाँव में गाए जाने वाले लोकगीतों में गांधी में भगवान् कृष्ण के दर्शन किए जाते थे—वे मोहन थे, तुम भी मोहन हो, वे माखन चोर कहलाते थे, तुम नमक चोर कहलाते हो, वे चक्र सुदर्शनधारी थे, तुम चरखावाले बाबा हो।

जनता का भोला मन केवल भावुक श्रद्धा पर पलता है। कई बार उसे पता ही नहीं होता कि जिन चेहरों पर वह अपनी श्रद्धा उड़ेल रहा है, उनका कोई और रूप भी हो सकता है, उनकी वास्तविक आकांक्षाएँ, प्रेरणाएँ क्या हैं? एक-दूसरे के प्रति उनके मन का वास्तविक भाव क्या है? उन दिनों का श्रद्धालु भोला मन कैसे सोच सकता था कि उसके कलजुगी राम के अंत:करण में लक्ष्मण के लिए स्नेह का झरना नहीं तो ईर्ष्या और विद्वेष की विषधारा बह रही है। वह कैसे कल्पना कर सकता था कि आज का विश्वामित्र लक्ष्मण को उत्कर्ष की सीढ़ियों पर ऊपर चढ़ाने के बजाय उसे अपने मार्ग से हटाने की उपाय-योजना बना रहा है। यह सब सोचने मात्र से ही मन व्यथित होता है। ऐसी बातों पर विश्वास करने को मन नहीं करता। किंतु अब इन मूर्धन्य नेताओं के बीच उस काल

का गुप्त पत्र-व्यवहार हमारी आँखों के सामने खुला पड़ा है तब हम यह मानने को विवश हैं कि शक्तिशाली ब्रिटिश साम्राज्य के विरुद्ध भारतीय जनता के स्वातंत्र्य युद्ध शिविर के भीतर कैसे-कैसे राजनीतिक घात-प्रतिघात चल रहे थे, शतरंजी गोटियाँ बिछाई जा रही थीं।

एकमात्र ध्येय

इन घात-प्रतिघातों को समझने के लिए गांधी और नेहरू के साथ सुभाष बोस के संबंधों की गहराई में प्रवेश करना आवश्यक है। गांधी के नेतृत्व में सन् १९२१ के पहले जनांदोलन ने ही युवा सुभाष को आई.सी.एस. के दुर्लभ कॅरियर को ठोकर मारकर इंग्लैंड से स्वदेश वापस लौटने और स्वतंत्रता आंदोलन में प्राणपण से जुट जाने की प्रेरणा दी थी। भारत आकर वे सबसे पहले गांधीजी से ही मार्गदर्शन लेने गए थे, किंतु गांधीजी ने उनकी स्वतंत्रचेता अधीर प्रकृति को पहचानकर उन्हें बंगाल जाकर देशबंधु चित्तरंजन दास के मार्गदर्शन में काम करने ही सलाह दी थी। तब से सन् १९२५ में अपनी मृत्यु तक देशबंधु की उनके एकमेव मार्गदर्शक बने रहे। देशबंधु का साया हटने पर सुभाष बाबू का व्यक्तित्व अपनी स्वतंत्र आभा के साथ सामने और वे कलकत्ता महानगर के निर्वाचित मेयर बने। किंतु पदों का मोह उनके मन में कभी नहीं रहा। हिंसा या अहिंसा का विचार किए बिना चाहे जिस तरीके से जल्दी-से-जल्दी देश को स्वतंत्र कराना ही उनके जीवन का एकमात्र ध्येय वाक्य था और सन् १९२१ से लेकर सन् १९४५ तक उनका समूचा जीवन इस एक ध्येय के प्रति समर्पित रहा। सुभाष बाबू पर उतावलेपन, परिस्थितियों का समुचित आकलन न करने, साध्य-साधन विवेक की सैद्धांतिक उहापोह में न फँसने, अपने उतावलेपन के कारण अपने सहयोगियों की धीमी चाल को सहन न कर पाने, उनकी भावनाओं का पूरी तरह आदर न करने जैसे आरोप भले ही लगाए जाएँ, किंतु निष्काम देशभक्ति, उत्कट स्वातंत्र्य प्रेम और उसके लिए सर्वस्वाअर्पण की सिद्धता पर उँगली उठाना असंभव है। गांधीजी और उन्हें जोड़ने वाली यही समान भावभूमि थी। किंतु गांधीजी की दृष्टि में स्वतंत्रता की लड़ाई राजनीतिक से अधिक सांस्कृतिक थी, वे साध्य से अधिक महत्त्व साधनों को देते थे। वे सांस्कृतिक मूल्यों के प्रति निष्ठा की नींव पर एक विराट जन संगठन खड़ा करके लंबी लड़ाई लड़ना चाहते थे। उनकी दृष्टि में इस लड़ाई का प्रत्येक चरण जन-जागरण और उसमें से उभरे नेतृत्व की आत्म-शुद्धि का माध्यम बनना चाहिए था। लोकमानस पर गांधीजी के व्यापक प्रभाव और नेतृत्व पर गांधीजी की पकड़ का स्रोत उनकी नैतिक शक्ति में था और कहीं नहीं। इसलिए उनसे मतभेद रखते हुए भी सुभाष बोस ने उनके इस नैतिक बल को स्वीकार किया है। सन् १९३४ में वियना में बैठकर सुभाष बाबू ने 'भारतीय

संघर्ष' शीर्षक से जो अमर रचना लिखी, उसके एक अध्याय में उन्होंने गांधीजी के नेतृत्व के सांस्कृतिक और राजनीतिक पक्षों का बेबाक मूल्यांकन किया है। उन्होंने स्वीकार किया कि "आज की भारतीय राष्ट्रीय कांग्रेस मुख्यतया उन्हीं की रचना है। कांग्रेस का संविधान उनका बनाया हुआ है। उन्होंने ही कांग्रेस को बात करनेवाली मशीन की जगह एक जिंदा और लड़ाई मशीन में बदल डाला। भारत के प्रत्येक गाँव और कस्बे में उसका जाल फैला हुआ है और समूचे राष्ट्र को एक आवाज को सुनने की आदत लग गई है। चरित्र की उदात्तता और त्याग की क्षमता ही नेतृत्व की मूलभूत कसौटियाँ बन गई हैं। उनके कारण ही आज कांग्रेस देश की सबसे विशाल और प्रतिनिधि राजनीतिक संस्था बन सकी है।"

गांधी और सुभाष का टकराव दो ईमानदार और निष्काम देशभक्तों का टकराव था। निःस्वार्थता में से जो आत्मबल और निर्भयता पैदा होती है, उसी के कारण युवक सुभाष सन् १९२८ की कलकत्ता कांग्रेस में गांधीजी की इच्छा के विरुद्ध पूर्ण स्वतंत्रता का लक्ष्य घोषित करने का प्रस्ताव रखकर गांधीजी के नेतृत्व को चुनौती देने का साहस कर सके। यह सत्य है कि उस समय गांधीजी के खुले अनुरोध के कारण सुभाष का प्रस्ताव कुछ मतों से गिर गया, किंतु कांग्रेस के भीतर गांधीजी को चुनौती देने का साहस भी कोई कर सकता है, यह दृश्य सबके सामने आ गया। सन् १९३४ में 'भारतीय संघर्ष' नामक रचना में सुभाष ने गांधीजी से अपने मतभेद को खुलकर व्यक्त किया, किंतु इसमें कहीं भी गांधीजी के व्यक्तित्व अथवा आदर्शों की आलोचना नहीं है। मतभेद है तो केवल स्वतंत्रता आंदोलन की उनकी रणनीति का और ब्रिटिश कूटनीति के विरुद्ध उनके राजनीतिक चातुर्य का।

टकराव

सन् १९३९ में त्रिपुरी कांग्रेस के समय स्वातंत्र्य युद्ध की रणनीति को लेकर गांधी और सुभाष का टकराव निर्णायक दौर में पहुँच गया। अब इस बात के पर्याप्त दस्तावेजी प्रमाण उपलब्ध हैं कि सुभाष बाबू सन् १९३८ में हरिपुर कांग्रेस के लिए निर्विरोध चुने जाने के बाद सन् १९३९ में दोबारा अध्यक्ष बनना चाहते थे, जबकि गांधीजी उन्हें दोबारा अध्यक्ष पद नहीं देना चाहते थे। अध्यक्ष के निर्वाचन की तिथि २९ जनवरी के काफी पहले से गांधीजी ने सुभाष का विकल्प ढूँढ़ने के प्रयास शुरू कर दिए थे। नवंबर १९३८ में नेहरू के यूरोप यात्रा से वापस लौटने पर गांधीजी ने पहले उनके सामने अध्यक्ष पद का प्रस्ताव रखा, किंतु पं. नेहरू ने स्वीकार न करके मौलाना आजाद का नाम सुझाया। मौलाना आजाद ने पहले तो 'हाँ' कर दी, किंतु सुभाष के खफा होने के भय से खराब स्वास्थ्य के बहाने से २० जनवरी को 'ना' कर दी! तब पट्टाभि सीतारमैया को मैदान में

उतारा गया। निर्वाचन के ५ दिन पूर्व २४ जनवरी को बारडोली में गांधीजी के सान्निध्य से कार्यसमिति के ७ सदस्यों—सरदार पटेल, डॉ. राजेंद्र प्रसाद, जमनालाल बजाज, भूलाभाई देसाई, आचार्य कृपलानी, जयरामदास, दौलतराम एवं शंकरराव देव ने पट्टाभि के समर्थन और सुभाष के विरोध में संयुक्त वक्तव्य निकाला, जिसके कारण एक सप्ताह तक दोनों ओर से वक्तव्य-युद्ध चलता रहा। अंततः २९ जनवरी को सुभाष बोस १३७५ के विरुद्ध १५६० मतों से विजयी हुए। गांधीजी ने ३१ जनवरी को बारडोली से एक प्रेस वक्तव्य में स्वीकार किया कि ''मैं पहले दिन से सुभाष के पुनर्निर्वाचन के विरुद्ध था। मैंने पट्टाभि को अपना नाम वापस न लेने का आग्रह किया और इसलिए यह हार पट्टाभि से अधिक मेरी हार है। और मैं किन्हीं निश्चित सिद्धांतों एवं नीतियों का प्रतिनिधि होने के अलावा कुछ भी नहीं हूँ।'' अर्थात् गांधीजी की दृष्टि में उनका विरोध व्यक्तिगत नहीं, सैद्धांतिक कारणों से था। गांधीजी के इस वक्तव्य पर सुभाष बाबू की प्रतिक्रिया उससे भी अधिक शालीन और गरिमापूर्ण थी। ५ फरवरी को एक प्रेस वक्तव्य में उन्होंने कहा कि ''मैं नहीं जानता कि गांधीजी का मेरे बारे में क्या मत है। किंतु उनका मत चाहे जो हो, उनके विश्वास को अर्जित करने के लिए प्रयत्न करना मेरा हमेशा लक्ष्य रहेगा, क्योंकि मेरे लिए इससे दुःखद बात और क्या होगी कि मैं अन्य अनेक लोगों का विश्वास तो जीत लूँ, किंतु भारत के महानतम् व्यक्ति का विश्वास पाने में असफल रहूँ।''

गांधीजी का असहयोग

गांधीजी का विश्वास अर्जित करने के सुभाष के प्रयत्नों के साक्षी वे ३४ तार और १३ लंबे पत्र प्रस्तुत करते हैं, जिनका सुभाष और गांधीजी ने २४ मार्च, १९३९ से लेकर ५ मई, १९३९ के बीच आदान-प्रदान किया। इस भारी-भरकम पत्र-व्यवहार के अध्ययन के अध्ययन से स्पष्ट है कि ७ मार्च को त्रिपुरी कांग्रेस के खुले अधिवेशन में पारित गोविंद वल्लभ पंत प्रस्ताव के अंतर्गत कांग्रेस अध्यक्ष के नाते सुभाष बाबू, गांधीजी की सहमति से अपनी कार्यसमिति का गठन करने के लिए बँधे हुए थे, जबकि गांधीजी उन्हें किसी भी रूप में सहयोग न देने के लिए तुले हुए थे। यहाँ तक कि सुभाष के बार-बार अनुनय-विनय करने पर भी गांधीजी राजकोट के सत्याग्रह को प्राथमिकता देने के बहाने से बीमार सुभाष को व्यक्तिगत भेंट का अवसर देने को भी तैयार नहीं हुए। यह असहयोग आंदोलन का एक नया प्रकार था।

इस पत्र-व्यवहार से यह भी आभास होता है कि सुभाष बाबू अपने विरोधी शिविर की रणनीति का मुख्य सूत्रधार सरदार पटेल को मानते थे और उन्होंने पूरा गुस्सा सरदार पर ही उतारा। इस संबंध में सरदार का नेहरू के नाम ८ फरवरी का पत्र बहुत मार्मिक

है। उसमें उन्होंने लिखा कि "२४ जनवरी का संयुक्त वक्तव्य गांधीजी के आग्रह पर ही जारी किया गया था। सच तो यह है कि मैंने गांधीजी से कहा कि यह एक और बहाना मुझे गालियाँ देने का बन जाएगा, किंतु उन्होंने आग्रह किया और मैंने उनकी आज्ञा का पालन किया।" सरदार लिखते हैं कि "तुम्हें उस संयुक्त वक्तव्य पर हस्ताक्षर देने अथवा स्वतंत्र वक्तव्य जारी करने का सुझाव भी मैंने गांधीजी के आग्रह पर ही दिय। तुम्हारा उत्तर भी उन्हें दिखाया। उन्होंने मुझे उसका उत्तर लिखने को कहा। वे स्वयं तुम्हारे पत्र से अप्रसन्न थे।"

सरदार अपनी मनोव्यथा को उड़ेलते हैं, "गालियाँ खाना शायद मेरी नियति बन गई है। बंगाल का प्रेस बहुत गुस्से में है और मुझे नरीमन व खरे प्रकरणों के लिए दोषी ठहरा रहा है, जबकि इस प्रकार के जो भी कदम उठाए गए उसके लिए सभी सहयोगी गण संयुक्त रूप से उत्तरदायी थे। खरे के मामले में तो सुभाष शुरू से आखिर तक उपस्थित रहे थे और उन्होंने ही उस पूरे प्रकरण का सूत्र संचालन किया था।"

कड़ी शर्तें

त्रिपुरी कांग्रेस के बाद १५ फरवरी को वर्धा में सुभाष की लंबी वार्त्ता में भी गांधीजी का एक ही आग्रह रहा कि तुम्हें समानधर्मी लोगों की कार्यसमिति बनानी चाहिए और पुराने लोग, अब तुम्हारे साथ कार्य करने को तैयार नहीं हैं। २२ फरवरी को वर्धा में कार्यसमिति की बैठक में सुभाष बीमारी के कारण उपस्थित नहीं रह सके। तब कार्यसमिति के १५ में से १२ सदस्यों ने संयुक्त रूप से कार्यसमिति से त्यागपत्र दे दिया। गांधीजी के जीवनीकार तेंदुलकर के अनुसार संयुक्त त्यागपत्र का मसौदा तो गांधीजी ने स्वयं ही तैयार किया था। अंततः २९ अप्रैल को कलकत्ता में अ.भा. कांग्रेस समिति के सम्मेलन के एक दिन पूर्व गांधीजी से सुभाष बोस की लंबी एकांत वार्त्ता हो ही गई, किंतु उसमें सुभाष के सामने इतनी कड़ी शर्तें रखी गईं कि उन्हें स्वीकार करने का अर्थ पूर्ण आत्मसमर्पण से कम नहीं होता। अतः सुभाष ने आत्मसमर्पण करने के बजाय अध्यक्ष पद से त्यागपत्र देने का सम्मानजनक मार्ग अपनाया, जिससे अ.भा. कांग्रेस समिति के लिए राजेंद्र बाबू को अध्यक्ष चुनने का मार्ग प्रशस्त हो गया।

स्पष्ट ही इस पूरे प्रकरण में प्रत्याशी के चयन से लेकर सुभाष के त्यागपत्र तक के पूरे आपरेशन का सूत्र संचालन गांधीजी ने ही किया था। दूसरे शब्दों में कहें तो सुभाष बाबू को कांग्रेस से निकालने का निर्णय उनका अपना था। सुभाष-गांधी पत्र-व्यवहार को पढ़ने से गांधीजी की छवि खलनायक जैसी उभरकर आती है। डॉ. राममनोहर लोहिया ने भी इस प्रसंग का वर्णन करते समय लिखा कि "मैं यहाँ गांधीजी को पूर्णतया दोषमुक्त नहीं मान सकता, ऐसी स्थिति में भी क्या यह आश्चर्य की बात नहीं कि

गांधीजी के प्रति सुभाष ने अपने आदर भाव को समाप्त नहीं होने दिया? ३ सितंबर, १९३९ को द्वितीय विश्वयुद्ध के विधिवत् शुरू होने पर रणनीति तय करने के लिए कांग्रेस कार्यसमिति की जो बैठक ९ सितंबर को बुलाई गई उसमें गांधीजी के व्यक्तिगत निमंत्रण पर सुभाष बाबू उपस्थित रहे और उन्होंने युद्धजनित स्थिति पर कुछ दिनों तक अपनी प्रतिक्रिया को सार्वजनिक रूप से प्रकट न करने का गांधीजी का परामर्श भी शिरोधार्य किया।

इतना ही नहीं, स्वतंत्रता की लड़ाई को जारी रखने के अपने संकल्प को पूरा करने के लिए जब सुभाष के सामने स्वदेश छोड़ने के अलावा कोई मार्ग नहीं बचा तो अपनी इस दु:स्थिति के लिए भी उन्होंने गांधीजी की निंदा में कभी एक शब्द नहीं बोला। उलटे, विदेशों से भी वे बार-बार गांधीजी की स्तवन ही करते रहे। २ अक्तूबर, १९४३ को गांधीजी के जन्मदिवस पर श्रद्धा सुमन अर्पित करते हुए सुभाष ने कहा कि "भारत के स्वतंत्रता संग्राम में गांधीजी का योगदान ऐसा अनूठा और अप्रतिम है कि हमारे राष्ट्रीय इतिहास में हमेशा के लिए उनका नाम स्वर्णाक्षरों में अंकित रहेगा।" ६ जुलाई, १९४४ को आजाद हिंद रेडियो से गांधीजी के नाम एक विशेष संदेश में उन्होंने कहा, "आप भारत में वर्तमान जागृति के जनक हैं। ब्रिटिश कारावास में श्रीमती कस्तूरबा की मृत्यु के बाद आपके स्वास्थ्य के बारे में हम सब देशवासी चिंतित हैं।"

असामान्य कर्तृत्व के धनी

त्रिपुरी कांग्रेस के बाद के तनाव और कटुता के दिनों में भी सुभाष के मन में गांधीजी के प्रति कितना प्रगाढ़ मोहभाव था, इसका पता उनके नेहरू के नाम १५ और २० अप्रैल, १९३९ के पत्रों से लगता है। राजकोट सत्याग्रह के दौरान गांधीजी को कई दिन तक ज्वर चढ़ा रहने की सूचना से उद्विग्न होकर सुभाष ने नेहरू को लिखा कि "मैं गांधीजी के ज्वर की सूचना से बहुत चिंतित हूँ। मैं आशा करता हूँ कि यह शीघ्र ही उतर जाएगा। किंतु यदि वह बना रहता है तो—ईश्वर न करें—हमारा क्या होगा?" सुभाष के मन में गांधीजी के प्रति आदर और स्नेह की भावना के अखंड बने रहने का कारण यही हो सकता है कि वे अपने मन में यह समझते रहे होंगे कि उनके प्रति गांधीजी का विरोध व्यक्तिगत द्वेष या ईर्ष्या में से नहीं, बल्कि सैद्धांतिक मतभेद में से उपजा है।

सुभाष बाबू एक अति संवेदनशील आत्मीयतापूर्ण अंत:करण के साथ-साथ असामान्य कर्तृत्व के धनी भी थे। गांधीजी के अतिरिक्त कांग्रेस में और कौन नाम है जो सुभाष जैसा कर्तृत्व प्रकट कर पाया हो? क्या गांधीजी के प्रत्याशी के विरुद्ध कांग्रेस के अध्यक्ष पद का चुनाव जीत जाना कोई सामान्य घटना थी? अपनी क्षमता का अहसास कराने के लिए सुभाष ने जवाहरलाल नेहरू को २८ मार्च, १९३९ को टंकित पृष्ठों के लंबे पत्र में

लिखा कि "अध्यक्षीय चुनाव के बाद से तुमने जनता की नजरों में गिराने के लिए कार्यसमिति के १२ पूर्व सदस्यों से कहीं अधिक कार्य किया है। यदि मैं सचमुच ही इतना बड़ा खलनायक हूँ तो तुम्हें अवश्य ही मुझे जनता के सामने बेपर्दा करना चाहिए। किंतु शायद तुम्हारे ध्यान में आया हो कि जो राक्षस तुम्हारे, महात्मा गांधी जैसे बड़े-से-बड़े नेताओं और सात-आठ प्रांतीय सरकारों के विरोध के बावजूद अध्यक्ष पद के लिए पुनः चुन लिया गया, उसमें कुछ थोड़ा-बहुत गुण तो होगा ही।"

यहाँ प्रश्न उठता है कि गांधीजी ने इतने क्षमतावान, गुणवान और श्रेष्ठ नेता को कांग्रेस के लिए गँवाने का दुर्भाग्यपूर्ण निर्णय क्यों लिया? क्या इसके पीछे केवल व्यक्तिगत द्वेष और ईर्ष्या को कारण माना जा सकता है? यदि ऐसा है तो गांधीजी ने सुभाष को हरिपुर कांग्रेस का निर्विरोध अध्यक्ष क्यों चुन जाने दिया? क्या गांधीजी की इच्छा के बिना सुभाष का नाम अध्यक्ष पद के लिए चुना जा सकता था? यदि सुभाष हरिपुर कांग्रेस के अध्यक्ष हो सकते थे तो उनके दोबारा चुने जाने का गांधीजी ने इतना कड़ा विरोध क्यों किया? इन प्रश्नों के उत्तर का कुछ संकेत हमें कन्हैयालाल माणिकलाल मुंशी की आत्मकथात्मक रचना 'पिलग्रिमेज टु फ्रीडम' में मिलता है। मुंशी लिखते हैं कि अपने पहले अध्यक्ष काल के अंतिम दिनों में सुभाष बाबू मुंबई में बीमारी का बहाना बनाकर एक मित्र के यहाँ गुप्त रूप से ठहरे थे। मुंशी उन दिनों मुंबई प्रांत के गृहमंत्री पद पर कार्य कर रहे थे। उन्हें गुप्तचर विभाग के एक उच्च अधिकारी ने सूचना दी कि सुभाष बाबू का कलकत्ता स्थित जर्मन काउंसलर में गुप्त संपर्क बना हुआ है। मुंशीजी ने किन्हीं लाला शंकरलाल का उल्लेख भी किया है जो किसी इंश्योरेंस कंपनी के चेयरमैन थे। इन्होंने एक बार मुंशी को जापान के साथ सुभाष बाबू के गुप्त समझौते का जिक्र किया। मुंशीजी इन सब सूचनाओं को गांधीजी तक पहुँचा देते थे। मुंशी जी लिखते हैं कि संभवतः इन सूचनाओं के कारण गांधीजी ने सुभाष के पुनर्निर्वाचन का इतना कड़ा विरोध किया। जर्मनी और इटली के प्रति सुभाष के नरम भाव का उल्लेख नेहरू ने भी सुभाष के नाम अपने ३ अप्रैल के लंबे उत्तर में किया है। नेहरू लिखते हैं कि "नाजी जर्मनी और फासिस्ट इटली की हमारे द्वारा निंदा को तुम्हारा पूरा समर्थन न मिलने से मुझे परेशानी होती रही है। पूरे परिदृश्य पर ध्यान देने के बाद मैं उस दिशा को स्वीकार नहीं कर सकता, जिस ओर तुम हमें ले जाना चाहते हो।"

पं. नेहरू के दृष्टिकोण से हमारा सहमत होना आवश्यक नहीं है। किंतु यह सत्य है कि सुभाष बाबू यूरोप के घटनाचक्र से पूरी तरह जुड़े हुए थे और वे जानते थे कि शीघ्र ही विश्वयुद्ध शुरू होनेवाला है। उनकी सोच थी कि इस मौके का भारत को लाभ उठाना चाहिए और ब्रिटेन के शत्रु राष्ट्रों के सहयोग से स्वतंत्र होने का प्रयास करना चाहिए। गांधीजी की अहिंसा नीति के वे शुरू से आलोचक थे। वे इस अवसर को हाथ

से नहीं निकलने देना चाहते थे और इसलिए कांग्रेस के अध्यक्ष पद पर रहकर वह राष्ट्र का नेतृत्व करना चाहते थे। गांधीजी उन दिनों कांग्रेस मंत्रिमंडलों और संगठन में व्याप्त भ्रष्टाचार की समस्या को अधिक महत्त्वपूर्ण मानते थे। गांधीजी ने बार-बार लिखा कि भ्रष्टाचार से ग्रस्त होने के कारण कांग्रेस संगठन इस समय किसी भी बड़े आंदोलन की क्षमता नहीं रखता। सुभाष का कहना था कि कांग्रेस को भ्रष्टाचार के दलदल से बाहर निकालने के लिए भी आंदोलन छेड़ना ही अचूक उपाय है।

आंतरिक चरित्र

त्रिपुरी कांग्रेस प्रकरण से संबंधित दस्तावेजों में से कांग्रेस का जो आंतरिक चरित्र उभरकर सामने आता है, वह दिल दहलाने वाला है। नेहरू ने शरत बोस के नाम अपने पत्र में आरोप लगाया कि कांग्रेस अधिवेशन में अपने समर्थकों की भीड़ जुटाने के लिए पैसा खर्च किया गया, बंगाल के प्रतिनिधियों को डुप्लीकेट टिकट जारी किए गए, जिनका उपयोग और प्रतिनिधियों ने किया। शरत ने यही आरोप आंध्र पर लगाया। सुभाष का आरोप था कि कांग्रेस मंत्रियों ने अपने प्रभाव और धनबल का उपयोग उनके विरुद्ध किया। स्वयं गांधीजी ने सुभाष को एक पत्र में लिखा कि कांग्रेस की अधिकांश सदस्य संख्या बोगस है। सुभाष ने कार्यसमिति के अपने सहयोगियों पर सार्वजनिक रूप से आरोप लगा दिया कि वे ब्रिटिश सरकार से साँठ-गाँठ करके संघीय व्यवस्था को क्रियान्वित करने जा रहे हैं। इससे भी भयंकर चित्र तो 'माडर्न रिव्यू' में प्रकाशित हुए सुभाष के एक लेख में मिलता है। त्रिपुरी कांग्रेस से पूर्व सुभाष को अनायास भयंकर बीमारी ने घेर लिया, जिसके कारण वे न तो २२ फरवरी को कार्यसमिति की बैठक में उपस्थित रह सके और न पूरी तरह त्रिपुरी कांग्रेस में भाग ले सके। कुछ कांग्रेसी नेताओं ने इस बीमारी को झूठा व बहाना बताया। किंतु सुभाष ने 'मेरी विचित्र बीमारी' शीर्षक उस लेख में कलकत्ता विश्वविद्यालय के एक विद्वान् संस्कृत प्रोफेसर के हवाले से लिखा है कि उनकी बीमारी के पीछे उन पर तांत्रिक मारण क्रिया अभिचार का प्रयोग विद्यमान था। सुभाष लिखते हैं कि जिन दिनों कांग्रेस के मेरे सहयोगी मेरी बीमारी को झूठ बता रहे थे, मुझे देश के कोने-कोने से सहस्रों लोगों की शुभकामनाएँ आ रही थीं, केवल शुभकामना ही नहीं तो मेरे ऊपर आए अनिष्ट को टालने के लिए अनेक शुभेच्छुओं ने ताबीज और अँगूठियाँ भी भेजीं।

□

लोकतंत्र बनाम वंशवाद में गांधी कहाँ?

२६ जनवरी और ३० जनवरी के बीच केवल चार दिन का फासला है। सन् १९५० के पूर्व हम २६ जनवरी को स्वतंत्रता दिवस के रूप में मनाते थे और तब से गणतंत्र दिवस के रूप में मना रहे हैं। ३० जनवरी को हम गांधीजी की पुण्य तिथि के रूप में स्मरण करते हैं। जैसे-जैसे गणतंत्र की यात्रा आगे बढ़ रही है इन दोनों दिवसों की नजदीकी नया अर्थ और महत्त्व ग्रहण करती जा रही है। गणतंत्र या लोकतंत्र भारत की सहस्राब्दियों लंबो इतिहास यात्रा में से उपजी लोकतांत्रिक चेतना की सहज अभिव्यक्ति थी। ब्रिटिश अधिनायकवादी सत्ता के विरुद्ध भारत के स्वतंत्रता आंदोलन की एक मुख्य प्रेरणा थी लोकतंत्र की पुरःस्थापना। ब्रिटिश लोकतंत्र की चमक-दमक से प्रभावित होकर हमारे अंग्रेजी शिक्षा-प्राप्त बौद्धिक और राजनीतिक नेतृत्व ने ब्रिटिश संसदीय प्रणाली को ही लोकतंत्र का आदर्श मान लिया। स्वाधीन भारत के लिए संविधान की रचना करने के लिए जो संविधान सभा बनी उसमें ऐसे मस्तिष्कों का भारी बहुमत था, जो देशभक्त तो थे किंतु ब्रिटिश राजनीतिक प्रणाली को ही सर्वोत्तम मानते थे। स्व. कन्हैयालाल माणिकलाल मुंशी, जिनकी संविधान सभा में बड़ी सक्रिय और प्रभावी भूमिका रही, कुछ वर्ष बाद यह माना कि हम लोग ब्रिटिश न्यायिक प्रणाली का अंग रहे थे, इसलिए उसके आगे हमारा मस्तिष्क सोच ही नहीं सकता था। इस ईमानदार विश्वास में से यह संविधान बना और स्वाधीन भारत ने उसे अंगीकार कर लिया। स्वाधीनता आंदोलन के उदात्त आदर्शों और लक्ष्यों को हमने संविधान की उद्देशिका और निदेशक सिद्धांतों में लिपिबद्ध कर दिया।

इस संवैधानिक मार्ग पर चलते स्वाधीन भारत के ६० वर्ष पूरे हो रहे हैं। पर, अब सब महसूस कर रहे हैं कि हम अपने आदर्शों और लक्ष्यों के निकट पहुँचने के बजाय उत्तरोत्तर उनसे दूर होते जा रहे हैं, बल्कि उलटी दिशा में जाते दिख रहे हैं। एक सहिष्णु, अहिंसक और नैतिक समाज बनने के बजाय कामुक, हिंसक और भ्रष्टाचारी समाज बन रहे हैं। विश्व बंधुत्व के आदर्श की ओर बढ़ाने वाली अखिल भारतीय राष्ट्रीय चेतना का सुदृढ़ करने के बजाय जाति, क्षेत्र, भाषा और पृथकतावाद की दलदल में फँसते जा रहे हैं। यह सामाजिक

विभाजन राजनीतिक विखंडन का रूप धारण कर गया है। अखिल भारतीय राष्ट्रीयता के प्रति निष्ठावान द्विदलीय राजनीतिक व्यवस्था के बजाय व्यक्तिगत महत्त्वाकांक्षाओं में से उपजे अनेक छोटे-छोटे जातिवादी, क्षेत्रवादी, राजनीतिक दलों के गठबंधन की अवसरवादी राजनीति के जाल में फँस गए हैं। संसदीय लोकतंत्र के सब खंभे—विधायिका, कार्यपालिका, न्यायपालिका और चौथा मीडिया भी अपनी-अपनी जगह से हिल चुके हैं, चरमरा रहे हैं, विधायिका और न्यायपालिका एक-दूसरे के सामने खड़ी दिखाई दे रही हैं। विभाजनकारी वोट बैंक राजनीति के बंदी बने राजनेता एवं राजनीतिक दल उनकी भ्रष्टाचारी, विभाजनकारी, राष्ट्रघाती राजनीति पर अंकुश लगाने का साहस दिखानेवाली न्यायपालिका को अपना शत्रु मान बैठे हैं। राष्ट्रहित में लिए गए उसके निर्णयों को अधिकार सीमा का अतिक्रमण कर रहे हैं। और संसद की सर्वोच्चता के नाम पर न्यायपालिका पर आक्रमण की राजनीति बना रहे हैं। क्या न्यायपालिका अकेले इस आक्रमण का मुकाबला कर पाएगी? कार्यपालिका के दोनों अंगों—प्रशासन और पुलिस पर विधायिका यानी राजनीतिक नेतृत्व का नियंत्रण है। उसके सहयोग के बिना न्यायपालिका पंगु और शक्तिहीन स्थिति में है। ऐसी स्थिति में जागरूक जनमत ही न्यायपालिका की शक्ति बन सकता है। किंतु यदि समाज ही जाति, क्षेत्र और दलों के आधार पर विभाजित हो चुका हो तो उसे एक्यबद्ध कौन करेगा? मीडिया को लोकतंत्र का प्रहरी और लोक जागरण का शंखनाद कहा जाता है। क्या वह अपनी भूमिका निभाने की मन:स्थिति में है? क्या २६ जनवरी को गणतंत्र दिवस पर गणतंत्र के अस्तित्व पर छाए संकट का मीडिया ने तथ्यात्मक आकलन और विश्लेषण किया? मुझे तो खोखले स्तुतिगान के अतिरिक्त आत्मालोचन का कोई गंभीर स्वर सुनाई नहीं पड़ा।

गांधीजी का सीढ़ी की तरह इस्तेमाल

यदि ठीक से विश्लेषण हुआ होता तो चार दिन बाद गांधीजी की पुण्यतिथि पर हम गांधीजी के उन विचारों, आदर्शों और आचरण के मानदंडों का स्मरण करते जिनको उन्होंने भारत के सार्वजनिक जीवन में प्रतिष्ठित करने का प्रयास किया, जिनका जीवित प्रतिनिधि होने के कारण ही भारतीय लोकमानस ने उन्हें महात्मा के रूप में देखा और जिनके कारण ही सत्ता और पद से दूर रहकर भी स्वतंत्रता आंदोलन के एकमात्र दर्शनकार एवं प्रेरणा पुरुष बन सके। भारतीय जनमानस पर उनकी गहरी पकड़ ही उनकी सबसे बड़ी शक्ति थी। उनकी इस शक्ति के कारण ही जवाहरलाल नेहरू जैसे सत्ताकांक्षी राजनेता उनके सामने नतमस्तक थे। नेहरू ने अपने पत्रों और आत्मकथा में स्वीकार किया है कि गांधी के आर्थिक व सामाजिक आदर्श उन्हें स्वीकार्य नहीं रहे। गांधीजी की लोकतंत्र की स्वदेशी रूपरेखा से भी नेहरू सहमत नहीं थे, किंतु साथ ही उन्होंने यह भी लिखित रूप से स्वीकार किया है कि गांधी के विचारों से मतभेद रखते हुए भी गांधी के नेतृत्व में चलना उनकी मजबूरी थी। नेहरू का तर्क था कि मेरे अपने विचारों के क्रियान्वयन के लिए भारत का स्वतंत्र होना

आवश्यक है, एक प्रबल विशाल जनांदोलन के बिना भारत की स्वतंत्रता संभव नहीं है, और ऐसा जनांदोलन खड़ा करने की क्षमता अकेले गांधी के पास है, क्योंकि गांधी ही लाखों गाँवों में बिखरे गरीबों, अशिक्षित किसानों व पढ़े-लिखे शहरियों को अहिंसक संघर्ष और बलिदान की प्रेरणा दे सकते हैं। इस कथन में अतिशयोक्ति नहीं है कि अपने इस आंतरिक भाव के कारण नेहरू परिवार ने विचारपूर्वक गांधी का सीढ़ी की तरह इस्तेमाल किया। जवाहरलाल नेहरू चार बार कांग्रेस अध्यक्ष बने। वर्ष १९२९, १९३६, १९३७ एवं १९४६ और चारों समय के दस्तावेज साक्षी है कि नेहरूजी का कांग्रेस के बहुमत की इच्छा के विरुद्ध गांधीजी की कृपा के कारण ही कांग्रेस अध्यक्ष बन पाए। सन् १९२८ में जब गांधीजी ने वैचारिक मतभेद के कारण उन्हें विद्रोह का झंडा फहराने की इजाजत दे दी थी तब उनके पिता मोतीलाल नेहरू ने पत्र लिखकर गांधीजी से उन्हें कांग्रेस का अध्यक्ष पद देने का अनुरोध किया था।

पं. नेहरू गांधीजी को सीढ़ी बनाकर सत्ता की ओर आगे तो बढ़ते रहे किंतु गांधीजी की जिस अध्यात्म दृष्टि और स्वदेशी निष्ठा ने उन्हें भारतीय लोकमानस में 'महात्मा' का स्थान दिया था, उसे नेहरूजी ने कभी आत्मसात नहीं किया। न आर्थिक रचना के क्षेत्र में, न भारतीय राष्ट्रीयता की अवधारणा में और न आर्थिक संरचना में। गांधीजी ने पश्चिम के भौतिकतावादी जीवनदर्शन, उसमें से उपजी उपभोग प्रधान मशीनी औद्योगिक सभ्यता और उस सभ्यता की अंगभूत शिक्षा प्रणाली व आर्थिक-राजनीतिक संरचना को पूरी तरह अस्वीकार कर दिया था। उन्होंने सन् १९०९ में द. अफीका में ही ब्रिटिश संसद को वेश्या और ब्रिटिश संसदीय प्रणाली को बांझ घोषित कर दिया था। ग्राम पंचायत को इकाई मानकर उन्होंने गाँव से केंद्र तक पिरामिडनुमा राजनीतिक व्यवस्था का चित्र प्रस्तुत किया था। उसे नेहरूजी ने अपनी आत्मकथा में सोवियत रूप की अधिनायकवादी रचना की अनुकृति घोषित कर दिया। इतिहास की कितनी बड़ी त्रासदी है कि जिस महात्मा गांधी के नेतृत्व ने कांग्रेस को सत्ता के द्वार में प्रवेश कराया उस गांधी का स्वाधीन भारत के संविधान निर्माण में कोई योगदान नहीं था। सन् १९४६ में ही श्रीमननारायण ने गांधीजी की पूरी सहमति से संविधान की जो रूपरेखा प्रकाशित की उसकी संविधान सभा में चर्चा तक नहीं हुई। स्वाधीनता आंदोलन की प्रेरणाओं और लक्ष्यों का संविधान के प्रारंभ में शाब्दिक उल्लेख तो हुआ पर उन लक्ष्यों को प्राप्त करने का रास्ता उलटा चुना गया। भारत आज स्वयं को जिस दिशाहीन, प्रवाह पतित स्थिति में पा रहा है उसकी जड़ यही है।

वंशवादी राजनीति

गांधीजी की पुण्यतिथि पर हमें उनके विचारों, आदर्शों और जीवन-शैली का जो गहन अध्ययन करना चाहिए था, वह नहीं किया गया। गांधी को वंशवादी राजनीति के हथियार की तरह इस्तेमाल करने का घृणित प्रयास हुआ। दिल्ली में सरकार की ओर से सरकारी

खजाने से गांधी के सत्याग्रह की शताब्दी के नाम पर एक अंतरराष्ट्रीय सम्मेलन किया गया, जिसमें गांधी का चिंतन और आदर्श कहीं नहीं थे। उस पर वंशवादी राजनीति छाई हुई थी। हिंदी और अंग्रेजी के बड़े-बड़े अखबारों ने शीर्षक दिए कि राहुल गांधी इस सम्मेलन में भाग लेने जा रहे हैं। सम्मलेन में बार-बार उन्हीं का चित्र छापा गया, कभी किसी नोबेल पुरस्कार विजेता के साथ, कभी दूसरे के साथ। उस सम्मेलन पर सोनिया और उनका बेटा ही छाए रहे। मानो गांधीवाद के सबसे बड़े अधिकारी प्रतिनिधि वही हों। गांधीजी ने सत्याग्रह के जिस शस्त्र का प्रयोग सरकार के विरुद्ध किया था, उनकी मुख्य शक्ति आत्मबल में थी। यहाँ सरकार ने ही 'सत्याग्रह' शब्द को अपना लिया पर किसके विरुद्ध, किस उद्देश्य के लिए, यह किसी को पता नहीं चला। गांधी ने द्वितीय विश्वयुद्ध के समय ब्रिटिश सरकार को हिटलर का सशस्त्र प्रतिकार करने से रोकना चाहा था, तो सोनिया ने आणविक हथियारों की वकालत की। गांधी दक्षिण अफ्रीका की गोरी सरकार के अत्याचारों के विरुद्ध अकेले निहत्थे खम ठोंककर खड़े हो गए थे, तो इस सम्मेलन में नोबेल पुरस्कार विजेता, दक्षिण अफ्रीका के रंगभेद विरोधी युद्ध के नायक आर्चविशप डेस्मंड टुटु, जिन्हें सन् २००५ में गांधी शांति पुरस्कार से अलंकृत किया गया था, ने जब तिब्बत की आजादी का आह्वान किया तो सोनिया चालित सरकार को पसीने आ गए। उसने तुरंत सफाई जारी थी कि यह टुटु का व्यक्तिगत मत था, सम्मेलन का नहीं। सम्मेलन के पीछे की वंशवादी राजनीत इसी से स्पष्ट है कि इस सम्मेलन से गांधी के जीवन दर्शन और स्वेदशी विचारधारा को स्वीकार करने वाली भारतीय जनता पार्टी को तो बाहर रखा गया, किंतु गांधी की विचारधारा और कार्यक्रम को पूरी तरह ठुकराने वाली, गांधीवाद की शव-परीक्षा करने वाली 'मार्क्सवादी कम्युनिस्ट पार्टी' (माकपा) को सम्मेलन में बैठाया गया।

कितनी हास्यास्पद स्थिति है कि सोनिया की वंशवादी पार्टी गांधी की कांग्रेस की विरासत का अपहरण करने पर तुली है। गांधी ने स्वाधीनता मिलते ही कांग्रेस को भंग करने का लिखित आदेश दिया था, पर उनके आदेश का उल्लंघन कर कांग्रेस को जिंदा रखा गया और उसका नेहरूवंश-करण किया गया। मोतीलाल नेहरू ने जवाहरलाल नेहरू को कांग्रेस अध्यक्ष बनवाया, जवाहरलाल ने इंदिरा को सन् १९५९ में कांग्रेस अध्यक्ष बनाया, इंदिरा ने सन् १९६९ में कांग्रेस विभाजन की स्थिति पैदा कर स्वतंत्रता आंदोलन से जुड़े नेताओं को बाहर खदेड़कर इंदिरा कांग्रेस बनाई। अपने पुत्र संजय गांधी की असामयिक मृत्यु के बाद राजीव गांधी को राजनीति में स्थापित किया। राजीव गांधी की पत्नी बनकर सोनिया माईनो ने नेहरू वंश की विरासत को हथिया लिया है। अब उनकी वंशवादी पार्टी राहुल को कंधे पर उठाए घूम रही है।

नेहरू वंश के इस राजनीतिक उत्कर्ष को देखकर गांधीजी के कुछ वंशजों में भी राजनीतिक महत्त्वाकांक्षा जाग्रत हो गई है। गांधीजी के पौत्र और राजगोपालाचारी के दौहित्र राजमोहन गांधी और गांधीजी के एक प्रपौत्र तुषार गांधी के बीच इस दृष्टि से होड़ प्रारंभ

हो गई है। दोनों गांधीजी के नाम को बेचने की कोशिश में लगे हैं। राजमोहन ने सन् १९८० में जबलपुर से जनता दल के टिकट पर चुनाव लड़ा था, सन् १९९१ में वी.पी. सिंह की तरफ से अमेठी में राजीव गांधी के विरुद्ध चुनाव लड़ा, पर वे दोनों बार हारे। अब उन्होंने गांधी के बारे में अपनी विवादास्पद पुस्तक का लोकार्पण सोनिया गांधी से कराया। अर्थात् वे पलटी खा गए हैं। यद्यपि वे अमरीका की इलिनायस यूनिवर्सिटी में पढ़ा रहे हैं, तथापि गांधी के नाम को भुनाने और सोनिया से नजदीकी बढ़ाने की उनकी कोशिश तुषार गांधी को पसंद नहीं आई है। उन्होंने खुलकर राजमोहन गांधी की पुस्तक की आलोचना की है और उन पर सस्ती लोकप्रियता कमाने का आरोप लगाया है।

नाम भुनाने की कोशिश

वैसे स्वयं तुषार भी गांधीजी के चिंतन, आदर्शों और जीवनशैली से उतने ही अनभिज्ञ हैं, जितने सोनियापुत्र राहुल। उन्हें लगता है कि यदि राजमोहन गांधी अपनी नई पुस्तक में सरला चौधुरानी प्रकरण का उल्लेख न करते तो दुनिया को उसका पता ही नहीं चलता। उन्हें यह मालूम ही नहीं कि उसके पहले ही कितनी बार बड़े विस्तार से वह प्रकरण प्रकाशित हो चुका है और स्वयं गांधीजी के सरला चौधुरानी के नाम पत्र उपलब्ध हैं। तुषार भी चुनाव मैदान में हार का मुँह देख चुके हैं और अब वे सोनिया पार्टी की पूँछ पकड़कर अपनी राजनीतिक महत्त्वाकांक्षा पूरा करने के चक्कर में लगते हैं। 'लेट अस किल गांधी' जैसे उत्तेजक शीर्षक से पुस्तक प्रकाशित कर वे भी गांधी के नाम को भुनाने में लगे हुए हैं। गांधी के प्रपौत्र होने के नाते वे स्वयं को गांधीवाद के प्रवक्ता के नाते टी.वी. और मंचों पर जाना पसंद करते हैं। किंतु एक बार एन.डी.टी.वी. के मुकाबला कार्यक्रम में गांधीजी पर बहस के दौरान मैंने पाया कि उन्हें गांधी का क, ख, ग भी नहीं आता और उनके अंदर केवल घृणा और विद्वेष भरा हुआ है। मेरा उस समय का यह आकलन अब खुलकर सामने आ गया है। उन्होंने सोनिया पार्टी के लिए प्रचार करने की घोषणा कर दी है और गांधी हत्या के लिए पुणे के ब्राह्मणों को सार्वजनिक तौर पर अपराधी ठहराया है। घृणा और विद्वेष से भरा ऐसा व्यक्ति क्या केवल खून के रिश्ते से गांधी का उत्तराधिकारी माना जा सकता है? जो हरिलाल काका को अपना नया हीरो माने, उन्हें गांधीजी का नाम लेने का क्या अधिकार है? हरिलाल यानी गांधीजी का बड़ा बेटा, जो उनका बागी बनकर शराब-कबाब और वेश्याचार में डूब गया, जो इस्लाम की गोद में चला गया और गांधीजी के लिए भारी मानसिक पीड़ा का कारण बना। आज जब भारतीय राजनीति में लोकतंत्र और वंशवाद का संघर्ष निर्णायक दौर में है, विकेंद्रित लोकतंत्र के पुरस्कर्ता महात्मा गांधी दो-दो वंशवादों के घेरे में हैं।

(पाञ्चजन्य, २ फरवरी, २००७)

□

नेहरू ने गांधी-दर्शन ठुकराया

"यदि अंग्रेज यहाँ से चले जाएँ और उनकी सभ्यता यहाँ रह जाए तो मैं कहूँगा कि भारत स्वतंत्र नहीं हुआ, किंतु यदि अंग्रेज यहाँ रहें और उनकी सभ्यता यहाँ से चली जाए तो मैं समझूँगा कि भारत स्वतंत्र है।" भारत को अपना कर्मक्षेत्र बनाने के छह वर्ष पूर्व सन् १९०९ में अफ्रीका में बैठकर गांधीजी अपना यह घोष वाक्य 'हिंद स्वराज' नामक पुस्तिका में लिपिबद्ध किया था। इस पुस्तिका को गांधीजी के नेतृत्व में लड़े गए स्वतंत्रता संग्राम का घोषणा-पत्र कहना ही उपयुक्त होगा। इस पुस्तक के अध्ययन से स्पष्ट है कि गांधीजी की दृष्टि में स्वतंत्रता की लड़ाई का उद्देश्य केवल इतना नहीं था कि गोरे शासकों के हाथ से राजसत्ता को छीनकर उन्हीं के साँचे में ढले हुए काले हाथों में सौंप दिया जाए। अर्थात् यह लड़ाई राजनीतिक न होकर मुख्यतया सांस्कृतिक थी। 'हिंद स्वराज' में गांधीजी पाश्चात्य सभ्यता की सर्वोत्तम उपलब्धियों, जैसे वयस्क मताधिकार पर आधारित संसदीय लोकतंत्र, विशाल यंत्रों पर अवलंबित औद्योगिक क्रांति आदि का सूक्ष्म विश्लेषण करते हुए निष्कर्ष निकाला कि सभ्यता के क्षेत्र में भारत को पश्चिम का अंधानुकरण करने की तनिक भी आवश्यकता नहीं है। इससे भी एक पग आगे बढ़कर गांधीजी ने विवेकानंद, अरविंद और विपिनपाल की इस घोषणा को दोहराया कि भौतिक सुखोपभोगों के पीछे अंधे होकर भागते हुए पश्चिम को आत्मनाश के गर्त में गिरने से रोकने के लिए भारत को अपना हाथ आगे बढ़ाना होगा और उस दिन की तैयार के लिए ही भारत का स्वाधीन होना आवश्यक है। और इसीलिए गांधीजी ने सन् १९१५ से सन् १९४२ तक स्वतंत्रता संग्राम की व्यूह-रचना करते हुए भी एक भी क्षण के लिए भारत के इस जीवन-लक्ष्य को अपनी दृष्टि से ओझल नहीं होने दिया। एक ओर उन्होंने स्वयं को आधुनिकता के प्रवाह से बाहर खींच लिया, दूसरी ओर भारतीय मनीषा के सुदीर्घ अनुभव एवं चिंतन द्वारा आविष्कृत जीवन-मूल्यों के आधार पर जीवन के प्रत्येक क्षेत्र में—दैनिक आहार-विहार से लेकर दूरगामी अर्थरचना एवं शिक्षा-पद्धत्ति तक—बहुमुखी प्रयोग किए। वस्तुतः कांग्रेस और उनकी

लड़ाई का गांधीजी की अनेकाविध व्यापक एवं गैर-राजनीतिक गतिविधियों के बीच बहुत गौण सा स्थान रह गया था।

'भारत छोड़ो' आंदोलन के फलस्वरूप लंबे कारावास के बाद जब गांधीजी बाहर आए और अंतरराष्ट्रीय परिस्थितियों तथा ब्रिटिश साम्राज्य की आंतरिक दुर्बलताओं के कारण जब स्वतंत्रता के आगमन की संभावनाएँ प्रतीत होने लगीं तब स्वाधीन भारत के जीवन-लक्ष्य और रचना का प्रश्न पुन: ज्वलंत रूप धारण करके गांधीजी के सामने आ खड़ा हुआ। उस मन:स्थिति में गांधीजी ने अपने घोषित राजनीतिक उत्तराधिकारी जवाहरलाल नेहरू को एक मार्मिक एवं ऐतिहासिक पत्र लिखा।

५ अक्तूबर, १९४५ को लिखित इस पत्र में गांधीजी ने नेहरू को लिखा कि "मैं बहुत बूढ़ा हो चुका हूँ और तुम मेरी तुलना में काफी युवा हो। इसीलिए मैंने तुम्हें अपना उत्तराधिकारी घोषित किया है। किंतु यह बहुत आवश्यक है कि मैं अपने उत्तराधिकारी को जान लूँ और मेरा उत्तराधिकारी मुझे अच्छी प्रकार समझ ले। तभी केवल मुझे संतोष प्राप्त हो सकेगा।"

अपनी व्यथा को और स्पष्ट करते हुए गांधीजी ने लिखा कि "हम दोनों ही देश के लिए सहर्ष प्राणोत्सर्ग भी कर सकते हैं। हमें इस बात की भी तनिक चिंता नहीं है कि दुनिया हमारी तारीफ करती है या नहीं। हमारी स्तुति हो या निंदा—दोनों का हमारे लिए कोई महत्त्व नहीं है। किंतु यदि तुम्हारे-मेरे दृष्टिकोण में मौलिक अंतर है तो जनता को भी इसकी जानकारी होनी चाहिए। ज़नता को अँधेरे में रखना स्वराज प्राप्ति के हमारे प्रयत्नों के लिए बहुत हानिकर होगा।"

उपरोक्त उद्‍गारों से गांधीजी की उस समय की मन:स्थिति का कुछ आभास मिलता है। किंतु इससे भी महत्त्वपूर्ण है, स्वाधीन भारत का वह चित्र और जीवन-लक्ष्य जो गांधीजी की आँखों में नाच रहा था। इस चित्र को स्पष्ट करते हुए गांधीजी ने नेहरूजी को लिखा—

"मैंने कहा है कि मैं आज भी उसी शासन-पद्धति पर अटल हूँ, जिसकी कल्पना मैंने 'हिंद स्वराज' में प्रस्तुत की थी। ये निरे खोखले शब्द नहीं हैं। सन् १९०९ में मैंने इस पुस्तिका को लिखा था। तब से अब तक मैंने जो समस्त अनुभव अर्जित किया है, उससे मेरी धारणाओं की पुष्टि ही हुई है। अत: यदि इस धारणा को लेकर मैं अकेला रह गया तो भी मैं चिंता नहीं करूँगा, क्योंकि मैंने सत्य को जैसा देखा है, वैसा ही स्वीकार कर सकता हूँ।

"मेरी दृढ़ धारणा है कि यदि भारत को और भारत के माध्यम से समस्त विश्व को सच्ची स्वाधीनता प्राप्त करना है तो देर-सबेर इस सत्य को स्वीकार करना ही होगा कि मनुष्यों को नगरों में नहीं ग्रामों में, महलों में नहीं झोंपड़ियों में बसना होगा। नगरों और महलों की जिंदगी में करोड़ों आदमी एक-दूसरे के साथ शांतिपूर्वक नहीं जी पाएँगे। उस

जिंदगी में लोगों के सामने असत्य और हिंसा दोनों को अपनाए बिना कोई चारा नहीं रहेगा।

''मुझे इस बात का तनिक भय नहीं है कि संपूर्ण विश्व गलत राह पर जा रहा है। हो सकता है कि भारत भी उसी राह पर चल पड़े और उसी कहावत को चरितार्थ कर बैठे, जिसमें पतंगा लौ के इर्द-गिर्द तेज और तेज नृत्य करता हुआ अंत में उसी लौ में झुलसकर भस्म हो जाता है। किंतु यह मेरा पुनीत कर्त्तव्य है कि मैं अपनी आखिरी साँस तक भारत और भारत के माध्यम से संपूर्ण विश्व को विनाश के इस गर्त में गिरने से रोकने का प्रयत्न रहूँ।...आधुनिक विज्ञान का प्रशंसक होते हुए भी मैं अनुभव करता हूँ कि हमें प्राचीन जीवन मूल्यों को ही आधुनिक विज्ञान के आलोक में सजा-सँवार कर अपनाना होगा।''

किंतु गांधीजी के उत्तराधिकारी की आँखों में स्वाधीन भारत का चित्र गांधीजी से कितना भिन्न था, इसका परिचय नेहरूजी के अपने शब्दों में ही जानना उचित रहेगा। गांधीजी के उपरोक्त पत्र का उत्तर देते हुए नेहरू ने ९ अक्तूबर, १९४५ को लिखा—

''अब से बहुत वर्ष पूर्व मैंने 'हिंद स्वराज' को पढ़ा था, और अब उसका एक धुँधला सा चित्र ही मेरे दिमाग में बचा है। किंतु बीस या इससे भी अधिक वर्ष पूर्व जब मैंने उसे पढ़ा था तब भी वह मुझे पूर्णतया अवास्तविक लगी थी...हिंद स्वराज को लिखे हुए ३६ वर्ष बीत चुके हैं। तब से दुनिया पूर्णतया बदल चुकी है, संभवतः गलत दिशा में।...

''आमतौर पर कोई भी गाँव बौद्धिक और सांस्कृतिक दृष्टि से पिछड़ा हुआ होता है और ऐसे पिछड़े हुए वातावरण में रहकर कोई भी प्रगति नहीं की जा सकती।...

''मैं नहीं समझता कि जब तक भारत तकनीकी दृष्टि से एक समुन्नत देश नहीं बनेगा तब तक वह सच्चे अर्थों में स्वाधीन बन पाएगा।...

''कोई कारण नहीं है कि लाखों-करोड़ों लोग आधुनिक सुविधाओं से संपन्न मकानों में क्यों न रहें, क्योंकि उन्हीं में वे एक सांस्कृतिक जीवन को जी सकते हैं।...

गांधीजी और पं. नेहरू के सपनों के भारत के चित्रों में कितना आकाश-पाताल का अंतर है, यह इन दोनों महापुरुषों के उपरोक्त पत्र व्यवहार से, जो स्वाधीनता के द्वार में प्रवेश करने के ठीक पहले हुआ था, बिल्कुल स्पष्ट है। इस पत्र व्यवहार के लगभग सवा दो वर्ष के भीतर ही गांधीजी की पार्थिव देह उनसे छिन गई और स्वतंत्र भारत का रचनाकार बनने का पूरा दायित्व पं. नेहरू को अकेले ही निबाहना पड़ा। वे अपनी ओर से पूर्ण प्रयत्न करके भी गांधीजी की उस भविष्यवाणी को सत्य सिद्ध न कर पाए, जो उन्होंने सन् १९४२ में नेहरू जी को अपना राजनीतिक उत्तराधिकारी घोषित करते समय की थी कि 'आज भले ही मेरी और नेहरू की भाषा में भिन्नता हो, किंतु मुझे विश्वास है कि एक दिन आएगा जब नेहरू भी वही भाषा बोलेंगे जो मैं आज बोलता हूँ।'

गांधीजी के प्रति पूर्ण समर्पण की भावना अपनाकर भी नेहरू उनकी भाषा और सपनों को अपनी भाषा और सपने नहीं बना पाए, क्योंकि वे अपने संस्कारों और

व्यक्तित्व के बंदी थे। उनका व्यक्तित्व क्या था? उनके संस्कार क्या थे? इन प्रश्नों का प्रामाणिक उत्तर नेहरू के अतिरिक्त कौन दे सकता है? अपनी आत्मकथा में नेहरू ने इन प्रश्नों का उत्तर इन शब्दों में दिया है—

"मैं पूर्व और पश्चिम का एक अजीब सा घोलमेल बन गया हूँ। मैं सब कहीं अपने को अजनबी पाता हूँ और कहीं भी पूर्णतया घुल-मिल नहीं पाता। संभवत: मेरे विचार और जीवन-दृष्टि प्राच्य की अपेक्षा पाश्चात्य के अधिक निकट हैं, किंतु भारत अपने समस्त बच्चों के समान मुझसे भी असंख्य प्रकार से चिपका हुआ है। न तो मैं अतीत की इस विरासत से छुटकारा पा सकता हूँ और न अपने वर्तमान उपलब्धियों से। पश्चिम में मैं एक अजनबी और विदेशी लगता हूँ, मैं उसका नहीं बन सकता। किंतु अपने स्वदेश में भी मैं कभी-कभी स्वयं को एक निष्कासित व्यक्ति की स्थिति में अनुभव करता हूँ।"

अपने व्यक्तित्व के इस दोहरेपन के प्रति पं. नेहरू सदैव जागरूक रहे। नेताजी सुभाषचंद्र बोस ने १८ मार्च, १९३९ को लिखित एक बहुत लंबे पत्र में नेहरू से पूछा था—

"तुम्हें अपने बारे में यह घोषणा करने की आदत पड़ गई है कि मैं अकेला हूँ और मैं किसी अन्य का प्रतिनिधित्व नहीं करता और मैं किसी दल से बँधा नहीं हूँ। कभी-कभी तुम यह सब इस ढंग से कहते हो कि तुम्हें इस बात पर गर्व या आनंद की अनुभूति होती है। किंतु इसके साथ ही तुम स्वंय को समाजवादी—कभी-कभी तो गर्म खूनवाला समाजवादी भी कहते हो। कोई समाजवादी व्यक्तिवादी कैसे हो सकता है, यह बात मेरी समझ से बाहर है। क्योंकि एक का दूसरे से पूरी तरह विरोध है। तुम्हारे प्रकार के व्यक्तिवाद के माध्यम से समाजवाद की स्थापना क्योंकर हो सकती है, यह मेरे लिए का अनसुलझी गुत्थी है। दल रहितता का बिल्ला लगाकर व्यक्ति सब दलों में लोकप्रिय तो हो सकता है, किंतु इसका मूल्य ही क्या है?…"

सुभाष बाबू के लंबे पत्र का उतना की लंबा उत्तर देते हुए नेहरू ने ३ अप्रैल, १९३९ को अपने व्यक्तित्व के इस दोहरेपन को भी इन शब्दों में स्वीकार किया था—

"मैं समाजवादी हूँ या व्यक्तिवादी? क्या इन दोनों शब्दों का परस्पर विरोधी होना अनिवार्य है? क्या हम सब के व्यक्तित्वों का गठन इतना सपाट है कि हम एक शब्द या वाक्य में अपनी ठीक-ठीक व्याख्या कर सकते हैं? मैं समझता हूँ कि मैं अपनी प्रकृति एवं अपने संस्कारों से व्यक्तिवादी हूँ तो बौद्धिक दृष्टि से समाजवादी हूँ। इसका चाहे जो अर्थ निकाला जाए।…"

संक्षेप में यही है स्वाधीन भारत की २८ वर्षों की यात्रा की व्यथा-कथा। पं. नेहरू स्वाधीन भारत के खंडित अथवा दोहरे व्यक्तित्व के सच्चे प्रतिनिधि थे। अथवा यूँ कहें कि स्वाधीन भारत नेहरू के व्यक्तित्व का एक जीता-जागता प्रतीक बनकर खड़ा है?

□

निष्काम-निर्मोही पटेल सत्ताकामी-वंशवादी नेहरू

इसे अस्वीकार नहीं किया जा सकता कि १८८५ से १९४७ तक इंडियन नेशनल कांग्रेस की मुख्य प्रेरणा लोकतंत्र की प्राप्ति ही रही। ब्रिटिश शासकों द्वारा आरोपित एकतंत्रवादी (डेस्पॉटिक) व्यवस्था को कांग्रेस ने पूरी तरह अस्वीकार किया, भले ही वह ब्रिटिश-भक्तों की प्रारंभिक कांग्रेस रही है अथवा गांधी द्वारा रूपांतरित बाद की कांग्रेस।

पटेल की महानता

यह लोकतांत्रिक आकांक्षा कांग्रेस की संगठनात्मक संरचना में भी लगातार प्रतिबिंबित होती रही। स्वतंत्रता-प्राप्ति के बाद भी यह संरचना कुछ काल तक बनी रही, यद्यपि नेहरू और पटेल के रूप में दो शक्ति-केंद्र उसके भीतर उभर आए थे। ये दोनों व्यक्तित्व बिल्कुल अलग साँचे में ढले थे। उनकी जीवन-प्रेरणा और स्वभाव-रचना एक-दूसरे से बिल्कुल अलग थी। किसान परिवार में जनमे पटेल इंग्लैंड में उच्च शिक्षा पाकर भी जीवन के अंत तक जमीन से जुड़े रहे। वे बौद्धिक शब्दाचार से परे, मितभाषी थे। एक कर्मयोगी थे, संगठक थे, योद्धा थे। वे इतिहास में स्थान पाने के लिए उतना व्याकुल नहीं थे, जितना राष्ट्र की स्वतंत्रता और एक सशक्त स्वाभिमानी भारत के निर्माण के लिए। गांधीजी के प्रति एक बार समर्पण भाव जो उन्होंने अपनाया तो अंत तक निभाया। अपने लिए व्यक्तिगत सत्ता की कामना उन्होंने कभी नहीं की। कांग्रेस संगठन पर अपना भारी प्रभाव और नियंत्रण होते हुए भी पटेल ने कांग्रेस अध्यक्ष पद के लिए जोड़-तोड़ नहीं की। १९३१ की कराची कांग्रेस के अलावा वे कभी कांग्रेस अध्यक्ष नहीं बने। तीन बार उन्होंने गांधीजी की इच्छा का पालन करते हुए अध्यक्ष पद नेहरू के लिए छोड़ दिया। १९४६ में जब पूरे भारत की सत्ता उनके सामने थी, तब १६ में १३ प्रांतीय कांग्रेस कमेटियों का समर्थन पाने के बाद

भी गांधीजी के एक इशारे पर उन्होंने अध्यक्ष पद नेहरू को दे दिया, जबकि एक भी प्रांतीय कमेटी ने उनका नाम प्रस्तावित नहीं किया था। गांधीजी के अंतिम दिनों में यदि सरदार और उनके बीच मतभेद की गंध कहीं-कहीं आती है तो उसके पीछे भी व्यक्तिगत सत्ता का मोह नहीं था, केवल राष्ट्रीय एकता और सशक्त भारत के निर्माण की आकांक्षा थी। अपनी प्रखर निष्काम राष्ट्रनिष्ठा के कारण ही पटेल निजाम हैदराबाद के अंतरराष्ट्रीय षड्यंत्र को निष्फल कर पाए, कश्मीर और तिब्बत के प्रश्नों पर उन्होंने दूरगामी चेतावनी लिखित रूप में दी, जिसे नेहरू ने अनसुना कर दिया। पटेल अपने प्रति कितने निर्मम थे, इसका प्रमाण है कि उनके पुत्र दाह्या भाई पटेल का नाम कोई नहीं जानता और उनकी एकमात्र पुत्री मणिबेन पटेल, जिसने अपना परिवार बसाने की बजाय अपना पूरा जीवन अपने पिता की एकनिष्ठ सेवा में बिता दिया, उस मणिबेन को भी उस राष्ट्रनिष्ठ निर्मम पिता ने कभी आगे बढ़ाने की कोशिश नहीं की। आत्मविलोपी निष्काम राष्ट्रभक्ति का ऐसा दूसरा उदाहरण इतिहास में मिलना कठिन है।

नाटकबाज नेहरू

इसके विपरीत एक धनी, अंग्रेजीदाँ शहरी परिवार में जन्मे नेहरू प्रारंभ से ही इतिहास में अपने स्थान के प्रति जागरूक दिखते हैं। पिछले कुछ वर्षों में प्रकाशित 'सेलेक्टेड वर्क्स ऑफ नेहरू' की प्रथम शृंखला को देखकर स्पष्ट होता है कि १९०३ में १४ वर्ष की आयु से ही उन्होंने अपने सब पत्रों की नकल सँभालकर रखनी शुरू कर दी थी। गांधीजी के प्रति उनकी भावनाओं का विश्लेषण करने पर स्पष्ट हो जाता है कि अपनी व्यक्तिगत महत्त्वाकांक्षा की पूर्ति की एक सीढ़ी के रूप में ही उन्होंने गांधीजी का इस्तेमाल किया। गांधीजी के साथ उनके पत्राचार, उनकी आत्मकथा और 'डिस्कवरी ऑफ इंडिया' जैसी रचनाओं को पढ़ने से स्पष्ट हो जाता है कि उन्हें गांधीजी का जीवन-दर्शन, उनके आर्थिक एवं सामाजिक विचार कभी स्वीकार नहीं हुए। उन्होंने बार-बार कहा कि मेरा मस्तिष्क गांधी से बगावत करता है, पर गांधी से टक्कर लेने की ताकत मेरे पास नहीं है और गांधी के बिना देश का आजाद होना संभव नहीं है, जबकि मैं अपने सपनों का भारत आजादी मिलने के बाद ही बना सकता हूँ। १९२८ में गांधीजी ने उन्हें वैचारिक-मतभेद के कारण बगावत का झंडा फहराने की लिखित छूट दी, पर वे पीछे हट गए। उल्टे उनके पिता मोतीलाल नेहरू ने उन्हें कांग्रेस अध्यक्ष बनाने का अनुरोध किया। गांधी की कांग्रेस में वंशवादी प्रवृत्ति का यह श्रीगणेश था। १९२७ की मद्रास कांग्रेस और १९२८ की कलकत्ता कांग्रेस में नेहरू सुभाष बोस के अनुयायी थे, पर १९२९ में कांग्रेस अध्यक्ष बनकर उन्होंने सुभाष को अपनी कार्यसमिति में भी नहीं रखा, क्योंकि वे सुभाष को अपना प्रतिद्वंद्वी मान बैठे थे। सुभाष के विरुद्ध नेहरू के षड्यंत्रों को जानने के लिए १९३९ का सुभाष-नेहरू

गोपनीय पत्राचार, जो नेहरू द्वारा १९४९ में प्रकाशित 'बंच ऑफ ओल्ड लैटर्स' में पहली बार प्रकाश में आया, को पढ़ना आवश्यक है।

सरदार निष्काम कर्मयोगी थे तो नेहरू बौद्धिकता प्रधान वाक्-शूर थे। उनकी पूरी महानता उनके लेखन और मंचीय नाटकीयता तक सीमित थी। वे अपने को समाजवादी कहते थे, किंतु जब सुभाष ने पूछा कि तुम बोलते तो समाजवाद हो, तुम्हारा आचरण व्यक्तिवादी है, तुम क्या हो? तो नेहरू का लिखित उत्तर है, 'मैं बौद्धिक धरातल पर समाजवादी हूँ, किंतु मैं प्रकृति से व्यक्तिवादी हूँ।' अपने इस परस्पर विरोधी आचरण के कारण नेहरू कांग्रेस में कम्युनिज्म के मुखर प्रवक्ता बन गए, जिसके कारण आगे चलकर कम्युनिस्टों और समाजवादियों ने उन्हें अपना नेता मान लिया। किंतु समाजवादी मित्रों के बार-बार आग्रह करने पर भी गांधीजी से टक्कर लेने या उनसे संबंध विच्छेद करने का साहस उन्होंने सुभाष को एक पत्र में दिया है। वामपंथी गुट का प्रवक्ता बनने का लाभ उन्हें यह हुआ कि वे गाहे-बगाहे कांग्रेस छोड़ने की धमकी देते रहे और इस धमकी से डरकर गांधीजी उन्हें कांग्रेस का अध्यक्ष पद परोसकर उनकी महत्त्वाकांक्षा को आगे बढ़ाते रहे। गांधी-नेहरू संबंधों का अध्याय अभी भी अनसुलझा है।

इसका अर्थ यह नहीं कि नेहरू में राष्ट्रभक्ति का भाव था ही नहीं, या वे स्वतंत्रता-संघर्ष के एक दुर्धर्ष सेनानी नहीं थे, या कि उन्होंने लंबा काल अंग्रेजों की जेलों में नहीं बिताया। समझना केवल यही है कि उनकी राष्ट्रभक्ति और व्यक्तिगत महत्त्वाकांक्षा में कौन प्रबल था, कौन किसका वाहन था। ऐसा भी नहीं है कि नेहरूजी लोकप्रिय जननेता नहीं थे। यदि लोकप्रियता की कसौटी पर नेहरू और पटेल का तुलनात्मक मूल्यांकन करें तो पटेल अपनी कठोर मुखमुद्रा और नीरस भाषण शैली के कारण गुजरात के बाहर लोकप्रिय नहीं थे, जबकि नेहरू अपनी बौद्धिक-उड़ान, ताकतवर कलम और मंचीय अभिनय के कारण बुद्धिजीवी वर्ग तथा आम जनता में समान रूप से लोकप्रिय थे। उनकी यह लोकप्रियता ही गांधीजी को उनकी महत्त्वाकांक्षाजन्य धमकी के सामने झुकने को मजबूर कर देती थी। पर यह सस्ती लोकप्रियता नेहरू ने जिस सुनियोजित अभिनय-कला के द्वारा अर्जित की थी, उसका वर्णन उन्होंने आत्म-स्वीकृति के दुर्लभ क्षणों में १९३७ के अपने अध्यक्षीय जुलूस के बाद 'चाणक्य' छद्म नाम से 'मॉडर्न रिव्यू' में प्रकाशित अपने एक लेख में स्वयं किया है।

कांग्रेस का चरित्र-परिवर्तन

नेताजी सुभाष के भारत से जाने और १९४६ में अंतरिम सरकार में साथ काम करने के बाद से नेहरू ने सरदार को अपना प्रतिद्वंद्वी समझकर काटना आरंभ कर दिया। स्वतंत्रता के बाद सांप्रदायिक हिंसा के वातावरण में उन्होंने मौलाना आजाद के साथ

मिलकर गांधीजी के मन में सरदार के विरुद्ध अविश्वास का जहर पैदा करने में कोई कसर नहीं छोड़ी। गांधीजी की दुर्भाग्यपूर्ण मृत्यु को तो उन्होंने सरदार पटेल की राजनीतिक हत्या का हथियार ही बना लिया। उनकी शह पर नेहरूवादी कांग्रेसियों, कम्युनिस्टों और समाजवादियों ने सरदार पटेल के विरुद्ध जो जहरीला प्रचार किया, उससे पटेल जैसा लौहपुरुष भी भीतर से पूरी तरह टूट गया। इसमें तनिक संदेह नहीं कि यदि उस समय पटेल के विरुद्ध जहरीला प्रचार न किया जाता, उनकी गांधीनिष्ठा पर प्रश्नचिह्न न लगाया गया होता तो सरदार कुछ वर्ष और जीते। वे स्वाधीन भारत के भटकाव को रोकने का प्रयास करते। फिर भी, जिस समय उनके विरुद्ध नेहरू की शह पर विषाक्त प्रचार चल रहा था, उस समय भी उन्होंने एक मार्मिक पत्र लिखकर अपने जीवन के अंतिम चरण में नेहरू को पूर्ण सहयोग देने का वचन दिया। किंतु जाने के पहले उन्होंने कांग्रेस के लोकतांत्रिक चरित्र को बनाए रखने के लिए १९५० में कांग्रेस अध्यक्ष के चुनाव में नेहरू के प्रत्याशी के विरुद्ध अपने प्रत्याशी राजर्षि पुरुषोत्तम दास टंडन को जिताकर कांग्रेस संगठन में नेहरू की हैसियत का आभास अवश्य करा दिया।

तब तक नेहरू सरकार और कांग्रेस संगठन एक-दूसरे से स्वतंत्र और समकक्ष थे, किंतु यह स्थिति नेहरू को स्वीकार्य नहीं थी। १९५० में सरदार की मृत्यु के बाद वे अपने को कांग्रेस का सर्वेसर्वा बनाने की कोशिश में लग गए और कांग्रेस कार्यसमिति की नासिक बैठक में उन्होंने राजर्षि पुरुषोत्तमदास टंडन का अध्यक्ष पद से त्यागपत्र दिलाकर स्वयं को अध्यक्ष बनवा लिया। यहाँ से कांग्रेस का बुनियादी चरित्र-परिवर्तन प्रारंभ हो गया। अभी तक कांग्रेस संगठन स्वयं को सर्वोपरि मानता था, सरकार को अंकुश में रखने का अधिकार रखता था। पर अब सरकार और कांग्रेस दोनों का सूत्र-संचालन एक ही व्यक्ति के हाथ में आ गया था, जो कांग्रेस को सरकार का उपकरण बनाने को व्यग्र था। अब सरकार कांग्रेस की ओर नहीं, नेहरू सरकार की ओर देखने लगी थी। कांग्रेस सरकार मुखापेक्षी बन गई थी और सरकार पूरी तरह नेहरू की जेब में थी। यह सत्य है कि उस समय भी कांग्रेस में डॉ. राजेंद्र प्रसाद, चक्रवर्ती राजगोपालाचारी, आचार्य कृपलानी जैसे वरिष्ठ स्वतंत्रता सेनानी जीवित थे। अकेले आचार्य कृपलानी टंडनजी के विरुद्ध अध्यक्ष पद का चुनाव हारने के बाद कांग्रेस से बाहर चले गए थे। विभिन्न राज्यों में भी स्वतंत्रता आंदोलन से निकले कांग्रेसी नेताओं का बाहुल्य था, किंतु नेहरू के शक्तिशाली व्यक्तित्व के सामने वे स्वयं को निष्प्रभ पा रहे थे। इधर, नेहरू की पुत्री इंदिरा गांधी अपने पति फिरोज गांधी (या घैंडी?) के साथ रहने की बजाय अपने पिता की देखभाल के लिए प्रधानमंत्री आवास में आ गई थीं। यहीं से वंशवादी उत्तराधिकार की प्रक्रिया आरंभ हो गई।

□

सरदार पटेल प्रधानमंत्री क्यों नहीं बन सके?

स्वाधीनता के स्वर्ण-जयंती वर्ष में भारत की पिछले पचास वर्ष की यात्रा का सिंहावलोकन करते समय लगभग सभी ने यह महसूस किया कि यह यात्रा स्वाधीनता आंदोलन की मूल प्रेरणाओं से भटकाव और भारत की एकता व अखंडता के बिखराव की यात्रा है। ऐसा क्यों हुआ? इस प्रश्न का उत्तर खोजते समय यह टीस पैदा हुई कि यदि सरदार वल्लभभाई पटेल को अंतरिम सरकार और स्वाधीन भारत का प्रथम प्रधानमंत्री बनने का अवसर मिला होता तो शायद हमारे राष्ट्रजीवन के स्खलन, अध:पतन और बिखराव का वर्तमान दृश्य हमें कदापि नहीं देखना पड़ता। यहाँ प्रश्न उठता है कि सरदार प्रधानमंत्री बने क्यों नहीं? क्या कांग्रेस संगठन में उनकी स्थिति ऐसी नहीं थी, यदि थी तो उन्होंने उस स्थिति का लाभ क्यों नहीं उठाया? क्यों ऐसे महत्त्वपूर्ण अवसर को अपने हाथ से निकल जाने दिया?

स्वाधीनता की ओर भारत की यात्रा के अंतिम चरण का अध्ययन करें तो २४ मार्च, १९४६ को तीन सदस्यीय ब्रिटिश कैबिनेट मिशन के भारत आगमन को एक महत्त्वपूर्ण बिंदु कहना होगा। इस मिशन का उद्‌देश्य सत्ता हस्तांतरण के लिए कांग्रेस और मुस्लिम लीग के बीच समझौते का संवैधानिक मार्ग खोजना था। उस समय कांग्रेस के अध्यक्ष मौलाना आजाद थे। आपात स्थितियाँ उत्पन्न होने के कारण वे सन् १९३९ से ही इस पद पर डटे हुए थे। यह कांग्रेस के संविधान द्वारा निर्धारित अध्यक्ष के वार्षिक चुनाव के नियम के विरुद्ध था। अध्यक्ष के नाते मिशन के साथ वार्त्तालाप करने का अधिकार उन्हें सहज रूप से प्राप्त था। जब वह वार्त्तालाप निर्णायक मोड़ पर पहुँचा, तब गांधीजी को यह पता चला कि कांग्रेस अध्यक्ष के नाते मौलाना ने दो पत्र, एक वायसराय लॉर्ड बावेल को और एक कैबिनेट मिशन को गांधीजी एवं अन्य वरिष्ठ कांग्रेसी नेताओं की जानकारी के बिना लिखे। इन पत्रों में उन्होंने जो भूमिका अपनाई, वह कांग्रेस की

धर्मांतरण विरोध
गांधीजी से संघ परिवार तक

सन् १९३६ में ३०० प्रोटेस्टेंट मिशनरी सोसायटियों की शिखर संस्था इंटरनेशनल मिशनरी काउंसिल के अध्यक्ष डॉ. जॉन मोट हरिजनों और वनवासियों के धर्मांतरण की फसल काटने की प्रगति का जायजा लेने भारत आए। उन दिनों गांधीजी हरिजन आंदोलन में लगे हुए थे। डॉ. मोट गांधीजी का आशीर्वाद पाने की इच्छा से उन्हें मिलने वर्धा आश्रम में आए। गांधीजी से उनकी दो लंबी मुलाकातें हुईं। गांधीजी और डॉ. मोट के वार्त्तालाप को गांधीजी के निजी सचिव महादेव देसाई ने साप्ताहिक 'हरिजन' के १९ से २६ दिसंबर, १९३६ के अंकों में प्रकाशित किया। देसाई मिशनरियों की गतिविधियों एवं धर्मांतरण पर गांधीजी के विचारों का एक संकलन नवजीवन पब्लिशिंग हाउस ने गांधीजी के जीवनकाल में ही सन् १९४१ में प्रकाशित किया। मई १९५७ में इसका दूसरा संशोधित संस्करण छपा और सन् १९६० में उसका पुनर्मुद्रण हुआ। ईसाई मिशनरियों द्वारा किए जा रहे धर्मांतरण के कारण पिछले अनेक वर्षों से जो सामाजिक तनाव और कड़वाहट पैदा हो रही है, उसके प्रति गांधी दृष्टि को जानने के लिए २४१ पृष्ठों की इस पुस्तिका का अध्ययन इस समय बहुत आवश्यक है, जब ईसाई मिशनरियों के समर्थन में गांधीजी के नाम की दुहाई दी जा रही है और धर्मांतरण के विरोधियों को गांधीद्रोही कहा जा रहा है।

डॉ. मोट से लंबे वार्त्तालाप में गांधीजी का मुख्य तर्क था कि उसी धर्मांतरण को सच्चा कहा जा सकता है, जिसमें कोई मनुष्य अपनी आध्यात्मिक शांति के लिए उपासना पद्धति को बदलना आवश्यक समझे। ऐसा धर्मांतरण आंतरिक विचार मंथन का परिणाम होता है और वह व्यक्तिगत ही हो सकता है, सामूहिक नहीं। गांधीजी ने कहा कि यदि ईसाई मिशनरी समझते हैं कि ईसाई चर्च में धर्मांतरण से ही मनुष्य का आध्यात्मिक उद्धार संभव है तो आप धर्मांतरण का यह काम मुझसे या महोदव देसाई से क्यों नहीं शुरू करते? क्यों इन भोले-भाले अबोध, अज्ञानी, गरीब हरिजनों और वनवासियों के

धर्मांतरण पर जोर देते हैं? गांधीज़ी ने कहा कि ये बेचारे तो ईसा और मुहम्मद में भेद नहीं कर सकते और न आपके धर्मोपदेश को समझने की पात्रता रखते हैं। वे तो गाय के समान मूक और सरल हैं। गांधीज़ी ने कहा विभिन्न चर्चों और मिशनों के मिशनरियों में अपने-अपने चर्च के लिए धर्मांतरण की फसल काटने की जो होड़ लगी रहती है, उसे देखकर मुझे उस साबुन बेचनेवाले की याद आदि है, जो केवल अपने साबुन को अच्छा और दूसरों के साबुन को खराब कहता है। गांधीजी ने कहा कि जिन भोले-भाले, अनपढ़, हरिजनों और वनवासियों की गरीबी का दोहन करके आप ईसाई बनाते हैं वे ईसा के नहीं 'चावल' अर्थात् पेट के लिए ईसाई होते हैं।

चर्च का मकड़जाल

गांधीजी के इन तर्कों का डॉ. मोट पर कोई असर होना तो दूर उलटे मिशनरी प्रचार-तंत्र ने गांधीजी के शब्दों को तोड़-मरोड़ कर अप्रचार आरंभ किया कि गांधीजी हरिजनों और वनवासियों को मनुष्य नहीं गाय जैसा पशु समझते हैं। जब यह अपप्रचार लंबा खिंचा तो गांधीजी ने उत्तर दिया कि गाय पशु होते हुए भी मेरे लिए माता जैसी पवित्र और वंदनीय है और मैं हरिजनों व वनवासियों को भी उसी तरह देखता हूँ।

गांधीजी से डॉ. मोट के वार्त्तालाप को अब ७२ साल से अधिक हो रहे हैं, पर चर्च अभी भी जहाँ-का-तहाँ खड़ा है और पश्चिम के प्रबुद्ध अनुयायियों की श्रद्धा को गँवाने के बाद वह अपना पूरा धन-बल भारत के गरीब भोले वनवासियों और वंचित वर्गों (हरिजनों) पर केंद्रित कर रहा है। पर इस सत्य को जानना बहुत आवश्यक है कि पूरे भारत में कोई एक केंद्रित चर्च संगठन धर्मांतरण की फसल काटने में नहीं लगा है, बल्कि अनेक प्रतिस्पर्धी चर्चों के बीच फसल काटने की होड़ लगी है। उदाहरण के लिए उड़ीसा में अभी भी कैथोलिक चर्च का ही वर्चस्व है, जबकि कर्नाटक में प्रोटेस्टेंट, पेंटेकोस्टल चर्च, बिलीवर्स चर्च और न्यू लाइफ चर्च धर्मांतरण के काम में बहुत अधिक आक्रामक हैं। पूर्वोत्तर भारत की नागा, कूकी, मीजो आदि जनजातियों के बीच अमरीका के बैप्टिस्ट चर्च का लगभग एकाधिपत्य है। तमिलनाडु में न्यू पेंटेकोस्टल चर्च बहुत अधिक प्रभावी हो गया है। एक कैथोलिक विद्वान् प्रो. प्रदीप निनान थामस, जो आस्ट्रेलिया में प्रोफेसर हैं, की नव प्रकाशित पुस्तक 'स्ट्रांग रिलीजन, जीलस मीडिया : क्रिश्चियन फंडामेंटलिज्म एंड कम्युनिकेशन इन इंडिया' के अनुसार निओ पेंटेकोस्टल चर्च ही भारत में चर्च का मुख्य चेहरा है। सन् १९८०-२००५ के बीच इस चर्च का भारत में असामान्य विस्तार हुआ है। इस चर्च ने तमिलनाडु को अपना मुख्य कार्यक्षेत्र बनाया है। सन् २००१ की जनगणना के अनुसार तमिलनाडु में ईसाई जनसंख्या ५.२ प्रतिशत है, जबकि पूरे भारत में केवल २.४ प्रतिशत का औसत आता है। प्रो. थामस के अनुसार

तमिलनाडु सरकार द्वारा सन् २००२ में लागू किए गए धर्मांतरण विरोधी कानूनों को २००५ में वापस लेने के पीछे चर्च का दबाव ही काम कर रहा था।

इन प्रतिस्पर्धी चर्चों की धर्मांतरण के लिए योजना और प्रचार-पद्धति एक-दूसरे से बहुत भिन्न है। उदाहरणार्थ जनवरी २००५ में बंगलूरू में अमरीकी पादरी बेन्नी हिन्न द्वारा आयोजित विशाल हीलिंग शिविर एक तरीका था। बिलीवर्स चर्च और न्यू लाइफ ग्रुप का कार्यक्षेत्र कर्नाटक के पश्चिमी जिलों अर्थात् मंगलूर क्षेत्र तक सीमित है। न्यू लाइफ ग्रुप का प्रवेश २५ वर्ष पूर्व हुआ और उसके चेयरमैन पादरी वी.एम. सैमुअल के अनुसार इस समय वह कर्नाटक में ५४ चर्च चला रहा है। बिलीवर्स चर्च के विशप सैमुअल मैथ्यू ने बताया कि हमारे देश भर में सात विशप है। सत्यदर्शिनी शीर्षक जिस पुस्तिका में हिन्दू देवी-देवताओं के लिए बहुत अपमानजनक और अश्लील भाषा का प्रयोग किया गया है, वह न्यू लाइफ चर्च की रचना मानी जाती है। कर्नाटक में एक तीसरा चर्च उभरा है, जिसका नाम है 'डिवाइन किंगडम चर्च' जिसके प्रमुख मंगलूर के एक व्यापारी स्टानिसिलास डिसूजा हैं, जिन्होंने कैथोलिक चर्च को त्याग कर इस नए चर्च को जन्म दिया है। यह चर्च घर में ही चर्च बनाकर एकत्रीकरण करता है। इनके अतिरिक्त प्रेसबिटेरियन, सेविंथ एडवेंटिस्ट आदि कई संप्रदाय इस दौड़ में सम्मिलित हैं। ये सभी चर्च बहुत आक्रामक हैं और नए-नए तरीके खोज रहे हैं। एक तरीका है किसी नए स्थान पर पहले चर्च का निर्माण करना और फिर वेतनभोगी प्रचारकों को भेजकर वहाँ के निवासियों को चर्च की पूजा के लिए आकर्षित करना। ७ सितंबर, २००८ के टाइम्स ऑफ इंडिया ने चर्च निर्माण अभियान के जो आँकड़े दिए हैं, उनके अनुसार इंटरनेशनल चर्च ने २००३ से २२ नए चर्चों का निर्माण किया। एडवेंटिस्ट चर्च की ५०० नए चर्च खड़े करने की योजना है। दक्षिण भारत के प्रेसबिटेरियन चर्च, जिसे ब्रिटेन स्थित मिशन ऑफ दि वर्ल्ड से पैसा मिलता है, की अगले दस वर्षों में ५०० नए चर्च भवन बनाने का लक्ष्य है। वर्ल्ड रिलीजन काउंसिल का विश्वास है कि भारत में ईसाई धर्मांतरितों की संख्या वर्तमान ढाई करोड़ से २०५० तक पाँच गुना अर्थात् साढ़े बारह करोड़ पहुँच जाएगी।

खतरनाक योजना

सबसे अधिक खतरनाक और प्रभावशाली योजना अमरीका स्थित '२००० ईसवी एवं परे' आंदोलन की है। इस संगठन ने पूरे भारत का जातिशः सर्वेक्षण किया है उनमें से नौ जातियों को प्रथम वरीयता में रखा है, क्योंकि वे इतनी गरीब हैं कि उनके धर्मांतरण में अधिक देर नहीं लगेगी। ये जातियाँ हैं—बिजवास, चेरो, कावट/कामरी, ल्होबा, मझवार, पनिका, शिना एवं सिक्कमी भोटिया। 'ए.डी. २००० एंड बियोंड' ने उत्तर भारत को अपना कार्यक्षेत्र चुना है। उनकी योजना है कि भारत के ७५,०००

पोस्टल पिनकोडों में से प्रत्येक में चर्च खड़ा हो जाए। चर्च को अब पश्चिम से मिशनरी मिलना लगभग बंद हो गया है और वे भारत में ही मिशनरियों की फौज खड़ी कर रहे हैं। गरीब और बेरोजगार युवकों को मोटी पगार देकर मिशनरी या कटेचिस्ट बना लिया जाता है, उनके प्रशिक्षण शिविर लगाकर प्रचार की भाषा और साहित्य उन्हें दे दिया जाता है। यानी धर्मांतरण के इस धंधे में धार्मिक निष्ठा का कोई स्थान नहीं है। वह केवल पैसे का खेल है।

नए-नए मिशनरी चर्चों के आगमन से भारत में विभिन्न चर्चों के बीच स्पर्धा और कटुता काफी बढ़ गई है। न्यू लाइफ चर्च और बिलीवर्स चर्च बार-बार सफाई दे रहे हैं कि हमारे और कैथोलिक चर्च के बीच कोई मतभेद नहीं हैं। हमारी कार्य-पद्धति और पूजा-पद्धति अलग है, किंतु धर्मांतरण का लक्ष्य समान है। इसमें कोई संदेह नहीं है कि कैथोलिक चर्च इन नए चर्चों से बहुत असंतुष्ट है।

हिन्दू आंदोलन की सबसे बड़ी दुर्बलता यह है कि उसमें जोश और गुस्सा अधिक है, पर जमीनी जानकारी को एकत्र करके उस जानकारी के आधार पर रणनीति बनाने की प्रक्रिया का पूर्ण अभाव है। जबकि हिन्दू समाज को, जो इस समय बहुमुखी घेराबंदी में फँसा हुआ है, उससे बाहर निकालने के लिए ठोस तथ्यों पर आधारित रणनीति की अत्यंत आवश्यकता है। उड़ीसा और कर्नाटक की घटनाओं का लाभ उठाकर चर्च के प्रचार-तंत्र ने अपना पूरा आक्रमण बजरंग दल के बहाने से संघ परिवार पर केंद्रित कर दिया है। चर्च संघ परिवार को वनवासियों और वंचित वर्गों के अपने धर्मांतरण अभियान में मुख्य बाधा समझता है। इसके पीछे चर्च की सोच को जानने के लिए कैथोलिक चर्च की विचारधारा के 'इंडियन करेंट्स' साप्ताहिक के १५ सितंबर, २००८ के अंक में डॉ. फेलिक्स राज का 'उड़ीसा विक्टिम ऑफ हिन्दुत्व स्ट्रेटेजी' शीर्षक लेख पढ़ना उपयोगी रहेगा। इसके लेखक ने कम्युनिस्ट इतिहासकार रोमिला थापर के हवाले से यह स्थापना की है कि भारत में हिन्दू जैसी कोई धार्मिक पहचान नहीं है। यहाँ विभिन्न जनसमूह और जातियाँ स्वतंत्र विश्वासों और रीति-रिवाजों के साथ रहते आ रहे हैं। उन्हें हिन्दू शब्द में गूँथकर एक व्यापक धार्मिक पहचान देने के प्रयास एक डेढ़ शताब्दी पुराना है। भारतीय समाज की विशेषता उसकी विकेंद्रित विविधता है। संघ परिवार उसे केंद्रित संगठन प्रक्रिया में लाकर उसका सेमेटिकीरण कर रहा है। उनकी स्वतंत्रता और विविधता को नष्ट कर रहा है। इस तर्क पद्धति का अर्थ बहुत स्पष्ट है कि संघ परिवार न होता तो कोई चर्च को वनवासियों और दलितों के बीच धर्मांतरण की फसल काटने से नहीं रोकता। अतः संघ परिवार को अपने रास्ते से हटाना बहुत आवश्यक है ताकि इन अरक्षित, असहाय वर्गों को मतांतरित किया जा सके। इस तर्क पद्धति का अंतर्विरोध डॉ. फेलिक्स राज को नहीं दिखाई देता कि एक ओर तो चर्च हिन्दू बहुसंख्या के मुकाबले

ईसाई समाज को मजहबी अल्पसंख्यक की श्रेणी में रखकर विशेष सुविधाओं का उपभोग कर रहा है, दूसरी ओर वह हिन्दू बहुसंख्या के अस्तित्व को ही अस्वीकार कर देता है।

धर्मांतरण की प्रासंगिकता

संघ परिवार, विश्व हिंदू परिषद् और बजरंग दल के विरुद्ध शोर मचाने का लाभ यह है कि इससे लगभग सभी राजनीतिक दलों का समर्थन मिल जाता है। मुस्लिम वोटों पर आश्रित सभी दल मुस्लिम वोटों को रिझाने के लिए हिन्दुत्व और संघ परिवार विरोधी प्रचार करना आवश्यक समझते हैं। और अब जबसे जिहादी बम विस्फोटों के कारण सिमी और आतंकवादी गुटों पर सरकार को प्रतिबंध लगाना पड़ा है तब से आहत और क्षुब्ध मुस्लिम भावनाओं को अपने प्रति नरम करने के लिए बजरंग दल और विश्व हिन्दू परिषद् पर प्रतिबंध लगाने का शोर बहुत तेज हो गया है। २८ सितंबर, २००८ को सीएनएन आईबीएन टीवी चैनल पर करण थापर ने दिल्ली के आर्चबिशप से साक्षात्कार में उनसे बार-बार कहलवाया कि क्या आप आर्चबिशप और यूनाइटेड इंडियन क्रिश्चियन काउंसिल के चेयरमैन होने के नाते निश्चित रूप से बजरंग दल पर प्रतिबंध की माँग कर रहे हैं? क्या आप यह मानते हैं कि भाजपा भी उनसे मिली हुई है? यह सब कहलवाने के पीछे करण थापर का उद्देश्य क्या है, यह समझना कठिन नहीं है।

चर्च के पास अपार साधन है, उसके पक्ष में वेटिकन खड़ा है, अमरीका के विदेश-विभाग का धार्मिक स्वतंत्रता आयोग मौजूद है और अब यूरोपीय संघ व फ्रांस भी खुलकर सामने आ गए हैं। हिन्दू समाज अकेला है, मित्र-विहीन है, अंदर से बुरी तरह विभाजित है, उसका अपना प्रधानमंत्री राष्ट्रीय शर्म से गड़ा जा रहा है। होना तो यह चाहिए था कि वह अमेरीका और फ्रांस में इक्कीसवीं शताब्दी में धर्मांतरण की प्रासंगिकता पर बहस का आह्वान करते। बताते कि विश्व शांति और सौहार्द के लिए धर्मांतरण पर रोक कितनी आवश्यक है। इसके बजाय वे राष्ट्रीय शर्म से गड़ गए, यह उनकी हीन भावना से भी अधिक राष्ट्रीय स्वाभिमानशून्यता को प्रगट करता है। धर्मांतरण पर बहस इतनी प्रबल हैं कि इन्हें भी अपने सेकुलरिज्म का ढोल पीटना पड़ा, जबकि सर्वपंथ समादरभाव हमारी सनातन आस्था है और ईसाई बुद्धिजीवियों का काफी बड़ा वर्ग धर्मांतरण को अप्रासंगिक मानता है। वह चर्च के आंतरिक पतन का भुक्तभोगी है। इस प्रबुद्ध वर्ग के सहयोग से संघ परिवार को धर्मांतरण की इस बहस को चलाना चाहिए।

(पाञ्चजन्य, ३० सितंबर, २००८)

□

समरसता के दो महारथी गांधीजी और श्रीगुरुजी

१६ सितंबर, १९४७ को गांधीजी दिल्ली की भंगी कालोनी में राष्ट्रीय स्वयंसेवक संघ की शाखा में पधारे। अपने भाषण में उन्होंने स्मरण किया कि अनेक वर्ष पूर्व जब संघ के जन्मदाता डॉ. हेडगेवार जीवित थे, मुझे सेठ जमनालाल बजाज वर्धा में संघ के एक शिविर में ले गए। मैं उस शिविर में भारी सादगी और अनुशासन के साथ-साथ यह देखकर अत्यंत प्रभावित हुआ था कि वहाँ छुआछूत का नामोनिशान तक नहीं था। गांधीजी ने कहा, ''संघ तब से अब तक बहुत बढ़ गया है। मुझे पक्का यकीन है कि जिस संस्था की प्रेरणा सेवा और आत्मत्याग होगी वह अवश्य शक्तिशाली होगी।'' (हिन्दू, (मद्रास) 'महात्मा गांधी, दि लास्ट २०० डेज', पृ. १५८)

गांधीजी ने संघ के जिस शिविर का उल्लेख किया वह दिसंबर १९३४ का शीत शिविर था। गांधीजी इन्हीं दिनों पूरे भारत की 'हरिजन यात्रा' करके वापस आए थे। हिन्दू समाज के जिस वर्ग को अस्पृश्य कहा जाता था, उन्हें गांधीजी ने 'हरिजन' नाम दिया था। हरिजनोद्धार यानी अस्पृश्यता निवारण उन दिनों गांधीजी की मुख्य चिंता थी। वे अछूत या हरिजन समस्या को हिन्दू समाज की आंतरिक सामाजिक समस्या के रूप में देखते थे। वे उस समस्या का हल सामाजिक संघर्ष पैदा करके नहीं, सामाजिक सद्भाव या समरसता के द्वारा करना चाहते थे। उनका विश्वास था कि अस्पृश्यता का भाव तथाकथित सवर्णों के मन में निकालना ही इस समस्या का अचूक व स्थायी हल है। सवर्णों का हृदय परिवर्तन करने के उद्देश्य से उन्होंने अपनी देशव्यापी हरिजन यात्रा प्रारंभ करने के पूर्व ८ मई, १९३३ को जेल में २१ दिन का उपवास प्रारंभ किया। इस सबके पीछे उनकी गहरी हिन्दूनिष्ठा कार्य कर रही थी। वे हिन्दू समाज की एकता को बनाए रखकर उनकी विकृतियों को दूर करना चाहते थे। अपना यह मनोभाव उन्होंने जवाहरलाल नेहरू को २ मई, १९३३ को लिखे पत्र में बहुत स्पष्ट शब्दों में प्रगट किया। इस पत्र में गांधीजी ने नेहरू को लिखा, ''हरिजन आंदोलन के महत्त्व को केवल बौद्धिक प्रयास से नहीं समझा जा सकता। इससे (अस्पृश्यता)

खराब चीज दुनिया में और कुछ नहीं हो सकती। किंतु मैं धर्म को और इसीलिए हिन्दुत्व को नहीं छोड़ सकता। यदि हिन्दुत्व ने मुझे सफल नहीं किया तो मेरे लिए जिंदगी भार बन जाएगी। हिंदुत्व के कारण ही तो मैं ईसाई, इस्लाम और सभी धर्मों को प्यार करता हूँ। इस मुझसे छीन लो तो मेरे पास कुछ नहीं रह जाता। पर मैं इसे अस्पृश्यता एवं ऊँच-नीच की भावना के साथ स्वीकार नहीं कर सकता। सौभाग्य से हिन्दुत्व के पास ही एक बुराई का अचूक उपाय भी है। और मैं वही इलाज करने की कोशिश कर रहा हूँ…" (नेहरू, बंच ऑफ ओल्ड लेटर्स, १९५९, पृ. ११३)

इसलिए स्वाभाविक ही गांधीजी को संघ-शिविर में यह देखकर अत्यंत आनंद हुआ होगा कि वहाँ हिन्दू समाज के सभी वर्णों के युवक इकट्ठे रहते, खाते-पीते और सोते थे। वे आश्चर्यचकित रह गए थे, यह देखकर कि साथ-साथ रहने वाले इन युवकों को एक-दूसरे की जाति का पता ही नहीं था, उनके मन में यह भाव ही नहीं जगा कि कौन किस जाति का है। देशभक्ति के गहरे रंग ने उन सबको सामाजिक समरसता के एक ही रंग में रँग दिया था। इस अनुभव की छाप गांधीजी के मन पर इतनी गहरी थी कि तैंतीस वर्ष बाद संघ की शाखा को दोबारा देखने पर वह दृश्य उनकी आँखों में सजीव हो उठा था।

दृष्टि एक, कार्यपद्धित अलग

वस्तुत: अस्पृश्यता निवारण एवं सामाजिक समरसता के प्रति गांधीजी और संघ की दृष्टि में यदि अंतर था तो मात्र इतना कि गांधीजी ने हरिजनोद्धार की घोषणा की थी, अलग से हरिजन सेवक संघ नामक संस्था का निर्माण किया था और अपने साप्ताहिक पत्र का नाम भी अंग्रेजी में 'हरिजन' और हिंदी में 'हरिजन सेवक' कर दिया था। जबकि संघ इस समस्या की कोई शाब्दिक चर्चा अथवा घोषणा किए बिना उसे स्वयंसेवकों के आपसी व्यवहार का सहज अंग बनाता जा रहा था, "भारतमाता के प्रति पुत्र भाव ही स्वयंसेवकों को भ्रातृत्व में गूँथने का माध्यम बन गया था।"

इस दृष्टि से देखें तो सामाजिक समरसता के प्रति श्री गुरुजी के चिंतन एवं प्रयासों की दिशा डॉ. अंबेडकर की अपेक्षा गांधीजी के अधिक निकट थी। इसमें संदेह नहीं कि डॉ. अंबेडकर भी अस्पृश्यता को हिन्दू समाज की आंतरिक समस्या के रूप में ही देखते हैं। इसीलिए उन्होंने ब्रिटिश सरकार द्वारा हिन्दू अछूतों के लिए 'दलित वर्ग' (डिप्रेस्ड क्लासेज) संबोधन को अस्वीकार करते हुए उनके लिए 'बहिष्कृत हिन्दू' या 'प्रोटेस्टेंट हिन्दू' जैसे शब्द प्रयोग का आग्रह किया। किंतु अस्पृश्यता निवारण की समस्या को हल करने के लिए उन्होंने सामाजिक समरसता के बजाय राजनीतिक स्पर्धा एवं सत्ता प्राप्ति के मार्ग को अपनाया। अनजाने में ही क्यों न हो, उनका यह मार्ग ब्रिटिश शासकों की हिन्दू समाज को विभाजित करने की नीति के अनुकूल बैठता था। इसलिए ब्रिटिश प्रधानमंत्री ने १८ अगस्त, १९३२ को अपने 'सांप्रदायिक निर्णय' में अस्पृश्य कही जाने वाली हिन्दू जातियों

को पृथक् निर्वाचन का अधिकार देकर हिन्दू समाज को दो फाड़ करने का षड्यंत्र रचा, जिसे गांधीजी ने आमरण अनशन के द्वारा अपने प्राणों की बाजी लगाकर विफल किया।

इस समस्या के प्रति गांधीजी और अंबेडकर की दृष्टियों का अंतर ४ फरवरी, १९३३ को यरवदा जेल में गांधी-अंबेडकर वार्त्ता के समय बिल्कुल स्पष्ट हो गया, जब अंबेडकर ने कहा कि अस्पृश्यों के पास राजनीतिक सत्ता आए बिना यह समस्या हल नहीं होगी। इसी भेंट के बाद ११ फरवरी, १९३३ को हरिजन सप्ताहिक का पहला अंक प्रकाशित हुआ। इस अंक में गांधीजी ने अंबेडकर के प्रति पूरी सहानुभूति प्रकट करते हुए भी उनके विचारों से असहमति व्यक्त की। पहले डॉ. अंबेडकर मंदिर प्रवेश का आग्रह कर रहे थे। जब गांधीजी की प्रेरणा में रंगा अय्यर ने केंद्रीय 'लेजिस्लेटिव असेंबली' में सभी के लिए मंदिर प्रवेश का निजी विधेयक प्रस्तुत किया तो गांधीजी के बार-बार आग्रह करने पर भी डॉ. अंबेडकर ने उस विधेयक का समर्थन नहीं किया और अंत में एक वक्तव्य दिया कि यदि गांधी हिन्दू समाज की वर्ण व्यवस्था को सार्वजनिक रूप से स्वीकार करें, तभी मैं इस विधेयक का समर्थन कर सकता हूँ। इस पर गांधीजी ने एक लेखमाला लिखकर प्रतिपादन किया कि मैं छुआछूत और जातिगत ऊँच-नीच की वर्तमान विकृति के विरुद्ध संघर्ष करते हुए भी वर्णाश्रम व्यवस्था के दार्शनिक सिद्धांत को हिन्दू मनीषा की विश्व को एक महान देन के रूप में देखता हूँ। वस्तुत: यह छुआछूत वर्णाश्रम व्यवस्था का अंग नहीं है। गांधीजी ने लिखा कि ऊँच-नीच के विरुद्ध मैं डॉ. अंबेडकर के साथ मिलकर अंत तक जूझने को तैयार हूँ। लेकिन अब डॉ. अंबेडकर 'वर्णाश्रम धर्म' के ही विरुद्ध लड़ना चाहते हैं तो मैं उनका साथ नहीं दे सकता, क्योंकि वर्णाश्रम को मैं हिन्दू धर्म का अभिन्न अंग मानता हूँ। (संपूर्ण गांधी वाङ्मय, खंड ५३, पृ. ३३२)

सत्ता प्राप्ति की डॉ. अंबेडकर की रणनीति का कुफल हमारी आँखों के सामने है। अनुसूचित जातियों के नेतृत्व ने जातिभेद को मिटाने के बजाय उसमें अपना राजनीतिक स्वार्थ पैदा कर लिया है। सत्ता-प्राप्ति के लोभ में वह जातिभेद को मिटाने के बजाय वह जाति चेतना को गहरा और स्थायी बनाने में जुट गया है। जातिभेद की समस्या अपना सामाजिक आधार खोकर राजनीतिक आधार पा गई है।

वर्णाश्रम व्यवस्था और गुरुजी

रामकृष्ण-विवेकानंद की परंपरा के अनुयायी एवं संघ के सरसंघचालक होने के नाते श्रीगुरुजी भी हिन्दू समाज के भीतर जातिभेद और अस्पृश्यता को मिटाने के लिए सदैव व्याकुल रहते थे, पर गांधीजी के समान ही वे भी वर्णाश्रम व्यवस्था के दार्शनिक आधार को वैज्ञानिक दृष्टि से देखते थे। वस्तुत: इस दृष्टि से वे गांधीजी को अपना आदर्श मानते थे। गांधी जन्म शताब्दी वर्ष में ६ अक्तूबर, १९६९ को सांगली में गांधीजी के प्रति श्रद्धांजलि अर्पित करते हुए उन्होंने कहा, "देश की यच्चयावत् जनता भारत

माता की संतान है और उसकी स्वतंत्रता के लिए हमें लड़ना चाहिए, उनके मन में यह भावना हिन्दू-धर्म से निर्माण हुई। अपने समाज में अनेक भेद होने पर भी हमारी सीख है 'एकं सद् विप्रा बहुधा वदंति'। गांधीजी के जीवन में यह पूर्णतः घुल चुकी थी।…महात्माजी ने अपने समाज में दिखाई देने वाले दोषों को दूर करने के लिए भरसक प्रयास किया। उसके लिए उन्होंने लोगों का विरोध भी सहन किया। वे दोष दूर हों, समाज एक रस हो, इसके लिए हमें प्रयत्न करना चाहिए। श्रीरामकृष्ण परमहंस के विषय में एक शिष्य ने कहा है, 'आचांडालात् अप्रतिहतः यस्य प्रेमप्रवाहः।' वे एक बार किसी कुएँ पर पानी पीने के लिए गए। वहाँ जो आदमी पानी निकाल रहा था, उसने कहा, "महाराज, आप ब्राह्मण दिखाई दे रहे हैं। मैं अछूत (हरिजन) हूँ, आपको पानी कैसे पिलाऊँ?" श्रीरामकृष्ण ने कहा, "इससे क्या हुआ? राम नाम से तो पत्थर भी तर गए। तू तो मनुष्य है। राम का नाम ले और पानी पिला।" (श्रीगुरुजी समग्र, खंड १, पृ. २१०-११)

गुण-कर्म पर आधारित वर्णाश्रम व्यवस्था के दार्शनिक आधार का जिस प्रकार गांधीजी ने निर्भीकता के साथ समर्थन किया, उसी प्रकार श्री गुरुजी ने भी इस विषय पर सार्वजनिक विवाद को आमंत्रित करने का साहस दिखाया। १ जनवरी, १९६९ को पुणे के मराठी दैनिक 'नवाकाल' ने कल्याण मासिक में शंकराचार्यजी के वर्ण व्यवस्था विषयक लेख पर लोकसभा में हुए प्रश्नोत्तर को निमित्त बनाकर श्रीगुरुजी से पूछ डाला "हिन्दू धर्म में जो चातुर्वर्ण्य व्यवस्था है, क्या उसमें परिवर्तन जरूरी नहीं है?" श्री गुरुजी ने इस व्यवस्था के 'गुणकर्म विभागशः' सिद्धांत का वैज्ञानिक विवेचन करते हुए संसार के सभी समाजों में ऐसे विभाजन की उपयोगिता एवं अस्तित्व पर प्रकाश डाला। अपना मत प्रतिपादन करते समय श्री गुरुजी ने गांधीजी द्वारा प्रतिपादित अनासक्ति योग का भी उल्लेख किया। उन्होंने कहा, "अनासक्ति योग' अपने धर्म का एक मूलभूत विचार है। गांधीजी ने उसका प्रतिपादन भली प्रकर किया है।" (श्रीगुरुजी समग्र खंड ९, पृ. १६७)

यह पूछे जाने पर कि "अस्पृश्यता की समस्या कैसे हल होगी?" श्री गुरुजी ने कहा, "यह जितना शीघ्र सुलझे, उतना ही उत्तम होगा तथापि 'अस्पृश्यता निवारण अभियान' का ढिंढ़ोरा पीटते हुए कदम उठाने से 'निवारण' के बजाय संघर्ष की बढ़ता है और दुराग्रह निर्माण होकर इष्ट हेतु साध्य होने के स्थान पर समस्या और भी अधिक जटिल हो जाती है। इसलिए हमारा यह प्रयास है कि अस्पृश्य माने जानेवालों को शुद्धिकरण करने से भी अत्यंत सरल कोई विधि तैयार की जाए। धर्मगुरुओं द्वारा यह विधि बनाई गई और उसे स्वीकृति दे दी गई तो उस विधि के पीछे प्रत्यक्ष धर्म की शक्ति खड़ी हो जाएगी। और विरोधियों का विरोध ढीला पड़ जाएगा।" नवाकाल ने पूछा कि "यह कदम कब तक उठाया जाएगा?" श्रीगुरुजी का उत्तर था, "बहुत शीघ्र ही। इस दिशा में मेरे प्रयास तेजी से जारी हैं, हरिजनों के उत्कर्ष के लिए विशेष प्रयत्न किए ही

जाने चाहिए। अपने घर में यदि कोई बीमार हो जाए तो स्वयं कष्ट, क्लेश उठाकर भी हम सब कुछ करते ही हैं, वही न्याय यहाँ भी लागू है। अपने ही घर का व्यक्ति बीमार है, ऐसा मानकर त्याग भाव से अन्य सभी लोगों को भरसक प्रयत्न करना होगा।'' (समग्र खंड ९, पृ. १६९-७०)

संघ में जाति-मान्यता नहीं

इस समस्या के निवारण के प्रति श्रीगुरुजी की चिंता यहाँ बहुत स्पष्ट है, किंतु उनकी इस चिंता में सहभागी होने के बजाय इस साक्षात्कार को लेकर महाराष्ट्र में व्यर्थ का विवाद खड़ा हो गया और वितंडावादी समाज सुधारकों ने जहरीले शब्द बाणों की वर्षा आरंभ कर दी। इस बाण-वर्षा से विचलित हुए बिना श्री गुरुजी ने ४ फरवरी, १९६९ को केरल के प्रवास के दौरान अर्नाकुलम में हिन्दुस्थान समाचार के प्रतिनिधि से वार्ता के द्वारा अपने मनोभाव को स्पष्ट किया। उन्होंने कहा, ''नगरों से लेकर ग्रामीण क्षेत्रों तक और गिरि कंदराओं में भी फैले हुए हिन्दू समाज के प्रत्येक व्यक्ति की ओर अथाह आत्मीयता की दृष्टि से देखना व अन्य किसी भी बात का यानी जाति-पाति का गरीबी-अमीरी का या कम-अधिक शैक्षणिक पात्रता का विचार न करते हुए सभी को एक साथ लाना ही संघ का कार्य है। इस कार्य में बाधक सिद्ध हो, ऐसी कोई भी भावना मेरे मन में कभी नहीं आ सकती, परंतु प्रगतिशीलता की बातें करनेवाले राजनीतिक नेता अपने स्वार्थ के लिए जाति-जाति में विग्रह बढ़ाने और समाज में भेदभाव पैदा करने का कार्य अवश्य ही कर रहे हैं। संघ में छुआछूत का विचार नहीं है, यह एक ऐसा स्पष्ट दिखाई देनेवाला तथ्य है कि यह बताने की कोई आवश्यकता ही नहीं पड़नी चाहिए। फिर भी, कुल मिलाकर अनुभव यही है कि अस्पृश्यता निवारण का कानून बनने के बाद भी यह समस्या अभी तक हल नहीं हुई है। इसके विपरीत अनेक स्थानों पर उसका स्वरूप अधिक उग्र हो गया है। ऐसी स्थिति में धर्मगुरुओं के समर्थन से कोई सीधी-सरल विधि तैयार कर मानसिक रुकावट दूर की जा सके, तो उसमें समाज हित ही है।'' (वही, पृ. १७४)

पुनः ८ मार्च, १९६९ को आर्गेनाइजर के संपादक से बात करते हुए श्रीगुरुजी ने कहा कि ''संघ किसी जाति को मान्यता नहीं देता, उसके समक्ष प्रत्येक व्यक्ति हिन्दू है। राष्ट्रीय एकात्मकता की बातें करनेवालों ने ही अल्पसंख्यकों व बहुसंख्यकों, अनुसूचित जनजातियों व अनुसूचित जातियों व पहाड़ी जातियों, वन्य जातियों, पिछड़े वर्गों आदि में समाज को विभक्त कर रखा है। राष्ट्रीय समस्याओं के प्रति यह सर्वाधिक अराष्ट्रीय दृष्टिकोण है।'' इस प्रश्न के उत्तर में कि ''जाति के प्रति आपका दृष्टिकोण क्या है?'' श्रीगुरुजी ने दो टूक उत्तर दिया, ''जाति अपने समय में एक महान संस्था थी। किंतु आज वह देश व कालबाह्य है। जो लचीला न हो वह शीघ्र ही पत्थरवत् बन जाता है। मैं

चाहता हूँ कि अस्पृश्यता कानूनी रूप से ही नहीं, प्रत्यक्ष रूप से भी समाप्त हो। इस दृष्टि से मेरी बहुत अधिक इच्छा है कि अस्पृश्यता निवारण को धर्मगुरु धार्मिक मान्यता प्रदान करें।'' इसी साक्षात्कार में श्रीगुरुजी ने वर्ण और जाति के अंतर को स्पष्ट किया। उन्होंने कहा कि ''वर्ण चार हैं, जातियाँ अगणित हैं।'' (वही, पृ. १७६-७७)

श्रीगुरुजी ने धर्मगुरुओं द्वारा अस्पृश्यता निवारण की जिस व्यवस्था की चर्चा ऊपर की है, उस दिशा में उनके प्रयास १९६४ से ही प्रारंभ हो चुके थे। इन प्रयासों का प्रत्यक्ष फल २९ अगस्त, १९६४ को मुंबई में स्वामी चिन्मयानंदजी के संदीपनी आश्रम में अनेक संप्रदायों के प्रमुखों की उपस्थिति में विश्व हिंदू परिषद् की स्थापना के रूप में हो चुका था। उस अवसर पर अपने संक्षिप्त कथन में श्रीगुरुजी ने समाज के पिछड़े और निर्धन वर्गों के प्रति समाज एवं उसके धर्म गुरुओं के दायित्व का उल्लेख किया। २१, २२ व २३ जनवरी, १९६६ को प्रयाग में कुंभ मेले के अवसर पर आयोजित विश्व हिन्दू परिषद् के प्रथम अधिवेशन में श्रीगुरुजी के अनुरोध पर संतों ने ''हिन्दू: न पतितो भवेत्'' (हिन्दू पतित नहीं होता) जैसी घोषणा करके अशिक्षा एवं गरीबी के कारण धर्मांतरितों को समाज में वापस लौटने का मार्ग खोल दिया। इसके लिए शंकराचार्यों एवं संत शक्ति की मानसिक सिद्धता तैयार करवा दी।

संघ के प्रयास, संतों का सहयोग

अस्पृश्यता निवारण की दिशा में उनके प्रयासों की चरम परिणति दिसंबर १९६९ में कर्नाटक के उडुपी नामक तीर्थस्थल पर विश्व हिन्दू परिषद् के कर्नाटक प्रांत के विराट अधिवेशन में प्रगट हुई। इस सम्मेलन में कर्नाटक राज्य के १२०० गाँवों से १५००० प्रतिनिधि सम्मिलित हुए थे। कर्नाटक राज्य के शैव, वैष्णव, लिंगायत, जैन, बौद्ध तथा सिख आदि प्रमुख संप्रदायों के ४० मठाधिपति तथा अन्य १०० से अधिक साधु-संत भी पधारे। सम्मेलन के पहले सत्र में ही गुरुजी ने धर्माचार्यों से अस्पृश्यता के प्रश्न पर मार्गदर्शन करने की प्रार्थना की। सभी संतों ने इस प्रार्थना को स्वीकार करते हुए घोषणापत्र तैयार किया कि ''समूचा हिन्दू समाज वर्णावर्ण, स्पृश्यास्पृश्य आदि भेदभावों को त्यागकर एकात्म बने, यह विश्व हिन्दू परिषद् का उद्देश्य है। अत: विश्व भर का सारा हिन्दू समाज इस समानता और एकात्मता की भावना को निरंतर अपने आचरण में लाए।'' अगले सत्र की अध्यक्षता एक सेवानिवृत्त आई.ए.एस. अधिकारी आर भरणैया कर रहे थे। भरणैया स्वयं भी हरिजन जाति में जन्मे थे। पहले सत्र में उनका नाम वक्ताओं की सूची में न होने पर उन्होंने कटाक्ष किया कि हरिजन होने के कारण ही मुझे बोलने का अवसर नहीं दिया गया। किंतु उस घोषणापत्र से प्रफुल्लित होकर उन्होंने अपने सत्र में प्रस्ताव प्रस्तुत किया कि ''सभी पूजनीय धर्मगुरुओं और आचार्यों के मार्गदर्शन का आदर करते हुए यह सम्मेलन सभी हिन्दुओं का आह्वान करता है कि

हमारे हिन्दू अपने धार्मिक और सामाजिक व्यवहार में ऊँच-नीच, छुआछूत, जन्मगत भेद, जाति भेद, पंथ भेद समाप्त करें और समरस हिन्दुत्व के बंधन में बँधे।'' इस संदेश को पेजावर मठ के प्रमुख श्री विश्वेशतीर्थ स्वामीजी ने मंत्र रूप देते हुए घोषणा की, 'हिंदव: सोदरा सर्वे:' अर्थात् समस्त हिन्दू एक ही कोख से जन्मे सगे भाई हैं।'' भरणैया इस दृश्य को देखकर गद्‌गद् थे। उनकी आँखों के सामने इतिहास रचा जा रहा था। जब अस्पृश्यता का गढ़ मानी जाने वाली संत-शक्ति की अस्पृश्यता को जड़-मूल से मिटाने का आह्वान कर रही थी, तब भरणैया को यह समझने में देर नहीं लगी कि इस ऐतिहासिक निर्णय के पीछे श्रीगुरुजी की प्रेरणा एवं प्रयासों की मुख्य भूमिका है। उन्होंने भावावेश में श्रीगुरुजी को अपने बाहुपाश में समेटकर कहा कि ''आपके कारण ही यह संभव हो सका।'' श्रीगुरुजी ने विनम्रतापूर्वक कहा, ''मैंने अकेले नहीं, संपूर्ण हिन्दू समाज ने इस समस्या पर भार लिया है।''

किंतु श्रीगुरुजी समझते थे कि केवल प्रस्ताव पारित कर देने से ही अस्पृश्यता नहीं मिटेगी। इसलिए मकर संक्रांति के पावन पर्व पर १४ जनवरी, १९७० को कर्नाटक के कार्यकर्ताओं के नाम उन्होंने एक पत्र लिखा, ''अस्पृश्यता का अभिशाप नष्ट करने का प्रस्ताव पारित हुआ। हमारे सभी पंथों के सभी आचार्य, धर्मगुरु तथा मठाधिपतियों ने इस प्रस्ताव को पूरा समर्थन और आशीर्वाद दिया। परंतु इस प्रस्ताव को प्रत्यक्ष आचरण में उतारने के लिए केवल पवित्र शब्द काफी नहीं हैं। सदियों की कुरीतियाँ केवल शब्द और सद्‌भावना से नहीं मिटतीं। अथक परिश्रम और योग्य प्रचार करना पड़ेगा। नगर-नगर, गाँव-गाँव, घर-घर में जाकर लोगों को बताना पड़ेगा कि अस्पृश्यता नष्ट करने का निर्णय हो चुका है। और यह केवल समय की आधुनिकता के दबाव में नहीं, बल्कि हृदय से हुआ परिवर्तन है। भूतकाल में हमने जो गलतियाँ की हैं, उन्हें सुधारने के लिए अंत:करण से इस परिवर्तन को स्वीकार कीजिए। अंत:करण में, नैतिकता में, भाव में, बर्ताव में परिवर्तन लाना अत्यंत आवश्यक है।''

इस कुप्रथा को नष्ट करें

पत्र में श्रीगुरुजी ने आगे लिखा, ''पिछड़े हुए समाज आदि के राजनीतिक स्तर सुधारकर उन्हें सारे समाज के समकक्ष लाना एक अत्यंत कठिन कार्य है। पर यह भी काफी नहीं है, क्योंकि ऐसी 'लाई हुई समानता' में अलगाव का भाव तो है ही। इसलिए केवल आर्थिक और राजनीतिक समानता से काम नहीं चलेगा। हमें सच्चा परिवर्तन, संपूर्ण एकात्मकता लानी है। यह परिवर्तन लाना सरकार, राजनीतिक पक्ष आदि के बस की बात नहीं है। एकात्मकता के नाम पर जोड़-तोड़ की चालाक जादूगरी दिखानेवाले राजनीतिक पक्षों को यह कार्य नहीं जमेगा। अंत:करणपूर्वक कार्य करना, नैतिक और आध्यात्मिक स्तर पर इस कार्य को बढ़ाते रहना आवश्यक है। सम्मेलन में उपस्थित सभी लोग, सम्मेलन के प्रति

आस्था रखनेवाले भी एकत्रित हों और कंधे से कंधा मिलाकर इस जगन्नाथ के रथ पर लग जाएँ और एक ही शक्तिशाली प्रहार से इस प्राचीन कुप्रथा को नष्ट कर दें।'' (राष्ट्रऋषि श्रीगुरुजी, विवेक मुंबई विशेषांक खंड २, पृ. ६२-६३)

जीवन के अंत तक उनकी यह चिंता बनी रही। अपनी मृत्यु के कुछ मास पूर्व २२ अक्तूबर, १९७२ को गुजरात के सिंहपुर नामक स्थान पर आयोजित विश्व हिन्दू परिषद् के सम्मेलन में श्रीगुरुजी ने इसी विषय पर अपने विचार बहुत विस्तार से रखे। वहाँ भी श्रीगुरुजी ने अस्पृश्यता के बारे में गांधीजी के प्रयत्नों को उल्लेख किया। उन्होंने कहा, ''महात्मा गांधीजी ने इनके लिए 'हरिजन' नाम प्रचलित किया। नाम बहुत अच्छा और सरल था, परंतु इसका अर्थ क्या हुआ? समाज में ये हरिजन हुए तो बाकी समाज के हम लोग क्या हुए? राक्षस या दैत्य? क्या हम लोग भी हरिजन नहीं? सभी को हरिजन क्यों न बोला जाए? इससे क्या एकता आएगी? समाज में कुछ लोगों को अलग निकालकर यदि 'हरिजन' नाम अलग से दिया तो एकता की बात नहीं रहती। अलग नाम से पृथक्ता की भावना अधिक बलवती बनती है। मैं उस समय महात्माजी से मिला था। उनकी सेवा में मैंने निवेदन किया था कि महात्माजी! आपने यह नाम देकर समाज के एक अंग को सदा के लिए दूर रखने जैसी व्यवस्था कर दी। उन्होंने कहा कि भाई, मेरी इच्छा तो आपको मालूम है। मैं ऐसा कदापि नहीं चाहता। मैंने कहा कि आपका सद्भाव हम लोग जानते हैं। बहुत श्रेष्ठ विचार से आपने ऐसा किया है यह भी मानते हैं, परंतु जो मार्ग आपने अपनाया है, वह कुछ जँचता नहीं था। लगता है कि इससे भेद अधिक तीव्र होगा और समाज के वास्तविक एकत्रीकरण की प्रक्रिया अवरुद्ध हो जाएगी। उन्होंने कहा कि तुम्हारा कहना भी एक प्रकार से ठीक हो सकता है, परंतु मैं प्रयोग कर रहा हूँ। मुझे करने दो। मैंने कहा कि आपको प्रयोग करने से कौन रोक सकता है? हमारे जैसे छोटे आदमी रोक थोड़े ही सकते हैं। आप प्रयोग जरूर कीजिए। परंतु हमें इतना आश्वासन दीजिए कि इस प्रयोग से हमारा समाज खंड-खंड होकर विनाश के मार्ग पर न जाए। हम देखते हैं कि महात्माजी ने बड़ी प्रामाणिकता से और सच्चाई से यह किया। यहाँ तक कि 'कम्युनल अवार्ड' और 'सेपरेट इलेक्टोरेट' (पृथक् मतदान) के विरुद्ध भी आमरण-अनशन किया। ईश्वर की कृपा थी कि सब लोग उनका कहना मान गए और उनके प्राण बच गए। ऐसे में ईश्वर की बड़ी कृपा मानता हूँ। परंतु उनके अंत:करण की इतनी सब—विशुद्ध, भव्य और उदात्त भावना होते हुए भी, जो भय उत्पन्न हुआ था कि पृथक् नाम से पृथक्ता बढ़ जाएगी, दुर्भाग्य से यह सच निकला और वही हो गया। अब तो स्थिति यह है कि पृथक्ता में ही, पृथक्ता से सताए जाने वालों को रस निर्माण हो गया है। अंग्रेजों में जिसे ''वेस्टेड इंटरेस्ट (निहित स्वार्थ) बोलते हैं, ऐसा निहित स्वार्थ पृथक्ता से निर्माण हुआ है।'' (श्रीगुरुजी समग्र, खंड ४, पृ. १३३-१३४)

□

गांधीजी का सच्चा उत्तराधिकारी है संघ

हमने देखा कि गांधीजी के जीवन की मूल प्रेरणा राजनीति न होकर अध्यात्म या धर्म थी। उनकी धर्म-जिज्ञासा ने ईसाई एवं इस्लाम आदि धर्मों का गहन अध्ययन करके अपने हिन्दू धर्म को ही पूर्ण एवं श्रेष्ठ पाया। इसलिए हिन्दू धर्म ही उनकी समूची कर्मसाधना की धुरी बना रहा। गांधीजी के लिए हिन्दू धर्म किसी बँधी-बँधाई पूजा-पद्धति या कर्मकांड का नाम न होकर एक वैचारिक जीवन-दर्शन, उदात्त जीवन-मूल्यों पर आधारित संस्कार-पद्धति का नाम था। इसलिए गांधीजी ने व्यक्तिगत एवं सार्वजनिक जीवन में हिन्दू धर्म द्वारा प्रतिपादित यम-नियमों का पालन करते हुए मन, वचन और कर्म में एकरूपता स्थापित करने के लिए कठोर साधना की।

अपनी इस हिन्दुत्व निष्ठा के कारण ही गांधीजी सन् १९१५ में भारत आगमन के पश्चात् केवल पाँच वर्ष की अल्पावधि में पहले से विद्यमान अनेक दिग्गज नेताओं को लाँघकर पूरे भारत में हिन्दू समाज के श्रद्धा केंद्र बन गए। जिन आध्यात्मिक प्रतीकों एवं जीवन-मूल्यों की यह हिन्दू समाज सहस्राब्दियों से आराधना करता आ रहा था, जो उसके रोम-रोम में समाए हुए थे, गांधीजी उन सब प्रतीकों और मूल्यों की साकार मूर्ति बनकर भारत के सार्वजनिक मंच पर प्रकट हुए। खान-पान, वेशभूषा, भाषा, धर्मनिष्ठा, कार्य-पद्धति, शब्दावली आदि सभी क्षेत्रों में गांधीजी ने हिन्दू जीवन-दृष्टि को व्यावहारिक रूप देने की ईमानदार कोशिश की, इस भावात्मक तादात्म्य के कारण ही गांधीजी हिन्दू समाज को स्पंदित एवं जाग्रत् करने में सफल हुए। सन् १९२० और सन् १९३० के सत्याग्रहों के माध्यम से भारत के इतिहास में संभवतः पहली बार राजनीतिक क्षेत्र में कांग्रेस के मंच पर हिन्दू समाज के भीतर से जाति, भाषा, क्षेत्र एवं पंथ आदि के भेदों से ऊपर उठकर अखिल भारतीय राष्ट्रवाद से अनुप्राणित नेतृत्व उभरकर सामने आया।

संबंध विच्छेद

जिस कांग्रेस का गांधीजी ने कायाकल्प किया, जिसे एक नया नेतृत्व, नई कार्य-

पद्धति एवं नई विचारधारा प्रदान की उसी कांग्रेस से उन्होंने सन् १९३४ में संबंध विच्छेद क्यों कर लिया? औपचारिक संबंध विच्छेद करके भी जीवन के अंत तक कांग्रेस के मार्गदर्शक की भूमिका वे क्यों निभाते रहे? इन प्रश्नों का उत्तर पाने के लिए गांधीजी के १७ सितंबर, १९३४ के लंबे वक्तव्य का अध्ययन बहुत आवश्यक है। इस वक्तव्य में गांधीजी ने कांग्रेस से अलग होने के अपने निर्णय के पीछे विद्यमान कारणों का खुलासा किया है। उन्होंने स्वीकार किया कि "कांग्रेस के बुद्धिजीवी वर्ग का चरखे और खादी में विश्वास नहीं है। वह केवल उनके प्रति भक्ति के कारण दिखावे के लिए इसे अपनाते हैं। अहिंसा मेरे लिए निष्ठा का विषय है, जबकि उसके लिए मात्र नीति है। अस्पृश्यता को मैं धार्मिक और नैतिक मुद्दा समझता हूँ, जबकि ये लोग इस प्रश्न को हाथ में लेना अनुचित समझते हैं। पूर्ण स्वराज्य की व्याख्या एवं साध्य-साधन जैसे मूलभूत प्रश्नों पर भी उनकी और मेरी सोच में बहुत अंतर है।" यह कांग्रेसी बुद्धिजीवी वर्ग कौन है? इसके उत्तर में गांधीजी कांग्रेस में उभर रहे समाजवादी युवा वर्ग की ओर इशारा करते हुए कहते हैं कि "उनके अधिकृत पैंफ्लेटों द्वारा प्रचारित कार्यक्रमों से मेरा मूल मतभेद है। लेकिन जो कुछ नैतिक प्रभाव मेरे पास है मैं उसका उपयोग उनके साहित्य द्वारा प्रतिपादित विचारों के प्रहार को दबाने के लिए नहीं करूँगा। उनके विचार मुझे चाहे जितने अरुचिकर लगते हों, पर मैं उन विचारों के अभिव्यक्ति स्वातंत्र्य में बाधक नहीं बनूँगा। यदि वे कांग्रेस में ऊपर उठते हैं, जिसकी संभावना हो सकती है, तो मैं कांग्रेस में नहीं रह सकूँगा, क्योंकि संगठन के भीतर रहकर उनका खुला विरोध करने की मैं कल्पना भी नहीं कर सकता।...ऐसा मैंने कभी नहीं किया।"

गैर-राजनीतिक संस्थाएँ

राजनीति और कांग्रेस तो गांधीजी की राष्ट्र-साधना का बहुत छोटा हिस्सा थे। सामाजिक-आर्थिक पुनर्रचना के प्रयोगों के लिए उन्होंने गैर-राजनीतिक संस्थाओं की लंबी श‍ृंखला खड़ी की थी। सामाजिक समरसता के लिए हरिजन सेवक संघ, जनजातियों का धर्मांतरण रोकने एवं उनके विकास के लिए आदिम जाति सेवक संघ, शिक्षा के क्षेत्र में बेसिक तालीम संघ, कुटीर उद्योगों के संरक्षण एवं विकास के लिए अलग संगठन, खादी को प्रोत्साहन के लिए अलग मंच, ग्राम विकास के लिए अलग संस्था। ऐसी अनेक संस्थाओं के वे प्रेरक और सूत्रधार थे। कांग्रेसजनों के लिए उन्होंने जिस रचनात्मक कार्यक्रम की रचना की थी उसमें भी समाज के सर्वांगीण विकास का ध्यान रखा गया था। किंतु स्वाधीनता अपने साथ विभाजन की विभीषिका लेकर आई, इसलिए गांधीजी की आयु के अंतिम छह मास विभाजन की हिंसा के तांडव से लड़ने में ही खर्च हो गए। शेष कार्यों की ओर ध्यान देने का उन्हें समय नहीं मिला। फलतः पूरे देश की दृष्टि सत्ता

पर केंद्रित हो गई। सत्ता नेहरूवाद के भँवर में फँस गई। ऐसी स्थिति में स्वाधीनता आंदोलन की मूल प्रेरणाओं का स्मरण दिलाने का दायित्व राष्ट्रीय स्वयंसेवक संघ ने सँभाला।

राष्ट्रीय स्वयंसेवक संघ के जन्मदाता डॉ. हेडगेवार जन्मजात देशभक्त थे। मातृभूमि को स्वतंत्र देखने के लिए उनका अंत:करण तड़पता था। क्रांतिकारी आंदोलन की भट्ठी में तपकर वे लोकमान्य तिलक के अनुयायी बने, सन् १९२० में गांधीजी के असहयोग सत्याग्रह में भाग लेकर जेल गए। उन्हीं दिनों गहरा विचार-मंथन करके उन्होंने संघ रूपी अखिल भारतीय संगठन की कल्पना की, उसके लिए एक अभिनव कार्य-पद्धति का आविष्कार किया। गांधीजी और डॉ. हेडगेवार की कार्य-पद्धति बाहर से भिन्न होते हुए भी दोनों की प्रेरणा और लक्ष्य में काफी समानता थी। गांधीजी के समान डॉ. हेडगेवार स्वतंत्रता-प्राप्ति को आवश्यक मानते हुए भी उसे राष्ट्र-निर्माण की दिशा में केवल पहला कदम समझते थे, अंतिम नहीं। स्वतंत्रता-प्राप्ति के लिए वे अहिंसा को एकमात्र साधन के रूप में नहीं देखते थे, हिंसा के अवलंबन को भी न्यायोचित मानते थे। दोनों की मूल प्रेरणा हिन्दुत्व-निष्ठा थी। डॉ. हेडगेवार ने राजनीति से संन्यास लेकर राष्ट्रीय स्वयंसेवक संघ के रूप में हिन्दुत्व-निष्ठ, राष्ट्र के लिए सर्वस्व समर्पण की भावना से ओत-प्रोत वीर वृत्ति-संपन्न देशभक्त आदर्शवादी नवयुवकों की देशव्यापी श्रृंखला खड़ा करने के लिए कठोर तप किया। गांधीजी ने आश्रम प्रणाली को अपनाया तो डॉ. हेडगेवार ने खुले मैदान में संघ की दैनिक शाखा को कार्यकर्त्ता निर्माण का साधन बनाया। संघ की शाखा में अस्पृश्यता निवारण और सामाजिक समरसता का गांधीजी का सपना अधिक सहज और सार्थक ढंग से साकार हुआ। गांधीजी के समान डॉ. हेडगेवार की दृष्टि भी स्वाधीन भारत की पुनर्रचना पर केंद्रित थी।

मूल प्रेरणा हिंदुत्व-निष्ठा

गांधीजी और राष्ट्रीय स्वयंसेवक संघ दोनों ही विभाजन के विरुद्ध थे। राष्ट्रीय स्वयंसेवक संघ तो अपनी संगठन साधना में लगा हुआ था, वह कल्पना भी नहीं कर पाया था कि राजनीतिक घटनाचक्र तेजी से घूमकर इतनी जल्दी स्वाधीनता और विभाजन के द्वार पर पहुँच जाएगा। पर गांधीजी भारत के सार्वजनिक जीवन के शिखर पुरुष थे, देश के एकमात्र या सबसे बड़े राजनीतिक दल कांग्रेस के नैतिक मार्गदर्शक थे। उन्होंने देश को भरोसा दिलाया कि देश का विभाजन उनकी लाश पर ही हो सकेगा। देश आश्वस्त था। सन् १९४५ के चुनाव में कांग्रेस ने अखंड भारत का नारा दिया था, जबकि मुस्लिम लीग ने पाकिस्तान निर्माण का। हिन्दू मतदाताओं ने कांग्रेस के अखंड भारत के नारे को अपना समर्थन दिया ९५ प्रतिशत मुस्लिम मतदाताओं ने विभाजन की माँग करने वाली

मुस्लिम लीग को समर्थन दिया। ऐसी स्थिति में कांग्रेस द्वारा विभाजन को सहमति देने एवं उसके विरोध में गांधीजी द्वारा कोई जनांदोलन या आमरण अनशन जैसे पगों को न उठाने से कुछ समय के लिए संघ के स्वयंसेवकों के मन में गांधीजी के प्रति आक्रोश का भाव जगा। उन्होंने देश-विभाजन के पापपूर्ण कृत्य में गांधीजी को भी सहभागी माना। किंतु यह एक क्षणिक भाव था। गांधीजी केवल शरीर नहीं, एक विचाराधारा थे। उनकी हिन्दुत्व-निष्ठा से संघ का स्वयंसेवक पहले से प्रेरित था। सत्ता को उसने कभी राष्ट्र-निर्माण का एकमात्र माध्यम नहीं माना था। स्वाधीनता-प्राप्ति के पश्चात् देश-विभाजन से मर्माहत संघ के स्वयंसेवकों की पूरी शक्ति कुछ समय तक हिन्दुओं की रक्षा, विस्थापितों की सहायता एवं पुनर्वास में लग गई। उसी समय गांधीजी की हत्या का निराधार आरोप लगाकर संघ पर प्रहार किया गया। उस पर प्रतिबंध लगाकर उसके सहस्रों-सहस्रों कार्यकर्त्ताओं को जेल में ठूँस दिया गया। इस प्रकार संघ के स्वयंसेवकों को एक साथ दो मोर्चों पर जूझना पड़ा। एक ओर विभाजन के दुष्परिणामों से, दूसरी ओर संघ को अपना राजनीतिक प्रतिद्वंद्वी समझने वाली नेहरू सरकार द्वारा संघ पर आरोपित प्रतिबंध को हटाने के लिए। किंतु इस संघर्षकाल में भी गांधीजी के प्रति संघ के मन में श्रद्धा का भाव बना रहा। इस भाव के कारण ही संघ ने सन् १९४८ में गांधीजी के जन्मदिवस २ अक्तूबर को ही देश भर में विभिन्न भाषाओं में साप्ताहिक पत्रों की एक शृंखला खड़ी की। उसी संघर्षकाल में संघ ने विद्यार्थी परिषद् नामक छात्र संगठन को जन्म दिया, जिसने अपने पहले कार्यक्रम को 'भारतीयकरण उद्योग' का नाम दिया। यह कार्यक्रम गांधीजी के स्वदेशी कार्यक्रम का ही नया संस्करण था। भीतर-बाहर से बहुत दबाव पड़ने पर भी संघ ने स्वयं को राजनीतिक दल का रूप देने से मना कर दिया और नए संविधान के अंतर्गत जब चुनाव राजनीति देश के मानस पर छा गई तब भी संघ ने भारी विचार-मंथन के पश्चात् राजनीति को राष्ट्र-जीवन का एक छोटा सा अंग ही माना और राष्ट्र-निर्माण का मुख्य दायित्व गैर-राजनीतिक रचनात्मक प्रयासों को ही सौंपा।

उत्तराधिकार

अपने इसी आग्रह के कारण संघ ने राष्ट्र-जीवन के प्रत्येक क्षेत्र में रचनात्मक प्रयासों का सूत्रपात किया और गांधीजी की कर्म साधना के प्रवाह, जो नेहरूवादी राजनीति के मरुस्थल में सूख सा गया था, को उसने पुनर्जीवित किया। सन् १९६० में एकात्मता स्तोत्र के रूप में प्रात:स्मरणीय महापुरुषों की तालिका में गांधीजी के नाम को सम्मिलित करके स्वयं को उनका उत्तराधिकारी घोषित कर दिया। जनजातियों के बीच आदिम जाति सेवक संघ का कार्य अब वनवासी कल्याण आश्रम अधिक प्रभावी ढंग से आगे बढ़ रहा है। सामाजिक जीवन से छुआछूत और ऊँच-नीच के भाव को मिटाकर

सामाजिक समरसता उत्पन्न करने की दृष्टि से आज संघ के स्वयंसेवक देश भर में सहस्रों सेवा प्रकल्प चला रहे हैं। संघ के स्वयंसेवक निचली कही जाने वाली जातियों में आत्मविश्वास और स्वाभिमान का भाव जगा रहे हैं, उनमें से ही नेतृत्व खड़ा कर रहे हैं। गांधीजी के स्वदेशी के भाव को ही अब स्वदेशी जागरण मंच नए सिरे से गुँजा रहा है। शिक्षा के क्षेत्र में गांधीजी की हिन्दू दृष्टि को लेकर संघ की प्रेरणा से हजारों विद्यालय देश भर में चल रहे हैं। संघ का विशाल संगठन जब रचनात्मक क्षेत्र में उतरा तो उसने पाया कि राष्ट्र-जीवन के प्रत्येक क्षेत्र में गांधीजी उसे रास्ता दिखाने के लिए वहाँ पहले से खड़े हुए हैं। सत्ता मोह से अलिप्त रहकर राष्ट्र-निर्माण की यह रचनात्मक वृत्ति संघ के स्वयंसेवकों को सहज रूप से गांधीजी में जोड़ देती है। इस स्थिति में कौन कह सकता है कि संघ ने गांधीजी के विचारों का अपहरण कर लिया है और वह उनका स्वाभाविक-वास्तविक उत्तराधिकारी नहीं है?

(पाञ्चजन्य, २ फरवरी, १९९८)

□

यदि गांधी न होते तो?

इतिहास का यह दायित्व है कि वह पुरानी पीढ़ियों के अनुभव के आलोक में भावी पीढ़ियों को रास्ता बताए। इसलिए इतिहासकार का यह कर्त्तव्य हो जाता है कि वह जनमानस में स्थापित श्रद्धेय महापुरुषों का निर्ममतापूर्वक वस्तुनिष्ठ अध्ययन व मूल्यांकन करे। प्रत्येक महापुरुष के जीवन में यदि एक उज्ज्वल पक्ष होता है तो एक दुर्बल पक्ष भी होता है। असामान्य कर्तृत्व के धनी एवं दूरदर्शी लोगों के द्वारा भी कभी-न-कभी सही निर्णय लेने में चूक हो सकती है, किंतु जनसाधारण की दृष्टि इन बारीकियों में प्रवेश नहीं करती, न करना चाहती है। वह यह सोच ही नहीं सकता कि प्रत्येक महापुरुष के भीतर देव और दानव दोनों विद्यमान हैं, किंतु काल की लंबी दूरी पर बैठे इतिहास की आँखें यह देख लेती हैं कि अमुक महापुरुष की एक छोटी सी भूल का कितना भारी मूल्य आने वाली पीढ़ियों को चुकाना पड़ रहा है। इसलिए अपने महापुरुषों के प्रति संतुलित दृष्टि प्रदान करना इतिहास का पुनीत कर्त्तव्य बन जाता है।

इस दृष्टि से पाञ्चजन्य के २० और २७ अप्रैल, १९९६ के अंकों में गांधीजी के बारे में दया प्रकाश सिन्हा के दो लेख सचमुच स्वागत योग्य हैं। भारत के स्वाधीनता-संघर्ष के सन् १९२० से सन् १९४७ तक के चरण को 'गांधी युग' की संज्ञा मिल गई है। समूचा देश उन्हें महात्मा, संत और महान स्वतंत्रता सेनानी के रूप में पूजता है। ''दे दी हमें आजादी बिना खड्ग बिना ढाल, साबरमती के संत तूने कर दिया कमाल।'' जैसे अनेक गीत उनके प्रति श्रद्धा का वातावरण पैदा कर रहे हैं। उनकी तनिक भी आलोचना करने वाले पर तुरंत 'देशद्रोही' या 'नास्तिक' का ठप्पा लगा दिया जाता है। गांधीवादी धारा से अलग माने जाने वाले राष्ट्रीय स्वयंसेवक संघ ने भी बहुत विचारपूर्वक गांधीजी के विभूतिमत्त्व का आदर करते हुए उन्हें अपने एकात्मता स्रोत में प्रातः स्मरणीय महापुरुषों की मालिका में स्थान दिया है।

अविवादित तथ्य

व्यक्ति पूजा के इस वातावरण में दया प्रकाश सिन्हा ने सुभाषचंद्र बोस की सन् १९३४ में प्रकाशित 'इंडियन स्ट्रगल' नामक पुस्तक से संकेत पकड़कर गांधीजी के छह सत्याग्रहों का गंभीर अध्ययन किया और 'अविवादित तथ्यों' के प्रकाश में वे इस निष्कर्ष पर पहुँचे कि गांधीजी का कोई भी सत्याग्रह अपने घोषित लक्ष्य को पूरा करने में सफल नहीं रहा। लेखक स्वयं को सुभाष बाबू और उनके राजनीतिक गुरु देशबंधु चित्तरंजन दास की इस धारणा से सहमत पाते हैं कि गांधीजी किसी भी सत्याग्रह को उसके चरम बिंदु पर पहुँचने के क्षणों में अनायास ही कुछ ऐसे क्षुद्र कारण बताकर वापस ले लेते थे, जिनका औचित्य सिद्ध करना कठिन है। बहुत संयत और तथ्यात्मक भाषा में लिखे गए इन लेखों से ध्वनित होता है कि यद्यपि गांधीजी चाहे द. अफ्रीका में रहे हों, चाहे भारत में, सन् १९०६ से सन् १९४२ तक अंग्रेजी शासन के विरुद्ध संघर्ष कर रहे थे, किंतु उनके मन में अंग्रेजों के प्रति सहानुभूति और सहयोग का भाव हमेशा विद्यमान रहा। अंग्रेजों के मन में भी गांधीजी के प्रति अपनत्व और प्रशंसा का भाव प्रबल था। इसलिए गांधीजी अंग्रेज शासकों के प्रत्येक संकटकाल में उनकी बिना शर्त सहायता के लिए दौड़ पड़ते थे, चाहे वह जुलू-विद्रोह हो या प्रथम और द्वितीय विश्वयुद्ध। इधर अंग्रेज भी गांधीजी की सुख-सुविधा का पूरा ध्यान रखते थे। वे अन्य सत्याग्राहियों को लंबी कड़ी कैद की सजा देकर जेल में यातना देते थे तो गांधीजी को अल्पकाल के लिए साधारण कैद की सजा देकर जल्दी छोड़ देते थे। जब जनता सड़कों पर अपना खून बहा रही होती तो गांधीजी आगा खाँ महल में आराम की जिंदगी जी रहे होते थे।

इन दोनों लेखों को पढ़कर लगता है कि गांधीजी और ब्रिटिश शासन के बीच मिलीभगत थी और गांधीजी के सत्याग्रह मात्र छलावा थे। क्योंकि सन् १९४१ का व्यक्तिगत सत्याग्रह मात्र इसलिए छेड़ा गया कि 'जनता यह न समझ बैठे कि वे अंग्रेजों से मिले हुए थे' और 'एकदम अग्रेजों के विरुद्ध युद्ध प्रारंभ न कर पाना उनकी आजीवन कमजोरी रही थी।'

यदि लेखक की इस प्रस्थापना को मान लें तो प्रश्न उठता है कि गांधीजी अंग्रेजों के विरुद्ध बार-बार सत्याग्रह का बिगुल क्यों बजा देते थे? वे अपने लिए उनमें से क्या प्राप्त करना चाहते थे? गांधीजी के इन प्रयासों के पीछे सत्ताकांक्षा थी या धनाकांक्षा या केवल यश की कामना? इससे भी बड़ा प्रश्न यह है कि गांधीजी के सत्याग्रहों के बार-बार असफल होने पर भी जनमानस में उनके प्रति श्रद्धाभाव क्यों टिका रह सका? क्यों उनके आह्वान पर प्रत्येक सत्याग्रह में हजारों लोग आँख मूँदकर कूद पड़ते थे गांधीजी को इतिहास में विश्व के सबसे बड़े जनांदोलन का सर्जक कहलाने का गौरव कैसे प्राप्त हो सका? क्यों नेहरू जैसे आलोचक को भी यह स्वीकार करना पड़ा कि 'स्वाधीनता के

लिए जन-मन को आंदोलित करने और सर्वस्व न्योछावर करने की प्रेरणा देने की जो शक्ति गांधी के पास है, वह हममें से किसी के पास नहीं है। गांधी के विचारों से मतभेद रखते हुए भी हमें गांधी के पीछे चलना ही होगा।' अंग्रेजभक्त गांधी में यह शक्ति कहाँ से आई?

लेखक का कहना है कि "सन् १८५७ के सैनिक विद्रोह के बाद अंग्रेज अगर किसी से डरते थे तो केवल सशक्त क्रांति से।" गांधीजी भारतीयों को क्रांतिकारियों के हिंसक मार्ग से दूर मोड़ रहे थे। हिंसक मार्ग की शक्ति और सफलता के उदाहरणस्वरूप लेखक सन् १९४२ के भारत छोड़ो आंदोलन का वर्णन करते हुए लिखते हैं, "कांग्रेसी नेता जेल में थे, इसलिए भारत छोड़ो आंदोलन बिना गांधीजी या कांग्रेस के चलाए अपने आप ही चल पड़ा।...अब तक कांग्रेस ने जितने आंदोलन चलाए थे, उनमें सन् १९४२ का यह आंदोलन सबसे अधिक प्रचंड और भीषण सिद्ध हुआ, क्योंकि इसमें कांग्रेसी नेताओं का हस्तक्षेप नहीं था।"

इसका अर्थ हुआ कि यदि गांधीजी जेल के बाहर होते तो आंदोलन कमजोर पड़ जाता और हिंसक रूप धारण न कर पाता। यदि ऐसा है तो अंग्रेजों ने गांधीजी व कांग्रेसी नेताओं को गिरफ्तार करके आंदोलन को उनके हाथ से निकलने क्यों दिया? जबकि लेखक स्वयं कहते हैं कि "गांधीजी के आंदोलनों को कुचलना उनके लिए बाएँ हाथ का खेल था, विशेषकर उस परिस्थिति में जब गांधीजी आंदोलन बीच में ठप कर देते थे।" लेखक का निष्कर्ष है कि "अंग्रेजों को गांधीजी और कांग्रेस बहुत प्रिय थे। उन्होंने गांधी-गाथा के प्रसार में भरपूर कोशिश की", शायद इसलिए "एक अंग्रेज द्वारा ही गांधीजी पर फिल्म बनाई गई।"

साफ-साफ शब्दों में कहना हो तो लेखक की दृष्टि में गांधीजी अंग्रेजों के मित्र या एजेंट थे। अंग्रेजों के हित में उन्होंने देश को सशस्त्र संघर्ष के मार्ग से हटाने के लिए ही अहिंसक सत्याग्रहों का सिलसिला छेड़ा, किंतु उन्हें कभी भी उनके लक्ष्य तक नहीं पहुँचने दिया। अंग्रेजों ने गांधी-गाथा का प्रसार करके गांधी को भारत के सार्वजनिक जीवन में स्थापित किया और ऊँचा उठाया। यदि गांधीजी का भारत के सार्वजनिक जीवन में आगमन न हुआ होता तो यह देश सशस्त्र संघर्ष का मार्ग अपनाकर न जाने कब का अंग्रेजी शासन को उखाड़ चुका होता। लेखक गांधीजी को कांग्रेस के अंग्रेज जन्मदाता ए.ओ. ह्यूम द्वारा उभारे गए नरमदलीय नेतृत्व की श्रृंखला में ही रखते हैं। संक्षेप में कहना हो तो लेखक की दृष्टि में भारत के स्वाधीनता आंदोलन में गांधीजी की भूमिका सकारात्मक न होकर नकारात्मक रही है। भारत के सार्वजनिक जीवन के लिए उनका नेतृत्व वरदान नहीं, अभिशाप बनकर आया।

मूर्खों का देश

लेखक ने इतने स्पष्ट शब्दों में अपने मनोभावों को भले ही प्रकट न किया हो, पर दो किश्तों में प्रकाशित उनके लेख को पढ़ने के बाद इससे किसी भिन्न निष्कर्ष पर पहुँचना कठिन ही है। यदि उनके निष्कर्षों को हम ज्यों-का-त्यों मान लें तो हमें स्वीकार करना होगा कि यह देश परले सिरे के मूर्खों का देश है, जो एक अंग्रेज भक्त के छलावे में लगातार तीस साल तक ठगा जाता रहा और अभी भी उससे बाहर नहीं निकल पाया है।

लेखक ने अपने निष्कर्षों को स्थापित करने के लिए 'अविवादित तथ्यों' का सहारा लिया है। क्या ये तथ्य सचमुच 'अविवादित' हैं? क्या वे ४० साल की संघर्ष गाथा को उनकी पूर्णता में प्रस्तुत करते हैं? गांधीजी का अपना पत्र व्यवहार और लेखन लगभग ५००-५०० पृष्ठों के १०० खंडों में प्रकाशित हुआ है। अनेक प्रमुख सहयोगियों जैसे नेहरू, राजेंद्र प्रसाद, सुभाष बोस, सरदार पटेल, मौलाना आजाद, राजगोपालाचारी आदि के दस्तावेजों के भी सैकड़ों खंड प्रकाश में आ चुके हैं। ५० वर्ष लंबे कालखंड से जुड़े इतने विशाल शब्द-सागर में बिखरे तथ्यों को पाञ्चजन्य के दो पृष्ठों में समेट पाना असंभव ही है। उदाहरण के लिए लेखक ने २ मार्च, १९३० को वायसराय इर्विन के नाम गांधीजी के ७ पृष्ठ लंबे पत्र से जो उद्धरण दिया है, वह उस पत्र की आत्मा को तो व्यक्त करता ही नहीं है, स्वयं में अपूर्ण और तोड़ा-मरोड़ा हुआ है (देखिए संपूर्ण गांधी वाङ्मय, खंड ४३, पृष्ठ २ से ९ तक)।

इस समीक्षा का यह अभिप्राय कदापि नहीं है कि गांधीजी से कोई भूल हुई ही नहीं, अथवा वे राग-द्वेष से सर्वथा मुक्त थे। किंतु गांधीजी के व्यक्तित्व का मूल्यांकन ५० वर्ष लंबे कालखंड में बिखरे छह सत्याग्रहों का उथला वर्णन करके नहीं किया जा सकता। क्या हम यह मान लें कि अहिंसक संघर्ष हिंसक संघर्ष की तुलना में सरल और हेय होता है? जो लोग अभी भी समझते हैं कि सशस्त्र संघर्ष द्वारा भारत अवश्य और जल्दी स्वतंत्र हो सकता था, उन्हें गांधीजी के भारत आगमन के समय सशस्त्र क्रांति आंदोलन की अंतर्दशा का सूक्ष्म अध्ययन करना चाहिए। सशस्त्र क्रांतिवीरों की प्रखर देशभक्ति, वीरवृत्ति एवं आत्मबलिदान की भावना के प्रति श्रद्धावनत होकर भी हमारा आग्रह है कि अशस्त्र क्रांति के मार्ग को प्रोत्साहन देने वाले श्री अरविंद, लोकमान्य तिलक और लाला लाजपतराय उस समय तक किस निष्कर्ष पर पहुँच चुके थे, इसका आलोड़न करना चाहिए। क्रांतिकारी दलों की कमजोरियाँ और सीमाएँ क्या थीं, इसका विश्लेषण करना चाहिए।

जहाँ तक भारत के स्वाधीनता आंदोलन में गांधीजी के योगदान का प्रश्न है इसे नेताजी सुभाषचंद्र बोस के २ अक्तूबर, १९४३ के उद्गारों में ही पढ़ना अच्छा रहेगा।

जिन सुभाष बोस को वे गांधीजी के प्रतिद्वंद्वी और विकल्प के रूप में देख रहे हैं उन्हीं सुभाष बोस ने बैंकाक से प्रसारित अपने प्रसारण में कहा था, ''जिस समय आशा की कोई किरण नहीं रही थी और गुस्से से भरा भारतीय समाज संघर्ष के किसी नए तरीके और हथियार की खोज में भटक रहा था, उसी मनौवैज्ञानिक क्षण में महात्मा गांधी असहयोग और सत्याग्रह या सविनय अवज्ञा का नया मार्ग लेकर मंच पर अवतरित हुए। ऐसा लगा कि मानो विधाता ने ही उन्हें हमारी स्वाधीनता का मार्ग दिखाने के लिए भेजा हो। तुरंत और स्वयंस्फूर्ति से पूरा राष्ट्र उनके पीछे खड़ा हो गया। प्रत्येक भारतीय के चेहरे पर आशा और विश्वास का उजाला चमकने लगा। अंतिम विजय का विश्वास पुन: पैदा हुआ।''

आगे वे कहते हैं, ''यह कहना अतिशयोक्ति न होगी कि यदि वे सन् १९२० में संघर्ष का अपना हथियार लेकर आगे न आए होते तो भारत शायद आज भी पहले जैसा मूर्च्छित पड़ा होता। भारत की स्वाधीनता के यज्ञ में उनका योगदान अप्रतिम और अद्‌भुत है। उन्हीं परिस्थितियों में कोई भी एक व्यक्ति एक जीवनकाल में इससे अधिक उपलब्धि न कर पाता।''

(पाञ्चजन्य, ११ मई, १९९६)

□

गांधी वंशजों का बाजारवाद

इस ११ ज़नवरी को मुंबई के मणि भवन में महात्मा गांधी के कुछ वंशज एकत्र हुए। मणि भवन का नामकरण गांधीजी के दूसरे बेटे मणिलाल के नाम पर हुआ है। इस भवन में लगभग ५०,००० पुस्तकों वाला एक विशाल पुस्तकालय है। ये सभी पुस्तकें गांधीजी की या गांधीजी पर हैं। गांधीजी को लोकप्रियता का इससे बड़ा प्रमाण और क्या हो सकता है? मैं नहीं जानता कि १९वीं या २०वीं शताब्दी के किसी अन्य व्यक्तित्व पर इतना विशाल साहित्य रचा गया है। यह क्रम अभी भी बंद नहीं हुआ है। प्रतिमाह गांधीजी पर किसी-न-किसी नए प्रकाशन की समीक्षा आँखों के सामने आ जाती है। गांधी के जीवन और विचारों की प्रत्येक छोटी-से-छोटी बात का सूक्ष्मदर्शी वर्णन-विवेचन हमें उपलब्ध है। तब गांधीजी के पौत्र और देवदास के पुत्र राजमोहन गांधी को एक नई जीवनी लिखने की क्या आवश्यकता थी? वे पहले ही 'गुड बोटमैन' (अच्छा नाविक) शीर्षक से गांधीजी की एक जीवनी सन् १९९५ में प्रकाशित कर चुके थे। तब सन् २००६ के अंत में गांधीजी के जीवन की ऐसी क्या बात उनकी पकड़ में आ गई, जिसको प्रकाश में लाना उन्हें आवश्यक लगा? राजमोहन की इस किताब की अखबारों में खूब चर्चा हुई। अंग्रेजी साप्ताहिक 'आउटलुक' को उस किताब में सनसनीखेज कवर स्टोरी मिल गई। वह है कवि रवींद्रनाथ ठाकुर की बहन स्वर्णलता की पुत्री सरला चौधुरानी के साथ सन् १९१९ से १९२१ तक दो वर्ष लंबा गांधीजी का प्रेम-प्रसंग। पुस्तक की व्यापक चर्चा के लिए दो कारण बन गए—एक, प्रेम प्रसंग और दूसरा, उसका गांधीजी के अपने पौत्र द्वारा लेखन व प्रकाशन। गांधी जैसे किसी महापुरुष की प्रेमकथा का चटखारे ले-लेकर वर्णन करना आज की नई पीढ़ी को खूब सुहाता है। शायद, रोमांस से जोड़े बिना आज किसी पुस्तक के लिए बाजार मिलना कठिन हो गया है। इस दृष्टि से राजमोहन सफल रहे। जबकि इसके पहले उनकी लिखी छह पुस्तकें बाजार में पिट गई, ६५० रुपए कीमत की इस मोटी पुस्तक की ५००० प्रतियाँ केवल पंद्रह दिन के भीतर ही हाथों-हाथ बिक गईं।

बार-बार छपा प्रेम-प्रसंग

सरला चौधुरानी के तथाकथित प्रेम-प्रसंग की व्यापक चर्चा से चिंतित होकर गांधीजी

के एक प्रपौत्र तुषार गांधी ने लिख डाला कि राजमोहन काका को इस प्रसंग की चर्चा करनी ही नहीं चाहिए थी। शायद उन्होंने अपनी पुस्तक को लोकप्रिय बनाने के लिए इस प्रसंग का उल्लेख किया है। वैसे, गांधी के नाम पर लोकप्रियता कमाने में तुषार गांधी भी पीछे नहीं हैं। उन्होंने भी अपनी नव प्रकाशित विशालकाय पुस्तक को उत्तेजक शीर्षक दिया, 'लैट अस किल गांधी' (हमें गांधी की हत्या करने दो)। लेकिन, उन्होंने माना है, "यह शीर्षक मैंने लोगों का ध्यान पुस्तक की ओर खींचने के लिए दिया है। मेरा मकसद बाजार को प्रभावित करना है।" (दैनिक भास्कर, १७ जनवरी, २००७) क्या तुषार गांधी को सचमुच यह पता नहीं कि सरला चौधुरानी के प्रति गांधीजी के आकर्षण की कहानी इसके पहले अनेक बार छप चुकी है। राजमोहन की पुस्तक बाजार में आने के लगभग एक साल पहले सप्रू हाउस और जे.एन.यू. में पुस्तकालयाध्यक्ष रहे गिरजा कुमार की ४०७ पृष्ठों की पुस्तक 'ब्रह्मचर्य : गांधी एंड हिज वुमेन एसोशियेट्स' बाजार में आ चुकी थी, जिसमें सरला चौधुरानी के साथ गांधीजी के संबंधों पर दो अध्यायों को २६ पृष्ठ दिए गए हैं। मैंने दोनों पुस्तकों को पढ़ा है। गिरजा कुमार की पुस्तक में दी गई जानकारी राजमोहन की तुलना में कहीं अधिक है और प्रमाणों पर आधारित है। गिरजा कुमार ने इस प्रसंग को लिखने के लिए गांधीजी के पत्रों को आधार बनाया है और ये सभी पत्र संपूर्ण गांधी वाङ्मय के खंड १६,१७,१८ और १९ में साठ के दशक में ही प्रकाशित हो चुके थे।

यह सत्य है कि गांधीजी और सरला चौधुरानी ने अपनी-अपनी आत्मकथाओं में इस संबंध का उल्लेख नहीं किया। किंतु १९६१ में नार्मन कजिन द्वारा संपादित 'प्रोफाइल्स ऑफ गांधी' नामक पुस्तक में मार्गरेट सेंगर का एक लेख है, जिसमें सेंगर ने बताया है कि गांधीजी से उसकी इस प्रसंग पर चर्चा हुई थी, जिसमें गांधीजी ने यह भी बताया था कि उन्होंने इस प्रसंग का अपनी आत्मकथा में उल्लेख क्यों नहीं किया। गांधीजी के निकट सहयोगी महादेव देसाई की डायरियों में भी इस प्रसंग का उल्लेख है और वे डायरियाँ भी अनेक वर्ष पूर्व प्रकाशित हो चुकी हैं। सन् १९९३ में प्रकाशित मार्टिन ग्रीन की पुस्तक 'गांधी : वायस ऑफ ए न्यू एज रिवोल्यूशन' तथा प्यारेलाल और सुशीला नैयर द्वारा लिखित गांधीजी की बहुखंडीय वृहत जीवनी के सन् १९९४ में प्रकाशित खंड ५ में भी यह प्रसंग दिया गया है। सन् २००६ में कैथरीन टिडरिक द्वारा लिखित 'गांधी : ए पोलिटिकल एंड स्प्रिचुअल लाइफ' में भी इसका उल्लेख है।

सोनिया के हाथों लोकार्पण

इस सबके बाद भी मीडिया द्वारा राजमोहन गांधी की ७५० पृष्ठों की विशाल पुस्तक में से केवल छह पृष्ठों पर दिए गए इस प्रकरण को इस तरह उछाला जा रहा है मानो पहली बार गांधी के इस प्रेम प्रसंग पर से गांधीजी के एक वंशज द्वारा पर्दा हटाया हो। आश्चर्य यह कि राजमोहन गांधी ने भी यह स्पष्ट करने की आवश्यकता नहीं समझी कि वे पहली बार इस घटना को प्रकाश में नहीं ला रहे हैं, जिससे तुषार गांधी को लगा कि

अगर राजमोहन जिक्र नहीं करते तो यह प्रसंग अनजाना रह जाता। यह स्पष्ट है कि इस पुस्तक को लिखने और प्रकाशित करने के पीछे राजमोहन की दृष्टि शुद्ध व्यावसायिक रही है, अन्यथा वे इस पुस्तक का लोकार्पण सोनिया गांधी से न कराते। गांधीजी के बारे में सोनिया गांधी क्या जानती हैं, सिवाय इसके कि वे वर्तमान सत्तारूढ़ गठबंधन की सूत्र संचालक हैं और अपनी वंशवादी राजनीति के लिए गांधीजी के नाम को भुनाने की कोशिश में लगी हैं। सोनिया गांधी ने गुजरात जाकर गांधीजी के डांडी मार्च का रिहर्सल किया। अब वे २९ जनवरी को गांधीजी के सत्याग्रह की शताब्दी के नाम पर एक अंतरराष्ट्रीय सम्मेलन बुला रही हैं, जिसमें ८६ देशों के प्रतिनिधि बुलाए गए। पर अपने देश के सबसे बड़े विपक्षी दल भारतीय जनता पार्टी को नहीं बुलाया। जब भाजपा ने इस पर आपत्ति की तो सोनिया पार्टी के प्रवक्ता ने बेशर्मी से कहा कि भाजपा गांधी धारा का और संविधान आंदोलन का अंग नहीं रही है। तब क्या सोनिया की वर्तमान वंशवादी पार्टी का गांधी के स्वाधीनता आंदोलन से कोई रिश्ता रहा है? जिस दल ने गांधीवादी समाजवाद को अपनी विचारधारा के रूप में अपनाया, जिस दल के दार्शनिक संस्थापक पं. दीनदयाल उपाध्याय द्वारा प्रणीत एकात्म मानव दर्शन पूरी तरह गांधीजी के जीवन दर्शन से अनुप्राणित है, उसे नीचा दिखाने के लिए ऐसा टोला गांधीजी के नाम को भुनाने की कोशिश करे, जिसकी दृष्टि एक वंश से आगे जाती ही नहीं, इससे बड़ी विडंबना और क्या हो सकती है?

गांधी एक परिवार नहीं, विचार है

गांधीजी केवल विचार के लिए जिए, उन्होंने आदर्शों की उपासना की, उसके लिए स्वयं पर प्रयोग किए, इस प्रयोग साधना की कीमत उनके परिवार को भी चुकानी पड़ी। गांधी ने कभी नहीं कहा कि वे ईश्वर के यहाँ से ही महानता लेकर धरती पर जन्मे थे। या उन्होंने जन्मते ही काम, क्रोध, लोभ, मोह जैसे विकारों पर विजय पा ली थी। बल्कि उनकी आत्मकथा ऐसे व्यक्ति का चित्र प्रस्तुत करती है जो बचपन में बहुत कामुक और भीरू था, जो पश्चिम की चकाचौंध से आकर्षित था। गांधीजी ने अपने जीवन में प्रत्येक परिवर्तन का जीवंत वर्णन किया है। संसार भर की आत्मकथाओं में शायद गांधी की अकेली ऐसी आत्मकथा है जो कमजोर-से-कमजोर व्यक्ति को भी अपनी कमजोरियों पर विजय पाने का विश्वास दिलाती है। ८ जनवरी, १९१५ को भारत वापसी के क्षण से ३० जनवरी, १९४८ को महाप्रयाण तक गांधी का जीवन एक खुली किताब की तरह देशवासियों के सामने रहा। उनके आश्रम जीवन में कोई भी कभी भी झाँक सकता है। समझने की बात यह है कि गांधी में ऐसा क्या था कि अपनी सब दुर्बलताओं का ढिंढोरा पीटने के बाद भी उनका जादू राजगोपालाचारी, जवाहरलाल नेहरू, सरदार पटेल, जयप्रकाश और लोहिया, डॉ. राजेंद्र प्रसाद और सुभाष बोस जैसे दिग्गजों की श्रद्धा को आपसी मतभेदों के बावजूद अपने प्रति बनाए रख सके? जरा कल्पना कीजिए, १५ में से १२ प्रांतीय कांग्रेस कमेटियों द्वारा मनोनीत सरदार पटेल जैसे लौहपुरुष ने १९४६ में, केवल गांधी की

इच्छा का आदर करने के लिए उन जवाहरलाल नेहरू के पक्ष में कांग्रेस अध्यक्ष का पद ठुकरा दिया, जिनका नाम एक भी प्रांतीय कमेटी ने प्रस्तावित नहीं किया था। आज जब सभी राजनैतिक दलों के भीतर सत्ता और पदों के लिए जो मार-काट चल रही है, उसे देखते हुए क्या यह एक चमत्कार नहीं है?

जो बुद्धिजीवी अपने जीवन से एक व्यक्ति को भी आदर्श जीवन, नि:स्वार्थ राष्ट्रसेवा की प्रेरणा नहीं दे सकते, वे अपनी बुद्धि की छुरी से गांधी की 'शव परीक्षा' करने में लगे हैं। वे गांधी को काम-वासना का पुतला सिद्ध करने में लगे हैं। गिरजा कुमार की पुस्तक 'ब्रह्मचर्य' और सुधीर कक्कड़ की 'मीरा और महात्मा' जैसी पुस्तकों को गंदगी ढूँढने वाले दिमागों की ही उपज कहा जा सकता है। गांधी का चरित्र हनन करके वे शायद किताब तो बेच सकते हैं, पर लोकमानस पर गांधी की पकड़ को कम नहीं कर सकते। आज भी सभ्यता विषयक वैश्विक बहस में केवल गांधी को ही विकल्प के रूप में देखा जा रहा है। विश्व के अनेक देशों में गांधी का अध्ययन हो रहा है। गांधी की प्रतिमाएँ स्थापित की जा रही हैं। उनके विचार पर साहित्य प्रकाशित हो रहा है। गांधी का चिंतन कालजयी है, क्योंकि वह भारत की युगयुगीन दर्शन धारा की व्याख्या और प्रयोग मात्र था। गांधी ने भारतीय संस्कृति के उदात्त मूल्यों को व्यक्तिगत एवं सार्वजनिक जीवन में जीने का ईमानदार प्रयास किया। कहीं वे सफल रहे तो कही असफल भी।

गांधी का चमत्कारिक व्यक्तित्व

विचार के धरातल पर गांधी चिंतन को पूरी तरह अस्वीकार करनेवाले नेहरू ने भी यह माना कि गांधी के अलावा हममें से कोई भी व्यक्ति भारतीय जन-मन को स्वतंत्रता प्राप्ति के लिए संघर्ष और त्याग की प्रेरणा देने में सक्षम नहीं है। किंतु उनके लिए यह प्रश्न ही बना रहा कि गांधी की इस लोकप्रियता का रहस्य क्या है? एक बार नेहरू ने स्वयं से पूछा कि गांधी न तो ओजस्वी वक्ता हैं, न ही उनके पास वैभव है, न सत्ता, फिर भी जन-मन पर उनकी पकड़ क्यों है? विभाजन के समय गांधी की लोकप्रियता घटने लगी थी, उजड़े विस्थापितों का आक्रोश उनकी कुटिया के बाहर प्रदर्शनों में प्रकट होने लगा था, पाकिस्तान को ५५ करोड़ रुपए देने के लिए जब उन्होंने भूख हड़ताल के हथियार का इस्तेमाल किया तो सरदार पटेल जैसे निष्ठावान साथी भी विचलित हो उठे थे। यहाँ तक कि गांधी के सबसे छोटे पुत्र देवदास ने भी उन्हें पत्र लिखकर अनशन न करने की सलाह दी थी। कुछ लोगों को लगता था कि अब गांधी का जादू खत्म हो रहा है। पर ३० जनवरी, १९४८ को हत्या के बाद गांधी के प्रति लोकश्रद्धा पुनरुज्जीवित हो गई, उन्माद का रूप धारण कर गई। यहाँ तक कहा जाने लगा कि मृत गांधी जीवित गांधी से अधिक बलवान सिद्ध हुआ।

गांधीजी के जीवन में यौन-कथाएँ ढूँढ़ने वाले मस्तिष्क गिरजा कुमार और सुधीर कक्कड़ की पुस्तक के बजाय मीरा बहन की आत्मकथा क्यों नहीं पढ़ते? यह क्यों नहीं

ढूँढ़ते कि गांधीजी स्वतंत्रता आंदोलन में नारी शक्ति को इतनी बड़ी मात्रा में क्यों उतार पाए? समझ में नहीं आता कि क्यों हम अपने महापुरुषों को बौना बनाने में लगे हैं? क्यों भूल जाते हैं कि भारतीय दर्शन ने केवल 'परब्रह्म' को ही दोषमुक्त व पूर्ण माना है। हम महापुरुषों की कमियाँ ढूँढ़ने की बजाय उनके शक्ति-बिंदुओं को क्यों नहीं ढूँढ़ते? उनके आदर्शों पर चलने का प्रयास क्यों नहीं करते?

परिवारवाद की कसौटी पर गांधी

पर भारत आज वोट-बैंक राजनीति का पूरी तरह बंदी बन गया है। वोट बैंक राजनीति के कारण ही अब भारत विभाजन भी गांधी के मत्थे ही मढ़ा जा रहा है और जिन्ना का गुणगान हो रहा है। डॉ. अंबेडकर को नायक की छवि दी जा रही है और महात्मा गांधी को खलनायक की। गांधी के बहाने हिन्दू समाज को विभाजन का अपराधी बताया जा रहा है। भारत के इस वातावरण से ही शक्ति पाकर एक पाकिस्तानी लेखक शाहिद कामरान ने लाहौर से एक पुस्तक में प्रकाशित की है, जिसमें गांधी की हिन्दू-निष्ठा को ही भारत विभाजन के लिए जिम्मेदार ठहराया गया है। बंगलौर का ब्राह्मण विरोधी 'दलित वायस' पाक्षिक इस पुस्तक की फोटोकॉपी खुलेआम सस्ते में बेच रहा है।

पीड़ा यह है कि गांधी के इस चरित्र हनन के व्यापार में अब गांधी के वंशज भी सम्मिलित हो गए हैं। एक ओर तो वे अपने को गांधी की बौद्धिक विरासत का उत्तराधिकारी दिखाना चाहते हैं, दूसरी ओर वे गांधी का मूल्यांकन परिवारवाद की कसौटी पर करना चाहते हैं। पूरी दुनिया उन्हें श्रद्धा के साथ महात्मा, बापू या गांधीजी कहती है, पर राजमोहन ने अपनी पुस्तक का नाम 'मोहनदास' रखा है। शायद गांधी की भक्ति से अपनी मुक्ति का प्रदर्शन करने के लिए गांधीजी की एक प्रपौत्री उमा धूपालिया मेस्त्री, जो दक्षिण अफ्रीका में प्राध्यापक हैं, ने अपने दादा, अर्थात् गांधीजी के बेटे मणिलाल के जीवन चरित्र को शीर्षक दिया है 'गांधी का बंदी'। इसमें शक नहीं कि गांधी ने अपने आदर्शों का प्रयोग अपनी पत्नी कस्तूरबा और चारों बेटों पर निर्ममता के साथ किया। उन्होंने नेहरू वंश के समान अपने पुत्रों के लौकिक भविष्य की चिंता नहीं की। जिस रात उनके पुत्र का तेज ज्वर और तेज होता जा रहा था, उस समय भी वे प्राकृतिक चिकित्सा के प्रति अपनी निष्ठा पर अडिग खड़े थे। यदि उन्हें लगा कि स्कूली शिक्षा की अपेक्षा चरित्र और कर्म की शिक्षा अधिक श्रेयस्कर है तो उन्होंने उसका प्रयोग अपने चारों बेटों पर किया। गांधीजी के जीवन के ऐसे मार्मिक प्रसंगों में छिपी उनकी अंतर्वेदना को समझना आवश्यक है। किंतु मुंबई के मणि भवन में एकत्र गांधी कुनबा यदि टाइम्स ऑफ इंडिया (१२ जनवरी) में शीर्षक बनाए कि 'हरिलाल काका ही हमारे आदर्श हैं', तो इसे गांधीजी की दूसरी हत्या के अलावा क्या कहें?

(पाञ्चजन्य, २४ जनवरी, २००७)

□

गांधी के कंधों पर सोनिया का वंशवाद

इसी २० सितंबर को टेलीविजन के पर्दे पर सोनिया का भाषण सुनने-देखने को मिल गया। वे बरेली की एक जनसभा में बोल रही थीं। वे सन् १८५७ की क्रांति में बरेली के योगदान का बखान कर रही थीं। एक के बाद एक स्वतंत्रता सेनानियों के नाम उनके मुँह से झर रहे थे—अजीमुल्लाह ख़ान, नवाब बहादुर खान और... । मैं हतप्रभ था कि इतिहास का विद्यार्थी होते हुए भी मुझे इन सब नामों की जानकारी नहीं, किंतु विदेशी खून की इस महिला ने कुछ ही वर्षों में भारत के स्वतंत्रता आंदोलन की इतनी गहरी जानकारी अर्जित कर ली। जरा ध्यान से देखा तो पाया कि वे एक कागज पर लिखे नामों को पढ़कर बोल रही हैं। किसी ने बड़ी मेहनत करके उनके भाषण को बरेली के इतिहास से जोड़ने की कोशिश की थी। उसने यह अपने मन से नहीं, निर्देश पर किया होगा। क्योंकि कुछ समय से सोनिया अपनी पार्टी को स्वतंत्रता आंदोलन से जोड़ने का जी-तोड़ प्रयास कर रही हैं। वे अपनी पार्टी को गांधी का उत्तराधिकारी सिद्ध करना चाहती हैं। कौन से गांधी-राजीव या महात्मा? नाम का बड़ा महत्त्व होता है। महात्मा गांधी का नाम भारत के रोम-रोम में समाया है। उस नाम की पूँजी को राजीव, सोनिया और राहुल के खाते में डालकर ही वंशवादी सत्ता-राजनीति सफल हो सकती है।

इस राजनीति का पहला प्रयोग किया गया गुजरात में। गांधी के नमक सत्याग्रह की ७५वीं वर्षगाँठ मनाने के नाम पर डांडी यात्रा का रिहर्सल किया गया। अपने राजनीतिक शत्रु नरेंद्र मोदी के मुकाबले महात्मा गांधी को खड़ा करने की कोशिश की गई। यह राजनीतिक डांडी यात्रा गुबार बनकर रह गई। नरेंद्र मोदी की लोकप्रियता घटने के बजाय और अधिक बढ़ गई। प्रधानमंत्री डॉ. मनमोहन सिंह ने डांडी यात्रा का स्मारक बनाने के लिए १० करोड़ रुपए देने की घोषणा कर दी। साबरमती आश्रम से डांडी तक २५० किलोमीटर सड़क को पक्की बनाने के लिए १००० करोड़ रुपए की विशाल राशि लगाई जा रही है।

वंशवाद के वफादार

डांडी यात्रा का रिहर्सल फेल होने के बाद सन् १८५७ की याद आई। क्यों न सन्

१८५७ की क्रांति की २५०वीं वर्षगाँठ मना ली जाए। एक भारी भरकम कमेटी बन गई। वामपंथी इतिहासकारों ने कमेटी का तो बहिष्कार कर दिया, किंतु सन् १८५७ के बारे में नए दस्तावेज प्रकाशित करने के नाम पर केंद्र सरकार से एक करोड़ रुपए की राशि झटक ली। और एक करोड़ रुपए के लिए याचिका दायर कर दी। आई.सी.एच.आर. के अधिकारियों की सार्वजनिक घोषणाओं के अनुसार उन्हें सन् १८५७ के बारे में कार्ल मार्क्स के मूल दस्तावेज मिल गए हैं, उन्हें प्रकाशित किया जाएगा। इन दस्तावेजों की कहानी को हम किसी अगले लेख में विस्तार से लिखेंगे। यहाँ इतना बताना काफी है कि सोनिया अपनी वंशवादी पार्टी को भारत के स्वतंत्रता संग्राम के घोड़े पर बैठे दिखाना चाहती है और मार्क्सवादी इतिहासकार ऐसे हर मौके पर फिसलकर नीचे पड़ी सोने की गिन्नी उठा लेना चाहते हैं। सोनिया सरकार पैसे दे और उनकी अक्ल ले। सन् २००७ के लिए दोनों मिलकर खेल रहे हैं।

तब तक कौन इंतजार करेगा? सोनियाजी की किचन कैबिनेट की सदस्य अंबिका सोनी ने संस्कृति मंत्रालय मिलते ही खोजबीन शुरू की कि कौन सा दिन नजदीक है, जिसे मनाकर सोनिया पार्टी को आजादी की लड़ाई से जोड़ा जाए। किसी कांग्रेसी सांसद शशिभूषण ने सुझाव दिया कि ७ सितंबर नजदीक है, क्यों न उस दिन राष्ट्रगीत वंदे मातरम् की शताब्दी मना ली जाए। संस्कृति मंत्रालय ने सर्कुलर निकाल दिया। 'वंदे मातरम्' को सुनते ही प्रत्येक राष्ट्रभक्त भारतीय का अंत:करण झंकृत हो उठता है। वंश के बड़े वफादार अर्जुन सिंह ने सोचा क्यों न मैं भी बहती गंगा में हाथ धो लूँ। उन्होंने घोषणा कर दी कि ७ सितंबर को देश के सभी विद्यालयों में 'वंदे मातरम्' का सामूहिक गान होगा। सब ओर उत्साह का संचार हो गया। पर, तभी उलेमाओं के फतवे और मुस्लिम नेताओं की ओर से विरोध के स्वर आ गए। अब सोनियाजी पशोपेश में। आजादी की लड़ाई से जुड़ें या मुस्लिम वोट बैंक से? लक्ष्य वंदे मातरम् है या सत्ता? उन्होंने फैसला लिया। वे अपनी पार्टी द्वारा आयोजित वंदे मातरम् गायन के कार्यक्रम में उपस्थित नहीं हुईं और उनके इशारे पर प्रधानमंत्री मनमोहन सिंह भी। इस बीच किसी वामपंथी इतिहासकार ने शताब्दी समारोह तिथि पर विवाद खड़ा कर दिया कि सन् १९०६ में ७ सितंबर को वंदे मातरम् से जुड़ी कोई महत्त्वपूर्ण घटना घटी ही नहीं। न बारीसाल कॉन्फ्रेंस और न कांग्रेस के कलकत्ता अधिवेशन में। इस विवाद से सरकार की नाक कटने पर भी सोनिया पार्टी ने राहत की साँस ली, क्योंकि अपनी नाक गई तो गई पर वंदे मातरम् को लेकर पार्टी की दुश्मन भाजपा ने जो उत्साह पैदा किया था, उस पर भी थोड़ा सा ठंडा पानी पड़ गया।

वंदे मातरम् का रथ तो निकल पड़ा था। लोगों ने कहा कि मार्च की बारीसाल कॉन्फ्रेंस से लेकर दिसंबर अंत के कांग्रेस अधिवेशन तक सन् १९०६ का पूरा साल ही वंदे मातरम् का शताब्दी वर्ष है। पूरे साल ही बंगाल की सड़कों पर वंदे मातरम् गूँजता रहा, छात्र विद्यालयों से निष्कासित होते रहे, जेल जाते रहे। इसलिए हम पूरे साल वंदे मातरम् का शताब्दी वर्ष

मनाएँगे। वंशवादी पार्टी के लिए वंदे मातरम् के मुद्दे का भाजपा द्वारा अपहरण किया जाना भारी सदमा था। फिर सवाल खड़ा हो गया कि आजादी की लड़ाई से कैसे जुड़ा जाए। ११ सितंबर नजदीक आ रहा था। पूरे विश्व का प्रचार तंत्र इस दिन को अमरीका पर जिहादी हमले की पाँचवीं वर्षगाँठ के रूप में भारी महत्त्व दे रहा था। सोनिया पार्टी फिर दुविधा में पड़ गई। यदि वह जिहाद विरोधी खेमे में खड़ी होती है तो मुस्लिम वोट बैंक का क्या होगा? और यदि ९/११ के आतंकवादी हमले के विरुद्ध वैश्विक प्रचार से स्वयं को अलग रखती है तो अमरीका नाराज हो जाएगा। किसे महत्त्व दिया जाए—अमरीका को या मुस्लिम वोट बैंक को? क्या कोई ऐसा रास्ता हो सकता है कि अमरीका से दूरी दिखाए बिना ही मुस्लिम वोट बैंक बचाया जा सके? किसी ने सुझाया कि क्यों न हम लोग इस दिन ११ सितंबर, १९०६ को दक्षिण अफ्रीका में गांधीजी द्वारा सत्याग्रह के आविष्कार की शताब्दी से अपने को जोड़ लें। इस एक पत्थर से दो नहीं, तीन शिकार हो सकेंगे। सोनिया पार्टी को महात्मा गांधी और आजादी की लड़ाई से जुड़ने का मुँह माँगा अवसर मिल जाएगा। अमरीका को कह सकेंगे कि हम हिंसा के विरुद्ध अहिंसा को खड़ा कर रहे हैं। अमरीकी ९/११से अपने को दूर रखकर हम अपना मुस्लिम वोट बैंक भी बचाए रख सकेंगे।

कांग्रेसी गांधीगिरी

अंधे को क्या चाहिए···लाठी। सोनियाजी दौड़ पड़ीं। १० सितंबर को दिल्ली में अपनी पार्टी की कार्यसमिति की बैठक बुला ली। माथापच्ची शुरू हो गई कि महात्मा गांधी की सत्याग्रह शताब्दी को कैसे मनाया जाए? हमारी पार्टी और सरकार क्या करे कि महात्मा गांधी की विरासत राजीव गांधी के वंश की झोली में आ गिरे। किसी ने कहा सेमिनार करें, किसी ने कहा विश्वविद्यालयों में गांधी पीठ स्थापित करें, गांधी निधि को पुनरुज्जीवित करें, स्कालरशिप दें, गांधी प्रतियोगिता करें। हर सुझाव आने पर दूसरा कोई कह उठता यह तो पहले ही हो चुका है, कुछ नया बताओ। इस ऊहापोह के वातावरण में मोहसिना किदवई ने उठकर कहा मैं बताती हूँ, नया क्या हो सकता है। मैंने एक नई फिल्म देखी है 'लगे रहो मुन्ना भाई'। उसमें गांधी को बहुत मनोरंजक ढंग से प्रस्तुत किया गया है, नई पीढ़ी के सामने। इस फिल्म में गांधी अपनी गांधीगिरी से दो दादा किस्म के युवकों की सब समस्याओं को हल कर देते हैं। हमें इस फिल्म को अपने प्रचार का केंद्र बनाना चाहिए।

बस, रास्ता मिल चुका था। सोनिया पार्टी की कार्यसमिति के सब सदस्यों के लिए फिल्म के प्रीमियर का विशेष आयोजन किया गया। दिल्ली सरकार और फिर भारत सरकार ने फिल्म को कर मुक्त कर दिया। हरियाणा का पूरा मंत्रिमंडल मुख्यमंत्री के नेतृत्व में पंचकूला के एक सिनेमा हॉल में रात ९.४५ के शो में जाने के लिए तैयारी करने लगा। नाम गांधी का, अंदाज शाही। पूरा सिनेमा हॉल किला बना दिया गया। मंत्रिमंडल के सदस्यों के पहुँचने तक शो रोक दिया गया। बेचैन दर्शकों के पूछने पर 'तकनीकी खराबी' का झूठ बोलकर

सोनिया पार्टी की गांधीगिरी का उदाहरण प्रस्तुत किया गया। बीस मिनट बाद मंत्रिमंडल के कुर्सियों पर बैठते ही शो शुरू हो गया। दर्शक मन-ही-मन सोनिया के गांधी की जयजयकार करने लगे। सोनिया पार्टी और उसकी सरकारों ने इस फिल्म का इतना प्रचार किया कि अब महात्मा गांधी पीछे चले गए और 'लगे रहो मुन्ना भाई' देश के दिलो-दिमाग पर छा गए। 'गांधीगिरी' के अजीबो-गरीब प्रयोग होने लगे। रेडीमेड गांधी टोपी और कुर्ते-पजामे पहनकर लोग गांधीगिरी करने के लिए सड़कों पर उतर आए। वे भूल जाते हैं कि महात्मा गांधी टोपी नहीं, कुर्ता नहीं, शब्द नहीं, एक आदर्श हैं, जीवन निष्ठा हैं, साधना हैं, तपस्या हैं।

आज ही के एक दैनिक में छपी रपट में लखनऊ शहर की गांधीगिरी का स्वाद चखिए—'मेडिकल कॉलेज में चंद डॉक्टरों ने गांधी टोपी पहनकर सामाजिक मुद्दे उठाए, तो लखनऊ विश्वविद्यालय में बुजुर्ग छात्रों को छात्र संघ चुनाव में हिस्सा दिलाने के लिए 'लगे रहो मुन्ना भाई' के गांधीवाला फार्मूला चलाया गया। कालर पकड़कर गाली-गलौज करने वाले छात्र नेता गुलाब का फूल देते दिखे। यह बात अलग कि शाम ढलने के बाद कई तो ठेके पर पहुँचे दिखे।'

गांधी का मजाक

मुन्ना भाई के नए अवतार एक मंदिर के सामने की दारू की दुकान हटाने के लिए फूलवाले फार्मूले को आजमाते दिखे। ये लोग ए.डी.एम. जनार्दन बर्नवाल के घर १९१ किलो फूल लेकर पहुँचे। इस पर बड़े अफसरों की कॉलोनी में हंगामा मच गया। ए.डी.एम साहब भी चौंके। उन्हें सब कुछ बदला सा लगा। फिर अहसास हुआ कि यह तो नए ढंग का 'न्यूसेंस' है। वे आपा खो बैठे। सारे 'मुन्ना भाइयों' को हजरतगंज कोतवाली बुलाया गया। वहाँ फिर मुन्ना भाइयों और गांधीजी को नौकरशाही और उसके पिछलगुओं ने जमकर गरियाया। ए.डी.एम. सिटी बोले 'गांधी चले गए, औलाद छोड़ गए। दो सौ लोगों को तुम्हारे घर गधे पर गुलाब का फूल लदवाकर भेजूँगा तो पता चलेगा।'' ...और तो और माफिया डान बबलू श्रीवास्तव पर भी फिल्म का असर रहा। उन्होंने भी अदालत के जज को गुलाब के फूल भेंट किए।

उपरोक्त रपट में राजनीतिक रंग बहुत साफ है। रपट कहती है, 'विश्वविद्यालय में जब छात्र संघ चुनाव में बुजुर्ग नेताओं की हिस्सेदारी का आंदोलन मुन्ना भाई की तर्ज पर शुरू हुआ तो विरोधी गुट के लोगों ने गांधी को गरियाया। वहाँ भी एक पक्ष मुन्ना भाई की नकल करता तो दूसरा पक्ष गांधी को गरियाने लगता है। बहरहाल, फिल्मी खुमार में छात्र नेता, समाजसेवक और अपराधी अपने-अपने अंदाज में गांधीजी को खुद में उतार रहे हैं।' (जनसत्ता, २९ सितंबर) सोनिया पार्टी ने महात्मा गांधी और स्वतंत्रता आंदोलन से जुड़ने की अपनी छटपटाहट से गांधीजी को अपराधियों और स्वार्थी नकलची समाजसेवियों के

लिए रास्ते मनोरंजन, हास्यास्पद एवं भोंडी नकल का पात्र बना दिया। वह भूल गई कि महात्मा गांधी के कांग्रेस की आधी मृत्यु तो उस दिन हो गई जब कांग्रेस को विसर्जित करने का गांधी का निर्देश नेहरू ने ठुकराया, और आधी उस दिन मर गई जब लोकतांत्रिक प्रक्रिया से निर्वाचित राजर्षि पुरुषोत्तम दास टंडन को कांग्रेस के अध्यक्ष पद से धकियाकर प्रधानमंत्री नेहरू अध्यक्ष बन बैठे, तब से कांग्रेस सत्ता की चेरी बन गई। उसके बाद से कांग्रेस के प्रत्येक विघटन में आजादी के सिपाही कांग्रेस से बाहर जाते रहे और वंशवाद का स्तुतिगान कर सत्ता सुख भोगनेवाले अंदर आते गए। इंदिराजी में इतनी ईमानदारी तो थी कि उन्होंने अपनी पार्टी को इंदिरा कांग्रेस कहा। पर, सोनिया में तो वह भी नहीं। उनका वंशवाद तो राजीव और राहुल पर जाकर रुक जाता है। उससे पहले के वंश के सभी नाम उनके लिए निरर्थक बन चुके हैं। उनका बस चले तो पूरे भारत को राजीव गांधी का स्मारक घोषित कर दें। बरेली की उस सभा में, जिसमें तीन चौथाई से ज्यादा भीड़ मुसलमानों की थी, पोस्टरों और कटआउटों पर राहुल गांधी ही छाए हुए थे। वहाँ प्रत्येक वक्ता भीड़ से हाथ उठवाकर नारे लगवा रहा था—'युवाओं की तैयारी है, अब राहुल की बारी है।'

उनके सपने

सोनिया महात्मा गांधी को घोड़ा बनाकर वंशवाद को सत्ता में लाने के सपने देख रही है। जिस गांधी ने अपने पुत्रों के लिए कुछ नहीं किया, उन्हें अपने सहारे जीने के लिए छोड़ दिया, उसी गांधीवाद को सोनिया वंशवाद का घोड़ा बनाने की कोशिश कर रही हैं। सत्ता पाने के लिए वे मुस्लिम वोट बैंक के पीछे आँखें मूँदकर दौड़ पड़ी हैं। उत्तर प्रदेश में उन्होंने १३ सितंबर को कानपुर और २० सितंबर को बरेली में जो रैलियाँ कीं, उनमें सभी दैनिक पत्रों ने भारी मुस्लिम उपस्थिति को रेखांकित किया है। प्रचार माध्यमों में सुनियोजित ढंग से इस भीड़ को सोनिया की भारी लोकप्रियता के रूप में प्रक्षेपित किया जा रहा है। वंशवाद की इस मीडिया रणनीति का सूक्ष्म अध्ययन आवश्यक है। यह लड़ाई वंशवाद और लोकतंत्र के बीच है। लोकतंत्रवादी दलों को यह माँग उठाना चाहिए कि सोनिया पार्टी को स्वयं को अखिल भारतीय कांग्रेस करने का कोई अधिकार नहीं है, क्योंकि वह कांग्रेस कभी की मर चुकी है। कम-से-कम इन दलों को अपने मंच से उसे कांग्रेस न कहकर सोनिया पार्टी या वंशवादी पार्टी ही कहना चाहिए। यह वंशवाद नहीं तो क्या है कि पार्टी के दफ्तरों में प्रधानमंत्री के चित्र नहीं हैं, केवल सोनिया और राजीव ही छाए हैं। पार्टी के पास सोनिया के अलावा कोई नेता नहीं है। उसका पूरा प्रचार सोनिया और राहुल पर ही केंद्रित है। क्या लोकतंत्रवाद और वंशवाद की इस लड़ाई में मीडिया के कंधों पर वंशवाद को सवारी करने दिया जाएगा? क्या भारत की नियति वंशवाद ही है?

(पाञ्चजन्य, २९ सितंबर, २००६)

□

तो गांधीजी इंटरनेट पर बैठे होते!

सुधींद्र कुलकर्णी की 'चरखे का संगीत : इंटरनेट युग के लिए महात्मा गांधी का घोषणा-पत्र' अनेक दृष्टियों से अनूठी रचना है—साढ़े सात सौ पृष्ठों के विशाल शरीर के कारण ही नहीं तो इसलिए भी कि यह पुस्तक महात्मा गांधी और वर्तमान युग के चमत्कारिक यंत्र इंटरनेट के बीच घनिष्ठ संबंध स्थापित करती है। सन् १९५७ में उत्तरी कर्नाटक के अरुनी नामक ग्राम में जन्मे और बंबई आई.आई.टी. के स्नातक सुधींद्र कुलकर्णी की बौद्धिक यात्रा महात्मा गांधी से आरंभ होकर मार्क्स पर पहुँच गई और फिर मार्क्सवाद से मोहभंग होने पर महात्मा गांधी पर वापस आ गई। महात्मा गांधी ने उन्हें भारतीय जनसंघ के सिद्धांतकार दीनदयाल उपाध्याय के एकात्म मानवदर्शन की समझ प्रदान की और वे जनसंघ के नए अवतार भारतीय जनता पार्टी के चिंतक बन गए। अंग्रेजी में लिखी गई पुस्तक 'म्यूजिक ऑफ द स्पिनिंग व्हील—महात्मा गांधी, मैनीफैस्टो फॉर दी इंटरनेट एज', (आई.एस.बी.एन- ९३८१५०६१६७, मूल्य : रु.५९५, पृष्ठ : ७६३, प्रकाशक-अमैरीलिस) के लेखक सुधींद्र कुलकर्णी अपनी पुस्तक के प्रारंभ में ही घोषणा करते हैं कि इस पुस्तक का लेखन केवल बौद्धिक उत्सुकता में से नहीं हुआ है, अपितु गांधीजी के अधूरे स्वप्न को पूरे करने के लिए सक्रिय साधना की छटपटाहट में से हुआ है और इसके लिए वे अपनी पुस्तक का समापन पाठकों को 'इंटरनेट सत्याग्रही' बनने के आह्वान के साथ करते हैं।

लेखक की धारणा है कि गांधीजी आधुनिक विज्ञान और तकनीकी के विरुद्ध नहीं थे, बल्कि उनका समूची जीवन-यात्रा वैज्ञानिक दृष्टि और अन्वेषण का प्रमाण है। यह संयोग है कि इंटरनेट का अवतार गांधी के जन्म से एक शताब्दी बाद हुआ। यदि गांधी जी २ अक्तूबर, १८६९ में जन्मे तो इंटरनेट का जन्म २१ अक्तूबर, १९६९ को कैलीफोर्निया में हुआ। यदि उस समय गांधीजी ने चरखे को वैकल्पिक सभ्यता के निर्माण का केंद्रीय उपकरण बनाया तो अब इंटरनेट चरखे की जगह वह उपकरण बन रहा है, क्योंकि चरखा कालबाह्य होकर अपनी उपयोगिता खो चुका है। लेखक की दृष्टि में गांधीजी

भविष्यदृष्टा थे, वे इंटरनेट के अवतार की प्रतीक्षा कर रहे थे और यदि आज वे सशरीर हमारे बीच होते तो शायद इंटरनेट पर ही बैठे दिखाई देते, क्योंकि इंटरनेट में ही उनके सपनों का भारत और विश्व गढ़ने की क्षमता विद्यमान है। लेखक ही दृष्टि में इंटरनेट विश्वव्यापी संपर्क और जानकारी संग्रह का तीव्रतम उपकरण मात्र नहीं है, बल्कि एक उच्चतर अतिमानव के अवतरण की भूमिका तैयार करता है, अर्थात् इंटरनेट केवल साधन नहीं, स्वयं में साध्य है।

गांधीजी के प्रयोग

अपनी इन मान्यताओं के प्रतिपादन के लिए लेखक ने गंभीर शोध किया है। एक ओर उन्होंने गांधीजी के संपूर्ण वाङ्मय के ९८ या १०० खंडों का आलोड़न किया है, गांधीजी के बारे में लिखे गए विपुल साहित्य का अवगाहन किया है तो दूसरी ओर आधुनिक विज्ञान और तकनीकी, विशेषकर सूचना क्रांति को लेकर पश्चिम के वैज्ञानिकों एवं चिंतकों द्वारा, जो अधुनातन साहित्य सृजन हो रहा है, उसका भी गहरा अध्ययन किया है। पश्चिम में तकनीकी निर्मित सभ्यता के भविष्य के बारे में जो बौद्धिक बहस चल रही है, उसमें भी गोता लगाया है। इस पुस्तक के लेखन में कितना परिश्रम और विचार मंथन हुआ है, इसकी झलक भूमिका और उपसंहार सहित ३८ अध्यायों के ४० पृष्ठ लंबे संदर्भों में मिल जाती है। इसके अतिरिक्त पुस्तक के भीतर भी सैकड़ों लेखकों और पुस्तकों के उल्लेख बिखरे हुए हैं। सचमुच यह बौद्धिक पराक्रम आश्चर्यचकित करनेवाला है। इस पराक्रम के पीछे एक उदार लोकतांत्रिक और विकेंद्रित वैश्विक सभ्यता के निर्माण की गांधीजी की छटपटाहट और साधना के प्रति गहरी आस्था विद्यमान है। किंतु इसके लिए गांधीजी ने सत्य, अहिंसा, अपरिग्रह और ब्रह्मचर्य के शाश्वत, उदात्त जीवन-मूल्यों की साधना पहले स्वयं अपने जीवन में की। वे जीवनभर इस साधना में लगे रहे, इसीलिए अपनी आत्मकथा को 'सत्य के प्रयोग' जैसा नाम दिया। स्वयं से आगे बढ़कर उन्होंने द.अफ्रीका में फोनिक्स एवं टालस्टाय और भारत में साबरमती एवं सेवाग्राम नामक आश्रमों की स्थापना करके इन जीवन-मूल्यों को प्रतिबिंबित करनेवाले सामूहिक जीवन के प्रयोग प्रारंभ किए। सन् १९२० में कांग्रेस का कायाकल्प करने के लिए नया संविधान बनाया, उसकी प्राथमिक सदस्यता के लिए कठोर नियम लागू किए, इन नियमों में नित्य चरखा कातना, हाथ के बने हुए सूत के वस्त्रों को धारण करना, अस्पृश्यता का उन्मूलन करना आदि व्यावहारिक प्रयोग अपनाए थे। गांधीजी मानते थे कि समाज को बदलने के लिए व्यक्ति को बदलना आवश्यक है, अत: उनकी दृष्टि व्यक्ति निर्माण और लोकसंग्रह पर केंद्रित थी। इस दृष्टि से उन्होंने साधनों की खोज की, उनका उपयोग किया। साध्य और साधन की अभिन्नता पर उनका अटूट

विश्वास था। अत: साधनों के चयन रूप में वे बहुत सावधान थे। उन्होंने मौन और उपवास का साधन और साध्य दोनों में प्रयोग किया। 'सत्याग्रह' शब्द का आविष्कार स्वतंत्रता एवं मानवाधिकारों की प्राप्ति के लिए अहिंसक शस्त्र के रूप में किया। छापेखाने, टाइप राइटर, टेलीफोन और रेलवे का उपयोग उनकी दृष्टि में अपने संदेश को, अपनी भावनाओं को अधिक-से-अधिक लोगों तक पहुँचाने से अधिक कुछ नहीं था।

गांधीजी और आधुनिक तकनीकी का विरोध

मशीनी सभ्यता को उन्होंने अस्वीकार किया, क्योंकि वे श्रम-प्रधान, प्रकृति पोषक संयमी जीवन को मानव का आदर्श मानते थे, इसलिए १९०९ में लिखित 'हिंद स्वराज' के अंत में उन्होंने जो बीस सूत्री कार्यक्रम दिया, उसमें वकील, डॉक्टर और रेल (ट्रेन) के बहिष्कार की बात भी सम्मिलित थी। मशीन आधारित जीवन-शैली से मुक्ति उनकी जीवनपर्यंत चिंता का विषय रही। इस विषय पर पं. नेहरू के साथ सन् १९२८ से १९४६ तक का उनका पत्राचार साक्षी है। अक्तूबर १९४५ के पत्र में भी उन्होंने पं. नेहरू को सूचित किया कि ३६ वर्ष लंबे अनुभव के बाद भी वे 'हिंद स्वराज' में प्रस्तुत सभ्यता के चित्र पर अडिग हैं। वे मानते हैं कि स्वाधीन भारत शहरों में नहीं गाँवों में रहेगा। महलों में नहीं, कुटियों में रहेगा। उन्होंने लिखा था कि 'भारत पश्चिम का अंधानुकरण नहीं करेगा, मैं अकेला रह जाऊँ तो भी अपनी बात कहता रहूँगा।' इंटरनेट जिस सभ्यता की देन है क्या वह गांधीजी की कल्पना की सभ्यता है? नेहरू ने तकनीकी के प्रति गांधीजी की दृष्टि को कभी स्वीकार नहीं किया। अपनी आत्मकथा में उन्होंने एक अध्याय इसी विषय पर दिया कि क्या गांधीजी हमें बैलगाड़ी युग में वापस ले जाना चाहते थे। स्पष्ट है कि गांधीजी के निकटतम सहयोगी भी यह नहीं मानते थे कि गांधीजी आधुनिक तकनीकी के प्रशंसक हैं।

इंटरनेट के दुष्परिणाम भी हैं

इंटरनेट एक साधन है, जिसने पूरे विश्व को संपर्क सूत्र में बाँध दिया है। इंटरनेट जानकारी का अगाध सागर है। वहाँ बटन दबाते ही जिस विषय पर चाहे जितनी जानकारी मिल सकती है। इंटरनेट पलक झपकते ही आपका संदेश विश्व के किसी भी कोने में पहुँचा सकता है। किंतु इंटरनेट का उपयोग जो व्यक्ति करता है, उस व्यक्ति की जीवन-दृष्टि, जीवन-शैली और मानसिकता जैसी है, वैसी ही इंटरनेट प्रसारित कर सकता है। यही कारण है कि इंटरनेट अश्लीलता के प्रसारण का माध्यम बन गया है। किशोर बच्चे इंटरनेट के गुलाम बनकर अपने कमरों में बंद हो गए हैं। समाज से उनका प्रत्यक्ष संपर्क लगभग समाप्त हो गया है। विश्व चेतना की बजाय वे व्यक्तिवादी चेतना के बंदी होते जा रहे हैं, इसलिए साइबर अपराध आज पूरे विश्व की चिंता का विषय बन गया है।

गांधीजी की मुख्य चिंता मानव जीवन की न्यूनतम आवश्यकताएँ—रोटी, कपड़ा और मकान पूरी करने की दिशा में थी। चरखे को उन्होंने उसी के साधन के रूप में महत्त्व दिया। क्या इंटरनेट ये आवश्यकताएँ पूरी कर सकता है? क्या इंटरनेट गेहूँ उगा सकता है? क्या इंटरनेट कपड़ा बुन सकता है? क्या इंटरनेट मकान बना सकता है? क्या इंटरनेट पर्यावरण के क्षरण को रोक सकता है? इंटरनेट की स्वयं की उत्पादन प्रक्रिया पर्यावरण पोषक है या नाशक? विद्युत का उत्पादन स्वयं में प्रकृति नाशक सिद्ध हो रहा है। नदियों पर बाँधों के निर्माण और कोयला खनन और जंगल कटाई को लेकर जो आंदोलन हो रहे हैं, उनकी जड़ में अधिकाधिक विद्युत उत्पादन की भूख नहीं तो और क्या है? वस्तुतः इंटरनेट का संसार केवल शब्दों का संसार है, जिसका श्रम और उत्पादन से कोई रिश्ता नहीं दिखाई देता। इसीलिए मीडिया में आए दिन हम इंटरनेट के दुष्परिणामों के बारे में चेतावनी भरे लेख पढ़ते रहते हैं।

इंटरनेट ने भौतिक धरातल पर दुनिया को जोड़ा तो है, पर दुनिया को भावनात्मक धरातल पर ऊँचा नहीं उठाया। इंटरनेट से हमारी जानकारी तो बढ़ी है, पर दिल बड़े होने की बजाय छोटे हुए हैं। अश्लीलता और कामुकता घटने के बजाय बढ़ी है। 'सोशल मीडिया' का उपयोग सद्भाव पैदा करने से अधिक सामाजिक विद्वेष और कटुता पैदा करने के लिए किया जा रहा है। आए दिन समाचार पढ़ते हैं कि जिहादी आतंकवादी इंटरनेट का उपयोग कर रहे हैं। पिछले दिनों दक्षिण भारत में शिक्षा एवं जीविकोपार्जन के लिए आए हजारों पूर्वोत्तर भारतवासियों को वहाँ से भगाने के लिए भय का वातावरण पैदा करने में 'सोशल मीडिया' यानी इंटरनेट का ही दुरुपयोग किया गया।

इंटरनेट साधन है, साध्य नहीं

इसका अर्थ यह नहीं है कि इंटरनेट नामक साधन का कोई भावनात्मक उपयोग हो ही नहीं सकता। आखिर, अण्णा आंदोलन को जो लोकप्रियता और शक्ति प्राप्त हुई उसमें प्रमुख योगदान 'सोशल मीडिया' का ही रहा। संक्षेप में कहना हो तो इंटरनेट को विचार और भावना के प्रसारण के एक माध्यम से अधिक महत्त्व नहीं दिया जाना चाहिए। उसका सार्थक उपयोग करने के लिए पहले व्यक्ति को बदलना होगा। व्यक्ति का वह भाव परिवर्तन या तो उसकी अंतश्चेतना में से आती है, इसलिए गांधीजी ने परिवर्तन लाने के लिए आश्रम प्रणाली, सत्याग्रह एवं रचनात्मक कार्यक्रमों की संस्कार प्रक्रिया को अपनाया था। इंटरनेट जिस सभ्यता की देन है वह सभ्यता मानव को उपभोक्तावाद की ओर ले जाती है, श्रम विमुख करती है, पर्यावरणनाशक है। इसलिए मानव सभ्यता के सामने अस्तित्व का संकट खड़ा कर रही है। आज विश्व भर में सभ्यता के इस संकट पर बहस चल रही है। एक ओर तकनीकी रोज-रोज नए चमत्कारिक

आविष्कार हमारे सामने फेंककर हमें लुभा रही है, दूसरी ओर मानव जाति पर अस्तित्व का संकट मँडरा रहा है। यदि गांधीजी को हम अपने प्रेरणा पुरुष के रूप में स्वीकार करते हैं तो हमें उनके स्वेच्छा से गरीबी के वरण के आदर्श को ध्यान में रखना होगा और सत्य, अहिंसा, अपरिग्रह और ब्रह्मचर्य के जीवनमूल्यों को अपने जीवन में लाने की कठोर साधना करनी होगी। इस दृष्टि से देखें तो इंटरनेट चरखे का पर्यायवाची बन ही नहीं सकता। तभी पिछले सप्ताह चैनल २४×७ पर एक सर्वेक्षण दिखाया गया, जिसमें पूछा गया कि आप मोबाइल और टेलीविजन में से किसे चुनना चाहेंगे, तो ६४ प्रतिशित ने मोबाइल के पक्ष में वोट दिया और केवल ३६ प्रतिशत ने टेलीविजन के। यदि वे पूछते कि मोबाइल, टेलीविजन और इंटरनेट में से किसे चुनेंगे तो शायद इंटरनेट के पक्ष में सबसे कम मत आते, क्योंकि इंटरनेट का उपयोग केवल शिक्षित लोग कर सकते हैं, जबकि शेष दोनों के लिए शिक्षित होना आवश्यक नहीं है।

फिर भी, इस पुस्तक के लेखक की प्रेरणा और भावना बहुत उदात्त है, जो हम सबके लिए अनुकरणीय है। यह पुस्तक हमें गांधीजी के अंतरतम में प्रवेश दिलाती है और विश्व के श्रेष्ठतम वैज्ञानिकों व चिंतकों से हमारा संवाद स्थापित करती है। पुस्तक के अंतिम अध्याय में 'इंटरनेट सत्याग्रही' बनने के जो पंद्रह सूत्र दिए गए हैं, उन सूत्रों को हम गांधीजी एवं इन श्रेष्ठ मस्तिष्कों से सीधे जुड़कर अंशतः प्राप्त कर सकते हैं।

(पाञ्चजन्य, ६ अप्रैज, २०१२)

□

महात्मा गांधी जिंदा हैं, जिंदा रहेंगे

शायद ही कोई महीना जाता हो जब महात्मा गांधीजी पर दो-चार नई पुस्तकें बाजार में न आती हों, लेखों की तो कोई गणना ही नहीं है। पिछले हफ्ते ही विश्व पुस्तक मेला में पूरा एक हॉल गांधी साहित्य की प्रदर्शनी के लिए समर्पित था। मुझे नहीं स्मरण आता कि बीसवीं शताब्दी के किसी अन्य महापुरुष पर इतने विशाल साहित्य का सृजन हुआ हो। और गांधी के भौतिक शरीर के अवसान के ६० वर्ष बाद भी यह क्रम जारी है। भारत ही नहीं, विश्व के अन्य देशों में भी गांधी बौद्धिक उत्कंठा और शोध का विषय बने हुए हैं। वर्तमान सभ्यता के संकट जैसे विषय पर केंद्रित कोई सेमिनार नहीं होगा, जिसमें गांधी का नाम न आए और इस औद्योगिक सभ्यता के विकल्प के रूप में उनके चिंतन का स्मरण न हो। अनेक देशों ने अपने यहाँ गांधी की प्रतिमाएँ स्थापित की हैं, विश्वविद्यालयों में गांधी अध्ययन पीठ की व्यवस्था की है। एक सर्वेक्षण के अनुसार 'सत्य के प्रयोग' शीर्षक गांधीजी की आत्मकथा की विभिन्न भाषाओं में दो लाख प्रतियाँ बिक चुकी हैं। आखिर, गांधी में ऐसा क्या था, क्या है कि वे अभी भारत और विश्व के दिलो-दिमाग पर छाए हुए हैं।

गांधीजी को अनेक कसौटियों पर कसा जा रहा है, अनेक कोणों से देखा जा रहा है, उनके बहुरंगी या बहुआयामी जीवन के किसी एक रंग या आयाम को ही उभारा जा रहा है। भारत में निर्वासित तिब्बत सरकार के प्रधानमंत्री श्री सामदोंग रिनपोछे आजकल हर मंच से गांधी की सन् १९०९ में लिखित 'हिंद स्वराज' के शताब्दी वर्ष का स्मरण दिला रहे हैं। उनका विश्वास है कि सौ साल पहले इस छोटी सी पुस्तिका में गांधी ने सभ्यताओं की तुलनात्मक समीक्षा की थी, पश्चिमी सभ्यता के दोषों की ओर इंगित करते हुए उसके भविष्य पर मँडरा रहे खतरों की चेतावनी दी थी और भारत को अपनी परंपरागत शैक्षिक, सामाजिक, आर्थिक और प्रशासनिक ताने-बाने को कालजन्य विकृतियों से मुक्त करके युगानुकूल संशोधनों के साथ अपनाए रखने का जो आग्रह किया था, वह सौ वर्ष बाद और भी अधिक प्रासंगिक और विचारणीय लग रहा है। इसी पुस्तिका में गांधाजी ने स्वराज्य

की व्याख्या करते हुए लिखा था, 'यदि अंग्रेज यहाँ रहे पर उनकी सभ्यता चली जाए तो मैं कहूँगा स्वराज मिला। पर यदि अंग्रेज चले जाएँ और उनकी सभ्यता यहाँ रह जाए तो मैं कहूँगा स्वराज नहीं मिला।' रिनपोछे जैसे मनीषियों को लगता है कि आधुनिक औद्योगिक सभ्यता के सामने विनाश का जो संकट नाच रहा है, उससे बचने का मंत्र केवल गांधी के पास ही है, इसलिए 'हिंद स्वराज' की शताब्दी के माध्यम से हमें गांधी-दृष्टि को समझने का गंभीर प्रयास करना चाहिए।

भोग-भूमि से मोक्ष-भूमि

रिनपोछे का अनुसरण करते हुए सभ्यता और जीवन के प्रति गांधी-दृष्टि को समझने का प्रयास करनेवाले बौद्धिक लोग आधुनिक सभ्यता के प्रति गांधीजी की वितृष्णा के पीछे विद्यमान उनके प्रेरणास्रोतों, उनके अनुभवों, साधना और प्रयोगों का अध्ययन-विश्लेषण करके उन्हें एक श्रेष्ठ सनातनी हिन्दू के रूप में प्रस्तुत करते हैं, जिन्होंने भारतीय परंपरा के यम-नियमों को ही अपनी जीवन साधना का लक्ष्य बनाया, मनुष्य-निर्माण की आश्रम-पद्धति को अपनाया और रामराज्य को ही भारत का आदर्श बताया। सन् १८९३ में गांधीजी एक सफल वकील बनकर अधिक धन कमाने की आकांक्षा लेकर सूट-बूट पहन कर दक्षिण अफ्रीका गए थे, किंतु वहाँ लगभग २२ वर्ष लंबे अनुभवों और प्रयोगों की भट्ठी से गुजरकर उनका जो कायाकल्प हुआ उसे १९१४ में भारत के लिए प्रस्थान करने के पूर्व तिथि अफ्रीका में गुजराती समाज द्वारा आयोजित विदाई समारोह में मुखरित करते हुए गांधीजी ने कहा था, "अब मैं भोग भूमि से मोक्ष भूमि को जा रहा हूँ। मेरा मोक्ष भारत में ही निहित है।" मुंबई बंदरगाह पर ठेठ गुजराती वेश-भूषा (पगड़ी, लंबा कोट और धोती) में मोहनदास और कस्तूरबा की जोड़ी का वापस आना उनके वैचारिक कायाकल्प का उद्घोष था।

प्राचीन भारतीय संस्कृति के जीवनमूल्यों और प्रतीकों के प्रति गांधी की मनसा-वाचा-कर्मणा निष्ठा ने ही हिन्दू मन को उनकी ओर आकर्षित किया और पाँच वर्ष के अल्पकाल में ही गांधी हिन्दू समाज के सर्वमान्य नेता की स्थिति में पहुँच गए, 'महात्मा' रूप में प्रतिष्ठित हो गए। सन् १९२० में पहली बार पूरे भारत में जाति, भाषा और क्षेत्र से ऊपर उठकर अखिल भारतीय राष्ट्रवाद से अनुप्राणित एक विशाल प्रबल जनआंदोलन का सृजन करने में समर्थ हो सके।

सन् १८५७ की क्रांति की विफलता के बाद भारत में राजनीतिक पहल पूरी तरह अंग्रेजों के पास चली गई थी। उनकी बनाई संविधानिक-राजनीतिक प्रणाली को हमने अपना लिया था, वे हमारे लिए राजनीतिक एजेंडा तय करते और हम उस पर अपनी क्रिया-प्रतिक्रिया निर्धारित करते। गांधी ने पहली बार यह राजनीतिक पहल उनसे छीन ली। गांधी की शब्दावली और गांधी की कार्य-पद्धति भारतीय समाज को तो समझ में आती थी, पर अंग्रेज

शासकों के लिए वह अजनबी थी। 'गांधी की अंतरात्मा की आवाज' उनकी समझ से परे थी, उनके लिए परेशानी का कारण थी। गांधी की लोकप्रियता जितनी अंग्रेजों के लिए रहस्य थी उतना ही उनके भारतीय अनुयायियों एवं आलोचकों के लिए भी। जवाहरलाल नेहरू को गांधीजी का आर्थिक और सामाजिक दर्शन व कार्यक्रम पूरी तरह अस्वीकार्य था और सन् १९२८ से सन् १९४५ तक अनेक बार गांधीजी से अपने मतभेदों को उन्होंने स्पष्ट शब्दों में लिपिबद्ध भी किया। किंतु वे जान चुके थे कि वे अपने विचारों को स्वाधीन भारत में ही क्रियान्वित कर सकेंगे, पर भारत को स्वाधीन कराने के लिए जिस प्रबल जनआंदोलन की आवश्यकता है उसे केवल गांधी ही खड़ा कर सकते हैं, क्योंकि गांधीजी अकेले भारत की जनता को स्वतंत्रता प्राप्ति के लिए संघर्ष और बलिदान की प्रेरणा देने का सामर्थ्य रखते हैं। नेहरू ने एक से अधिक बार लिखा कि मैं नहीं समझ पाता क्ि गांधीजी की इस लोकप्रियता का रहस्य क्या है। न उनके पास प्रभावी वक्तृत्व है, न वे ओजस्वी लेखक हैं, न उनके पास वैभव है और न किसी प्रकार की सत्ता। फिर भी भारतीय जनमानस पर उनकी इतनी गहरी पकड़ क्यों है? एक जगह नेहरू ने लिखा है कि मेरे समाजवादी मित्र मुझे उकसाते हैं कि मैं अपने मतभेदों के आधार पर गांधीजी से खुला टकराव क्यों नहीं लेता, किंतु मैं इन मित्रों से पूछता हूँ कि क्या हम सब मिलकर भी भारतीय जनता को संघर्ष के रास्ते पर बढ़ने की वैसी प्रेरणा दे सकते हैं, जो गांधीजी अकेले कर सकते हैं?

शताब्दी के नायक

द्वितीय गोलमेज कॉन्फ्रेंस से लौटने के बाद पुणे में हिन्दू महासभा के शीर्ष नेताओं के समक्ष कॉन्फ्रेंस का ब्यौरा देते हुए महासभा प्रतिनिधिमंडल के नेता डॉ. बालकृष्ण मुंजे ने गोलमेज सम्मेलन में गाधीजी की अल्पसंख्यक तुष्टिकरण की नीति की बार-बार आलोचना की तो किसी ने प्रश्न पूछा कि आप तो सात लोगों का प्रतिनिधिमंडल ले गए थे, गांधी तो अकेले गए थे। आप सात लोगों ने गांधी की काट क्यों नहीं की? इस पर डॉ. मुंजे का उत्तर था, "भले ही हम सात थे और गांधी अकेले थे, पर कॉन्फ्रेंस में सब लोग गांधी की ओर ही देखते थे, हमारी ओर कोई नहीं।" डॉ. मुंजे ने कहा, "एक बात ध्यान रखिए, इस शताब्दी के नायक गांधी ही लगते हैं।" कारण—हिन्दू महासभा नेताओं के पास हिन्दू हितों की चिंता तो थी पर समाज उनके पीछे खड़ा नहीं था, जबकि सन् १९२० और सन् १९३० के सत्याग्रहों ने दिखा दिया था कि समाज गांधी के पीछे खड़ा है, वे सही अर्थों में हिन्दु नेता हैं।

गांधीजी की इस लोकप्रियता की सही कारण-मीमांसा करने के बजाय, जो लोग गांधी की भारत वापसी को ब्रिटिश सरकार प्रेरित बताते हैं या प्रथम विश्वयुद्ध में गांधी पर ब्रिटिश सरकार के लिए सैनिक भरती करने के कारण उन्हें ब्रिटिश एजेंट सिद्ध करना चाहते हैं,

उनसे मैं इतना ही विनम्र निवेदन करना चाहूँगा कि वे गांधी के जीवन–दर्शन और कार्यशैली व भारतीय समाज के अंतर्मन को जरा और गहराई से समझने का प्रयास करें। गांधी को ब्रिटिश एजेंट बताने का अर्थ है इस विशाल हिन्दू समाज की राष्ट्रभक्ति और विवेक शक्ति पर प्रश्नचिह्न लगाना। यदि गांधीजी सचमुच हिन्दू जीवन–दर्शन और आदर्शों का प्रतिनिधित्व नहीं करते थे, उनके कारण हिन्दू हितों की बार–बार हानि हो रही थी तो क्यों नहीं हिन्दू समाज उनके समकक्ष कोई वैकल्पिक नेतृत्व खड़ा कर पाया? किन्हीं भी दो समकालीन महापुरुषों का तुलनात्मक मूल्यांकन उचित नहीं होता। प्रत्येक का अपना–अपना गुण वैशिष्टय होता है। हमें प्रत्येक के गुणों को सीखने का प्रयास करना चाहिए। किंतु इतिहास निर्मम होता है, उसका काम ही तुलनात्मक मूल्यांकन होता है। वह किसी को खलनायक, किसी को नायक घोषित कर देता है। वही जनमानस में राम और रावण की, कृष्ण और कंस की छवियाँ अंकित करता है। इतिहास हमारे सामने प्रश्न खड़ा करता है कि हिन्दू समाज गांधी के पीछे क्यों खड़ा हुआ, वीर सावरकर के पीछे क्यों नहीं? सावरकर उद्दाम राष्ट्रभक्ति, साहस, संघर्ष और बलिदान की मूर्ति थे। तेजस्वी लेखनी और ओजस्वी वक्तृत्व के धनी थे। हिन्दू हितों के प्रखर प्रवक्ता थे। किंतु यह इतिहास का सत्य है कि हिंदू समाज उनके पीछे खड़ा नहीं हुआ, गांधीजी के पीछे चला गया। क्या वे इसका श्रेय ब्रिटिश सरकार को देना चाहेंगे कि उसने सावरकर को जमने नहीं दिया और गांधी को जमा दिया? देश विभाजन में गांधीजी की भूमिका, पाकिस्तान को ५५ करोड़ रुपए देने के लिए उपवास के उनके दुराग्रह से क्षुब्ध होने पर भी, विभाजन की विभीषिका के उस दौर में भी गांधी वध की घटना से यह समाज इतना विक्षुब्ध क्यों हो उठा कि वह हिन्दू संगठन की निःस्वार्थ साधना में लगे निर्दोष राष्ट्रभक्तों पर ही टूट पड़ा। इसे देखकर सरसंघचालक श्रीगुरुजी ने संघ स्वयंसेवकों को शांत रहने का आह्वान करते हुए कहा था कि वे इस आक्रोश प्रसाद को गांधीजी के प्रति समाज की भक्ति के प्रसाद के रूप में स्वीकार करें। इस परिदृश्य पर इतिहास की प्रतिक्रिया है कि 'मृत गांधी, जीवित गांधी से अधिक शक्तिशाली सिद्ध हुए।'

महामानव

हमारे कहने का यह अर्थ कदापि नहीं है कि गांधीजी ने कोई भूल नहीं की होगी, कभी–कभी उनके निर्णय गलत नहीं रहे होंगे, किंतु उन भूलों और गलत निर्णयों की मीमांसा करते समय हमें यह नहीं भूलना चाहिए कि गांधीजी मनुष्य थे, ब्रह्म नहीं। जिन परिस्थितियों से वे जूझ रहे थे, उनमें वे अकेले नहीं थे, शक्तिमान ब्रिटिश सरकार भी थी, मजहबी उन्माद द्वारा संगठित मुस्लिम पृथकतावाद भी था, जबकि हिन्दू समाज विकेंद्रित एवं असंगठित था। इस असंगठित हिन्दू समाज में से अखिल भारतीय नेतृत्व खड़ा करने का काम गांधी ने किया। एक पीढ़ी की जीवन–शैली को बदल डाला, गाँवों और शहरों के बीच पैदा हुई

खाई को पाटने की कोशिश की। लाला लाजपतराय, महामना मालवीय, मोतीलाल नेहरू, देशबंधु चित्तरंजन दास जैसे पुरानी पीढ़ी के नेताओं का सहयोग अर्जित किया। रवींद्र ठाकुर जैसे मनीषी को अपने आलोचक से अपना प्रशंसक बनाने में सफलता प्राप्त की। जिन रवि बाबू ने कभी साबरमती आश्रम को श्मशान शांति का घर कहा था उन्हीं रवि बाबू ने गांधीजी को बुद्ध की श्रेणी का महामानव कहा। गांधीजी ने राजगोपालाचारी, डॉ. राजेंद्र प्रसाद, सुभाषचंद्र बोस, सरदार पटेल, जवाहरलाल नेहरू, आचार्य कृपलानी, विनोबा भावे, जयप्रकाश नारायण जैसे अनेक कर्तृत्ववान प्रतिभाओं को जोड़ा। उनकी मतभिन्नताएँ गांधी में विलीन हो जाती थीं।

आखिर, गांधी में कुछ तो रहा होगा कि अपने युग के ये कर्तृत्वशाली लोग उनके सामने नतमस्तक थे। गांधीजी के व्यक्तित्व का मूल्यांकन करनें के लिए केवल भावुक आक्रोश और बौद्धिक विश्लेषण पर्याप्त नहीं है। जो लोग अपने जीवन से एक व्यक्ति को भी उदात्त बनने की प्रेरणा नहीं दे पाते, जब वे गांधी के यौन-प्रयोगों पर चटखारे लेते हैं या उन पर अपने पुत्रों व पत्नी के उत्पीड़न का आरोप लगाते हैं तों केवल हँसी ही आती है। उन्हें यह भी सोचना चाहिए कि इन सब दोषों के होते हुए भी गांधीजी इन प्रखर देशभक्तों और मूर्धन्य मनीषियों के श्रद्धाभाजन क्यों बने रह सके। उनका आश्रम-जीवन सबके सामने खुला था, यदि उनके कोई यौन-प्रयोग थे तो वे किसी से छिपे नहीं थे। गांधी पर पुत्रों और पत्नी के प्रति कठोरता का आरोप लगाने वाले उस कठोरता के पीछे विद्यमान अंतर्द्वंद्व और आदर्शवाद को समझने का प्रयास क्यों नहीं करते? यदि कोई कहे कि 'जिस प्रकार सूर्य और अंधकार एक साथ नहीं रह सकते, उसी प्रकार गांधीजी और राम-कृष्ण की विचारधारा एक साथ नहीं रह सकती।' तो उनसे मेरा विनम्र निवेदन है कि उन्हें हिन्दू मानस और हिन्दू समाज की अंतर्रचना का यथार्थपरक अध्ययन अवश्य करना चाहिए। क्या कारण है कि राम और कृष्ण, चंद्रगुप्त और चाणक्य, राणाप्रताप, शिवाजी और गुरुगोविंद सिंह के आदर्शों व नीतिज्ञता का इस हिन्दू समाज को पिछले ८२ वर्ष से दिन-रात स्मरण दिलाने और हिन्दू संगठन की अविरत निःस्वार्थ साधना के बाद भी यह हिन्दू समाज जाति, क्षेत्र, भाषा, पंथ के आधार पर क्यों विखंडित होता जा रहा है? आतंकवाद को परास्त क्यों नहीं कर पा रहा है? प्रवाह पतित सा असहाय क्यों दिखाई दे रहा है? क्या हम विश्वासपूर्वक कह सकते हैं कि हिन्दू समाज की इस दुःस्थिति के लिए भी गांधी ही जिम्मेदार हैं? गांधीजी का अंधानुकरण करने की आवश्यकता नहीं, किंतु अंधा गांधी-द्वेष भी अन्याय ही होगा।

(पाञ्चजन्य, १४ फरवरी, २००८)

□

युगपुरुष गांधी–पुनर्मूल्यांकन : कुछ प्रश्न

"आने वाली पीढ़ियाँ सहसा विश्वास नहीं कर पाएँगी कि ऐसी कोई आत्मा कभी रक्त और मज्जा का शरीर धारण कर इस धरती पर विचरी होगी!" गांधीजी के लिए सुप्रसिद्ध वैज्ञानिक 'आइंस्टाइन' की इस श्रद्धांजलि की सत्यता को उनके पश्चात् जन्मी प्रथम पीढ़ी ही अपनी आँखों से देख रही है। आज के भारत को देखकर कोई कह सकेगा कि इस धरती पर २२ वर्ष पहले वह महामानव सशरीर विद्यमान था और संपूर्ण भारत का गगन उसके जय–निनाद से निनादित था? अहिंसा के मंत्र का जाप करनेवाले उस संत की धरती पर बहनेवाली वायु के रोम–रोम से हिंसा की दुर्गंध आ रही है। अपनी संपूर्ण जीवन–यात्रा को सत्य शोधन का महाप्रयास घोषित करनेवाले उस महात्मा के नाम की यशोपूँजी को खाकर जीने वाले ही दिन–रात असत्य के घृणित व्यापार में लगे हैं। राष्ट्रीय स्वतंत्रता एवं उत्थान को संपूर्ण मानवता की सेवा का साधन माननेवाले उस तेजपुंज की मातृभूमि के आँगन में इस समय संकीर्ण प्रांतीयता, जातीयता एवं भाषावाद का घना अँधेरा छाया हुआ है। 'वैष्णवजन ते तेणे कहिये, जे पीर पराई जाणे रे' का राग अलापने वाले उस करुणानिधि का दरिद्रनारायण आज भी भूखा है, उपेक्षित है, तिरस्कृत है।

'अंग्रेज रहें, उनकी सभ्यता चली जाए, वह मुझे मंजूर, अंग्रेज चले जाएँ, पर उनकी सभ्यता यहाँ राज करे, उसे मैं स्वराज्य कदापि नहीं कहूँगा।' इस उद्घोष के साथ स्वावलंबन, स्वभाषा, स्ववेश, स्वदेशी, स्वदेश–भक्ति एवं स्व–संस्कृति निष्ठा के प्रति कठोर आग्रह रखने वाले उस महातपस्वी का यह देश मानो आँख मूँदकर अमेरिका और रूस बनने की दिशा में दौड़ा चला जा रहा है। और तो और यह राष्ट्र केवल गांधी के उपदेशों को ही नहीं, स्वयं गांधी को भी भुला बैठा है। सिवाय चुनाव भाषणों के, कहाँ सुनाई पड़ता है गांधीजी का नाम? जन्मशताब्दियों, जयंतियों और पुण्यतिथियों को मनाने में ही अपने कर्तव्य की इतिश्री समझने वाले इस देश के वातावरण में क्या कहीं गांधी जन्मशती वर्ष के वास्तविक उल्लास, उत्साह एवं धूमधाम के दर्शन होते हैं? आखिर हो

क्या गया? पूरे ३३ वर्ष तक जो व्यक्ति इस देश के मन-प्राणों पर छाया रहा, गली-गली, ग्राम-ग्राम, नगर-नगर जिसकी जय-जयकार के नारों से गूँजता रहा; जिसकी झलक को पाने के लिए आबाल वृद्ध नर-नारी मीलों पैदल यात्रा करते रहे; जिसके प्रभावी लोकप्रिय नेतृत्व की छत्रच्छाया में कष्टों की अनेक मंजिलों को पार पर यह देश स्वतंत्रता के द्वार तक पहुँच सका; उसी महामानव की प्रतिमा को स्वतंत्र भारत ने इतने शीघ्र अपने स्मृति मंदिर में से क्यों उखाड़ फेंका? क्या कृतघ्नता का इससे बड़ा कोई दूसरा उदाहरण इतिहास के पृष्ठों पर मिल सकता है?

पर मुख्य प्रश्न है कि ऐसा हुआ क्यों? क्या सचमुच स्वतंत्र भारत को प्रेरणा देने के लिए गांधी की पावन स्मृति में कुछ नहीं है? अथवा गांधी कहीं छला गया और उसकी विरासत किन्ही गलत हाथों में चली गई, जिसने अपनी प्रतिमा की प्रतिष्ठापना के लिए प्रयत्नपूर्वक गांधी को विस्मृति के गर्भ में धकेल दिया? गांधीयुग एवं स्वतंत्र भारत के अब तक के इतिहास का गंभीर एवं सूक्ष्म अध्ययन ही इस प्रश्न का उत्तर प्रस्तुत कर सकेगा और यह कार्य हम इतिहासवेत्ताओं पर छोड़कर स्वयं को मुक्त कर सकते हैं। इस समय तो हम केवल एक ही प्रश्न का उत्तर देना चाहेंगे कि क्या 'पाञ्चजन्य' के पाठक गांधीजी के जीवन से कुछ प्रेरणा ग्रहण कर सकते हैं? क्या गांधीजी की विफलताओं से भी कुछ सीख सकते हैं? और दोनों प्रश्नों के उत्तर में हम कहना चाहेंगे—'हाँ'।

९ जनवरी, १९१५ को भारत की धरती पर पदार्पण करने से १९२० तक केवल ५ वर्ष की अल्पावधि में गांधीजी भारत के जनमानस पर छा गए। भारतीय गगन पर चमक रहे उस समय के अनेक जाज्वल्यमान सितारों को निष्प्रभ कर जनता की आशा-आकांक्षाओं के सूर्य बन गए, उसका कारण एक ही था कि उनका जीवन-दर्शन इस देश की परंपरा में से निष्पन्न हुआ था। उन्होंने गर्वपूर्वक अपना नाता उस परंपरा के साथ जोड़ा—'अहिंसा', 'सत्य', 'सत्याग्रह', 'रामराज्य', 'अनशन', 'मौन', 'उपवास', 'प्रार्थना' आदि समस्त शब्दावली उस परंपरा से ली। 'स्वभाषा, स्वदेशी, वेशभूषा आदि के द्वारा उन्होंने जन-जन की आकांक्षाओं के साथ अपना तादात्म्य स्थापित किया। उनकी मूल निष्ठाएँ भारतीय थीं, उनकी संपूर्ण चिंतन की गंगोतरी का स्रोत भारतीय जीवन-दर्शन था। अत: उन्होंने राजनीति के अध्यात्मीकरण के साथ-साथ शिक्षा, समाज, चिकित्सा और अर्थ-रचना के क्षेत्र में भी जितने प्रयोग किए, सब विशुद्ध भारतीय दृष्टि को लेकर किए। यह सत्य है कि स्वतंत्र भारत के भाग्य-विधाताओं ने इन प्रयोगों की कदापि उपेक्षा नहीं की। भारतीय जीवन-मूल्यों के आधार पर राष्ट्र-निर्माण का स्वप्न देखने वाले हम लोगों के लिए गांधीजी के ये सभी प्रयोग माननीय हैं।

किंतु राजनीति के क्षेत्र में गांधीजी की विफलताएँ हमारे लिए कम मूल्यवान नहीं हैं। गांधीजी हिंदू समाज के उदारवाद एवं सहिष्णुता के सर्वोत्तम प्रतिनिधि कहे जा

सकते हैं; आसेतु हिमाचल संपूर्ण हिंदू समाज ने अपनी श्रद्धाएँ एवं समर्थन उनको अर्पित किया। इस समर्थन के बल पर राष्ट्र की स्वाधीनता के लिए हिंदू-मुसलिम ऐक्य की स्थापना के लिए अधिक दूरी तक गए। किंतु परिणाम क्या निकला? जीवन के संध्याकाल में पहुँचकर उन्हें निराशा के साथ लिखना पड़ा— 'एक समय था, जब कोई मुसलिम नहीं था, जिसका विश्वास मैंने प्राप्त न किया हो। किंतु आज मैं उस विश्वास को गँवा बैठा हूँ और अधिकांश उर्दू प्रेस मुझ पर गालियों की वर्षा कर रहा है।' (हरिजन, ३० मार्च, १९४०) इतना ही नहीं, जिस भारतमाता को अखंड रखने को लिए उन्होंने सबकुछ किया, उसी मातृभूमि को खंड-खंड होते उन्होंने अपनी आँखों से देखा और वे उसे रोक न पाए। आज का कौन सेक्युलरवादी है, जो हिंदू-मुसलिम एकता के प्रयत्नों में गांधीजी से ज्यादा प्रामाणिक एवं उदार होने का दावा कर सकता है? क्या यह आवश्यक नहीं कि वे गांधीजी के प्रयासों और इस विफलता की गंभीर कारण-मीमांसा करें? आखिर क्यों मुसलिम समाज ने गांधीजी को ठुकरा दिया, क्यों केवल हिंदू समाज की श्रद्धा ही उनमें अखंड रह सकी? कहीं ऐसा तो नहीं कि गांधीजी मुसलिम समाज की आशा-आकांक्षाओं को समझ नहीं पाए? और वही भूल आज के बौने, स्वार्थी, वोट-लोलुप सेक्युलरवादी भी कर रहे हैं?